KB167888

HANGIL
GREAT BOOKS
143

신기관

프랜시스 베이컨 지음 | 진석용 옮김

한길사

HANGIL
GREAT BOOKS
143

Francis Bacon
Novum Organum

Translated by Jin Seok-Yong

프랜시스 베이컨
인간의 정신을 사로잡고 있는 편견들을 하나하나 논박하고,
자신이 제창한 귀납법의 개요를 보여줌으로써
중세를 뚫고 솟아나는 근대정신의 싹을 틔웠다.

1620년에 출간된 『신기관』 표지
그림의 중앙에는 새로운 과학이라는 대양을 향해
항해를 시작한 '과학의 배'가 묘사되어 있다.
『신기관』이라는 제목에는 아리스토텔레스에 대한 도전이 담겨 있다.

언어의 힘

'시장의 우상'은 인간 상호 간의 교류와 접촉에서 생기는 우상이다.
인간은 언어로 의사소통을 하는데, 잘못된 언어는
지성에 폭력을 가하고, 모든 것을 혼란 속으로 몰아넣고,
인간으로 하여금 공허한 논쟁이나 일삼게 하고, 수없는 오류를 범하게 한다.

여러 성분을 혼합할 준비를 하고 있는 연금술사들
베이컨은 연금술사들이 인간에게 도움이 되는
여러 가지를 발명한 것은 인정했지만,
화덕에서 두어 번 실험해본 결과만 가지고
공상적인 철학을 만들어내고 있다고 비판했다.

신기관

프랜시스 베이컨 지음 | 진석용 옮김

한길사

신기관

자연의 해석과 인간의 자연 지배에 관한 잠언

과학 시대의 전망

• 베이컨의 '신기관'과 그의 사상

진석용 대전대 교수·정치외교학

영국의 과학철학자 화이트헤드(A. Whitehead)는 17세기를 '천재의 세기'라고 불렀는데, 바로 프랜시스 베이컨(Francis Bacon)이 그 '천재의 세기'를 연 첫 번째 사람이고,[1] 『신기관』(*Novum Organum*)은 그의 대표작이다. 17세기부터를 근대라고 부르기로 한다면 베이컨은 근대의 문을 연 사람이고, 근대정신의 특징을 과학적 접근방법이라고 한다면 귀납적 관찰방법을 주창한 『신기관』은 근대 과학정신의 초석을 닦은 저작이다. 『신기관』이라는 제목은 아리스토텔레스의 논리학 저서인 『기관』(*Organum*)에 대한 대항적인 의미를 담고 있다.[2] 이처럼 베이컨은 제목에서부터 스콜라학자들의 연역 논리학과

---

1) 그가 '천재'라고 부른 사람은 베이컨(Francis Bacon, 1561~1626), 하비(William Harvey, 1578~1657), 케플러(Johannes Kepler, 1571~1630), 갈릴레이(Galileo Galilei, 1564~1642), 데카르트(René Descartes, 1596~1650), 파스칼(Blaise Pascal, 1623~1662), 호이헨스(Christiaan Huygens, 1629~1695), 보일(Robert Boyle, 1627~1691), 뉴턴(Isaac Newton, 1642~1727), 로크(John Locke, 1632~1704), 스피노자(Baruch Spinoza, 1632~1677), 라이프니츠(G. W. von Leibniz, 1646~1716) 등 12명이다(Whitehead, 1993, 153ff).

2) 라틴어 'organum'은 영어의 'organ', 우리말의 '기관'(機關)에 해당한다. 기

결별할 뜻을 분명하게 밝히면서 '참된 귀납법'을 통해서 얻는 지식만이 인류의 복지를 증진시킬 수 있다고 역설한다.

『신기관』은 두 권으로 되어 있는데, 베이컨은 제1권을 '(우상) 파괴편'으로 제2권을 '(진리) 건설편'으로 부르고 있다. 제1권에서는 "아는 것이 힘이다"라는 널리 알려진 경구에서 시작해 인간의 정신을 사로잡고 있는 편견들, 즉 네 가지 '우상'을 하나 하나 논박하고, 자신이 제창한 귀납법의 개요를 보여주고 있는데, 여기에서 우리는 중세를 뚫고 솟아나는 근대정신의 파릇파릇한 싹을 만나게 된다. 제2권에서는 우상에서 해방된 인간의 지성이 과학적 발견을 위해 걸어야 할 길, 즉 '참된 귀납법'의 구체적인 예를 보여주고 있는데, 지금의 안목으로 보면 유치한 것도 많고 우스운 것도 있지만, 현대 과학이 달나라를 정복하고 빛의 속도에 육박하기까지 과학사의 위인들이 얼마나 고된 노력을 했는지, 어떤 관점으로 과학을 인도하려 했는지를 이해하는 데 도움이 된다.

다음에서 『신기관』의 시대적 배경과 집필 계획 및 주요 내용들을 살펴본 다음, 베이컨의 과학철학에 대한 간단한 평가를 내려보기로 한다.

관이라는 말은 화력이나 수력과 같은 에너지를 기계적인 힘으로 바꾸는 장치를 일컫는 말인데, 인간의 정신적 에너지를 이 장치 속에 넣으면 지식이 생산된다는 뜻에서 아리스토텔레스 이후 서양의 논리학에서 'organ'이라는 말을 사용해왔다. 사람의 손놀림을 오르간(organ)이 음악소리로 바꾸어주는 것을 생각해보면 논리학을 지식의 생산 '기관'으로 여긴 것도 충분히 일리 있는 유추라고 할 수 있다.

'역사적 반역'의 시작

프랜시스 베이컨은 16세기 영국의 르네상스를 이끈 가장 중요한 철학자였다. 그때까지만 하더라도 영국을 비롯한 유럽의 지식인들 사이에는 여전히 아리스토텔레스의 학풍과 스콜라 철학이 지배하고 있었는데, 베이컨은 이러한 학문 방법으로는 결코 이용후생의 길을 열 수 없다고 생각했다. 학문이 인간의 실생활에 도움을 줄 수 있어야 한다는 베이컨의 신념은 그가 무엇보다도 인쇄술과 화약과 나침반에 매우 깊은 감명을 받았다는 사실에서 잘 드러난다.

고대인들은 전혀 모르고 있었던 저 3대 발명, 즉 인쇄술·화약·나침반은 …… 천지개벽을 가져왔으니, 인쇄술은 학문에서, 화약은 전쟁에서, 나침반은 항해에서 세상을 완전히 바꾸어놓았다. 또한 그로 말미암아 헤아릴 수 없이 많은 변화가 천지에 가득했으니, 그 어느 제국도 어느 종파도 어느 별도 인간의 생활에 이 세 가지 발명보다 더 큰 힘과 영향을 미친 것은 없었다(1 : 129).

여기에서 베이컨은 이처럼 중요한 발견(발명)이 지금까지의 학문적 전통과는 전혀 무관하게 '우연히' 이루어졌다는 사실에 특별히 주목했다. 인쇄술은 필사기술이 발달한 것이 아니며, 대포는 발석차(發石車)가 개선된 것이 아니다. 나침반도 지금까지 뱃사람들이 쓰던 기구가 개량된 것이 아니고, 명주실도 양모제품이나 식물섬유를 들여다보고 있던 사람이 발견한 것이 아니다(1 : 109~110). 아리스토텔레스의 형이상학적 자연학(물리학)을 청산하고 새로운 방법론을 세워야 할 필요성은 이것만으로도 충분했다.

그러나 중세의 신학적 세계관은 여전히 위력을 발휘하고 있었다.

화약과 대포가 이미 중세의 세력균형을 허물면서 봉건사회의 몰락을 재촉하고 있었고, 나침반이 지리상의 발견을 촉진해 세계의 지도를 바꾸고 있었으며, 인쇄술과 제지술의 발달이 바야흐로 근대로 진입하는 지적 혁명의 물질적 토대를 마련하고 있었지만, '과학적 정신'을 가진 사람들은 여전히 종교재판의 위협에 직면해야 했다. 코페르니쿠스의 우주론을 지지하고 범신론적 세계관을 전파하다가 끝내 화형을 당한 브루노[3]를 보면서 베이컨은 자신의 '과학적 정신'이 결코 신학적 세계관에 대한 도전은 아니라는 점을 특별히 강조해야 할 필요성을 느꼈다. 『신기관』을 포함한 그의 저서 곳곳에서 '과학적 정신'이 하느님의 뜻에 부합하는 것이라는 주장을 성가실 정도로 자주 하고 있는 것도 그런 사정 때문이다. 그의 논리는 매우 간단하다. "네가 얼굴에 땀이 흘려야 식물을 먹으리라"고 한 『성서』(「창세기」 3:19) 구절은 인류가 노동으로 일용할 양식을 얻도록 하느님이 허락한 것이고, 이는 곧 인간이 자연을 지배할 수 있도록 허락한 것이며, 인간의 자연 지배는 "무익한 토론이나 마술적 의식"으로가 아니라 "위대한 발견"[4]을 통해 이루어진다는 것이 그 골자다(2:52).

---

3) Giordano Bruno(1548~1600): 이탈리아 르네상스의 대표적 철학자. 코페르니쿠스의 새로운 우주론을 지지하고 범신론적 세계관을 주장한 죄로 1592년 베네치아 종교재판소에 의해 체포된 후 로마로 압송되어 7년 동안 금고(禁錮)되었다가 끝내 화형당했다.

4) '발견'은 새로운 사실이나 현상에 대한 원리를 탐구를 통해 알게 되는 것이고, '발명'은 아직까지 없던 새로운 기계나 물건을 연구해 처음으로 만들어내는 것인데, 베이컨은 이 두 용어를 섞어서 쓰고 있다. 새로운 발명이 있기 위해서는 결국 발견이 선행되어야 하는 것이고, 발견이 이루어지고 나면 그 발견을 이용한 발명은 시간문제이기 때문에 둘 다 넓은 의미의 '발견'에 포함될 수 있다.

베이컨은 "위대한 발견을 하는 것이 인간의 행위 가운데 가장 탁월한 행동"이라고 주장했다. 국사(國事)에 공적이 있는 사람들, 예를 들면 도시와 제국을 건설한 사람, 입법자, 오래 도탄에 빠져 있던 조국을 구한 사람, 독재자를 타도한 사람 등도 영웅이라 할 만하지만, 양쪽을 비교해보면 "발견의 혜택은 인류 전체에게 미치지만 정치상의 혜택은 특정한 장소에 한정되는 것이고, 정치상의 혜택은 기껏해야 2, 3대에 그치지만 발견의 혜택은 영원하기 때문이다. 또한 정치적 개혁은 보통 폭력과 혼란을 동반하지만, 발견은 축복과 혜택을 가져올 뿐 아무도 해치거나 괴롭히는 일이 없기 때문이다."(1:129)

베이컨이 내린 결론은 분명했다. 하느님이 부여한 인간의 의무이자 권리인 자연에 대한 온전한 지배를 위해 '위대한 발견'이 필요하고, 이러한 발견을 위해서는 기존의 학문적 전통과 완전히 결별하고 새로운 방법론으로 처음부터 다시 시작해야 한다는 것이다. "자연의 품에는 우리가 익히 알고 있는 것과는 차원이 다른, 유추조차 불가능한 기상천외한 보물들이 인간에게 실용될 날을 기다리며 수도 없이 묻혀 있다."(1:109) 그러므로 올바른 방법, 즉 자신이 제안한 귀납적 방법으로 자연에서 직접 진리를 구한다면 인류가 과학의 힘으로 우주를 지배할 날도 멀지 않았다는 것이 베이컨의 전망이었다.

베이컨은 자연에서 직접 진리를 구하는 방법으로서 특히 '실험'을 강조했다. "자연의 비밀은 제 스스로 진행되도록 방임했을 때보다는 인간이 기술로 조작을 가했을 때 그 정체가 훨씬 더 잘 드러난다"고 생각했기 때문이다(1:98). 그래서 그는 주요한 주제들에 대한 실험결과들을 수집·기록한 자연지(自然誌)야말로 자연과학의 근거와 기초가 된다고 믿었다. 이것은 중세 후기까지 비교적 폐쇄적으로 전수되어온 '장인적 전통'에 자연과학의 미래가 있다는 대담한 선언이었으며, 화이트헤드가 말한 것처럼 근대 과학으로 향하는 긴 '역사적 반역'의 시작이었다(Whitehead, 1993, 155).

과학적 발견을 이룩하거나 과학적 원리의 응용방법을 발견한 사람을 과학자라고 한다면, 베이컨은 결코 과학자의 반열에 들 수는 없다. 그러므로 근대 과학의 문이 그로 인해 열렸다고 말할 수는 없다. 그러나 그는 새로운 과학의 세계가 있다는 것과, 그 문이 어디쯤 있는지, 그 문이 있는 곳에 도달하기 위해 필요한 장비가 무엇인지, 어떤 방법으로 가야 하는지를 알려주었고, 바로 이러한 의미에서 베이컨을 "근대적 정신을 세운 위대한 건설자의 한 사람"이라고 한 화이트헤드의 평가는 매우 적절하다고 할 수 있다(Whitehead, 1993, 155). 『신기관』에서 그는 내심 자기가 "발견 자체를 쉽게 할 수 있는 방법을 발견"했다고 자부하면서 자신이 받아야 할 찬사를 이렇게 썼다.

어떤 특정한 발견의 혜택이 인류 전체에 미치는 것에 사람들이 깊이 감동해 그 발견자를 인간 이상의 위대한 존재로 여길 정도라면, 그러한 발견 자체를 쉽게 할 수 있는 방법을 발견한 자는 얼마나 존귀하게 섬겨야겠는가!(1 : 129)

대혁신의 계획

『신기관』은 베이컨이 구상한 '학문의 대혁신' 계획의 일부를 이루는 것으로서, 1620년 『대혁신』(*Instauratio Magna*) 초판의 본체(main text)로 발표되었다. 표지에는 헤라클레스의 기둥[5] 사이를 빠져 대해

---

5) The Pillars of Hercules. 지브롤터 해협의 동쪽 끝에 솟아 있는 두 개의 바위 기둥. 그리스 신화에 의하면 이곳은 원래 산으로 막혀 있었는데 헤라클레스

로 나가는 범선이 한 척 그려져 있고, "많은 사람이 빨리 왕래하며 지식이 더하리라"는 『성서』(「다니엘서」 12:4) 구절이 씌어 있다. 이 표지 그림은 미지의 대해로 항해하여 학문의 일대 혁신을 일으켜보려는 베이컨의 지적 야망을 여실히 보여준다. 1603년에 쓴 「대혁신 서문」에 의하면 그가 구상한 대혁신은 여섯 부분으로 되어 있다.

제1부 「학문의 구분」에서는 '지식 세계의 지구본'을 만들어 이미 발견된 것과 발견되지 않은 것을 정리한 다음, 앞으로 해결되어야 할 과제를 제시한다. 1605년에 영어로 쓴 『학문의 진보』(*The Advancement of Learning*)가 바로 이 부분에 속하는 글이다. 1623년에 라틴어로 발간된 『학문의 존엄과 진보』(*De Dignitate et Augmentis Scientiarum*)는 영어본 『학문의 진보』의 증보판이다. 이 당시 기독교계 국가에서는 라틴어가 국제어로 군림하고 있었기 때문에 해외에 널리 알릴 목적을 가진 경우 라틴어로 쓰는 것이 관례였다.

제2부 「신기관, 또는 자연의 해석을 위한 지침」에서는 학문의 새로운 방법론으로서 귀납법을 제창한다. 『신기관』이 바로 이 부분에 해당하는데, 제1권은 130개 단장(斷章)으로 완성되어 있지만 제2권은 미완성 상태에서 그치고 있다.

제3부 「우주의 현상, 또는 철학의 건설을 위한 자연지와 실험지(實驗誌)」는 제2부에서 제창한 '참된 귀납법'을 적용할 기술 및 실험 자료를 백과사전적으로 수집·기록한 부분이다. 『대혁신』 초판에 발표된 「자연지와 실험지의 준비」(Parasceve ad Historiam Naturalem

---

가 아폴론의 신탁(信託)으로 받은 12과업 가운데 제10과업인 게리온의 황소를 잡는 과정에서 이 산을 부수어 해협을 만들었다고 한다. 이로써 지중해에서 대서양으로 가는 관문이 열린 셈인데, 지중해의 끝을 의미한다는 점에서 흔히 인간이 능력의 한계로 여기고 있던(있는) 곳을 상징한다.

et Experimentalem)를 비롯해『바람의 자연지』(*Historia Ventorum*, 1622),『생과 사의 자연지』(*Historia Vitae et Mortis*, 1623), 1621년에서 1626년 사이에 집필한 유고『숲의 숲』(*Sylva Sylvarum*) 등이 여기에 속한다.

제4부「지성의 사다리, 또는 미궁(迷宮)의 길잡이」는 우주 현상은 실로 미궁과 같기 때문에 지성의 길잡이가 필요하고, 그 길잡이는 저차원의 공리에서부터 중간 수준의 공리를 거쳐 가장 고차적인 일반적 공리로 단계적으로 상승하는 방법(1:104~105)을 보여줄 목적으로 이런 제목을 단 것으로 생각된다. 그러나 이 부분에 속하는 것으로는 서론에 해당하는「미궁의 길잡이」(Filum Labyrinthi) 하나만 남아 있다.

제5부「선구자, 또는 제2철학에 대한 예측」과 제6부「제2철학, 또는 실천적 학문」도 미완에 그치고 있는데, 다만 제5부의 서론격인「선구자」(Prodromi)와 제6부의 일부라고 할 수 있는「신 아틀란티스」(New Atlantis)의 단편이 남아 있다.

물론 베이컨은 학문의 '대혁신'이라는 방대한 과제가 자기 혼자 힘으로 이루어질 수 있다고 생각하지는 않았다. 그는 자신이 앞장을 서면 지식인 사회의 호응도 있을 것이고 왕실의 지원도 얻을 수 있으리라 기대했다. 그러나 지식인 사회는 냉담했고 왕실에서도 과학적 탐구를 전담할 연구소 같은 것을 만들 필요가 있다는 베이컨의 건의를 묵살했다. 이러한 상황에 비추어 베이컨이 그 자신의 집필 계획을 제대로 완성할 수 없었던 것은 어쩌면 당연한 일인지도 모른다. 그가 제안한 자연지나 경험지(經驗誌)의 수집은 실로 엄청난 노력과 비용이 필요한 대사업이었기 때문이다.

『신기관』도 미완성 상태에서 그치긴 했지만, 그의 다른 저작에 비하면 비교적 완성도가 높고, '경험 철학'의 선구적 저작이라는 점에서 철학적 의의가 크다. 다음에서 그 주된 내용을 간추려보기로 한다.

'참된 귀납법'과 네 가지 '우상'

베이컨이 생각하고 있는 학문의 목적은 인간이 자연을 지배하기 위한 것이고, 자연에 대한 지배는 자연에 대한 진정한 지식을 통해 획득된다. 그러나 그리스에서 학문이 생겨나고 발달하기 시작한 이후 로마 시대를 거쳐 지금[베이컨의 시대]에 이르기까지 2천 년 이상이 흘렀지만 현재의 학문은 공리실용에 전혀 쓸모가 없고, 그 학문을 인도하는 아리스토텔레스의 연역 논리학은 새로운 지식을 얻는 데 전혀 도움이 되지 않는다. 현재의 논리학, 즉 삼단논법(syllogism)은 명제로 구성되고 명제는 단어로 구성되고 단어는 개념의 기호로 구성되는데, 건물의 기초에 해당하는 이 개념이 "모호하거나 함부로 추상되고 있기" 때문에 그런 개념들을 기초로 세운 구조물은 결코 견고할 수 없다.

[연역] 논리학이 하는 일은 원리나 핵심공리를 발견하는 것이 아니라 원리나 핵심공리와 일치한다고 생각되는 명제들을 발견하는 것이다. 그 원리 혹은 대전제가 되는 공리들의 증명과 발견에 대해 의문을 제기하면, 논리학은 그냥 그렇게 믿으라고, 충성을 맹세하라고, 판에 박은 대답만 되풀이한다(1 : 82).

즉 삼단논법이 전제로 사용하고 있는 "원리나 핵심공리" 그 자체의 진리성이 의심스럽기 때문에 삼단논법의 결론은 기껏해야 "자연에 대한 예단"(豫斷, anticipationes naturae)일 뿐이라는 것이다.

베이컨이 보기에는 "중간 수준의 공리"(intermediate axiom)에 희망을 걸어야 하고, 이 일은 단계적으로 상승하는 '참된 귀납법'만이 할 수 있다.

개별적인 사례에서 저 멀리 있는 가장 일반적인 공리로 단숨에 비약해서 그 공리의 부동(不動)의 진리성에 의해 중간 수준의 공리를 증명하거나 설명하는 일이 있어서도 안 된다. 이러한 일은 지성의 자연적인 경향 때문에, 또한 삼단논법의 증명방식에 오래 길들여진 탓에 오늘날까지도 계속되고 있다. 그러나 우리가 학문에 대해 어떠한 희망이라도 품고자 한다면, 일정한 단계를 중단이나 두절 없이 연속적으로 상승하는 길, 즉 개별적인 사례에서 저차원의 공리로, 그 다음에 중간 수준의 공리로, 계속해서 고차적인 공리로 차차 올라간 다음, 마지막으로 가장 일반적인 공리에 도달하는 길뿐이다. 저차원의 공리는 감각적인 경험 그 자체와 별로 차이가 없고, 가장 고차적인 일반적 공리도 현재 우리가 가지고 있는 것들은 관념적이고 추상적이어서 실질적 가치가 없다. 그러나 중간 수준의 공리에는 진실이 있고 생명이 있다. 그러므로 인간의 사업과 운명도 바로 여기에 달려 있다고 할 것이다. 이러한 중간 수준의 공리를 거쳐 일반적인 공리를 세운다면 추상성을 탈피한, 적용의 한계가 분명한 [쓸모 있는] 공리가 될 것이다[1 : 104].

아리스토텔레스의 논리학이 이러한 "단계적 상승법"을 결여하고 있는 한 "중간 수준의 공리"를 얻을 수 있는 가능성은 전혀 없다. 그러므로 "혁신은 근본에서부터 이루어져야 한다"(1 : 31). 근본적 혁신이란 "자연에 대한 해석"(interpretatio naturae)을 가능케 할 '새로운 논리학'의 수립이다. 논리학이야말로 지식의 생산기관이기 때문이다. 그래서 『신기관』이라는 제목이 붙었고 '자연의 해석과 인간의 자연 지배에 관한 잠언'이라는 부제가 달렸다.

베이컨은 귀납법에 의한 실용적인 지식을 강조하기는 했지만 학문적 탐구에서 당장 이익을 보려는 태도에는 반대했다. 그는 이러한 "시기상조의 응용"에 집착하는 것을 "아탈란타⁶⁾의 황금사과"를 줍느라고 한눈을 파는 일에 비유하면서 학문을 탐구하는 사람은 "이익을 가져오는 '수익 실험'(收益實驗)보다는 빛을 가져오는 '계명 실험'(啓明實驗)에 치중해 원인과 공리를 찾아내는 데 주력해야"한다고 강조했다. 왜냐하면 "올바른 방법으로 탐구되고 수립된 공리는 작은 성과를 찔끔찔금 내는 것이 아니라 풍부한 성과를 줄줄이 다발로 가져오기" 때문이다(1:70).

그러나 '참된 귀납법'을 채택하기만 하면 저절로 자연의 진리가 발견되는 것은 아니다. 인간의 정신 속에 깊이 뿌리박혀 있는 편견, 즉 '우상'(idola)을 먼저 제거해야 한다. 인간의 정신을 사로잡고 있는 우상에는 네 종류가 있다. 종족의 우상(Idola Tribus), 동굴의 우상(Idola Specus), 시장의 우상(Idola Fori) 및 극장의 우상(Idola Theatri)이 바로 그것이다.

'종족의 우상'(1:45~52)은 인간성 그 자체에, 인간이라는 종족

---

6) Atalanta. 그리스 신화에 나오는 준족(駿足)의 미녀. 아탈란타와 결혼하고 싶은 사람은 그녀와 달리기 시합을 해 이겨야 했는데, 그녀에게 반한 멜라니온(Melanion)[히포메네스(Hippomenes)라는 설도 있다]이 달리기에서 이기지 못할 줄 알고 사랑의 여신 아프로디테에게 부탁하여 황금사과 세 개를 얻었다. 달리기를 하다가 그녀가 앞서 가면 황금사과를 던져 그녀가 그것을 줍는 동안 앞지르는 수법으로 달리기에 승리해서 마침내 그녀와 결혼할 수 있게 되었다고 한다.

그 자체에 뿌리박고 있는 우상이다. '인간이 만물의 척도다'라는 주장에서 쉽게 알 수 있는 것처럼, 인간의 지각은 '우주'를 준거(準據)로 삼는 것이 아니라 인간 자신을 준거로 삼기 쉽다. 베이컨은 종족의 우상에 사로잡힌 인간의 지성을 "표면이 고르지 못한 거울"에 비유했는데, 이런 거울은 "사물을 그 본모습대로 비추는 것이 아니라 사물에서 나오는 반사광선을 왜곡하고 굴절시켜 보여준다."(1:41)

'동굴의 우상'(1:53~58)은 각 개인이 가지고 있는 우상이다. 즉 각 개인은 (모든 인류에게 공통적인 오류와는 달리) '자연의 빛'(light of nature)을 차단하거나 약화시키는 '동굴' 같은 것을 제 나름으로 가지고 있다. 그것은 개인 고유의 특수한 본성에 의한 것일 수도 있고, 그가 받은 교육이나 다른 사람에게 들은 이야기에 의한 것일 수도 있고, 그가 읽은 책이나 존경하고 찬양하는 사람의 권위에 의한 것일 수도 있고, 첫인상의 차이에 의한 것일 수도 있다. 인간의 정신이 (각자의 기질에 따라) 변덕이 심하고 동요하고 우연에 좌우되는 것은 바로 이 때문이다.

'시장의 우상'(1:59~60)은 인간 상호간의 교류와 접촉에서 생기는 우상이다. 인간은 언어로 의사소통을 하는데, 그 언어는 일반인들의 이해수준에 맞추어 정해진다. 여기에서 어떤 말이 잘못 만들어졌을 때 지성은 실로 엄청난 방해를 받는다. 잘못된 언어는 지성에 폭력을 가하고, 모든 것을 혼란 속으로 몰아넣고, 인간으로 하여금 공허한 논쟁이나 일삼게 하고, 수없는 오류를 범하게 한다.

마지막으로 '극장의 우상'(1:61~67)은 철학의 다양한 학설과 그릇된 증명방법 때문에 사람의 마음에 생기게 된 우상이다. 베이컨은 기존의 철학체계들이 극장에서 상연하는 각본과 같은 것이라고 생각했다. 연극이 "실제 역사로부터 이끌어낸 진실한 이야기보다 더 진짜 같고 더 우아하고 더 신나는 것"처럼 기존의 다양한 철학체계들도 겉보기에 그럴싸해 보인다.

그러나 이 철학체계들은 "대체로 적은 것에서 너무 많은 것을 이끌어내거나, 많은 것에서 극히 적은 것만을 이끌어내 그들 철학의 토대를 세우기 때문에 실험과 자연사(自然史)의 기초가 박약하다." 이러한 엉터리 철학은 세 종류가 있는데 궤변적인 것(아리스토텔레스와 스콜라 철학자들)과 경험적인 것(연금술사들과 길버트)과 미신적인 것(피타고라스 학파, 플라톤 학파, 파라셀수스 학파 등)이 바로 그것이다.

이러한 우상들을 제거하는 가장 좋은 방법은 (우연히 얻은 경험이 아니라) 계획된 실험을 통해 얻은 경험에서 (중간 수준의) 공리를 이끌어내고 이 공리에서 다시 새로운 실험을 이끌어내는 것이다(1 : 82). "중간 수준의 공리"란 바로 사물의 '형상'을 발견하는 것을 의미한다. '형상'이라는 말은 스콜라 철학자들의 어법(語法)에서는 '목적인'을 의미하지만, 베이컨의 어법에서는 '법칙'을 의미한다. 즉 베이컨은 "어떤 질료나 물체 속에 들어 있는 단순본성들, 이를테면 열·빛·무게 같은 단순본성들이 그 물체를 지배하고 구성하고 규제하는 활동 법칙"을 '형상'이라고 부르고 있다. 따라서 "열의 형상이라는 것은 열의 법칙과 같은 것이요, 빛의 형상은 빛의 법칙과 같은 말이다."(2 : 17)

사물의 본성을 지배하는 법칙을 알아야 어떤 물체에 새로운 본성을 부여하거나 추가할 수 있다. 그것이 바로 자연을 지배하는 인간의 힘이다. 그러므로 학문의 과업은 "어떤 물체의 본성의 형상이나 그 본성의 진정한 종차를, 그러한 본성을 낳는 본성을, 그러한 본성이 유래되는 근원을 발견하는 것"이며, "작용인과 질료인이 형상을 만들어내는 연속적인 과정을, 즉 모든 물체의 생성과 운동 속에 숨어 있는 '잠재적 과정'을 발견하는 것"이며, "운동하지 않고 정지해 있는 물체에 대해서는 그 속에 숨어 있는 '잠재적 구조'를 발견하는 것"이다(2:1).

이러한 과업, 즉 "자연을 해석"하는 문제는 두 부문으로 나뉘는데, 한 부문은 "경험으로부터 공리를 추론하는 것"과 관련된 일이고, 또 한 부문은 "공리로부터 새로운 경험을 이끌어내는 것"과 관련된 일이다. 근대적인 용어로 표현하자면 경험적 기초 위에 가설을 수립한 다음 이 가설을 검증할 관찰을 그 가설로부터 이끌어내야 한다는 것이다. 그러므로 베이컨은, 말하자면 가설 수립을 위해 "완전하고 정확한 자연지와 실험지를 준비해야 한다"고 말한다.

『신기관』제2권은 가설의 수립과 검증 과정을 '열'을 예로 들어 자세하게 설명하고 있다. 제일 먼저 해야 할 일은 '열의 존재표'를 만드는 일이다. 여기에는 햇빛, 번개, 뜨거운 증기, 부싯돌에서 생기는 불꽃, 동물의 체내, 진한 황산, 심지어 타는 듯한 맛이 나는 방향(芳香) 식물에 이르기까지 열의 성질을 가지고 있는 모든 '긍정적 사례'가 총망라된다. 다음으로 '열의 부재표'를 만드는데, 여기에는 "긍정적 사례로 분류될 수 있음직한 것들 중"에서, 또한 "열을 가지고 있는 물체들과 밀접한 연관이 있는 사물들 중"에서 열을 결여하고 있는 '부정적 사례'를 망라한다. 예를 들면 달빛은 "촉감으로는 열을 느낄 수 없기" 때문에 햇빛에 대한 부정적 사례에 속하고, 차가운 공기는 뜨거운 증기에 대한 부정적 사례에 속한다. 마지막으로 열이 서로 다른 정도로 존재하고 있는 사례들을 모아 '열의 비교표'를 만든다. 예를 들면 동물의 열은 움직이면 올라가고, 신체 부위에 따라 다르다. 태양도 지구로부터 원지점(遠地點)에 있을 때보다는 근지점(近地點)에 있을 때 더 많은 열을 내고, 햇빛을 수직으로 받고 있는 지역이 사양(斜陽)을 받고 있는 지역보다는 더 많은 열을 받는다.

이 세 가지 표를 만든 다음에야 비로소 열의 본성에 대한 귀납적 추리가 시작된다. 첫째로 열이 존재하는 긍정적 사례들을 놓고 보았을 때 그 사례들 가운데서는 전혀 발견할 수 없는 어떤 본성이 있는지를 살펴보고, 둘째로 열이 부재하는 사례들을 놓고 그 사례들 가운데 발견되는 어떤 본성이 있는지를 살펴보고, 셋째로 열이 증가하는데도 감소하고 있거나 그 반대현상을 보이고 있는 어떤 본성들이 있는지를 살펴보고, 이러한 본성들을 찾아내어 "제외 또는 배제"하는 것이다. 이 제외와 배제가 적절히 이루어지고 나면 열의 긍정적 형상만 남게 된다. 이러한 귀납 추리를 통해 베이컨이 얻은 '최초의 수확'은 열이 특수한 성격의 운동이라는 것이다. 즉 운동이 열의 유적 본성이고, 윗방향으로 향하는 팽창운동이라는 것과 물체의 작은 분자 사이에서 저지·반발·격퇴 등이 신속하게 일어나는 팽창운동이라는 것 등이 열의 종적 본성이다.

이처럼 열의 경우를 예로 들어 중간 수준의 공리를 수립하는 귀납 추리의 방법을 보여준 다음에 베이컨은 『신기관』의 나머지 부분에서 '특권적 사례'의 문제를 다루고 있다. '특권적 사례'는 다른 사례에 비해 이론적으로나 실용적으로 가치가 더 큰 사례를 말한다. 예를 들면 무게의 본성을 연구할 때 보통 물체가 견고할수록 무겁다고 생각하기 쉽지만 수은은 액체인데도 무겁다. 그러므로 수은은 무게에 관한 사례 가운데서도 매우 중요한 '특권적 사례'에 속한다는 것이다. 또한 자연적 물체의 운동을 연구할 때에는 낮게 나는 혜성, 동에서 서로 회전하는 공기의 운동, 밀물과 썰물 등이 특권적 사례가 되고, 물체들 사이에 존재하는 공감을 연구할 때에는 거울과 눈[眼], 나무의 수지와 돌 속의 보석, 남성의 음낭과 여성의 자궁 등과 같은 '상사'(相似) 관계에 있는 사례들이 특권적 사례가 된다. 이런 방식으로 베이컨은 "감각기관을 도와주는 것"과 "이성을 도와주는 것" 및 "작업에의 응용을 도와주는 것" 등 모두 27가지를 장황하게 나열하고 있다.

『신기관』 제2권은 이 27가지 '특권적 사례'에 대한 고찰에서 끝나고 있으나 원래 계획은 "1) 특권적 사례에 대해, 2) 귀납의 지주에 대해, 3) 귀납의 정정에 대해, 4) 주제의 본성에 따른 탐구의 변화에 대해, 5) 탐구에 관한 특권적 본성에 대해, 즉 먼저 탐구해야 할 것과 나중에 탐구해야 할 것에 대해, 6) 탐구의 한계에 대해, 즉 우주의 모든 본성의 일람에 대해, 7) 실천적인 응용에 대해, 즉 인간과 관련된 것에 대해, 8) 탐구를 위한 준비에 대해, 9) 마지막으로 공리의 상승적 단계와 하강적 단계에 대해" 서술할 예정이었다(2:21).

'질적 접근'의 한계와 의의

아리스토텔레스의 삼단논법에 대한 공격, 귀납법의 제창, 지적 편견과 오류에 대한 경고 등을 보면 아무도 베이컨이 일류 철학자라는 사실을 의심할 수 없다. 그러나 17세기의 '천재들'이 열어준 근대 과학의 눈으로 베이컨을 돌이켜보면, 다음과 같은 몇 가지 한계를 지적할 수 있다.

첫째로 그는 자신이 제안한 귀납 추론의 정당화의 근거를 제시하지 못했다. 그는 방대한 자료를 수집해서 그 자료들을 두어 가지 기준에 따라 잘 분류해놓기만 하면 자연의 법칙이 저절로 발견될 것으로 낙관했다. 그의 말을 빌면, "발견 자체를 쉽게 할 수 있는 방법"이 쉽게 발견될 수 있다고 생각했고 자신이 그런 일을 했다고 믿었다. 그는 귀납법적 탐구의 위력을 자나 컴퍼스로 직선을 긋거나 원을 그리는 일에 비유했는데(1:61), 오늘날처럼 방법론이 세련된 과학에서도 자나 컴퍼스와 같은, 진리 발견의 자동 기계는 없다. 또한 전제가 옳다면 결론도 반드시 옳음을 보장하는 연역적 추론과는 달리 귀납 추리의 결론은 언제나 '정당화'의 문제를 야기한다(Salmon, 1963, 53ff.). 18세기에 이르러 흄이 제기한 '경험론'의 난점은 오늘날의 과학사상에서도 여전히 난제로 남아 있다.[7] 베이컨에게서 이런 문제에 대한 '주의'까지 요구하는 것은 지나친 일인지도 모른다. 그는 자료들을 일별하면서 그의 머리에 떠오른 '이성적 추론'은 더 이상의 정당화가 필요 없는, 누구에게나 자명한 것이라고 믿었다.

둘째로 그는 과학에서 '가설'이 하는 역할에 대한 인식이 부족했다. 가설의 인도를 받지 못하면 무엇을 관찰해야 하는지, 어떤 실험을 해보아야 하는지, 어떤 자료를 수집해야 하는지를 정할 수 없다.

지금까지 학문에 종사한 사람들은 경험에만 의존했거나 독단을 휘두르는 사람들이었다. 경험론자들은 개미처럼 오직 모아서 사용하고, 독단론자들은 거미처럼 자기 속을 풀어서 집을 짓는다. 그러나 꿀벌은 중용을 취해 뜰이나 들에 핀 꽃에서 재료를 구해 자신의 힘으로 변화시켜 소화한다. 참된 철학의 임무는 바로 이와 비슷하다. 참된 철학은 오로지 (혹은 주로) 정신의 힘에만 기댈 것도 아니요, 자연지나 기계적 실험을 통해 얻은 재료를 날 것 그대로 기억 속에 비축할 것도 아니다. 그것을 지성의 힘으로 변화시켜 소화해야 하는 것이다(1 : 95).

---

7) 흄(David Hume)은 "모든 결과는 그 원인과는 별개의 것이다. 그러므로 결과는 원인 속에서 발견될 수 없다. …… 선천적으로(a priori) …… 결과를 먼저 생각해내거나 상정한다면 그것은 완전히 독단이라"고 주장했다(Hume, 1993, 459).

베이컨이 한 말 가운데 가장 널리 인용되고 있는 이 구절이 보여주고 있는 것처럼 그는 이론적으로는 두 가지 능력, 즉 경험(실험)의 능력과 이성의 능력이 "긴밀한 동맹"을 맺어야 한다고, 그리하여 꿀벌이 꿀을 만드는 것처럼 지식을 생산해야 한다고 주장했다. 그러나 람프레히트(Lamprecht, 1955, 273)가 재미있게 지적한 것처럼, 정작 그 자신은 '개미'에 가까운 자세를 취했는데, 이것은 바로 가설에 대한 인식 부족에서 연유한 것이라고 볼 수 있다.

그가 『신기관』에서 장황하게 예시한 여러 가지 사례 및 실험결과에서 '열'의 본성에 관한 결론을 이끌어내는 과정을 살펴보면, 열의 본성이 운동이라는 결론을 마치 그가 수집한 열에 관한 사례들로부터 '자동적으로' 이끌어낸 듯이 말하고 있지만, 오히려 결론을 먼저 내려놓고 그 결론에 부합하는 사례들을 수집해놓은 듯한 느낌을 받게 된다. 더욱이 이 '결론'은 당시의 과학자들 사이에서 이미 널리 알려진 사실이었다. 이상한 일이지만 베이컨은 당대의 과학적 성과에 대해 잘 알지 못하고 있었다. 예컨대 천체의 회전에 관해서도 이른바 '케플러 제1법칙'(타원궤도의 법칙)이 1609년에 발표되었지만 베이컨은 전혀 모르고 있었다.

셋째로 데카르트와는 달리 그는 물리학에서 수학이 하는 역할을 제대로 인식하지 못했다.[8] 『신기관』 제2권 말미에는 그가 하고자 했던 일의 성격을 잘 보여주는 구절이 하나 있다.

---

8) 『신기관』에서 수학에 대한 언급이 두어 군데(1 : 96, 2 : 8) 나오기는 하지만, 대체로 연구의 마지막 단계에서 도움을 받으면 된다는 정도의 인식에 그치고 있다. 이러한 유보적 태도는 아마도 피타고라스 학파나 신플라톤 학파에 대한 거부감 때문이었을 것이다.

우리 주변의 가촉 사물[촉각으로 지각 가능한 물체]들에는 모두 보이지도 않고 촉감되지도 않는 정기가 들어 있는데 …… 이 정기가 방사되면 물체가 오그라들면서 마르고, 속에 갇혀 있으면 물체가 부드러워지면서 녹고, 완전히 방사된 것도 완전히 갇힌 것도 아니면 형체와 사지가 생기고 소화·배설·조직 등의 작용을 한다. 그리고 이들 작용의 결과는 명백하게 나타나기 때문에 감각으로 지각할 수 있다. …… 또한 정기의 종류가 어떻게 다른가, 어떤 차이를 가지고 있는가 하는 것도 [감각적 관찰의 대상이 될 수 있는] 여러 가지 사례에 의해 알아볼 수 있다. 그 가운데 가장 중요한 것을 알아보면, 정기에는 하나하나 흩어진 정기와, 가지[枝]를 가진 정기와, 가지와 세포를 가진 정기가 있는데, 이 가운데 처음 것은 모든 무생물의 정기이고, 둘째 것은 식물의 정기이고, 마지막 것은 동물의 정기이다(2:40).

이 글이 보여주는 것처럼 그는 아리스토텔레스의 '형상'과 같은 형이상학적 관념이나 '정기'와 같은 중세적 관념을 '작용' 또는 '효과'라는 근대적 관념으로 바꾸는 데는 성공했지만, 그것이 수학적인 양으로 관찰될 수 있다는 생각은 하지 못했기 때문에 다시 질적으로 서로 다른 구분을 하는 것으로 끝내고 말았다. 여기에서 우리는 '양적 측정'보다는 형이상학적 직관과 '질적 분류'를 주로 했던 아리스토텔레스의 논리학의 그림자를 발견한다.

그러므로 베이컨은 예컨대 (오늘날에는 '온도'라는 동일척도에 의해 파악하고 있는) '열과 냉'을 질적으로 서로 다른 개념으로 취급할 수밖에 없었다. 요컨대 그는 오로지 질적인 관찰에 매달려 있었기 때문에 자연에 대한 관찰을 물리량으로 측정하는 근대 과학의 기본 원리에는 이르지 못했다.

그러나 이러한 약점과 한계에도 불구하고 베이컨이 귀납적 방법론과 과학철학에 기여한 공로는 결코 과소평가할 수 없다. 그는 인간의 지성이 빠져들기 쉬운 편견과 오류를 타파하고자 했으며, 지식 생산을 위한 새로운 '기관'이 필요하다는 것을 강조했다. 새로운 '기관'이 실제로 필요했고, 베이컨이 예상한 것과 꼭 같지는 않았지만 '실험물리학'같이 그가 주창한 기본 관념을 반영한 새로운 방법론이 나타났다. 17세기와 18세기를 통해 혁명적으로 발전한 과학의 세계는 데카르트와 갈릴레이의 수학적, 실험적 방법에 의해 이루어졌지만, 19세기에 이르러 발달을 보게 된 근대의 생물학이나 심리학처럼 계량화(計量化)가 어려운 학문 분야에서는 베이컨류의 '질적 구분'이 다시 부활했다.

아리스토텔레스 이후 중세 후기까지의 학문 방법을 '형이상학적 명상에 의한 질적 분류'로, 17세기 이후 19세기에 이르기까지의 근대 과학의 방법을 '실험에 의한 양적 측정'으로 단순화하여 표현할 수 있다면, 베이컨의 '실험에 의한 질적 분류'는 두 시대의 경계선상에 위치한다고 할 수 있을 것이다.

참고문헌

Copi, Irving M. & Carl Cohen, 1990. *Introduction to Logic*. 8th ed. New York, Macmillan
　　Publishing Company.

Frederick S. Vol. 33. J. Copleston, 1961. *A History of Philosophy*. Westminster, The Newman
　　Press. Vol. 3.

Hume, David, *An Enquiry concerning Human Understanding*. Mortimer J. Adler et als eds,
　　1993. Great Books of the Western World. Encyclopaedia Britannica, Inc.

Lamprecht, Sterling, p. 1955. *Our Philosophical Traditions : A Brief History of Philosophy in
　　Western Civilization*. Appleton Century Crofts, Inc.

Mason, Stephen Finney, 박성래 옮김. 1996. 『과학의 역사 I』. 서울, 까치. pp. 148~157.

Salmon, Wesley C, 1963. *Logic*. London : Prentice-Hall, Inc. p. 53ff.

Whitehead, Alfred North. *Science and the Modern World*. Mortimer J. Adler et als, ed. 1993.
　　Great Books of the Western World. Encyclopaedia Britannica, Inc. 2nd Ed. Vol. 55.

자연의 해석과 인간의 자연 지배에 관한 잠언

머리말

　자연에 대해 이미 다 탐구했다는 듯한 태도로 전문가를 자임해온 사람[독단론자, 1：67]들은, 그 독단이 자기기만에서 비롯된 것이든 교만에서 나온 것이든, 철학과 여타 학문에 더할 수 없는 폐해를 끼쳐 왔다. 왜냐하면 그런 사람들은 세간(世間)의 신용을 배경으로 삼아 그것 이외의 다른 연구는 하지 못하도록 방해하거나 간섭해왔으며, 그런 억압에 보상이 될 만한 성과는 자기 능력으로 내지 못했기 때문이다. 다른 한편, 이와는 반대의 길로 나아가 '아무것도 알 수 없다'(Acatalepsia)고 주장한 사람[회의론자, 1：67]들은, 결코 가벼이 여겨서는 안 될 나름의 이유를 가지고는 있었지만, 그 이유가 무엇이었든 (고대 소피스트들에 대한 증오심에서 그러했든, 정신이 혼미하여 그러했든, 아니면 학식이 풍부하여 그러했든), 그들 역시 자신의 학설을 올바른 원리에서 이끌어내지 못하고, 일종의 집착이나 교만한 마음에서 또 다른 극단으로 치닫고 말았다.

　그러나 옛날 고대 그리스인[초기의 자연철학자, 1：63, 71]들은 (그들의 저작은 이미 없어지고 말았지만) 독단의 교만에 빠지지도 않았고, 회의론의 절망에 빠지지도 않은 속 깊은 사람들이었다. 물론 탐구가 어렵고 대상이 확실히 잡히지 않을 때에는 불평도 하고 탄식도 했지만, 연구대상을 끝까지 부여잡고 자연과의 대화를 계속했다. 무엇을 알아낼 수 있을까 하는 문제는 토론으로가 아니라 경험으로 결정하는 것이 최선의 방법이라고 생각했기 때문일 것이다. 그러나 그들도 역시 일정한 규칙을 사용하지 않고 오로지 지성(知性)의 힘만 가지고, 사색을 집중하고 정신활동을 부지런히 하는 것만으로 모든 일을 해결하려 했다.

그러나 우리의 방법은 실행하기는 좀 어렵지만 설명하기는 쉽다. 그것은 확실성의 단계를 결정하는 방법으로서, 말하자면 감각 본래의 기능을 되살리는 것이다. 인간의 정신활동은 감각활동에 뒤이어 일어나게 마련인데, 일단 정신활동이 시작되고 나면 최초의 감각활동이 닫히고 마는 경향이 있다. 그러므로 정신활동이 감각을 닫아버리지 못하도록 감각 그 자체의 지각에서 출발하는 방법이야말로 정신활동에 오히려 새롭고도 확실한 길을 열어주는 것이다. [아리스토텔레스처럼] 논리학을 특히 중요하게 여겼던 사람들도 결국 정신의 자연적·자발적 행동에 의심을 품었기 때문에 [논리학으로] 지성을 도울 방법을 모색했던 것이 아니겠는가?

그러나 사태가 워낙 악화되어 있기 때문에 지금은 그런 논리학으로는 어림도 없다. 정신은 매일매일의 생활습관 때문에 그릇된 사설(邪說)에 오염되어 있으며, 심지어 허망한 '우상'(偶像)에 사로잡혀 있다. 그러므로 저 논리학이라는 학문은, 앞에서 말한 것처럼 사태를 해결할 능력을 완전히 상실해 진리를 밝히기보다는 오히려 오류를 강화하는 역할을 해왔을 뿐이다. 이제 우리들에게 남아 있는 유일한 희망과 구원은 정신의 작업 전체를 새롭게 시작하는 것이다. 정신을 그냥 방치하지 말고 처음부터 끊임없이 지도해서, 마치 기계의 도움을 받는 것처럼 우리의 목적을 달성하자는 것이다[1 : 122]. 기계의 도움이 필요한 작업을 아무런 도구 없이 맨손으로 달려들 경우 아무리 열심히 공을 들인다 하더라도 제대로 해낼 수 없는 것과 마찬가지로, 지적인 작업을 하는 사람도 오직 정신의 힘만 가지고 덤벼들어서는 제대로 할 수 있는 일이 없다.

예컨대 굉장히 큰 오벨리스크를 개선(凱旋)행사나 거리행렬에 쓰기 위해 옮겨야 한다고 하자. 여러 사람들이 무턱대고 맨손으로 달려들어 그 일을 하고 있다면 누구라도 정신나간 사람의 일로 여길 것이다. 일꾼을 더 많이 끌어모아 설혹 그 일에 성공했다고 하더라도 여전히 정신 있는 사람의 일로 여기지는 않을 것이다. 만약 사람을 선발해서 하기로 하고 노약자를 빼고 힘센 사람들만으로 그 일을 하려고 한다면 이제 드디어 정신을 차렸다고 말하겠는가? 아니, 그것으로는 부족할 것 같아 경기술(競技術)을 원용(援用)할 작정으로 손이며 팔이며 근육에 골고루 올리브유를 바르고 오도록 명령한다면 그 미치광이 같은 발상에 더욱 경악하지 않겠는가? 그럼에도 불구하고 지적 작업을 하면서, 사람을 많이 모아 서로 협동하거나 우수하고 예리한 지성에 기대어 위대한 성과를 얻고자 한다든가 논리학—일종의 경기술이라 할 수 있는—으로 정신의 근육을 단련시키고자 하는 등, 오직 열심히 노력하는 것말고는 그들 자신의 지성을 사용하는 방법을 알지 못하고 있으니, 이 얼마나 얼빠진 노력이며 무익한 협동인가? 기계나 도구의 도움 없이 사람 손만 가지고는 아무리 많은 사람이 전심전력으로 협동하더라도 대사업을 감당할 수 없다는 것은 삼척동자도 아는 사실이다.

앞에서 말한 이치에 기대어 나는 다음과 같은 두 가지 사실에 사람들이 주의를 기울여주기를 바란다. 첫째, 옛사람이 받아 마땅한 명예를 손상시키거나 그들에 대한 존경심을 거두지 않더라도 우리가 뜻한 바를 이룰 수 있으며, 또한 겸손의 열매를 얻을 수 있다는 사실이다[1 : 32, 61]. (내 생각으로는) 이것은 전적으로 행운이지만, 불필요한 오해가 일어나지 않도록, 또한 불쾌하게 여기는 사람이 없기를 바라는 마음에서 지적해두는 것이다. 만일 우리가 옛사람과 같은 길을 가면서도 옛사람보다 더 나은 성과를 얻을 수 있다고 장담한다면, 아무리 완곡하고 부드럽게 표현한다 해도 지능이나 기량이나 능력 면에서 우리가 옛사람보다 낫다고 주장하는 비교 혹은 대립이 발생할 것이다.

물론 옛사람과 우리를 비교하거나 대립시킨다고 해서 그것이 부당한 일은 아니며, 또 새삼스러운 일도 아니다. 옛사람의 생각에 바르지 않은 것이 있을 경우, 그것을 비난하거나 지적하는 것은 우리의 권리, 아니 만인의 권리가 아니겠는가? 하지만 이러한 대립은, 비록 부당한 일은 아니라 할지라도, 현재 우리가 가진 역량을 놓고 볼 때 처음부터 상대가 되지 않는다. 그러나 지금 우리가 하고 있는 일은 옛사람이 시도해본 일도 없고, 또 그 당시에는 알려지지도 않았던 새로운 길로 지성을 인도하려는 것이므로 사정은 전혀 다르다. 즉 우리는 [옛사람과 대립하는] 당파심이나 경쟁심을 가질 필요 없이 편안한 마음으로 안내인 역할을 담당할 수 있다. 우리가 이러한 안내인 역할을 맡게 된 것은 능력이나 기량이 뛰어나서가 아니라 운이 좋은 탓이기 때문에 뭐 그리 대단한 일은 아니다. 지금까지 말한 것은 사람에 관한 것이지만, 다음은 대상 자체에 관한 것이다.

[둘째,] 우리가 하고자 하는 일은, 현재 유행하고 있는 철학이나 장래 나타날지도 모르는 더 우수한 철학이나 더 완전한 철학에 조금도 방해가 되지 않는다는 점이다. 나는 지금 세대에서 인정받고 있는 철학이나 여타 학문들이 논쟁을 장려하고, 담론을 인도하며, 교직(敎

職)의 의무나 사회생활의 편의를 위해 유익하게 쓰이고 있다는 사실을 결코 부정하지 않는다. 아니 그뿐만 아니라, 나는 우리가 제창하는 철학이 그런 방면에는 전혀 도움이 되지 않으리라는 것을 분명히 말해두고자 한다. 우리의 철학은 일목요연한 형태로 완성되어 있는 것도 아니고, 기존의 관념으로 사고하는 지성의 비위에 잘 맞는 것도 아니며, 다만 그 효용과 성과를 보고 나서야 비로소 이해될 수 있는 것이다[1 : 128].

그러니까 학문에는 두 개의 학파와 두 개의 구분이 있다고 할 수 있다(그리고 이것은 피차 다행한 일이다). 마찬가지로 자연의 연구자, 즉 철학자들에도 두 개의 부족과 그들의 친족이 있다고 할 수 있다. 그리고 쌍방은 결코 적대하거나 서로 멀어지는 일 없이 동맹을 맺고 서로 돕는다. 요컨대 학문을 육성하는 방법 외에 그것을 발견하는 별도의 방법이 있다고 할 수 있다. 그리고 제2의 방법[학문을 발견하는 방법]을 이해할 수 없거나 수용할 수 없어서(성급해서 그렇건, 사회생활의 편의 때문이건, 정신의 박약함 때문이건 — 대부분 이런 이유 때문이겠지만), 제1의 방법[학문을 육성하는 방법]을 더 좋아하고 그 길로 가고 있는 사람들에게는, 그들의 일이 소원대로 이루어지기를 기원한다.

그러나 만약 이런 사람이 있다면 — 즉 이미 발견된 것에 안주하거나 그를 이용하는 데 그치지 않고 더욱 깊이 연구하고자 하는 사람이 있다면, 또한 논쟁으로 반대자를 이기려 하는 것이 아니라 행동으로 자연을 정복하고자 하는 사람이 있다면, 요컨대 그럴싸한 지레짐작이 아니라 명석판명(明晳判明)한 지식을 얻고자 고심하는 사람이 있다면, 그런 사람이야말로 진정한 학문의 아들이라 할 것이니, 우리는 (그들이 원한다면) 기꺼이 그들의 친구가 되고자 한다.

그리하여 우리는 수없이 많은 사람들이 머물렀던 자연의 앞마당에서 배회하는 데 그치지 않고, 자연의 내전(內殿)에 이르는 길을 기어이 찾아내고야 말 것이다. 내가 하고 싶은 말을 좀더 분명하고 편리하게 나타내기 위해 이 글에서는 제1의 방법을 정신의 '예단'(豫斷, anticipation)[1:26~33]이라 하고, 제2의 방법을 자연의 '해석'(interpretation)이라 했다.

마지막으로 당부하고 싶은 일이 하나 있다. 나는 우리의 철학이 참된 것을 굳게 믿고 있지만, [그저 우리가 옳다는 주장을 하기에만 급급하지 않고] 마음의 문을 닫고 있는 사람들에게도 (실로 놀랄 만한 선입관에 사로잡혀 있는 협량한 마음에도) 쉽고 친숙하게 다가갈 수 있도록 노력했다. 그러나 동시에 여러분들에게 다음과 같은 요구를 하더라도 결코 부당한 일은 아니라고 믿는다. 즉 여기에서 서술한 내용에 대해(특히 학문과 지식의 부흥이라는 위대한 일에 관해), 혹은 자신의 생각으로, 혹은 대중의 권위에 기대어, 혹은 논증(현재 법률처럼 행세하고 있는)의 형식으로 어떤 판정을 내리거나 평가를 하고자 할 경우에는 제발 건성으로 하지 말고 대상을 철저히 규명한 다음 그렇게 해달라는 것이다. 완전한 지식을 얻고 싶거든 우리가 여기에서 제시한 길로 조금이라도 직접 나아가보라는 것이다. 경험에 의해 명백하게 드러나는 자연의 섬세함을 직접 느껴보라는 것이다. 그리고 마지막으로, 정신에 깊이 뿌리 박혀 있는 악습(惡習)을 적당한 시기에, 말하자면 마땅히 해야 할 고민을 거쳐 고쳐달라는 것이다. 그렇게 하여 자기가 자신의 주인이 되기 시작한 후에야 비로소 어떤 판단이라도 내려달라는 것이다.

제1권

1

인간은 자연의 사용자 및 자연의 해석자로서 자연의 질서에 대해 실제로 관찰하고, 고찰한 것만큼 무엇인가를 할 수 있으며 이해할 수 있다. 그 이상의 것은 알 수도 없고, 할 수도 없다.

2

맨손으로는, 또한 그냥 방치된 지성만으로는 할 수 있는 일이 별로 없다. 손도 도구가 있어야 일을 할 수 있듯이, 지성도 도구가 있어야 무슨 일이든 할 수 있다. 도구를 쓰면 손의 활동이 증진되거나 규제되는 것처럼, 인간의 정신도 도구를 사용하면 지성이 촉진되거나 보호된다.

3

인간의 지식이 곧 인간의 힘이다. 원인을 밝히지 못하면 어떤 효과도 낼 수 없다. 자연은 오로지 복종함으로써만 복종시킬 수 있기 때문이다. 자연의 고찰에서 원인으로 인정되는 것이 작업에서는 규칙의 역할을 한다.

4

인간이 할 수 있는 일은 다만 자연물을 결합하거나 해체하는 것일 뿐, 그 나머지는 자연 그 내부에서 스스로 진행된다.

5

자연에 깊은 관심을 가져온 사람들, 즉 기술자, 수학자, 의사, 연금술사, 마술사들은 (현재로서는) 노력도 부족하고, 이렇다 할 성과도 못 내고 있다.

6

지금까지 실행된 적이 없던 일이, 지금까지 시도된 적이 없는 새로운 방법을 동원하지 않고서 실행될 수 있다고 생각한다면, 그것은 어리석은 사고방식이며 모순된 생각일 것이다.

7

인간의 정신과 손이 만들어낸 것은 헤아릴 수 없이 많지만, 서적과 공산품으로 판단하건대 그들의 다양성은 세련성의 정도의 차이이거나 몇 가지 이미 널리 알려진 것으로부터 이끌어낸 것일 뿐, 거기에 적용된 공리(公理, axiom)는 얼마 되지 않는다[1 :85].

8

이미 발견된 성과들조차도 학문의 공로라기보다는 우연과 경험 덕분에 얻은 것이다. 우리가 현재 가지고 있는 학문은 이미 발견된 것을 정교하게 배열하는 것일 뿐, 발견의 방법도 아니고 새로운 성과를 기대할 수 있는 것도 아니다.

9

학문에서 거의 모든 악폐의 원인과 뿌리는 오직 하나인데, 그것은 인간 정신의 능력을 무작정 찬양하면서, 그 올바른 보조수단을 구하지 않고 있다는 사실이다.

10

자연의 심오함은 감각과 지성의 심오함을 넘어서 있다. 그러므로 우리가 찬양해 마지않는 인간의 사색과 고찰과 논쟁은 과대망상을 불러올 뿐, 그렇게 해서 자연을 제대로 이해하고 관찰하는 자는 아무도 없다.

11

현재의 학문은 성과를 얻는 데 전혀 쓸모가 없고, 현재의 논리학은 학문을 인도하는 데 전혀 도움이 되지 않는다.

12

현재의 논리학은 진리를 탐구하기보다는(통속적인 개념에 근거를 두고 있는) 오류들을 오히려 강화시키고 있다. 따라서 이로움은 없고 해롭기만 하다.

13

삼단논법은 학문의 원칙으로도 적합하지 않으며, 중간 수준의 공리에도 도움이 되지 않는다[1:82].[1] 자연의 심오함을 따라갈 수 없

---

[1] 삼단논법은 연역논증(deduction)의 한 방식으로, 보통 대전제와 소전제 및

기 때문이다. 그러므로 삼단논법은 인간의 동의를 얻어낼 수는 있을 지언정 대상[자연]에 적용될 수는 없다.[2]

14

삼단논법은 명제로 구성되고, 명제는 단어로 구성되고, 단어는 개념의 기호로 구성된다. 그러므로 (말하자면 건물의 기초에 해당하는) 개념들이 모호하거나 함부로 추상된 경우, 그런 개념들을 기초로 하여 세운 구조물은 결코 견고할 수 없다. 그러므로 참된 '귀납법'(歸納法, induction)만이 우리들의 유일한 희망이다[1 : 104~105].

15

현재로서는 논리학에도 자연학에도 견실한 개념이 없다. 실체, 성질, 능동, 수동, 현존 등은 명확한 개념이 아니다. 경중(輕重), 조밀(粗密), 건습(乾濕), 생성과 소멸, 유인(誘引)과 배척(排斥), 원소(元素), 질료(質料)와 형상(形相) 등의 개념들도 마찬가지다. 이 모든 개념들이 공상의 산물이며, 명확히 규정된 것들이 아니다.

16

결론으로 구성된다. 모든 연역논증이 그러한 것처럼, 대전제와 소전제의 진리성은 그 논증 자체로는 알 수가 없기 때문에 삼단논법 밖에서 가져와야 한다. 본문에서 '학문의 원칙'이라 한 것은 이러한 연역논증의 대전제를, '중간 수준의 공리'라고 한 것은 소전제를 말한다. 타당한 연역논증이 알려주는 것은 대전제와 소전제가 참일 경우 결론도 반드시 참이라는 것뿐이다.

2) Bacon, *The Advancement of Learning* (1605). II, 13 : 4. Mortimer J. Adler et als eds, *Great Books of the Western World*. Encyclopaedia Britannica, Inc. 1993. Vol. 28. p. 57(브리태니커 사의 『서양고전총서』는 이하 *GBWW*로 축약한다).

추상성의 정도가 낮은 개념들(사람, 개, 비둘기 등)과, 직접적인 감각들(더위, 추위, 흑백 등)은 결코 우리를 속이지는 않는다. 그러나 그러한 개념들도 질료의 끊임없는 변화와 사물의 다양한 혼합에 의해 때때로 혼란을 일으키는 경우가 있다. 그 밖에 인간이 지금까지 사용해온 모든 개념들은 오류이며, 사물로부터 부적절하게 도출된 것이다.

17

개념의 추상과정과 마찬가지로, 공리의 형성과정에도 방종(放縱)과 오류가 있다. 통속적인 귀납법[1 : 105]에 근거를 둔 제1원리가 바로 그것이다. 삼단논법으로부터 이끌어낸 공리나 어설픈 명제들은 더 이상 말할 것도 없다.

18

지금까지의 학문에서 발견된 것들은 대체로 통속적인 개념에 따른 것이다. 그러나 자연의 심오한 비밀을 알아내기 위해서는 더욱 확실하고 견고한 방법으로 사물로부터 개념과 공리를 이끌어내야 한다.

19

진리를 탐구하고 발견하는 데에는 두 가지 방법이 있으며, 이 두 가지 방법밖에 없다. 하나는 감각과 개별자에서 출발하여 일반적인 명제에 도달한 다음, 그것을 [제1]원리로 혹은 논쟁의 여지 없는 진리로 삼아 중간 수준의 공리를 이끌어내거나 발견하는 것이다. 현재 널리 사용되고 있는 방법이다. 다른 하나는 감각과 개별자에서 출발하여 지속적으로, 그리고 점진적으로 상승한 다음, 궁극적으로 가장 일반적인 명제에까지 도달하는 방법이다. 지금까지 시도된 바 없지만 이것이야말로 진정한 [과학적] 방법이다[1 : 22, 104].

20

인간의 지성은 그대로 방치할 경우 논리학이 인도하는 길, 즉 위에서 말한 전자의 길로 나아가고 만다. 왜냐하면 인간 정신은 곧바로 일반적 명제로 비약하여 그곳에서 안주하고 싶어하며, 어떤 주제를 집요하게 천착하는 일에는 쉬 피로를 느끼기 때문이다. [아리스토텔레스류의] 논리학은 이러한 해악(害惡)을 자랑으로 알고 논쟁적으로 조장해왔다.

21

인간의 지성은, 성실하고 인내심이 있고 의지가 뚜렷한 사람의 경우에는, 가만 두어도 (일반적으로 승인된 학설의 방해를 받지 않을 경우에) 올바른 길로 나아간다. 그러나 성과는 적다. 왜냐하면 지성은 지도와 원조를 받지 못할 경우 대상의 모호성을 제거하는 과업을 제대로 해내지 못하기 때문이다.

22

위에서 말한 두 가지 방법은 어느 쪽이든 감각과 개별자에서 출발해 가장 일반적인 것에 도달한다. 그러나 양자의 차이는 실로 엄청나게 크다. 전자는 경험의 한계와 개별적인 것들을 피상적으로 건드리는 데 불과하지만, 후자는 꾸준히, 그리고 올바른 순서를 따라 그 본질에까지 육박한다. 전자는 처음부터 추상적이고 쓸모 없는 일반적 명제를 설정하지만, 후자는 자연에서 실제로 가장 일반적인 원칙에 이르기까지 한 걸음씩 꾸준히 올라간다.

23

인간이 가지고 있는 우상(偶像, *idola*)과 신(神)의 이데아(idea) 사이에는, 다시 말해 황당무계한 억측과 자연에서 발견되는 피조물의 사실상의 모습 사이에는 실로 큰 차이가 있다[1 : 124].

24

추론에 의해 결정된 공리는 새로운 성과를 발견하는 데는 결코 도움이 되지 않는다. 자연의 심오함은 논증의 심오함보다 훨씬 더 뛰어나기 때문이다. 그러나 개별자에서 출발해 올바른 순서를 따라 적절히 도출된 공리들은 새로운 개별자를 쉽게 보여주고, 따라서 학문의 증진을 가져온다.

25

현재 사용되고 있는 공리들은, 말하자면 한줌도 안 되는 빈약한 경험과 또한 흔히 볼 수 있는 몇몇 개별적인 사례들에서 이끌어낸 것이므로, 그 원천을 따져보면 대체로 같은 차원에 놓여 있거나 같은 범위에 속한 것이다. 또한 지금까지 무시해왔던 혹은 전혀 알지 못했던 새로운 사례가 발생했을 경우, 공리를 수정하는 쪽이 진실에 더욱 부합하는 것임에도 불구하고 어리석게도 그 새로운 사례를 별개의 문제로 치부하면서 그 공리를 옹호한다[1 : 125].

26

설명의 편의를 위해 오늘날 우리들이 자연에 대해 적용하고 있는 추론을 (경솔하고 미숙한 것인만큼) '자연에 대한 예단'이라 부르기로 하고, 사물로부터 적절하게 추론된 것을 '자연에 대한 해석'이라고 부르기로 하자.

27

예단은 세상 사람들의 동의를 얻어내는 데는 충분한 힘을 지니고 있다. 사람들이 똑같이 미쳐[狂] 있을 경우에도 상호간에 쉽게 의견 일치를 볼 수 있다[1 : 77].

28

뿐만 아니라 예단은 해석보다 훨씬 더 쉽게 동의를 얻을 수 있다. 예단은 몇 안 되는 사례로부터, 그것도 흔히 볼 수 있는 사례로부터 도출된 것이기 때문에 즉시 지성을 움직이고 상상력을 만족시켜준다. 반면에 해석은, 널리 흩어져 있는 여러 가지 주제로부터 도출된 것이기 때문에 당장 지성에 감동을 주지는 못한다. 그러므로 해석은, 일반인들의 사고방식으로는 신앙의 불가사의처럼 좀체 이해되지 않으며, 또한 귀에 거슬리게 마련이다.

29

예단과 논리학은 세론(世論)과 독단을 기초로 한 학문에서는 매우 유용하다. 동의를 얻어낼 수 있기 때문이다. 그러나 사물[자연]에는 미치지 못한다.

30

모든 시대의 모든 지자(知者)가 함께 힘을 합해 돕는다고 하더라도 예단 가지고는 학문에 진보가 있을 수 없다. 정신이 이미 '소화'(消化)해버린[3] 근본적인 잘못은 그 후에 아무리 훌륭한 수단으로 치료하려 해도 소용이 없다.

31

낡은 것에 새 것을 더하거나 잇대어 깁는[4] 것으로 학문이 크게 진보할 수 있다고 생각한다면 그것은 착각이다. 그렇게 하는 것은 한 지점에서 뱅뱅 돌거나, 대수롭지 않은 진보에 그칠 뿐이다. 혁신(革新)은 근본에서부터 이루어져야 한다.

32

[그렇다고] 고대의 [철학의] 창시자들 또는 모든 창시자들의 명예가 손상될 것은 조금도 없다. 왜냐하면 우리의 관심사는 그들의 지능이나 능력을 [우리와] 비교하자는 것이 아니라 방법을 비교하자는 것이며, 또한 우리가 하고 있는 일은 재판관으로서가 아니라 안내자로서의 역할이기 때문이다[머리말, 1 : 61, 122].

33

분명히 말해두거니와, 우리의 방법이나 또 그 방법으로 발견된 성과에 대해서는 예단으로는, 즉 현재 사용되고 있는 방법으로는 어떤 정확한 판결도 내릴 수 없다. 우리가 규탄하고 있는 바로 그 방법으로

---

3) *Bacon, The Advancement of Learning* (1605). II, 13 : 4. *GBWW*, Vol. 28. p. 58.
4) 『성서』,「마태복음」9 : 16.

우리 자신을 판단해야 할 이유는 전혀 없다.

34

우리가 제창하고 있는 바를 전달하거나 설명하는 것도 쉬운 일은 아니다. 어떠한 새로운 것도 낡은 것에 대한 유추를 통해서만 이해될 수 있기 때문이다.

35

보르자[5]가 프랑스군의 이탈리아 원정에 대해 말하기를, 프랑스군은 무기를 들고 진입한 것이 아니라, 숙소를 표시하기 위해 분필을 쥐고 왔다고 한다.[6] 그런 것처럼 우리도 우리 학설을 쉽게 받아들일 수 있는 선량한 지성들만을 상대하고자 할 뿐이다.[7] 제1원리나 우리가 사용하고 있는 개념 자체에 대해, 또한 논증의 형태에 대해 처음부터 우리와 견해가 다른 사람들과는 조금도 다툴 생각이 없다.

36

우리의 의도를 알려줄 수 있는 아주 간단한 방법이 하나 있다. 사람

---

5) Alexander Borgia. 알렉산데르 6세(Alexander VI). 본명은 로드리고 보르자 (Rodrigo Lanzol y Borgia, 1431?~1503). 이탈리아의 성직자. 로마 교황 (1492~1503).

6) 프랑스의 샤를 8세(Charles VIII)는 1494년에 4만 명의 군대를 이끌고 이탈리아를 침공했는데, 거의 저항을 받지 않고 1495년 2월까지 나폴리에 들어갔다. 샤를은 터키와 맞서 싸울 십자군의 기지로 삼기 위해 나폴리를 장악하려 했지만, 프랑스의 이탈리아 침략에 대항하는 세력들이 1495년에 결성한 신성동맹(神聖同盟)에 의해 격퇴되었다.

7) Bacon, *The Advancement of Learning* (1605). II, 8 : 4. *GBWW*, Vol. 28.

들을 개별적인 것으로 인도해 그것들의 계열(系列)과 순서를 보여주는 것이다. 대신 그들은 지금까지의 고정관념을 모두 버리고 사물 그 자체와 친숙해지도록 해야 한다.

37

우리의 방법은 출발점에서는 회의론자들의 방법과 얼마간 일치하는 바가 있다. 그러나 결론에서는 크게 다르고 완전히 반대된다. 회의론자들은 절대로 '아무것도 알 수 없다'(Acatalepsia)고 단정하고 있으며 우리도 현재의 방법으로서는 극히 조금밖에 알 수 없다고 주장하는 바이지만, 그 다음의 주장이 서로 다르다. 회의론자들은 감각과 지성의 권위를 완전히 부정하는 길로 나아가지만, 우리의 주장은 감각과 지성을 도울 수 있는 길을 알아보고 도와주자는 것이다[1 : 126].

38

인간의 지성을 고질적으로 사로잡고 있는 우상과 그릇된 관념들은 인간의 정신을 혼미하게 할 뿐만 아니라, 우리가 얻을 수 있는 진리조차도 얻을 수 없게 만든다. 그러므로 인간이 모든 가능한 수단을 동원해 용의주도하게 그러한 우상들로부터 자신을 지키지 않는 한, 학문을 혁신하려고 해도 곤경에 빠지고 말 것이다.

39

인간의 정신을 사로잡고 있는 우상에는 네 종류가 있다. (편의상) 이름을 짓자면 첫째는 '종족(種族)의 우상'(*Idola Tribus*)이요, 둘째는 '동굴(洞窟)의 우상'(*Idola Specus*)이요, 셋째는 '시장(市場)의 우상'(*Idola Fori*)이요, 넷째는 '극장(劇場)의 우상'(*Idola Theatri*)이다.

40

이러한 우상들을 몰아낼 수 있는 유일한 대책은 참된 귀납법으로 개념과 공리를 형성하는 것이다. 그러나 그러한 우상들을 찾아내는 것만 해도 대단히 유익한 일이다. 소피스트의 궤변(詭辯)을 연구하면 논리학 공부에 도움이 되는 것처럼, 우상에 대한 올바른 연구 역시 자연에 대한 해석에 도움이 된다.

41

'종족의 우상'은 인간성 그 자체에, 인간이라는 종족 그 자체에 뿌리박고 있는 것이다[1 : 45~52]. '인간의 감각이 만물의 척도다'[8]라

---

8) homo-mensura. 이것은 그리스 철학자 프로타고라스(Protagoras, 기원전 480?~기원전 411?)의 주장으로 알려져 있다. 이 말의 해석은 여러 갈래이나 일반적으로는 진리의 기준을 개개 인간의 감각에서 찾으려는 것으로 보는 해석이 유력하며, 그 때문에 이 말은 절대적인 진리의 존재를 부인하고 상대주의를 표방하는 것으로 풀이된다. 프로타고라스는 아브데라에서 태어나 기원전 445년에 아테네로 가서 페리클레스의 친구가 되었고, 교사와 철학자로서 명성을 날렸다. 스스로 소피스트(Sophist)라고 부른 최초의 사상가로서 수업료를 받고 문법, 웅변술, 시(詩)해석법 등을 가르쳤다. 주요 저서로는 『진리론』(*Alethia*), 『신에 대하여』(*Peritheon*) 등이 있는데 일부 내용만 남아 있다. 프로타고라스의 핵심적인 주장은 '절대적인 선이나 절대적인 악도 없고, 절대적인 진리나 절대적인 허위도 없고, 모든 것이 개인에 따라 상대적이다' 하는 것이다. "나는 신이 있는지 없는지 알 수가 없다"고 주장한 것이 불경죄로 고소를 당해 망명을 떠났는데 시칠리아로 가는 도중 물에 빠져 죽었다. 플라톤은 대화록 두 편(Theaetetus, Protagoras)에서 프로타고라스의 주장을 반박하고 있는데, 『테아에테투스』(*Theaetetus*)에서 소크라테스의 입을 빌려 프로타고라스의 주장을 '인간이 만물의 척도다'라는 말로 요약하고 있다

는 주장을 생각해보면 쉽게 이해가 갈 것이다. 이것은 물론 그릇된 주장이지만, 인간의 모든 지각(知覺)은 감각이든 정신이든 우주를 준거로 삼는 것이 아니라 인간 자신을 준거로 삼기 쉽다는 것을 여실히 보여주는 말이다. 표면이 고르지 못한 거울은 사물을 그 본모습대로 비추는 것이 아니라 사물에서 나오는 [반사]광선을 왜곡하고 굴절시키는데, 인간의 지성이 꼭 그와 같다.

42

'동굴9)의 우상'은 각 개인이 가지고 있는 우상이다[1:53~58]. 즉 각 개인은 (모든 인류에게 공통적인 오류와는 달리) 자연의 빛 (light of nature)을 차단하거나 약화시키는 동굴 같은 것을 제 나름으로 가지고 있다. 그것은 개인 고유의 특수한 본성에 의한 것일 수도 있고, 그가 받은 교육이나 다른 사람에게 들은 이야기에 의한 것일 수도 있고, 그가 읽은 책이나 존경하고 찬양하는 사람의 권위에 의한 것일 수도 있고, 첫인상의 차이(마음이 평온한 상태에서 생겼는지, 아니면 선입관이나 편견에 사로잡힌 상태에서 생겼는지)에 의한 것일 수도 있다. 그러므로 인간의 정신은 (각자의 기질에 따라) 변덕이 심하고, 동요하고, 말하자면 우연에 좌우되는 것이다. 헤라클레이토스 [1:63]가 '인간은 넓은 세계에서가 아니라 상당히 좁은 세계에서 지식을 구하고 있다'10)고 했는데, 매우 정확한 지적이라 하겠다.

(Plato, *Theaetetus*. 152. *GBWW*, Vol. 6. p. 517).

9) 베이컨은 『학문의 진보』에서, '동굴'이라는 비유어를 플라톤의 '동굴의 비유'(Plato, *The Republic*. VII)에서 가져왔다고 밝히고 있다. Bacon, *The Advancement of Learning* (1605). II, 14 : 10. *GBWW*, Vol. 28. p. 61.

10) Sextus Empiricus, *Adversos Logicos*. I, 133.

또한 인간 상호간의 교류와 접촉에서 생기는 우상이 있다. 그것은 인간 상호간의 의사소통과 모임[結社]에서 생기는 것이므로 '시장의 우상'이라고 부를 수 있겠다[1 : 59~60]. 인간은 언어로써 의사소통을 하는데, 그 언어는 일반인들의 이해수준에 맞추어 정해진다. 여기에서 어떤 말이 잘못 만들어졌을 때 지성은 실로 엄청난 방해를 받는다. 어떤 경우에는 학자들이 자신을 방어하고 보호할 목적으로 새로운 정의(定義)나 설명을 만들기도 하지만, 사태를 개선하지는 못한다. 언어는 여전히 지성에 폭력을 가하고, 모든 것을 혼란 속으로 몰아넣고, 인간으로 하여금 공허한 논쟁이나 일삼게 하고, 수많은 오류를 범하게 한다.

마지막으로 철학의 다양한 학설과 그릇된 증명방법 때문에 사람의 마음에 생기게 된 우상이 있는데, 나는 이를 '극장의 우상'이라고 부르고자 한다[1 : 61~67]. 지금까지 받아들여지고 있거나 고안된 철학체계들은, 생각건대 무대에서 환상적이고 연극적인 세계를 만들어내는 각본과 같은 것이다. 현재의 철학체계 혹은 고대의 철학체계나 학파만 그런 것이 아니다. 그와 같은 각본은 수없이 만들어져 상연되고 있는데, 오류의 종류는 전혀 다르지만 그 원인은 대체로 같다. 철학만 그런 것이 아니다. [철학 이외에] 구태의연한 관습과 경솔함과 태만이 만성화되어 있는 여러 분야의 많은 요소들과 공리들도 마찬가지다.

지금까지 열거한 우상들로부터 인간의 지성을 보호하기 위해서 그 우상들 하나하나를 좀더 상세하고 분명하게 구별하여 논의해보자.

인간의 지성은 그 고유한 본성으로 인해 [제 눈에] 실제로 보이는
것 이상의 질서와 동등성(同等性)이 존재한다고 생각하는 경향이 있
다. 자연계의 많은 사물들은 본질적으로 속성이 서로 다르고, 같은 것
이 전혀 없음에도 불구하고 [인간의 지성은] 병행, 대응, 관계 따위를
찾아내는데, 그런 것은 실재하지 않는다. '천체들은 모두 완전한 원
운동을 하고 있다'는 환상 때문에, 나선(螺旋)이나 사행선(蛇行線)운
동(이런 명칭을 설명의 편의상 쓰고는 있지만)의 가능성은 아예 거
들떠보지도 않는다.[11] 또 [사물의 구성인자를] 감각의 대상인 세 가

---

11) 천체의 운동 궤도가 완전한 원이라는 가설은 플라톤 이후 중세에 이르기까
지 그 어떤 철학자(천문학자)도 의심해본 일이 없는 천문학의 '철칙'이었다.
이것은 천체들의 겉보기운동(현상)이 원운동처럼 보였기 때문만은 아니다.
플라톤이 그의 유명한 '동굴의 비유'에서 보여주고 있는 것처럼, '현상' 너머
에는 그 현상을 낳는 '본질'이 있는데, 이 본질을 규명하는 것이 철학자의 임
무였다. 천체운동의 '본질'은 반드시 '완전'해야 하고, 도형 중에서는 원이
가장 완전하다. 완전성의 기준은 불변성이다. 원은 아무리 회전시켜도 본래
모습을 그대로 유지하는 '불변성'을 가지고 있다. 그러므로 천체운동은 반
드시 '원운동이어야 한다'―이것이 원운동의 '철칙'이 생겨난 이론적 근거
였다. 그러므로 실제 관측 자료와 맞지 않더라도 그 '철칙'은 영향을 받지 않
는다. '현상'이 우리의 눈을 속이고 있을 뿐이기 때문이다. '현상'과 '본질'
을 일치시키기 위해 프톨레마이오스(Ptolemaeos, 90?~160?)는 '주전원'(周
轉圓) 개념을 도입했다. 주전원은 그 원의 중심이 다른 원의 원주 위를 이동
하는 원을 말한다. 이 주전원 개념을 도입하면 '지구중심설'을 유지하면서도
행성들의 여러 불규칙해 보이는 '현상'들(예컨대 화성의 역행운동 등)을 여
전히 '원운동'으로 설명할 수 있다. 물론 이것은 답을 미리 알고 나서 그 답이
나오는 과정을 짜맞추는 것과 같은 것이다. 원운동의 '철칙'은 1605년 케플
러(Johannes Kepler, 1571~1630)가 "행성의 궤도는 태양을 초점으로 한 타
원이라"고 한, 이른바 '케플러 제1법칙'(타원궤도의 법칙)이 발표되면서 무
너졌다. 제2법칙은 "태양과 행성을 연결하는 선은 행성이 궤도를 움직임에

지 원소[흙, 물, 공기]에다 그 자신의 궤도(orbit)를 지닌 불의 원소를 추가해 이른바 4원소로 만들어놓은 것도 마찬가지다.[12] 게다가 그 요소라고 하는 것들의 상대밀도도 자기들 마음대로 10 대 1의 비율[13]로 정하는 등, 자연에 대한 몽상이 이만저만 심한 것이 아니다. 이런 어리석은 짓은 이론에서만이 아니라 단순한 개념에서조차 나타나고 있다.

46

인간의 지성은 (널리 승인되고 있거나 많은 사람들이 그렇게 믿고 있기 때문이든 아니면 자기 마음에 들어서이든) 한번 '이것이다' 하고 생각하고 나면, 다른 모든 것을 그것을 뒷받침하거나 그에 합치되도록 만든다. 아무리 유력한 반증(反證)사례들이 있다 해도 무시하거나 경멸하거나 그것만 예외로 치부해 제외하거나 배척하고 만다. 이것은 순전히 처음에 내세운 주장의 권위가 손상될까 두려워하기 때문이다. 배가 난파의 위험에 처했을 때 하느님께 기도를 드려 살아난

따라 같은 시간에 같은 넓이를 쓴다"는 이른바 '면적 속도의 법칙'이고, 제3법칙은 "행성의 공전주기의 제곱은 태양으로부터의 거리의 세제곱에 비례한다"는 이른바 '조화의 법칙'이다. 제1법칙과 제2법칙이 완성된 것은 1605년이지만, 자료의 소유권에 대한 분쟁 때문에 『신천문학』(*Astronomia nova*)은 1609년에 출간되었다. 제3법칙은 1619년에 출간한 『우주의 조화』(*Harmonia Mundi*)에 발표되었다.

12) 아리스토텔레스는 우주의 모습을 구(球)로 생각하고, 우주를 천상의 세계와 지상의 세계(달 아래 세계)로 나누었다. 지상 세계는 흙, 물, 공기, 불이라는 4원소로 이루어져 있고, 천상 세계에는 4원소 외에 제5의 물질인 에테르가 들어 있다.

13) 흙과 물의 밀도대비는 10 대 1, 물과 공기의 밀도대비도 10 대 1, 공기와 불의 밀도대비도 10 대 1이라고 주장하는 것을 말한다.

인간들의 모습을 그려놓은 봉헌도(奉獻圖)를 신전에 걸어놓고, 이래도 하느님의 능력을 인정하지 않겠느냐고 물었을 때, 어떤 사람[디아고라스14)]이 이렇게 반문했다고 한다. "그렇지만 살려달라고 기원을 했는데도 끝내 물에 빠져 죽고 만 사람의 그림은 어디에 있느냐?"15)

점성술(占星術), 꿈점[夢占], 징조, 천벌 따위와 같은 모든 미신들이 다 이와 같다. 맞지 않은 사례들은 애써 무시한 채 들어맞은 사건만 보고 헛된 믿음을 계속 고집하는 것이다. 이러한 악습은 철학이나 과학에서 더욱 교묘하게 작용해, 한번 이것이다 하고 생각하고 나면 아무리 확실하고 유력한 반증 사례가 있다 하더라도 철저히 무시하고 만다. 그뿐만이 아니다. 인간의 지성은 또한 황당한 생각에 사로잡혀 있지 않다 하더라도 부정적인 사례보다는 긍정적인 사례의 영향을 더 많이 받고, 자극도 더 크게 받는다. 이것은 인간의 지성이 끊임없이 저지르고 있는 오류이다. 긍정적인 사례와 부정적인 사례를 공평하게 대하는 것이, 아니 올바른 명제의 수립을 위해서는 부정적 사례를 더욱 중요하게 취급하는 것이 온당한 일이 아니겠는가?

47

인간의 지성은 갑자기 정신을 자극해 침입해 오는 것으로부터 크게 영향받고 그에 따라 상상력이 발동하고 불타오르는 것이 보통이다. 그리고 부지불식간에 그 밖의 것도 모두, 정신을 사로잡은 소수의 사례와 대체로 비슷할 것이라고 생각하게 된다. 인간의 지성은 참으로 미련하

---

14) Diagoras. 기원전 5세기 후반의 그리스 시인. 디오니소스 찬가 및 서정시를 지었다. 무신론자로서 신을 비방한 혐의로 사형선고를 받았으나 도피했다.

15) Cicero, *De Natura Deorum*. V, 9. Bacon, *The Advancement of Learning* (1605). II, 14 : 9. *GBWW*, Vol. 28. p. 60.

고 무력해서, 엄격한 규칙과 엄중한 명령으로 그렇게 하도록 강제하지 않는 한, 일반적 명제를 저 멀리 있는 이질적인 사례에 하나씩 하나씩 비추어 (마치 불에 비추어보듯) 시험해볼 엄두를 내지 못한다.

48

인간의 지성은 끊임없이 요동하여 잠시라도 쉬는 법이 없다. 아무 소용이 없는 경우에도 자꾸 앞으로 나아가려 한다. 그러므로 세계에 어떤 극한이나 한계가 있다는 생각은 하지 못하고 그 너머에 반드시 뭔가 있을 것이라고 상상한다. 어떻게 '영원'이 오늘날까지 흘러오게 되었는지 나로서는 도저히 이해할 수 없다. 그러므로 일반적으로 널리 받아들여지고 있는, '과거의 무한(無限)과 미래의 무한' 사이의 구별16)도 결코 성립할 수 없다. 만일 양자의 구별이 성립한다면, 하나의 무한이 또 하나의 무한보다 더 큰 것이 되고, 더 작은 무한은 점차 줄어들어 마침내 유한에 근접하고 말 것이다. 선(線)을 무한분할할 수 있다는 관념17)도 우리들의 정신이 그칠 줄 모르기 때문에 일으키는 같은 종류의 혼란이다.

이러한 정신의 요동은 원인을 발견하는 문제에서 더욱 큰 혼란을 일으킨다. 자연계에서 가장 보편적인 것은 그들이 발견된 모습 그대로일 뿐이지 결코 사실들의 인과관계는 아님에도 불구하고, 인간의

---

16) Thomas Aquinas, *Summa Theologica*. Part 1, Question 10, Article 5. *GBWW*, Vol. 17. pp. 44~45.

17) 선의 무한분열 가능성은 파르메니데스의 제자인 엘레아 출신의 철학자 제논(Zenon, 기원전 490~기원전 430)이 제기한 주장이다. 그는 선이 무한히 분열될 수 있다는 전제 아래 다음과 같은 유명한 역설들을 제기했다. (1) 공간은 실재하지 않는다. (2) 아무리 느린 거북이라도 앞서서 출발하면 아킬레우스도 따라잡을 수 없다. (3) 나는[飛] 화살은 정지해 있다.

지성은 그칠 줄 모르고 한층 '지성적인' 것을 찾아나서, [자연계 배후에 어떤 원인이 있다는 결론을 내고야 만다.] 그러나 이런 식으로 한층 멀리 있는 것에 도달하려고 해보았자 결국 오히려 더 가까이 있는 것, 즉 목적인(目的因, final cause)에 도달하고야 만다. 이 목적인이라는 것은, 우주의 본성이라기보다는 확실히 인간의 본성과 관계 있는 개념으로서, 철학이 이토록 병들게 된 것도 다 이 목적인이라는 개념 때문이다. 외연(外延)에 속한 개체들의 원인을 찾을 생각은 하지 않고 가장 보편적인 것의 원인을 찾으려는 것이야말로 미숙하고 경박한 철학자의 전형적인 사고방식이다.

49

인간의 지성은 '마른 빛'[18]과 같은 것이 아니라 의지와 감정의 영향을 받는다. 바로 이 의지와 감정 때문에 '사문난설'(邪門亂說)이 생겨나는 것이다. 인간은 누구나 자기가 진실이기를 바라는 것을 더 쉽게 믿는다. 따라서 인간의 지성은 초조한 마음 때문에 어려운 탐구는 피하게 되고, 희망이 없어질까 두려워 침착성을 잃게 되고, 미신 때문에 자연의 심오한 이치를 배척하고, 조잡한 것에 구애되고 있다는 인상을 주지 않으려는 오만과 방자 때문에 경험의 빛을 거부하게 되고, 세상 사람들의 눈치를 보느라고 통속적인 사고방식에 반하는 것은 외면하게 된다. 이처럼 인간의 감정은 여러 방법으로, 때로는 전혀 알

---

18) 베이컨이 즐겨 인용하는 '마른 빛'(dry light)이라는 말은, 헤라클레이토스가 "마른 영혼은 가장 현명하고 가장 선하다"고 한 것을 그의 『수필집』에서 "마른 빛이 언제나 가장 좋다"는 말로 약간 바꾸어 인용하면서 나오게 된 말이다. Francis Bacon, *The Essays* (1597). Of Friendship ; *Advancement of Learning* (1605). I, 1 : 3. *GBWW*, Vol. 28. p. 4.

아챌 수 없는 방법으로 지성을 오염시키는 것이다.

50

그러나 인간 지성의 가장 큰 장애와 착오는 감각의 우둔과 무력(無力)과 기만에서 발생한다. 감각은 아무리 중요한 것이라 하더라도 직접적인 자극이 없는 것에 대해서는 무심히 대하는 반면, 직접적인 자극이 있는 것은 매우 중요하게 여기게 된다. 따라서 고찰은 제 눈에 보이는 것에 그친다. 보이지 않는 것에는 거의 관심을 기울이지 않는다. 그러므로 유형의 물체 속에 숨어 있는 정기(精氣)의 작용[2:40]도 감추어지게 되고 결국 우리의 고찰 대상에서 제외되고 만다.[19] 조잡한 물체의 여러 부분들에 일어나는 미세한 구조변화도 전혀 알려진 것이 없다(그 구조변화는 보통 성질변화라고 부르고 있지만, 사실 미분자[微分子]간의 장소변화이다[2:6]). 앞에서 말한 두 가지[유형의 물체와 무형의 정기]를 모두 탐구해 그 정체를 명백하게 드러내지 않는 한, 자연계의 탐구에서 그 어떤 성과도 기대할 수 없다. 또한 보통의 공기와, 공기보다 더 희박한 물체들도(이와 같은 물체가 많이 있다) 그 본성이 알려진 게 하나도 없다. 감각은 도움을 받지 못하면 연약해서 오류를 저지르기 쉽다. 또한 감각을 확대하거나 예민하게 할 수 있는 쓸만한 도구들은 아무것도 없다. 자연에 대한 더 나은 해석은 오직 사례에 의해, 적절하고 타당한 실험에 의해 얻을 수 있다. 감각은 실험을 판단할 수 있을 뿐이고, 오직 실험만이 자연과 사물 그 자체에 대해 판단할 수 있다.

---

19) 이 당시에는 생물이든 무생물이든 모든 실체 속에는 인간의 오감(五感)으로는 확인할 수 없고 다만 그 작용으로만 나타나는 정기가 들어 있다고 생각했다.

51

인간의 지성은 무엇이든 추상화시키는 본성이 있어서, 끊임없이 변화하는 것을 고정불변의 것으로 여긴다. 그러나 자연을 그와 같이 [질료로부터] 추상화하기보다는 자연을 [그 구성요소로] 분해하는 편이 더 낫다. 데모크리토스[20] 학파가 다른 어떤 학파들보다도 더 깊이 자연을 탐구할 수 있었던 것도 바로 자연을 분해하는 방법 덕분이었다. 사물의 형상(形相, Forma)은 인간의 정신이 만들어낸 허구에 지나지 않는다. 사물의 활동 법칙을 형상이라는 이름으로 부를 생각 [1:75, 2:2]이 없다면 마땅히 질료(質料, Materia)를 탐구해야 하며, 그 질료의 구조와 그 구조의 변화, 질료의 활동, 질료의 운동법칙 등을 탐구해야 한다.

52

바로 이런 것들이 앞에서 우리가 종족의 우상이라고 부른 것이다.

---

20) Demokritos(기원전 460~기원전 370) : 아브데라 출신의 그리스 철학자. 레우키포스(Leucippus)의 이론을 이어받아 원자론을 주장했다. 원자론에 따르면, 모든 사물은 더 이상 나눌 수도 없고 파괴할 수도 없는 미분자인 원자(atoma, 불가분자)로 구성되어 있으며, 이 원자가 무한한 허공(kenon)을 영원히 배회한다. 원자 개개의 구성물질은 다 같지만 모양이나 크기, 무게, 배열, 위치 등은 서로 다르다. 인간이 감각적으로 느끼는 질적 차이나 사물의 생성·부패·소멸 등은 원자의 내재적 특징이 아니라 원자들의 양적 배열의 차이일 뿐이다. 데모크리토스는 세계의 창조가 공간 속에서 원자들이 부단히 움직이고 있기 때문에 생기는 자연적인 결과라고 보았다. 원자들은 충돌하고 회전하면서 서로 모여 더 큰 물질을 구성한다는 것이다. 데모크리토스는 윤리학에 관한 글도 남겼다. 그는 행복 혹은 '유쾌함'을 최고선(最高善)이라 했는데, 이는 중용과 평정, 그리고 공포로부터의 자유에서 얻어진다고 했다. 이런 연유로 데모크리토스는 '유쾌한 철학자'(the Laughing Philosopher)로 불리게 되었다. 데모크리토스의 원자론은 근대 과학의 에너지 보존 법칙과 물질의 환원불가능성을 예고했다.

이 우상들은 인간의 정신이 균일한 실체로 되어 있기 때문에, 선입관 때문에, 협소하기 때문에, 끊임없이 동요하고 있기 때문에, 감정이 개입되기 때문에, 감각이 무력하기 때문에, 인상(印象)을 받는 방식 때문에 생겨난다.

53

동굴의 우상[1 : 53~58]은 개개인의 정신과 육체의 고유한 본성에서 생기는 것으로서 교육이나 습관, 우연에서 생기는 경우도 있다. 동굴의 우상은 참으로 여러 가지가 있지만 여기에서는 특별히 경계하지 않으면 안 될 것들, 즉 지성을 오염시켜 그 순수성을 훼손시키는데 엄청난 힘을 발휘하는 것들만 들어보기로 하자.

54

어떤 특정한 학문이나 연구에 깊은 애착을 느끼고 있는 사람들이 있다. 자기 자신이 그러한 학문의 창시자나 발명자라고 믿고 있거나, 그 일에 엄청난 공을 들였거나, 그 일에 아주 익숙해져 있거나 하는 경우다. 이런 사람들이 철학이나 명상을 하게 될 경우, 자신이 품고 있던 공상에 사로잡혀 왜곡된 방향으로 나아가 마침내 타락하고 만다.[21] 아리스토텔레스가 아주 좋은 예가 될 수 있다. 그는 자신의 자연철학을 논리학에 완전히 종속시켜 거의 쓸모 없는 것으로, 논쟁적인 것으로 만들고 말았다. 연금술사 일파들도 화덕에서 두어 번 실험해본 결과만 가지고 공상적인 철학을 만들어내고 있다. 이런 철학은

---

21) Bacon, *The Advancement of Learning* (1605). I, 5 : 7. *GBWW*, Vol. 28. p. 16.

적용될 수 있는 영역이 극히 제한되어 있다. 윌리엄 길버트[22]만 하더라도 자석(磁石) 연구에만 매달린 나머지, 제 눈에 중요하게 보이는 대상에만 적용될 수 있는 철학을 만들어냈다.

55

인간의 정신이 철학과 여타 학문을 대하는 태도들을 서로 비교해 보면, 가장 큰, 어쩌면 가장 근본적인 차이점은 이런 것이다. 즉 어떤 정신은 사물의 차이점을 찾아내는 데 뛰어나고, 어떤 정신은 사물의 유사성을 찾아내는 데 주력한다는 점이다. 견실하고 예리한 정신은 심사숙고해서 어떤 미세한 차이도 놓치지 않는다. 한편, 위에서 내려 다보는 듯한 [거만한] 정신은 희미한 것[확실하지 않은 것]에서조차 일반적 유사성을 찾아낸다. 그러나 양쪽 다 극단으로 빠져들기 쉽다. 전자는 사물의 미묘한 뉘앙스를 찾아내려고, 후자는 유사성의 그림

---

22) William Gilbert(1544~1603) : 영국의 의사이자 물리학자. 그는 18년에 걸쳐 당시까지 알려졌던 자석에 관한 지식을 모으고 거기에 자신의 실험결과를 추가하여 1600년에 여섯 권으로 된 『자석론』(De Magnete Magneticisque Corporibus et de Magno Magnete Tellure)을 저술했다. 기상학에 관한 저술인 『세계론』(De Mundo Nostro Sublunari Philosophia Nova)은 1651년 그의 사후 출간되었다. 그는 '소지구'라고 부른 구형자석(球形磁石)의 실험을 통해 지구는 내부가 전부 천연자석으로 이루어져 있으며, 표면에만 물이나 암석이나 흙으로 덮여 있다고 추정하고, 결국 중력이란 지구가 주위의 물체에 미치는 자기력에 불과한 것이라 생각했다. 그는 이 자기력을 모든 천체들에 확대해, 태양계의 천체들이 운동하는 것도 이 자기력의 상호작용에 의한 것이라고 주장했다. 1601년에 엘리자베스 여왕의 시의(侍醫)로 임명되었다가, 여왕의 사후 제임스 1세에 의해 재임명되었으나 1603년에 병으로 죽었는데 페스트였던 것으로 짐작되고 있다. 그의 초상화에 씌어진 문구처럼, 그는 "자력에 대한 최초의 탐구자"였다(Gilbert, On the Loadstone and Magnetic Bodies and on the Great Magnet the Earth. GBWW, Vol. 26, ix~x).

자를 잡으려고 할 가능성이 크기 때문이다.

56

어떤 정신은 무턱대고 낡은 것에 감탄하고, 또 어떤 정신은 불문곡직 새로운 것에만 매달린다. 옛사람이 가르쳐준 바른 길을 벗어나지도 않으면서 동시에 당대 사람들이 제창한 혁신도 경멸하지 않는, 이른바 중용(中庸)을 지키는 정신은 드물다. 바로 이러한 편파적인 정신들이 철학이나 다른 여러 학문에 장애가 되고 있다. 왜냐하면 올바른 판단 대신에 낡은 것을 떠받드는 상고파(尙古派)와 새로운 것을 좋아하는 호신파(好新派) 같은 파당만 존재하기 때문이다. 진리는 특정한 시대가 누리고 있는 불확실한 행운으로 얻는 것이 아니라, 영원한 '자연과 경험의 빛'으로 얻는 것이다. 그러므로 그와 같이 어느 한쪽을 편애하는 파당들은 물리쳐야 하며, 지성이 그런 파당에 미혹되어 덩달아 춤추는 일이 없도록 각별히 주의하지 않으면 안 된다.

57

자연과 물체를 단순한 요소로 나누어 고찰하는 것은 지성을 약화시키는 일이지만, 반대로 자연과 물체를 복합적 형태 그대로 고찰하는 것은 지성을 우매하게 만들고 이완되게 하는 일이다. 레우키포스[23]와 데모크리토스 학파를 다른 학파와 비교해보면 금방 알 수 있다. 이 학파는 미분자 연구에 몰두한 나머지 사물의 전체적인 구성은 완전히 무시한 반면, 다른 학파는 구성을 보느라고 정신을 잃어 [분자와 같은] 자연의

---

23) Leukippos. 밀레투스 출신의 그리스 철학자. 기원전 440년경에 활약한 것으로 알려져 있으며 원자론의 창시자이다.

단순한 요소를 보지 못하고 만 것이다. 그러므로 이러한 두 연구방법은 교대로 이루어져야 한다. 이렇게 하여 지성이 [단순한 것도] 통찰할 수 있고, [광대한 것도] 포용할 수 있다면, 앞에서 말한 여러 편견이나 그 편견으로부터 생기는 우상들을 피할 수 있게 될 것이다.

58

그러므로 연구에 임하여 지금까지 지적한 사항들에 주의한다면 동굴의 우상을 방지할 수 있고, 또한 축출할 수도 있을 것이다. 동굴의 우상은 주로 다음과 같은 경우에 발생한다. 첫째로 특정한 연구방법이 지배적인 경우, 둘째로 종합과 분석 가운데 어느 한쪽에 과도하게 치우쳐 있는 경우, 셋째로 어떤 시대를 특히 편애하고 있을 경우, 넷째로 연구 주제가 지나치게 광범위하거나 협소한 경우 등이다. 일반적으로 말해서, 자연의 진실을 연구하는 자는 자신의 지성을 강하게 사로잡고 있는 것은 무엇이든지 한 번쯤 의심해보아야 하고, 자신의 지성이 공평무사(公平無私)하게 활동할 수 있도록 충분한 주의를 기울여야 한다.

59

시장의 우상[1:59~60]은 모든 우상 중에서 가장 성가신 우상으로서, 이른바 언어와 명칭이 [사물과] 결합해 지성을 혼란스럽게 만드는 것이다. 사람들은 자신의 이성이 언어를 지배한다고 믿고 있지만, 실상 언어가 지성에 반작용하여 지성을 움직이는 일도 있다. 이런 일이 생기면, 철학이나 다른 여러 학문들이 완전히 궤변으로 변해서 완전히 쓸모 없는 것이 되고 만다. 언어는 대체로 일반인의 이해 수준에 맞추어 형성되는 것이고, 일반인의 지성으로 구별이 가능한 선에서 사물을 정의한다. 그런데 더욱 예리한 지성이나 더욱 독실(篤實)

한 관찰이 그러한 상식적인 구별을 자연에 더욱 잘 합치하도록 바꾸려고 하는 경우에 언어는 그에 저항한다. 그러므로 학자들의 거창하고 엄숙한 논의들이 언어와 명칭에 관한 논쟁으로 끝나고 마는 일이 종종 발생하는 것이다.

이런 경우에는 (수학자들처럼) 차라리 처음부터 정의에서 출발해서 논쟁을 차근차근 전개해나가는 쪽이 훨씬 낫다. 그러나 그와 같은 정의 그 자체도 결국 언어로 구성되어 있고 이 언어가 또 다른 언어를 낳고 있기 때문에, 자연적 대상이나 질료적 대상에 대해서는 이러한 악폐를 없앨 수 없다. 그러므로 개별적인 사례와 그들의 계열이나 순서에 의지할 필요가 있다. 이 문제는 개념과 일반적 명제를 만드는 양식과 방법을 논의할 때 다시 거론하기로 하겠다[1 : 105].

60

언어가 지성에 강요하는 우상에는 두 종류가 있다. 첫째는 명칭만 있고 실재하지는 않는 것들이다.(여기에는 주의를 기울이지 않았기 때문에 아직까지 명칭이 없는 사물도 있고, 실재하지 않는데도 공상으로 만들어놓은 명칭도 있다.) 둘째는 실재하기는 하지만 잘못된 정의(定義) 때문에 혼란을 야기하거나 사물의 어느 한 측면만을 나타내고 있는 경솔한 명칭들이다. 첫 번째 종류에 속하는 것으로는 '행운' '최초의 동자'(Primum Mobile), '행성천구'(Planetarum Orbes), '불의 원소'[1 : 45] 등과 같이 근거 없는 그릇된 학설에서 나온 것들을 들 수 있다. 이런 종류의 우상들은 비교적 쉽게 몰아낼 수 있는데, 그러한 황당한 학설 자체를 계속 거부하여 이른바 폐물(廢物)로 만들어버리면 헛된 명칭들도 절멸하고 만다.

두 번째 종류의 우상은 올바르지 못한 어설픈 추상에서 생겨난 것으로, 매우 복잡하고 뿌리가 깊다. 예를 들어 '습(濕)하다'[24]와 같은 말만 해도 그렇다. 이 말은 공통성이 전혀 없는 서로 다른 작용들을 일관성 없이 가리키고 있다. '습하다'라는 말의 뜻을 살펴보면, 쉽게 다른 물체로 확산된다는 것, 고정된 형태를 갖고 있지 않다는 것, 어느 방향으로든 쉽게 움직여 갈 수 있다는 것, 쉽게 나뉘고 흩어질 수 있다는 것, 쉽게 모이고 쉽게 한 덩어리가 될 수 있다는 것, 쉽게 유동(流動)한다는 것, 다른 물체에 쉽게 달라붙어 축축하게 만든다는 것, 액체상태와 고체상태를 쉽게 왔다갔다한다는 것 등이다. 그러므로 이 명칭을 술어로 쓸 경우, 어떤 의미로 쓰느냐에 따라서 화염이 '습하다'고 할 수도 있고, 공기가 '습하지 않다'고 할 수도 있고, 먼지가 '습하다'고 할 수도 있고, 유리가 '습하다'고 할 수도 있다. 따라서 이 '습하다'는 말이 제대로 된 검증도 없이 오직 물만 가지고, 보통의 액체를 가지고 경솔하게 추상한 개념이라는 것을 알 수 있다.

이 밖에도 언어에는 여러 단계의 왜곡과 오류가 있다. 그 중에서 실체의 명칭, 특히 추상의 정도가 낮고 의미가 한정된 종류의 말은 가장 잘못이 적은 축에 속한다(예를 들어 '백악'[白堊]이라든가 '진흙'이라든가 하는 말은 의미가 분명한 말이고 '땅'이라는 말은 분명하지 못한 말이다). 작용에 관한 명칭들, 예를 들어 '생성' '소멸' '변화' 등과 같은 말은 잘못이 꽤 큰 축에 속하는 말이고, 잘못이 가장 큰 말은 (감각의 직접적인 대상을 제외하고) '무겁다' '가볍다' '희박하다' '빽빽하다' 등과 같이 성질을 가리키는 말들이다. 그러나 위에서 말한 여러 개념들도 인간의 감각에 얼마나 자주 나타나는가에 따라서

---

24) 라틴어의 'humidus'는 본문 설명에서 나오는 것처럼 여러 의미를 지닌 말이지만, 여기에서는 편의상 '습하다'로 번역했다.

어떤 개념이 다른 개념보다 더 우수한 것이 될 수 있다.

61

극장의 우상[1 :61~67]은 [종족의 우상처럼] 인간이 태생적으로 가지고 있는 것도 아니고, [시장의 우상처럼] 부지불식간에 인간의 지성에 스며드는 것도 아니다. 이 우상은 여러 가지 학설로 만들어진 각본에 의해 혹은 그릇된 논증의 규칙에 의해 공공연하게 주입되고, 신봉된다. 그러나 우리가 이런 우상들을 논박하려고 하면, 앞에서 우리 자신이 선언한 내용과 앞뒤가 안 맞게 된다[머리말]. 원리에 대해서도, 논증에 대해서도 의견이 일치하지 않는 경우에는 논쟁 자체가 성립할 수 없다. 그러므로 [더 이상 왈가왈부할 필요가 없으니] 다행히도 옛사람의 명예에 조금이라도 누가 될 일이 없다. 문제는 오로지 방법에 관계된 것이기 때문에, 옛사람[의 원리나 논증]에 시비를 걸 필요가 없다 [머리말, 1 :32, 122]. 속담에 말하기를, 절름발이도 길만 바르면 헤매는 준족(駿足)보다 빠르다고 했다. 길을 잘못 접어들었을 때에는 걸음이 빠르면 빠를수록 정도(正道)에서 점점 더 멀어지는 법이다.

그런데 학문의 발견을 위하여 우리가 취하는 방법은, 지능의 총명함이나 강인함에 별로 의존하지 않기 때문에 지성이나 지능의 우열은 그다지 문제가 되지 않는다. 직선을 그리거나 완전한 원을 그릴 때 그냥 손으로 그리려고 하면 한참 애를 써야 하고, 그것도 숙련된 사람이나 할 수 있는 일이지만, 자나 컴퍼스를 쓰면 그럴 필요가 전혀 없다. 우리가 쓰는 방법이 꼭 이와 같다. 이 문제는 더 이상 일일이 논란할 필요가 없지만, 다음 몇 가지는 꼭 짚고 넘어가야 한다. 첫째로 그릇된 학설의 분파와 종류에 대해[1 :62~69], 둘째로 그들이 틀렸다는 것을 알 수 있는 확연한 징후들에 대해[1 :70~77], 그리고 마지막으로 그러한 엄청난 불행의 원인과 그토록 오랫동안 사람들이 한결같이 오류에 빠져 있었던 이유에 대해[1 :78~92]는 각각 자세히 살펴볼 필요가 있다. 그렇게 하면 진리에 대한 접근이 한결 쉬워질 것이며, 인간의 지성이 더욱 자발적으로 그 잘못을 수정하고 그 우상들을 축출해낼 수 있을 것이다.

62

극장의 우상 혹은 학설의 우상에는 여러 가지가 있는데, 더 많을 수도 있고, 아마 더 많을 것이다. 왜냐하면 지금까지 수백 년 동안 인간의 정신이 종교나 신학의 연구에 몰두하지 않았더라면, 그리고 국가(특히 군주국가)가 새로운 학설들을 단속하지 않았더라면, (사람들은 그 새로운 학설들에 빠져들었을 것이고, 그런 학설들이 자신의 운명에 아무 득 될 일이 없다는 것을 안 후에야 망상을 버렸을 것이므로) 틀림없이 지금보다 훨씬 더 많은 분파의 철학이나 학설들이 생겼을 것이다. 옛날 그리스가 바로 그런 백가쟁명(百家爭鳴)의 천국이었다. 하늘을 놓고 각양각색의 천문(天文) 이론이 나올 수 있는 것과 같이, 철학에서도 각양각색의 학설들이 아주 쉽게 성립할 수 있다. 이러한 [철학자들의] 극장에 등장하는 각본은, 시인들의 무대에 오르는 각본이 그러하듯, 실제 역사로부터 이끌어낸 진실한 이야기보다 더 진짜 같고, 더 우아하고, 더 신나는 법이다.

그러나 사람들은 대체로 적은 것에서 너무 많은 것을 이끌어내거나, 많은 것에서 극히 적은 것만을 이끌어내어 그들 철학의 토대를 세우기 때문에, 그 어느 쪽이든 그들의 철학은 실험과 자연사(自然史)의 기초가 박약하고, 불충분한 소수의 사례만으로 판단을 내리게 된다[이들은 크게 세 부류로 나누어볼 수 있다].

[첫째 부류의] 합리파[혹은 궤변파] 철학자들은 경험적으로 알 수 있는 여러 통속적인 사례들을, 그것이 얼마나 확실한 것인지 주의 깊게 조사해보거나 고찰해보지도 않은 채 무작정 움켜잡고, 그 밖의 모든 것을 사색이나 정신의 활동으로 해결하려 한다[1 : 63].

둘째 부류의 [이른바 경험파] 철학자들이 있는데, 이들은 몇 번의 실험을 주의 깊게 열심히 해본 다음, 대담하게도 그것을 근거로 철학의 체계를 수립하는데, 모든 것을 그들의 실험에 맞추려 든다.

셋째 부류의 철학자들이 있는데, 이들은 신앙과 종교적 숭배심 때문에 신학(神學)과 전통을 끌어들이고, 심지어 고차적인 영혼과 귀신[25]에게서 학문을 구하려 든다. 그러므로 오류의 근원과 엉터리 철학은 세 종류가 있다고 할 수 있으니, 궤변적인 것과 경험적인 것과 미신적인 것이 바로 그것이다.

63

아리스토텔레스가 첫째 부류[합리파 혹은 궤변파]의 가장 두드러진 예라고 할 수 있다. 그는 자신의 논리학으로 자연철학을 온통 망쳐놓고 말았다[1 : 54, 96]. 그는 [논리학의] 범주(category)로써 세계를 해석하여, 가장 고귀한 실체인 인간의 영혼을 유(類) 개념으로 파악했는데,[26] [그의 논리학에 따르면] 이 유 개념은 [사물의 본질을 나타내는 개념에 비해] 부차적 중요성을 지니는 것이다. 물체가 차지하는 공간의 넓이와 관계 있는 농후(濃厚)와 희박(稀薄)의 문제도, 현실태

---

25) 예컨대 신플라톤 학파에서 주장한 신과 인간의 중간에 있는 다이몬 (Daimon) 같은 것을 말한다.
26) "혼은 생명을 잠재태로서 지니고 있는 자연적 물체의 제1차적 현실태이다" (Aristotle, *On the Soul*. II, 1. *GBWW*, Vol. 7. p. 642).

(現實態)와 잠재태(潛在態)라는 형식적인 개념으로 다루고 있다.[27] 또한 그는 모든 물체에는 자신의 고유한 운동이 있는데, 만일 그 밖의 다른 운동을 하고 있다면 그것은 반드시 외부의 작용인(作用因)이 있기 때문이라고 주장하면서, 사물의 온갖 본성을 자기 멋대로 규정했다.

그는 사물의 내적 진리를 추구하기보다는 어떻게 하면 그럴듯하고 멋진 대답이 될 수 있을까, 어떻게 하면 명제를 명확하게 나타낼 수 있을까 하는 문제에 더욱 고심했다. 이것은 그리스인들 사이에서 평판이 높았던 다른 자연철학자들과 비교해보면 금방 알 수 있다. 예를 들어 아낙사고라스[28]의 동질소(同質素), 레우키포스와 데모크리토스의 원자설, 파르메니데스[29]의 하늘과 땅, 엠페도클레스[30]의 싸움

---

27) "물은 농후화된 공기이며, 공기는 희박화된 물이다. 따라서 물의 잠재태는 공기이며, 공기의 잠재태는 물이다"(Aristotle, *Physics*. IV, 5. *GBWW*, Vol. 7. p. 292).

28) Anaxagoras(기원전 500?~기원전 428?) : 클라조메네 출신의 그리스 자연철학자. 일식(日蝕)의 원인을 발견한 것으로 유명하다. 그는 물리적 세계를 유일한 근본요소나 몇 개의 요소로 설명하려는 학설에 반대하여, 무한개의 원소(종자, spermata)가 우주만물의 다양한 실체와 변화의 요인이라 전제하고, "어떤 사물에나 모든 종류의 원소가 들어 있으나, 다만 각 사물은 그 속에 가장 많이 들어 있는 사물의 모습으로 나타난다"고 주장했다. 아테네에 머문지 30년이 되던 해, 태양은 펠로폰네소스 반도보다 조금 더 큰 백열(白熱)의 돌덩어리라고 주장한 것이 불경죄로 기소되어 아테네에서 추방되었다.

29) Parmenides : 기원전 515년경에 활동한 이탈리아 출신의 그리스 철학자. 소크라테스 이전 그리스의 주요 학파 중 하나인 엘레아 학파를 세웠다. 파르메니데스는 존재하는 다수의 사물과 그들의 형태변화 및 운동이란 단 하나의 영원한 실재('존재')의 현상일 뿐이라고 주장하고, '모든 것은 하나'라는 파르메니데스 원리를 세웠다. 논리적 존재개념을 바탕으로 현상을 설명하려 했다는 점 때문에 그는 형이상학의 창시자 중 한 사람으로 여겨진다. 플라톤의 대화편에 「파르메니데스」(Parmenides)(*GBWW*, Vol. 6, 486~511)가 있다.

30) Empedokles(기원전 493?~기원전 433?) : 시칠리아 출신의 의사. 만물은

과 사랑, 헤라클레이토스[31]의 만물의 궁극적인 질료는 불이며 모든 물체는 불이 응축된 것이라는 주장 등은 자연학 같은 느낌이 들고, 사물의 본성, 경험, 물체 등의 냄새가 물씬물씬 나지만, 아리스토텔레스의 자연학에서는 논리학적 용어 외에는 아무것도 찾아볼 수 없다.

아리스토텔레스는 똑같은 이야기를 그의 『형이상학』(形而上學)에서 더욱 육중한 용어들로 재건하고 있는데, 여기에서는 유명론자(唯名論者)가 아니라 개념실재론자(槪念實在論者)의 면모를 보이고 있다.[32] 그의 『동물론』[33]이나 『문제론』(問題論)[34]이나 기타 어느 저작을 보더라도 실험에 관한 이야기는 수박 겉핥기 식으로 대충대충 넘어가고 있다. 그는 결론을 미리 내려놓고, 그 결론을 뒷받침해줄 공리를 세우기 위해 경험을 적당히 이용하는 방식을 택하고 있기 때문에, 경험은 자기 멋대로 내려놓은 결론의 '포로'가 되어 이리저리 끌려다

<hr>

흙, 물, 공기, 불이라는 4원소(rhizomata)로 이루어져 있으며, 만물이 서로 다른 것은 각각의 물체에 포함된 원소들의 구성비가 다르기 때문이라고 했다. 헤라클레이토스와 마찬가지로 그도 '사랑'(philia)과 '싸움'(neikos)이라는 두 힘이 상호작용하여 4원소를 결합 혹은 분리한다고 생각했다.

31) Herakleitos(기원전 540?~기원전 475?) : 에페소스 출신의 그리스 철학자. 만물의 궁극적인 질료는 불이며, 모든 사물은 불이 변성(變成)된 것이라고 주장했다. "만물은 유전(流轉)한다"는 유명한 말을 한 것으로 알려지고 있다. 그의 철학은 난해한데다, "대부분의 사람은 자기들이 보고 듣는 것조차 알지 못한다"고 주장하는 등, 사람에 대한 태도가 조소적(嘲笑的)이었기 때문에, 어두운 철학자 혹은 우울한 철학자(the Weeping Philosopher)라는 별명을 얻었다.

32) Aristotle, *Metaphysics*. I, 3~5. *GBWW*, Vol. 7. pp. 501~505.

33) Aristotle, *On the Part of Animals* ; *On the Motion of Animals* ; *On the Gait of Animals* ; *On the Generations of Animals*(639a~789b). *GBWW*, Vol. 8. pp. 161~331.

34) Aristotle, *Topics*. *GBWW*, Vol. 7.

니고 있을 뿐이다. 그러므로 이 문제에 관한 한, 아리스토텔레스는 경험을 완전히 버린, 그의 새로운 추종자들(스콜라 철학자들)보다도 더 큰 비난을 받아 마땅하다.

64

그러나 경험파의 철학은 궤변파나 합리파보다도 더욱 조잡하고 기괴한 학설을 만들어낸다. 왜냐하면 경험파는 통속적인 개념의 빛을 완전히 무시한 채 한정된 실험의 어둠 속에서 이론을 만들어내기 때문이다(개념의 빛은 심히 미약해서 사물을 피상적으로 보여줄 뿐이지만, 그래도 어느 정도 보편성을 띠고 있으며 일반적 경향을 보여준다). 따라서 이런 부류의 철학은 날마다 그와 같은 실험에 종사하여 상상력이 완전히 고갈된 사람들에게는 그럴듯하게, 아니 거의 확실하게 보일지 몰라도 제정신을 가진 사람들에게는 도저히 믿을 수 없는 황당한 이야기가 될 뿐이다. 연금술사들과 그들의 학설이 딱 알맞은 예가 될 수 있겠는데, 현재로서는 길버트의 철학 외에는 달리 찾아보기 어렵다.

그렇지만 이 학파에 대한 경계를 게을리 해서는 안 된다. 왜냐하면 실험을 중히 여겨야 한다는 우리의 간곡한 권고를 받아들인 사람들이 (궤변적인 이론과 완전히 결별하고 나서) [우리의 과학론에 대한] 이해가 부족하거나 성급한 탓에, [소수의 실험에서] 곧바로 일반적 명제와 원칙으로 치달을 가능성이 있기 때문에 이런 부류의 철학이 낳을 중대한 위험성을 충분히 예견할 수 있으며, 예감할 수 있다. 그러므로 지금부터 이런 악폐에 대항할 준비를 단단히 하고 있어야 한다.

65

미신과 신학이 뒤섞이는 바람에 생긴 철학의 타락은 훨씬 더 심각하여 철학체계 전체에, 그리고 철학 구석구석에 엄청난 해악을 끼치고 있다. 인간의 지성은 통속적인 개념의 영향을 받는 만큼이나 공상(空想)의 영향력에 노출되어 있기 때문이다. 논쟁적이고 궤변적인 철학이 인간의 지성을 함정에 빠뜨린다면, 공상적이고 과장적인, 이른바 시적(詩的)인 철학은 지성의 비위를 맞추려 든다. [인간에게는 의지의 야망에 못지않게 지성의 야망이란 것이 있는데, 이것은 재예(才藝)가 출중한 사람들일수록 특히 심하다.]35)

그리스인들 중에서 아주 분명한 사례를 찾아볼 수 있는데, 특히 피타고라스36)가 그러하다. 그러나 피타고라스의 경우에는 조잡하고 과장된 미신과 결부되어 있어서 [어디가 잘못되었는지 금방 알 수 있으므로] 경계하기가 쉽지만, 플라톤과 그 학파들의 경우에는 학설이 정교해 훨씬 더 위험하다. 이러한 종류의 해악은 그 밖의 다른 철학체계에서도 찾아볼 수 있다. 질료로부터 분리한 형상, 종종 중간인(中間因)을 생략한 채 목적인과 제1원인 따위를 늘어놓는 학설들이 이런 부류에 속한다. 이런 학설들이야말로 우리가 가장 경계하지 않으면 안 된다. 오류의 신격화(神格化)보다 더 큰 해악은 없다. 그런 헛

---

35) 이 부분은 라틴어 원본에는 있으나 브리태니커 영역본에는 빠져 있다.
36) Pythagoras(기원전 580년경~기원전 500년경) : 사모스 출신의 그리스 철학자. 그의 학설은 수(數)가 세계의 모든 것을 설명하기 위한 기본원리라는 생각에서 출발했는데, 음정(音程)들간에 일정한 수적 비율이 있음을 발견한 후, 이를 천체들의 운동에 대해서도 적용했다. 그러나 그가 추종자들을 얻어 하나의 교단을 구성하게 된 것은 영혼의 순결성에 대한 생각 때문이었다. 그는 영혼의 윤회를 믿었으며, 오직 순결한 영혼만이 육체의 감옥으로부터 벗어날 수 있다고 생각해서 영혼을 정화할 수 있는 방법들을 제시했는데, 그 가운데는 여러 통속적인 미신들(예를 들면 콩이나 동물의 심장을 먹지 말 것, 재 위에 병의 자취를 남기지 말 것, 침구에 신체의 흔적을 남기지 말 것, 떨어진 물건을 줍지 말 것 등)이 들어 있었다.

된 숭배가 시작되면, 인간의 지성은 마치 역병에라도 걸린 것처럼 무너지고 만다.

　그런데 오늘날에도 이런 헛된 숭배에 빠져들어 「창세기」나 「욥기」와 같은 성경 구절에 기대어 자연철학을 세우려고 애쓰고 있는 자들[37]이 있으니, 이것은 실로 "산 자 가운데서 죽은 자를 찾는"[38] 어리석은 일이 아닐 수 없다. 신학적인 것과 인간적인 것이 이처럼 어리석게 결합되면, 공상적인 철학이 등장하기도 하고 이단적인 종교가 출현하기도 하는 것이니, 그와 같은 헛된 숭배는 어떻게든 막아야 하고 규제해야 한다. 이런 이유 때문에 신앙에 속하는 것만을 분별해 믿는 정신이야말로 참으로 건전하고 지혜로운 것이다.

66

　통속적인 개념을 기초로, 몇 번의 실험만으로, 미신을 바탕으로 세운 철학이 어떻게 그릇된 것인가 하는 것은 앞에서 다 말했다. 다음으로는 특히 자연철학에서 나타나고 있는 그릇된 연구대상들에 대해 살펴보기로 하자. 인간의 지성은, 기계적 기술이 주로 합성이나 분리에 의해 물체의 변화를 일으키는 것을 보면서, 여기에 미혹되어 그와 비슷한 것이 사물의 일반적 본성에도 들어 있다고 오해하게 된다. 그래서 자연적 물체들이 원소로 구성되어 있다거나 원소들의 집합으로 구성되어 있다는 등의 환상을 품게 되는 것이다.

---

37) 파라셀수스(Paracelsus, 1493~1541) 학파를 지칭하고 있다. Bacon, *The Advancement of Learning* (1605). II, 25 : 16. *GBWW*, Vol. 28. p. 99. 파라셀수스에 대해서는 제2권 제48장 관련 개소의 역주 참조.
38) 『성서』의 "어찌하여 산 자를 죽은 자 가운데서 찾느냐"(「누가복음」 24 : 5)는 구절을 말 바꾸어 인용한 것이다.

또한 인간은 자연의 자유로운 활동을 고찰하면서 동물이나 식물, 광물과 같은 각양각색의 사물들을 만나게 되는데, 이때 다음과 같은 생각에 사로잡히기 쉽다. 즉 '자연계에는 자연이 낳으려고 하는 사물의 본원적인 형상이 있고, 그 밖의 다양성은 자연이 그 사물을 낳으려고 할 즈음에 생긴 장애나 과오 때문에 혹은 다양한 종(種)들의 충돌이나 상호전이(相互轉移)에서 생기는 것이다.' 원소 운운하는 사고방식 때문에 사물의 '제1차적 성질' 혹은 '기본적 성질'이 무엇인가 하는 문제를 놓고 온갖 주장이 난무하고, 본원적 형상 운운하는 사고방식 때문에 '숨은 성질'이 무엇이라느니 '특수한 성능'이 어떻다느니하는 주장들이 나오게 된다. 둘 다 자연 연구에 하등 도움이 되지 않는 것인데도 인간의 정신은 그만 그에 만족하고 말아 한층 중요한 연구는 하지 않게 된다.

그러나 의사들은 사물의 제2차적 성질과, 유인·반발·희박화·농후화·팽창·수축·분산·성숙 등과 같은 작용에 대해 더 많은 연구를 하고 있는데, 이것이 훨씬 더 유용한 연구이다. 이들은 내가 앞에서 말한 두 사고방식(기본적 성질과 특수한 성능)으로 인해 미혹되지 않았기 때문에, 즉 제2차적 성질을 제1차적 성질로, 제1차적 성질의 미묘하고 측정 불가능한 조합으로 환원한다든가 하는 [쓸데없는] 일을하느라고 제3차적·제4차적 성질들에 대한 용의주도한 관찰을 게을리하는 일은 없었기 때문에, 연구가 도중에 그치지 아니 했고, 그 결과 지금과 같은 진보를 이룩할 수 있었던 것이다.[39] 의사들이 연구해온 효능

---

39) 베이컨이 공격하고 있는 그리스 철학자들은 대부분 가시적인 세계를 설명할수 있는 논리적인 도식을 발견하려고 했을 뿐, 실제 그 결론들을 검증할 실험 수단은 강구하지 않았다. 그러나 히포크라테스(Hippokrates, 기원전 460?~기원전 377?)가 창시한 의학파(醫學派)는 미신이나 쓸데없는 철학이나 수사

(혹은 그와 유사한 것)은, 사람 몸에 쓰는 의약품에 대해서만 탐구할 것이 아니라, 다른 자연적 물체들의 변화에 대해서도 탐구하여야 한다.

그보다도 한층 더 큰 문제는, 사물이 '무엇으로부터'(from which) 생겼나 하는 정적(靜的) 원리가 고찰과 탐구의 대상이 되는 바람에 사물이 '무엇에 의해'(by which) 일어나고 있나 하는 동적(動的) 원리는 완전히 무시되고 있다는 점이다. 전자는 탁상공론에 불과하지만, 후자는 성과와 관계가 있다. 일반적으로 받아들여지고 있는 자연철학에서 볼 수 있는 저 운동의 통속적인 구별, 즉 생성·소멸·증대·축소·변화·이동 따위의 개념들도 전혀 가치가 없다. 그들이 하고 있는 말인즉 어떤 물체가, 다른 변화는 전혀 없이 장소만 옮겨갔다면 그것이 바로 이동이라는 것이고, 장소와 종(種)은 변하지 않은 채 양(量)만 변한다면 그것이 바로 변화라는 것이고, 그 변화 때문에 그 물체의 부피나 양이 전과 달라졌다면 그것이 바로 증대 혹은 축소운동이라는 것이고, 변화가 계속되어 종과 실체가 바뀌어 다른 것(다른 종과 실체)이 되면 그것이 바로 생성과 소멸이라는 것이다.

이 정도는 누구라도 다 아는 통속적인 지식일 뿐, 결코 자연에 대한 깊이 있는 연구라고 할 수는 없는 것이고, 또한 운동의 단순한 척도와 한계에 불과할 뿐, 운동의 종류를 밝히고 있는 것은 아니고, '어디까지'(how far)라는 한계를 나타내고 있을 뿐, '어떻게'(how) 또는 '어디로부터'(whence)를 나타내고 있는 것은 아니다.[40] 그런 통속적인

학을 거부하고 관찰과 경험에 토대를 둔 과학적 의학을 확립했다. 히포크라테스의 의학은 기원전 3세기 무렵 알렉산드리아에서 70권에 달하는 『히포크라테스 전집』(*Corpus Hippocraticum*)으로 편찬되었는데, 여기에는 그가 환자들의 증상을 세심하게 기록한 임상보고서들도 들어 있다.

40) 아리스토텔레스는 무거운 물체가 떨어지는 이유를, 고향인 땅으로 가고 싶

개념들은, 앞에서 말한 운동들이 사물을 이전과는 다른 모습으로 보이게 만든다는 지극히 조잡한 감각상의 구별을 말해주고 있을 뿐, 물체의 욕구[성질]나 물체의 여러 부분들의 변화과정에 대해서는 아무것도 보여주지 못하고 있다. 또한 그들은, 운동을 자연운동과 강제운동으로 나누어 운동의 원인을 설명하려 드는데, 이 구별도 전적으로 통속적인 개념에서 생긴 것이다.[41] 왜냐하면 강제운동이란 것도, 어떤 외부의 작용인이 자연을 전과는 다른 방식으로 움직이도록 하고 있는 것이기 때문에 실제로는 전부 다 자연운동인 것이다.

이런 통속적인 개념에 머물지 않고, 만약 누군가가 (예컨대) 물체에는 서로 응집하려는 경향이 있기 때문에 자연의 통일성은 전혀 깨지지 않고 진공이 생기는 일도 없다는 것에 주목한다면, 혹은 누군가가 모든 물체는 고유의 자연적 부피나 장력(張力)을 가지고 있기 때문에 그 이하로 압축되거나 그 이상으로 팽창되었을 경우에는 곧 원래의 부피나 장력 상태로 돌아가려 한다고 주장한다면, 혹은 누군가가 모든 물체는 서로 비슷한 것끼리 한 덩어리를 이루려는 경향이 있어서, 예를 들면 밀도가 높은 것들은 지구 주변으로 모이고, 밀도가

어하는 성질이 그 속에 들어 있기 때문이라고 설명했는데, 갈릴레이는 무거운 물체가 왜(why) 땅으로 떨어지는지는 알 수 없거니와 알 필요도 없고, 다만 어떻게(how) 떨어지는가를 연구해야 한다고 주장하면서, 낙하하는 물체의 가속도를 측정했다. 뉴턴 역시 『프린키피아』(*Principia*, 1687) 제3책에서 "중력이 존재한다는 것만으로 충분하며 그 원인을 알 필요는 없다"고 했다.

41) 이것은 아리스토텔레스의 구분이다. 자연운동은 물이 아래로 흘러가는 것처럼 물체가 자연적 위치로 향하는 것을 말하고, 강제운동은 돌멩이를 하늘로 높이 던졌을 때 포물선을 그리면서 떨어지는 것처럼 다른 방향으로 억지로 가게 하는 것을 말한다. 이러한 구분은 갈릴레이에 이르기까지 계속 받아들여졌다.

낮은 것들은 하늘 주변으로 모인다고 주장한다면, 바로 이런 것들이야말로 진실로 자연학의 대상이 될 수 있는 운동 종류들이다. 그 나머지 것들은, 내가 말한 두 종류의 주장들을 잘 비교해보면 금방 알 수 있는 것처럼, 순전히 이론적이고 스콜라적인 것에 불과하다.

또 다른 큰 해악은, 지금까지의 연구가 사물의 제1원리나 자연의 궁극적 원인을 탐구하고 설명하는 데에만 정력을 쏟는 바람에, 실제로 효용과 성과를 낼 수 있는 중간 수준의 공리는 완전히 무시되고 말았다는 점이다[1 : 104]. 그런 연구를 한 결과, 잠재태(潛在態)로서 형상이 없는 질료[42]에 도달하기까지 자연을 추상화하기도 했고, 또한 원자[43]에 도달하기까지 자연을 분해하기도 했는데, 이것이 설령 사실이라고 하더라도 인간의 행복을 증진하는 데는 조금도 도움이 안 되는 일이다.

67

또한 지성은 어떤 철학체계에 동의하기에 앞서, 먼저 그 철학이 무절제한 것은 아닌지를 주의 깊게 살펴보아야 한다. 왜냐하면 그런 무절제한 철학들은 우상을 고착화하고 영속화해서 그 우상으로부터 벗어나는 길을 차단하고 말기 때문이다.

이러한 무절제에는 두 가지가 있다. 하나는 무엇이든 성급하게 결정을 내리는 바람에 학문을 단정적이고 독단적인 것으로 만들고 마는 사람들의 무절제요, 또하나는 불가지론(不可知論, Acatalepsia)에 빠져 아무 목표 없이 무턱대고 연구만 하는 사람들의 무절제이다. 전자는 지성을 억압하고 후자는 지성을 약화시킨다. 예를 들면 아리스

---

42) 예컨대 아리스토텔레스의 제1질료 같은 것을 말한다.
43) 레우키포스와 데모크리토스 학파의 '원자' 같은 것을 말한다.

토텔레스의 철학은 (마치 터키인이 동족을 해치듯이[44]) 다른 철학을 사정없이 논박해서 완전히 부숴놓은 다음에 하나씩 문제를 좇아 답을 내리고, 그런 다음 제멋대로 문제를 제기하고 마치 확실한 해결책이라도 찾았다는 듯이 자기 방식대로 결정을 내린다. 이런 사고방식은 그의 후계자들도 똑같이 답습하고 있다.

다른 한편, 플라톤 학파는 회의론을 주창했다. 그들의 회의론은 처음에는 프로타고라스[1 : 41]나 히피아스[45] 같은 사람들이 무슨 일이든지 의심하려 드는 꼴이 못마땅하여 이들을 조롱하고 비꼬는 것이었는데, 신아카데미아 학파[46]에 이르러 그 회의론은 그들 자신의 주된 이론으로 공공연히 주장되기에 이르렀다. 물론 이것은 [스토아 학파처럼] 제멋대로 결정을 내리는 것보다는 정직한 방법이지만, (왜냐하면 이 학파의 사람들은 피론[47]이나 판단중지론자(判斷中止論者)들처럼 모든 탐구를 폐기처분한 것은 아니라고, 자신들은 개연적(蓋

---

44) Bacon, *The Advancement of Learning* (1605). II, 8 : 5. *GBWW*, Vol. 28. p. 48.
45) Hippias(460?) : 엘리스 출신의 그리스 소피스트. 소크라테스와 동시대 사람이나 생몰 연대는 자세하지 않다. 그는 천문학에서 상고사(上古史)에 이르기까지 모르는 것이 없는 만물박사였다고 한다. 플라톤은 그의 이름을 딴 두 편의 대화록(*Hippias Major, Hippias Minor*)을 남기고 있는데, 여기에서 히피아스를 '기억술(記憶術)을 발명한 사람'이라고 비꼬고 있다.
46) Nova Academia. 신아카데미아 학파는 키레네 출신의 카르네아데스(Carneades, 기원전 214?~기원전 129?)가 창시했다. '제3아카데미아'라고도 한다.
47) Pyrrhon(기원전 360~기원전 272?) : 그리스 철학자. 인간의 감각지각을 불신해 '무엇에 대해서든 그것을 알 수 있는지 알 수 없는지조차 알 수 없기 때문에 모든 판단을 중지해야 한다'고 주장했다. 판단중지(epoche)를 최선으로 생각한 이러한 회의론(피론주의)은 아테네 중기 아카데미아와 신아카데미아에 널리 퍼졌고, 나중에 아이네시데모스(Aenesidemos)를 거쳐 섹스투스 엠피리쿠스(Sextus Empiricus)에 의해 집대성되었다.

然的)인 것, 즉 진리일 가능성이 있다고 생각되는 것을 따르고 있노라고, 그렇지만 그것이 진리라고 확실하게 주장할 수는 없노라고 말하고 있기 때문에) 그럼에도 불구하고 인간의 정신은 진리를 발견하는 일에 한번 절망하고 나면 무엇이든 쉽게 체념하게 되고, 엄격한 탐구의 길을 걷기보다는 시시껄렁한 잡담이나 즐기게 되고, 이것저것 집적대느라고 하나도 제대로 하는 것이 없게 된다. 내가 이렇게 말한다고 해서 인간의 감각이나 지성의 권위를 부정하고 있다고는 생각하지 말기 바란다. 앞에서도 이미 말한 것처럼, 인간의 감각이나 지성은 연약하기 때문에 필요한 도움을 주자는 것뿐이다[1 : 37].

68

우상의 여러 종류와 그 성질들은 지금까지 설명한 바와 같다. 우리는 이 우상들을 확고하고 엄숙한 결의로써 물리치고 폐기해야 하며, 그로써 지성의 완전한 해방을 기해야 한다. 그리하면 학문의 기초 위에 건설된 인간의 나라도, "너희가 돌이켜 어린아이들과 같이 되지 아니하면 결단코 들어가지 못하리라"[48]고 했던 천국과 같아질 수 있을 것이다.

69

그릇된 논증은 우상을 보호하는 방책(防柵)과 보루(堡壘) 같은 것으로서,[49] [아리스토텔레스류의] 논리학의 규칙에 따라 제시된 논증들은, 세계를 인간의 사유(思惟)에 예속시키고, 인간의 사유를 언어

---

48) 『성서』, 「마태복음」 18 : 3.
49) 여기에서 언급되고 있는 '그릇된 논증'은 앞의 제61장에서 밝히고 있는 것처럼 극장의 우상의 일종이다.

에 예속시켜 노예화하는 것말고는 아무것도 하는 일이 없다. 논증은 어떤 경우에는 그 자체가 철학이며 학문이다. 왜냐하면 그 논증이 정론(正論)인가 사론(邪論)인가에 따라 철학과 고찰의 진위(眞僞)가 판가름나기 때문이다. 그러나 감각과 그 대상에서 출발하여 공리와 결론에 도달하는 전 과정을 통해 우리[세상 사람]들이 사용하고 있는 논증은 곳곳에 오류가 있고, 또한 무력하다.

이 과정은 네 단계를 거치는데, 각 단계마다 오류가 있다. 우선 첫째로, 감각의 인상(印象)이 부정확하다는 것이다. 감각은 불충분하며 또한 우리를 속이기 때문에 감각의 약점은 보완되어야 하며, 오류는 수정되어야 한다. 둘째로 개념은 감각의 인상으로부터 올바르지 못한 방법으로 추상되어, 명확한 개념이 반드시 필요한 대목에서조차 불분명하고 혼란스런 상태에 있다. 셋째로 [통속적인] 귀납법은, 제외나 분해 혹은 자연에 대한 올바른 해체는 할 줄 모르고 오로지 단순한 나열에 의해서만 학문의 원리들을 결정하고 있기 때문에 올바르지 않다. 마지막으로, 발견과 증명의 통상적인 방법, 즉 먼저 가장 일반적인 명제들을 세워놓은 다음, 그 명제들에 비추어 중간 수준의 공리를 적용하고 증명해나가는 방법이야말로 오류의 근원이며 모든 학문의 재앙이다. 그러나 여기에서는 우선 이 정도로 언급해두기로 하고, 앞에서 말한 정신의 속죄와 순화 과정을 거친 후에야 알게 되는, 자연을 해석하는 진정한 방법을 설명할 때 다시 살펴보기로 하자[1 : 104~105].

70

경험이야말로 그 어떤 것보다도 우수한 논증이 될 수 있지만, 그것이 어디까지나 실제로 이루어진 실험의 범위 안에서만 그러하다. 왜냐하면 어떤 실험에서 얻은 경험을 그것과 비슷하다고 생각되는 다른 사례에까지 무분별하게 적용할 경우에는 그릇된 결과를 가져오기 때문이다. 그런 의미에서, 현재 사람들이 사용하고 있는 경험의 방법은 맹목적이고 어리석은 것이다. 방향을 제대로 잡지 못한 채 이리저리 헤매다가 우연히 뭐라도 하나 찾아내면 온갖 이야기를 늘어놓는 사람들이 도대체 무슨 [학문의] 진보를 이룩할 수 있겠는가?[1:82, 100] 이들은 잘되면 기쁨에 들뜨고, 잘 안 되면 절망하면서, 오늘도 그런 어리석은 연구를 계속하고 있다.

사람들은 일반적으로 가벼운 마음으로, 말하자면 놀이를 하듯이 실험을 한다. 이미 그 결과가 알려진 실험을 약간 변형해보고, 별로 소득이 없다 싶으면 금방 싫증을 내고 포기하고 만다. 간혹 진지하게, 꾸준히, 부지런히 실험을 하는 경우에도 어느 한 가지 일만 깊이 파고 든다. 길버트가 자석으로 실험한 것이 그렇고, 연금술사들이 금(金)으로 실험한 것이 그렇다. 이런 실험들은 하나같이 하찮고 미숙한 짓들이다. 어떤 물체의 본성도 그 물체 하나만 연구해서는 도저히 알아낼 수 없다. 탐구는 좀더 광범위하게 확대해서 해야 한다.

실험을 통해 어떤 학문이나 이론을 수립하는 경우에도 사람들은 거의 언제나 응용부터 하려고 덤빈다. 그것으로 당장 이익과 성과를 얻으려고, 또한 자기들이 앞으로 계속해서 이런 종류의 일을 하더라도 결코 무익한 것은 아니라는 보증을 얻으려고, 나아가 그 업적으로 세상 사람들의 높은 평가를 받아 자기 이름을 빛내려고 하기 때문이다. 그러나 이러한 시기상조의 응용에 나서는 것은 아탈란타가 황금 사과를 줍느라고 한눈을 팔다가 승리를 코앞에서 놓치는 것과 다를 바가 없다[1:117]. 진정한 실험의 길은, 실험을 통해 새로운 성과를 얻는 길은 하느님의 지혜(*Divina Sapientia*)와 그 정한 순서를 본받는 것이다. 하느님은 첫째 날에 빛을 만드셨는데, 그날에는 하루 종일 그 일만 하셨고 다른 어떤 물질도 만들지 않으셨다[1 : 121].[50] 그와 같이 우리도 무슨 실험을 하든지 우선 원인과 진실된 공리를 찾아내는 데 주력할 것이요, 이익을 가져오는 '수익(收益) 실험'보다는 빛을 가져오는 '계명(啓明) 실험'에 치중해야 한다[1 : 99].

올바른 방법으로 탐구되고 수립된 공리는 작은 성과를 찔끔찔끔 내는 것이 아니라, 풍부한 성과를 줄줄이 다발로 가져온다. 경험의 여러 길에는 판단의 여러 길만큼이나 장애도 많고 시련도 많은데, 이 문제는 나중에[1 : 98~107] 다시 다루기로 하고, 여기에서는 상식적인 경험이 어떻게 그릇된 논증을 가져오는지에 대해서만 말해두겠다. 우선, 앞에서[1 : 61] 말한 현재 유행하고 있는 철학과 연구들이 어떻게 그릇된 것인가를 보여주는 드러난 징후들에 대해, 그리고 첫눈에 아주 놀랍고 신기하게 보이는 사태의 원인들에 대해 살펴보기로 하자[1 : 71~77]. 그 징후들을 보고 나면 내 말을 쉽게 납득할 수 있을 것이고, 그 원인들을 알고 나면 놀랍고 신기한 생각이 사라질 것이다. 이 두 가지 일은 지성에 깊이 뿌리 박혀 있는 우상을 아주 손쉽게, 그리고 점잖게 근절하는 데 크게 도움이 된다.

71

우리의 학문은 주로 그리스인들로부터 물려받은 것이다. 로마인이나 아리비아인 혹은 요즘 사람들이 보탠 것은 별로 없고, 있다고 하더라도 대수롭지 않은 것들이며, 그것도 그리스인들이 발견한 것을 기초로 하여 세워놓은 것들뿐이다. 그러나 그리스인의 지혜는 학자연

---

50) "하느님이 가라사대 빛이 있으라 하시매 빛이 있었고 …… 저녁이 되며 아침이 되니 이는 첫째 날이니라"(『성서』,「창세기」1 : 1).

(學者然)하고, 논쟁적인 것이었을 뿐 진리탐구와는 거리가 먼 것이었다. 그러므로 소피스트라는 말은—이 말은 원래 스스로 철학자를 자칭했던 사람들이 고르기아스[51]나 프로타고라스, 히피아스, 폴로스 같은 변론가들을 비난하면서 경멸적으로 부른 말이지만—플라톤이나 아리스토텔레스, 제논, 에피쿠로스,[52] 테오프라스토스[53]를 포함해, 그들의 계승자인 크리시포스,[54] 카르네아데스 등과 같은 철학자 전부에게 아주 잘 어울리는 말이다. 두 부류의 철학자들 사이에 차이가 있다면, 앞의 사람들은 돈벌이를 위해 이 나라 저 나라를 기웃거리며 지혜를 팔아 돈을 모으려 했지만, 뒤의 사람들은 좀더 고상하고 품위 있게 한 곳에 정착해서 학교를 열고 무보수로 철학을 가르쳤다는 점이 다를 뿐이다. (그 밖에도 다른 점이 좀 있긴 하지만) 양쪽 다 학

---

51) Gorgias(기원전 483~기원전 375) : 시칠리아 출신의 그리스 소피스트. 존재와 사고의 비동일성(非同一性)과 인식주관의 상대성을 강조했는데, 그의 주장은 보통 다음과 같이 요약되고 있다 : '1) 아무것도 존재하지 않는다. 2) 어떤 것이 존재한다고 하더라도, 그것을 알 수가 없다. 3) 어떤 것이 존재하고, 그것을 알 수가 있다고 하더라도, 그것은 전달될 수 없다.'

52) Epikouros(기원전 341~기원전 270) : 사모스 출신의 그리스 철학자. 소박한 즐거움과 우정, 은둔 등에 관한 윤리철학을 창시했다. 기원전 306년 아테네에 있는 자기 집 정원에서 학파를 창시했는데(이른바 정원학파), 그들에게 철학은 생활양식이었으며, 철학의 목적은 행복을 보장하고 이를 성취하는 수단을 제공하는 것이었다. 그의 이름을 딴 에피쿠로스 학파는, 고대의 논쟁에서 흔히 쾌락과 행복이 최고선이라고 주장하는 쾌락주의와 동의어로 사용되었다.

53) Theophrastos(기원전 372?~기원전 287?) : 그리스 소요학파 철학자. 아리스토텔레스의 제자다. 기원전 323년에 아리스토텔레스의 퇴임 이후 리케이온(Lyceum) 학원의 원장이 되었다. 리케이온은 아리스토텔레스가 아테네에 세운 학원으로서 테오프라스토스 시절에 등록학생과 청강생수가 가장 많았다.

54) Chrysippos(기원전 280?~기원전 206?) : 솔로이 출신의 그리스 철학자. 스토아 철학을 체계화한 주요 인물이다. 제논과 함께 스토아 학원을 세운 것으로 여겨지고 있다.

자연하기는 마찬가지였고, 무엇이든지 논쟁의 대상으로 삼고, 철학의 학파나 학설을 세워 굳게 지키기는 마찬가지였다. 따라서 그들의 학설은 대부분 (디오니소스가 플라톤을 야유한 것처럼) "한가한 노인네들이 철모르는 젊은이들에게 하는 말"[55]이었다.

그러나 그 이전의 그리스 철학자들, 말하자면 엠페도클레스, 아낙사고라스, 레우키포스, 데모크리토스, 파르메니데스, 헤라클레이토스, 크세노파네스,[56] 필로라오스[57]와 같은 사람들은(피타고라스는 미신적인 철학자였기 때문에 뺐다[1:65]) (내가 알기로는) 학교를 연 일은 없지만 묵묵히, 엄숙하게, 우직하게 진리탐구에 힘을 쏟았을 뿐 교만을 떨거나 허식을 부리는 일이 거의 없었다. 따라서 우리가 보기에는 그들이 훨씬 더 훌륭한 사람들이라고 생각되지만, 이들이 이룩해놓은 성과는 시간이 지남에 따라 일반인의 기호와 감각에 영합하는 경박한 학설들에 밀려 점차 사라지고 말았던 것 같다. 시간은 강물과 같아서 가볍고 둥둥 뜨는 것들만 실어 나르고, 무겁고 견고한 것은 가라앉히고 만다[1:77].

그러나 그들도 역시 그리스인에게서 흔히 볼 수 있는 결점이 전혀 없었던 것은 아니다. 이들 역시 학파를 세워 인기를 얻으려는 야심과 허영에 사로잡혀 있었다. 이런 하찮은 것에 몰두하게 되면, 진리탐

---

55) Dionysos Laertos, *Plato*. III, 18. Bacon, *The Advancement of Learning* (1605). I, 4 : 6. *GBWW*, Vol. 28. p. 13.
56) Xenophanes(기원전 560?~기원전 478?) : 그리스 철학자. 엘레아 학파의 선구자로 알려져 있다. 플라톤은 "크세노파네스 또는 그 이전부터 시작된 엘레아 학파는 모든 사물이 통일되어 있다는 원리에서 시작한다"고 말했다. 테오프라스토스는 "크세노파네스의 가르침은 모든 사물은 일자(一者)이며, 그 일자는 신(神)이다"고 요약했다.
57) Philolaos. 기원전 475년경에 활동한 피타고라스 학파의 철학자.

구는 물 건너가고 만다. 어떤 이집트 승려가 그리스인들에 대해, "그들은 평생 애들이다. [그들이 탐구한 것이 후세 사람들에게] 고전적인 지식이 될 수도 없고 [그들에게서] 고전에 대한 지식도 얻을 수 없다"[58]고 했다던데 이 말이, 아니 이 예언이 아주 틀린 말은 아니다. 확실히 그리스인은 애들 같은 데가 있었다. 언제 어디서나 조잘조잘 떠들어대지만 생산능력은 없는 애들처럼, 그들의 지혜는 말만 요란했지 성과는 전혀 내지 못했던 것이다. 그러므로 현재 유행하고 있는 철학의 기원과 출생지가 보여주는 징후는 그리 좋은 것이 못 된다.

72

또한 [그리스 철학이 생겨난] 시기와 시대의 특징에서 볼 수 있는 징후도, 그 나라와 국민의 본성에서 볼 수 있는 징후보다 나을 게 하나도 없다. 그 시대에 지식은 시간적으로 보나 공간적으로 보나 한정되어 있었고, 빈약한 것이었다. 이것은 특히 경험에만 전적으로 의존하는 사람들에게는 더할 수 없는 불행이다. 그들에게는 역사라는 이름에 값하는 천년의 역사는 없고, 다만 낡은 시대에 대한 구전(口傳)과 전승(傳承)이 있을 뿐이었다. 또한 그들은 세계의 지역과 지방에 대해서도 아는 바가 별로 없었다. 북쪽에 있는 나라 사람들은 전부 스키타이인이라 부르고, 서쪽에 있는 나라 사람들은 전부 켈트인이라고 불렀다. 아프리카에 관해서는 에티오피아 언저리밖에 몰랐고, 아시아에 관해서는 갠지스 강 외에는 아는 것이 없었다. 신세계 지역에 대해서는 믿을 만한 풍설은 물론 소문조차 들어본 적이 없었다.

그뿐만이 아니다. 수많은 국민들이 살아 숨쉬고 있는 여러 곳의 풍

---

58) Plato, *Timaios*. 22. *GBWW*, Vol. 6. p. 444.

토와 지대(地帶)도 사람이 살지 않는 곳으로 단정했고, 데모크리토스나 플라톤, 피타고라스가 여행을 한 지역도 어디 먼 곳이 아니라 그저 교외를 산책한 것 정도에 지나지 않았는데도 마치 광활한 지역이라도 누빈 것처럼 법석을 떨었다. 그러나 오늘날에는 신세계의 실로 많은 부분이 알려지고 있고, 구세계는 구석구석이 밝혀지고 있다. 그리고 실험도 계속 쌓여 무한정으로 많아지고 있다. 그러므로 점성술에서처럼 철학의 탄생이나 출발시기의 징후를 보건대, 초창기 그리스인들의 철학에는 어떤 위대한 징후도 찾아볼 수 없다.

73

모든 징후 중에서 그 결과보다 더 확실하고 가치 있는 것은 없다. 결과와 성과야말로 철학의 진리성을 보장하는, 말하자면 보증인이자 증명인이다. 그런데 앞에서 말한 그리스인들의 철학과 그로부터 분화된 개별 학문에서는 그토록 오랜 세월이 지났음에도 불구하고 인간의 생활을 윤택하게 하거나 개선하는 데 도움이 될 만한 실험은 단 하나도 찾아보기 어렵다. 켈수스가 고백한 바에 따르면, 의학상의 발견이 먼저 이루어진 다음에 그에 대한 철학적 고찰과 원인에 대한 탐구가 이루어진 것이지, 그 반대로 철학과 원인에 대한 인식에서 실험이 나오거나 발견이 이루어진 예는 없었다[59]고 하는데, 참으로 솔직하고도 현명한 고백이다. 따라서 발명가를 신으로 섬겼던 이집트 사람들이 인간상(像)보다는 동물상을 더 신성시했다는 것도 놀랄 일이

---

59) Celsus, *De Re Medica*. I, 3. Bacon, *The Advancement of Learning* (1605). II, 13 : 2. *GBWW*, Vol. 28. p. 56. 켈수스(Aulus Cornelius Celsus)는 1세기경 활동한 로마인으로서 『의학』(*Demedicina*)을 편찬했다.

못 된다. 동물은 말은 못 하지만 그 자연적 본능으로 많은 발견을 해내는 반면[60] 인간은 말을 그렇게 많이 하고, 이성의 추론을 그렇게 많이 하고도 제대로 발견해낸 것이 없었기 때문이다.

연금술사들의 노력으로 약간의 발견이 이루어진 바 있지만, 이것은 우연히 혹은 작업방식을 바꾸어보아(장인들이 항상 그렇게 하듯이) 그렇게 된 것이지, 표준적인 기술이나 이론이라고 말할 수 있는 것은 아무것도 없었다. 그들은 이론이라는 것이 실험을 도와주기보다는 오히려 방해하는 것이라고 생각했다. 그리고 또한 (이른바) 자연적 마술에 몰두한 사람들의 발견도 거의 없거니와, 있다 해도 대개가 보잘것없거나 사기(詐欺)에 가까운 것들뿐이다. 그러므로 마치 종교가 우리들에게 행동으로 신앙을 보이라고 요구하고 있는 것과 같이, 우리도 이 원칙을 철학에 적용해 그 성과를 판단의 기준으로 삼아, 아무런 성과도 내지 못하는 철학은 쭉정이로 단정해도 좋을 것이다. 이런 쭉정이 철학들은 포도나 무화과 열매를 맺는 것이 아니라 논란의 찔레와 분쟁의 가시를 낳을 뿐이다.[61]

74

또한, 그 철학과 학문이 얼마나 성장하고 진보했는가를 보고도 징후를 얻을 수 있다. 자연에 바탕을 둔 것은 성장하고 증가하지만, 억측에 바탕을 둔 것은 내용이 자꾸 변하고 증가하지 않는다. 그러므로

---

60) Bacon, *The Advancement of Learning* (1605). II, 13 : 2. *GBWW*, Vol. 28. p. 56~57.

61) "못된 열매 맺는 좋은 나무가 없고 또 좋은 열매 맺는 못된 나무가 없느니라. 나무는 각각 그 열매로 아나니 가시나무에서 무화과를, 또는 찔레에서 포도를 따지 못하느니라"(『성서』, 「누가복음」 6 : 43~44).

앞에서 말한 이론들[1 : 62~69]이 뿌리에서 잘려나간 식물 같은 것이 아니어서 자연의 태내(胎內)에서 영양분을 공급받았다면, 2천 년이나 지속된 그 이론들이 계속 제자리걸음을 하면서 거의 정체된 상태로 이렇다 할 진보 없이 여기까지 오게 되고, 아니 처음 등장했을 때만 잠깐 반짝하고 그 뒤로는 영영 잊혀지고 마는 그런 신세가 되지는 않았을 것이다. 그러나 자연과 경험의 빛을 기초로 한 기계적 기술의 경우에는 그 반대의 일이 일어난다는 것을 알 수 있다. 그들의 기술은 (널리 퍼진 경우) 생기가 넘치고 끊임없이 번성하고 성장한다. 처음에는 조잡해 보여도 곧 편리해지고 마침내 세련되는, 줄기찬 성장의 길을 걷는 것이다.

75

또 다른 징후도 있는데, 그것은 많은 추종자를 거느리고 있는 창시자 자신들의 직접적인 고백이다(이런 것은 사실 징후라고 부르기보다는 오히려 증거라고, 그것도 가장 강력한 증거라고 하는 편이 나을 것이다). [그들의 고백에 의하면] 사물에 대해 자신만만하게 단정을 내리는 사람들조차도 때로는 돌이켜보고, 자연의 오묘한 것이나 사물의 본성이 모호한 것이나 인간의 지능이 약한 것에 대해 탄식하는 일이 있다[는 것이다]. 그런데 이런 경우 그들이 물의(物議)의 눈치를 보지 말고 차라리 속사정을 솔직히 드러냈다면, (그 탄식 소리를 듣고) 소심한 사람들은 탐구를 포기했을지도 모르지만, 활력과 자신이 넘치는 사람들은 오히려 더욱 고무되고 자극을 받아 앞으로 전진했을 것이다. 그러나 [그들은 세상 사람들이 자신들을 무능력하다고 비난할 것이 두려워] 탄식 소리를 가만히 감춘 채 [화살을 엉뚱한 방향으로 돌려] 자기나 자기 스승이 알지 못하는 것이나 혹은 아직 시도해보지 못한 것은 무엇이든지 가능성의 한계 밖에 있다고 주장하면서, 더할 수 없는 교만과 질투로 자연을 비방하고, 다른 사람들까지도 전부 절망에 빠뜨리고 말았다.

이런 식으로 신아카데미아 학파[1 : 67]가 등장해 공공연히 회의론을 전파하고 사람들을 영원한 암흑 속으로 끌고 들어간 것이다. '형상(形相) 혹은 사물의 종차(種差)―이것이야말로 진짜 사물의 순수활동의 법칙인데[1 : 51]―는 인간의 이해력을 초월해 있는 것이기 때문에 도저히 알 수 없다'는 따위의 학설도 다 이렇게 나온 것이다.[62] 실제 연구에서도, 예를 들면 태양의 열과 불의 열은 종차가 전혀 다르다는 [터무니없는] 학설 때문에, 사람들은 불을 이용하여 자연계에서 벌어지고 있는 것과 유사한 일을 할 수 있다는 생각을 못 하게 되고[1 : 88], 사람이 할 수 있는 일은 합성(合成)뿐이고, 혼합(混合)은 오직 자연만이 할 수 있다는 학설 때문에, 인간의 기술로 자연적 물체를 생성한다든가 변형시킨다든가 하는 일은 아예 꿈도 못 꾸게 된 것이다. 그러므로 이런 징후들을 놓고 볼 때, 절망에 빠져 있는 정도가 아니라 숫제 절망에 몸을 맡기고 있는 이런 학설들에 자신의 운명을 걸고 노력을 기울여서는 안 된다는 것쯤은 누구나 쉽게 알 수 있을 것이다.

76

또한 옛날 철학자들 사이에 의견이 분분하고 학파도 각양각색이었다는 점도 지나쳐 볼 일은 아니다. 왜냐하면 그것은 동일한 철학적 대상(즉 사물의 본성)을 놓고 탐구하는 자들이 저마다 온갖 종류의 오

---

62) Bacon, *The Advancement of Learning* (1605). II, 7 : 5. *GBWW*, Vol. 28. p. 44.

류에 빠져 있었다는 사실을, 다시 말해 감각에서 지성에 이르는 길이 제대로 마련되어 있지 않았다는 사실을 보여주는 징후이기 때문이다. 그리고 요즈음에는 원리 그 자체와 철학체계 전체에 대한 의견의 대립과 학설의 차이는 거의 없어졌지만, 그래도 철학의 특정한 부분들에 대해서는 아직도 수많은 문제와 논쟁이 미해결 상태로 남아 있다. 이와 같이 철학 그 자체를 보나 논증의 방법을 보나, 도대체 확실하거나 건전한 것이 하나도 없다.

77

그런데 이렇게 생각하는 사람들이 있다. '적어도 아리스토텔레스의 철학은 일반적 동의(consensus)를 얻은 것이 아니냐. 그의 철학이 생긴 후 그 이전의 철학은 전부 학파(學派)가 끊어졌고, 그 이후에는 더 나은 철학이 생기지 않았으니, 이렇게 당대나 후대를 통틀어 지지를 얻은 것은 그만큼 그의 철학이 우수하고 기초가 튼튼했기 때문이 아니냐.' 그래, 어디 한번 생각해보자. 우선 첫째로 아리스토텔레스의 저작이 나온 후에 그 이전의 철학은 모두 학파가 끊어졌다는 말은 거짓말이다. 옛날 철학자들의 저작은 꽤 오래도록, 키케로(Cicero) 시대와 그 다음 시대에 이르기까지 면면히 남아 있었다. 그러나 그 후 야인(野人)들이 로마 제국에 침략하여 인간의 학문이, 말하자면 난파를 당했을 때, 아리스토텔레스의 철학과 플라톤의 철학만이 그 험한 시대의 파도 속에서 살아 남게 되었는데, 이는 그들의 철학이 가볍고 견고하지 못한 판자 같은 재료로 만들어진 것이었기 때문이다[1:71].

둘째로 아리스토텔레스의 철학이 만인의 동의를 얻었다는 것도 잘 살펴보면 거짓말이라는 것을 알게 된다. 진정한 동의는 먼저 사실을 잘 조사해본 다음에 자유로운 판단을 할 수 있는 상황에서 동일한 결론에 도달하는 것을 말하는데, 아리스토텔레스의 철학에 동의한 사람들 대다수는 선입관이나 다른 사람의 권위를 추종하여 자기를 팔아치운 사람들이기 때문에, 그들의 동의는 동의라기보다는, 일창백화(一唱百和)로 대세에 휩쓸려 따라다닌 것이요, 두엄 지고 장(場)에 나선 부화뇌동이라 해야 마땅하다. 설령 그 동의가 실제로 폭넓은 것이었다 하더라도, 그것은 확고부동한 권위의 증거가 될 수 없거니와, 오히려 그 반대의 의심을 품게 만드는 일이다. 신학이나 정치처럼 투표에 의한 결정이 인정되어 있는 영역[63]이라면 모르되, 지적인 문제에서는 만장일치로 내리는 결론보다 더 나쁜 것은 없다. 앞에서 이미 살펴본 것처럼, 대중의 찬성은 상상력을 자극하거나 통속적인 개념의 끈으로 지성을 꽁꽁 묶어놓지 않고는 얻을 수 없는 것이기 때문이다. 포키온(Phocion)이 "대중이 찬성하고 갈채를 보내면, 돌이켜 자기에게 오류나 과실이 없는지를 즉시 살펴보아야 한다"[64]고 했는데, 이 격언은 도덕의 영역뿐만 아니라 지식의 영역에 적용해도 좋을 것이다. 그러므로 이와 같은 '의견일치'의 징후는 결코 축하할 일이 못 된다. 지금까지 살펴본 것처럼, 현재 유행하고 있는 철학과 여타 학문의 진리성과 견실성에 대한 징후는 그 철학의 기원으로 보나, 성과로 보나, 발달의 경과로 보나, 창시자의 고백으로 보나 혹은 일반의 동의로 보나 하나같이 불길한 것들뿐이다.

78

다음으로, 여러 가지 오류의 원인과 그 오류가 여러 시대를 거치

---

63) 종교회의나 의회의 경우를 말한다.
64) Plutarch, *Vitae Parallelae. Phocion.* 8.

는 동안 고질화된 원인에 대해 살펴보도록 하겠다[1 : 61]. 그 원인은 한두 가지가 아니지만,[65] 이것을 다 알고 나면 우리가 지금 제안하고 있는 것[귀납적 연구방법]이 어째서 그토록 오랫동안 사람들의 주목을 끌지 못했을까 하는 놀라움은 완전히 사라지고, 대신 어째서 아직까지도 그런 사고방식에 끌려다니는 사람들이 있을까 하는 놀라움만 남게 될 것이다. 그러나 이러한 깨우침도 (내가 보기에는) 어느 특별한 인간의 우수한 능력 덕택이 아니라 오히려 행운의 결과이며, 지성의 산물이라기보다는 오히려 '시간'의 산물이다[1 : 84, 122].

[1] 우선 첫째로, 저 수천 수백 년이라는 긴 시대도 잘 생각해보면 실로 짧은 기간이라는 것을 알 수 있다. 인간이 기억과 지식으로 알고 있는 2천5백 년의 세월 가운데 학문이 생겨나고 발달한 기간은 채 6백 년이 못 된다. 사막과 황야는 땅에만 있는 것이 아니라 세월에도 있다. 철학상의 혁명과 시대를 구분해보면, 다음과 같은 세 시대밖에 없다. 1) 그리스인의 것, 2) 로마인의 것, 3) 현재 우리들의, 즉 서유럽 여러 나라 국민들의 철학 등이 바로 그것인데, 공정하게 말하면 각 시대마다 해당 기간이 2백 년도 안 된다. 그 중간중간에 있는 세월은 학문이 빈약하고 수확이 거의 없는 흉작과 불모의 시대였다. 아라비아인이나 스콜라 철학자들의 것은 언급할 필요가 없다. 이들 시대에는 학문의 중요성이 증대했다기보다는 오히려 잡다한 논저(論著)로 인해 학문이 압살당했기 때문이다. 그러므로 학문의 진보가 불충분했던 이유를 들자면, 우선 학문에 우호적인 시대가 시간적으로 매우 짧았다는 것을 첫째 요인으로 꼽아야 할 것이다.

---

65) 본 장에서 제92장에 이르기까지 무려 15개의 원인이 나온다.

[2] 둘째로 지적할 수 있는 매우 중요한 원인은, 인간의 지능과 학문이 아주 혹은 꽤나 번성했던 시기에도 자연철학[66]은 항상 뒷전으로 밀려나 찬밥 신세를 면치 못했다는 것이다. 그러나 자연철학이야말로 모든 학문의 위대한 어머니라고 할 수 있다. 그 어떤 기술도, 그 어떤 학문도 이 자연철학이라는 뿌리와 단절되면, 아무리 열심히 연마해 이용후생(利用厚生)에 쓰고자 해도 좀처럼 성장할 수 없기 때문이다. 그런데 알다시피 기독교 신앙이 승인되고 성행한 후에는 이 분야에만 지원이 집중되었기 때문에, 지능이 뛰어난 자들은 모두 신학에 몰두했고 따라서 신학의 연구가 제3의 시기, 즉 우리 서유럽 국민들의 주요 관심사가 되기에 이르렀던 것인데, 종교에 관한 논쟁이 만발하던 바로 이 시기에 학문이 번영했기에 더욱 그러했던 것이다.

그런데 제2의 시기, 즉 로마인의 시대는 철학자의 사색과 노력이 주로 도덕철학—이교도들에게는 신학에 해당하는—에 집중되었거니와, 지능이 우수한 자들은 대부분 공무(公務)에 종사했다. 그도 그럴 것이 로마 제국은 워낙 광대했기 때문에 우수한 관리들이 많이 필요했던 것이다. 자연철학이 번성했던 것으로 보이는 그리스인의 시대도 그 기간은 극히 짧았다. 초기에 칠현(七賢)으로 불리던 사람들[67]은 탈레

---

66) 여기에서 말하는 '자연철학'(natural philosophy)은 자연에 관한 철학 일반이 아니라, 오늘날의 '자연과학'에 해당한다. 베이컨은 학문을 '신의 철학' (divine philosophy)과 '인문학'(human philosophy or humanity) 및 '자연철학'으로 나누고, '자연철학'을 '제1철학'(philosophia prima)으로 부를 것을 제안하고 있다. Bacon, *The Advancement of Learning* (1605). II, 5 : 2~3. *GBWW*, Vol. 28. p. 40.

67) 비아스, 큘론, 클레오브로스, 페리안드로스, 피타코스, 솔론, 탈레스의 일곱 학자.

스[68])를 제외하면 하나같이 도덕철학과 정치에 전심했고, 소크라테스가 철학을 하늘에서 땅으로 끌어내린 후에는 도덕철학이 대세를 이루게 되면서, 자연철학에 대한 관심은 사람들 사이에서 점점 사라져 갔던 것이다. 더욱이 자연철학에 대한 연구가 번성하던 시기에조차도 야심이 많고 논쟁을 좋아하는 무리들 때문에 연구가 크게 왜곡되었고, 따라서 대부분의 연구가 무용지물이 되고 말았다.

요컨대 앞에서 말한 세 시대를 통틀어 사람들은 전혀 다른 일에 관심을 쏟았을 뿐, 자연철학은 거의 무시되거나 심지어 저해(沮害)되었으니, 자연철학 분야에서 진보가 거의 없었다는 것은 조금도 놀랄 일이 못 된다.

80

[3] 또 하나의 원인은 자연철학을 연구하고 있는 사람들이 많다 해도 그 중에서 한눈을 팔지 않고 그 일에만 전심전력하는 사람이 거의 드물다는 것이다. 특히 근자에는, 작은 승방(僧房)에 틀어박힌 수도승[예컨대 로저 베이컨(Roger Bacon)]이나 산장(山莊)에서 연구에 몰두하고 있는 귀족 몇 사람을 제외하면, 자연철학을 제대로 연구하고 있는 사람이 전무하다고 해도 과언이 아니다. 자연철학은 다른 목적을 달성하기 위한 일종의 통로와 다리[橋梁] 구실을 하고 있을 뿐이다.

---

68) Thales(기원전 640~기원전 550) : 밀레토스 출신의 그리스 철학자. 만물의 본질(arche)이 물이라고 주장했다. 밤하늘의 별을 관찰하다가 우물에 빠졌다는 일화가 있고, 일식을 예언했다고 한다. 탈레스는 그의 계승자 아낙시만드로스(Anaximandros, 기원전 610~기원전 545?)와 아낙시메네스(Anaximenes, 성년기 기원전 545)처럼 신화의 세계와 이성의 세계 사이에 다리를 놓은 인물로 평가되고 있다.

이리하여 여러 학문의 위대한 어머니는 불명예스럽게도 일개 하녀의 지위로 전락해, 의학이나 수학의 시중이나 들게 되었고, 미성숙한 젊은이들이 다른 학문을 쉽게 받아들일 수 있도록 미리 정신을 세탁하는 데 쓰는, 말하자면 애벌 염료(染料)의 신세가 되고 말았다. 자연철학이 개개의 학문에 적용되고, 그 학문들이 다시 자연철학으로 돌아가지 않는 한, 학문의 (특히 학문의 실천적인 영역의) 어떤 위대한 진보도 기대할 수 없다. 그러한 연관이 없고는 천문학, 광학, 음악, 대부분의 기계적 기술, 심지어 의학조차도, 그리고 (좀 놀라운 이야기가 될지도 모르겠지만) 도덕철학과 정치철학, 논리학 등도 전혀 깊이를 가질 수 없으며, 기껏해야 사물의 표면과 다양성 위에서 왔다갔다 하는 데 그칠 수밖에 없기 때문이다. 개개의 학문들은 흩어져 고립되면 자연철학의 영양을 공급받을 길이 없어진다. 자연철학이야말로 운동, 광선, 음향, 물체의 조직과 구성, 감정, 지적 이해력 등에 대한 올바른 고찰을 바탕으로 개개의 학문에 새로운 활력과 성장력을 주는 것이니, 이 뿌리로부터 단절된 학문들이 성장하지 못했다는 것은 조금도 놀랄 일이 못 된다.

81

[4] 학문이 진보하지 못한 또 하나의 유력한 원인은 연구의 목표가 제대로 설정되지 못했다는 것이다. 연구 목표가 모호한 상태에서 무슨 진보가 있겠는가? 학문의 진정한 목표는 여러 가지 발견과 발명을 통해 인간 생활을 풍부하고 윤택하게 하자는 것이다. 그런데 명색이 학문을 한다는 사람들 대다수는 이 뜻을 조금도 이해하지 못한 채 직업적으로 품팔이를 하고 있다. 천부적인 재능이 있고 야심만만한 장인(匠人)이, 자기 돈을 써가면서 새로운 발견에 몰두하는 일은 극히

예외적으로 있을 뿐이다. 대다수 사람들은 기술과 학문을 축적하고 증진시키는 것을 연구의 목적으로 삼기는커녕, 이미 자기 수중에 들어 있는 기술과 학문조차도 직업적인 이득이나 명예에 별로 도움이 되지 않는 것은 거들떠보지도 않는다.

이런 무리 가운데 학문에 대한 순수한 사랑을 가지고 학문 그 자체를 위해 탐구하고 있는 사람이 있다고 해도, 또 이 사람이 하는 일은 엄격하고 정밀한 진리탐구라기보다는 다양한 학설들에 대한 고찰이다. 정말 엄격하게 진리를 탐구하는 사람이 있다고 해도, 또 이 사람의 목표는 이미 오래 전에 알려진 사물의 원인을 명확히 해서 정신과 지성을 만족시키는 그러한 종류의 진리 검증일 뿐, 새로운 성과를 내거나 공리의 수립에 새로운 빛을 던져주는 진리탐구는 아니다. 이와 같이 아무도 학문의 진정한 목표를 제대로 설정한 사람이 없었으니, 학문탐구를 위해 그들이 동원한 수단에 오류가 있었다는 것은 (수단은 목적에 종속되는 것이므로) 조금도 놀랄 일이 못 된다.

82

[5] 간혹 학문의 목적과 목표를 제대로 설정한 경우에도 사람들은 잘못된 길, 길 아닌 길로 접어들었으니, 이는 목표를 제대로 설정하지 못한 것과 다를 바 없는 것이었다. 그러므로 지각 있는 사람들이 들으면 놀랄 일이겠지만, 학문을 한다는 사람들이, 인간의 지성을 위해 감각 그 자체와 질서정연하게 수행된 실험에서 출발하는 올바른 길을 개척하지는 않고, 하나같이 전통의 암흑 속에서 논증의 소용돌이와 혼란에 빠져 우연에 몸을 맡긴 채 미궁을 헤매고, 조잡한 경험에 대책 없이 끌려다녔던 것이다.

사람들이 지금까지 진리의 탐구와 발견을 위해 어떤 길을 걸어왔는지를 주의 깊게 살펴보면, 사람들에게 상식으로 굳어져 내려온 그 발견의 길이 얼마나 단순하고 어설픈 방법이었는지 금방 알게 된다. 그 상식적인 방법은 이런 것이었다. 즉 무엇인가를 발견하려고 마음 먹은 사람은 우선 그 주제에 대해 다른 사람들이 연구해놓은 것을 조사해서 섭렵한 다음 거기에 자기 생각을 보태어, 혼신을 다해 열심히 생각하고 또 생각하여, 말하자면 신탁(信託)이 내릴 때까지 생각하는 것이다. 오로지 열심히 생각하는 것 하나로 무엇인가를 발견하려는 이런 방법 가지고는 근거 없는 '억측'밖에 나올 것이 없다.

발견을 위해 논리학의 도움을 받는 방법도 생각해볼 수 있겠지만, 논리학은 오직 명목적으로만 당면 과제와 관계가 있을 뿐이다. 논리학이 하는 일은 원리나 핵심공리를 발견하는 것이 아니라 원리나 핵심공리와 일치한다고 생각되는 명제들을 발견하는 것이다. 그 원리 혹은 대전제가 되는 공리들의 증명과 발견에 대해 의문을 제기하면, 논리학은 그냥 그렇게 믿으라고, 충성을 맹세하라고, 판에 박은 대답만 되풀이한다[1 : 13].

그 밖에 단순한 경험을 생각해볼 수도 있겠는데, 이것이 저절로 생겼을 경우에는 우연(chance)이라 하고, 추구하여 얻었을 경우에는 실험(experiment)이라 한다[1 : 95]. 그러나 이러한 종류의 경험은 (말하자면) 끈 풀어진 싸리빗자루 같은 것이고, 어둠 속을 헤매는 것과 같은 것이다. 한밤중에 길 찾으려고 이리저리 헤매는 것보다는 차라리 날이 밝은 다음에 길을 떠나거나, 등불이라도 켜들고 나서는 것이 훨씬 현명한 일일 것이다. 경험의 올바른 순서는, 우선 등불을 켠 다음 그 등불로 길을 비추어 보는 것, 다시 말해 난잡하고 모호한 실험이 아니라 질서정연하고 잘 정돈된 실험에서 시작하여 공리를 이끌어내고, 이 공리에서 다시 새로운 실험을 이끌어내는 것이다. 하느님의 말씀도 적절한 순서 없이는 삼라만상을 주재(主宰)할 수 없다.

이처럼 너나 할 것 없이 길을 잃고 헤맸으니 과학이 제대로 나아가지 못한 것은 조금도 놀랄 일이 못 된다. 경험을 완전히 내팽개치거나, 경험의 숲에 빠져 허우적거리는 것은 미궁을 헤매는 것과 같고, 올바른 순서를 따르는 것은 경험의 어지러운 숲에서 공리의 평원(平原)으로 가는 탄탄대로를 걷는 것과 같다.

83

[6] 그런데 이러한 악폐를 놀랍도록 크게 키워온 사고방식 혹은 해묵은 독단이 있었으니, 그것은 바로 체통에 구애된 허영과 편견이었다. 즉 감각의 대상이 되는 사물과, 질료를 대상으로 하는 실험을 가까이 하면, 인간의 정신이 위엄을 잃는다는 것이었다. 특히 그러한 사물들의 탐구는 힘이 드는 일이기 때문에 사색의 대상으로 삼기에는 저속한 것이고, 담론의 대상으로 삼기에는 귀를 어지럽히는 것이고, 응용하기에는 품위가 떨어지는 것이고, 그 수도 무한해서 감당하기도 힘들고, 너무 미묘해서 잡을 수도 없다고 하는 독단적인 사고방식 때문에, 올바른 길은 방치되고, 차단되고, 폐쇄되었고, 경험은 무시되거나 오용되었을 뿐만 아니라 심지어 혐오스러운 것으로 배척당하는 지경에까지 이른 것이다.

84

[7] 학문의 진보를 지체시킨 또 다른 원인으로는 고대(古代)의 것에 대한 무조건적인 숭상과, 철학계의 거장으로 통하는 사람들의 권위에 대한 맹목적인 추종과, 일반적 동의를 들 수 있다. 이것들은 마치 마법처럼 사람을 홀렸는데, 이 가운데 '일반적 동의'의 문제는 이

미 앞에서 말했다[1:77]. 사람들이 고대의 것에 대해 품어온 사고방식은 하나같이 허황한 것이거니와, '고대'(antiquity)라는 말 자체하고도 잘 맞지 않는다. 왜냐하면 고대라는 것은, 세계가 나이를 먹어 오래 된 시대를 의미하는 것이므로, 우리 시대가 바로 고대라고 해야 한다. 세월의 나이로 볼 때 고대인보다는 우리가 나이를 더 먹었기 때문이다. 고대인들은 우리하고 비교하면 더 옛날 사람이고 연장자들이지만, 세계하고 비교하면 새 사람들이고 젊은 사람들이다.[69] 나이 든 사람이 젊은이보다는 세상일을 더 잘 알고 더 성숙한 판단을 내릴 수 있다고 생각하는 이유는, 그들의 경험이 풍부하며 보고 듣고 생각한 것의 수효와 종류가 많기 때문이 아닌가? 지금 우리가 살고 있는 세계는 (고대보다) 나이를 더 먹었고, 무수한 실험과 관찰이 축적되고 증가했으므로, 우리는 마땅히 고대보다는 우리 시대에 (우리 시대가 그런 힘을 가지고 있다는 것을 알고, 그 힘을 행사하려 한다면) 더 큰 기대를 걸어야 한다.

또한 우리 시대에 들어와서 성행하게 된 장거리 항해와 여행을 통해서 우리들이 알게 된 여러 가지 발견과 지식들이 철학에 새로운 빛을 던져주고 있다는 것도 고려해야 한다. 우리 시대에 들어와 육지나 바다나 별과 같은, 물질세계 구석구석이 그렇게 폭넓게 탐구되었는데도 우리 지식의 지평(地平)이 고대인이 발견한 좁은 세계에 그대로 머물러 있다면, 이것은 참으로 수치스러운 일이 될 것이다.

---

69) '오래 되다'는 말은, 지금을 기준으로 과거로 거슬러올라가면서 사용하는 것이 보통이지만, 여기에서 베이컨은 기준 시점을 현재로 잡는 것이 아니라 인류의 기원, 즉 '세계'의 시작에서부터 잡고 있기 때문에 이와 같이 말하고 있다. Bacon, *The Advancement of Learning* (1605). I, 5 : 1. *GBWW*, Vol. 28. p. 15.

권위에 대한 맹종의 문제도 그렇다. 철학의 창시자들은 그렇게 무조건 떠받들면서 모든 창시자 가운데 창시자인, 모든 권위의 창시자인 '시간'의 권위를 믿지 않는 것이야말로 정신의 허약함을 단적으로 보여주는 증거가 아닐 수 없다. '진리는 시간의 딸이지 권위의 딸은 아니다.'[70] 그러므로 고대[에 대한 숭상]와 창시자[의 권위에 대한 맹신]와 일반적 동의[에 대한 추종]의 마술에 홀려 있는 사람들이 (마치 마법에 걸린 사람들 모양으로) 사물을 제대로 알지 못한 것은 조금도 놀랄 일이 아니다.

85

[8] 인간의 노력을 이미 발견된 것에 안주하게 만드는 것은 '고대'와 '권위'와 '일반적 동의'에 대한 영합(迎合)만이 아니다. 오랜 세월에 걸쳐 인류에게 전해 내려온 풍부한 성과에 대한 찬탄도 한몫을 한다. 인간의 문명생활의 이기(利器), 즉 기계적 기술이 낳은 여러 가지 멋진 도구와 장치들을 보고 있으면, 누구라도 인간의 빈곤을 느끼기보다는 그 풍요로움에 감탄하기 쉽다. 그러나 [그러한 문명의 이기들에 들어 있는] 인간의 관찰과 자연의 작용(이것이야말로 저 문명의 이기들을 움직이게 하는 원동력이자 생명인데)은 그다지 많지도 않고, 깊이 탐구된 것도 아니다. [한두 가지 자연의 원리를 제외하면] 그 나머지는 전부 인간이 인내심을 가지고 손이나 도구를 일정한 순서에 따라 섬세하게 움직여 작동시키는 것에 불과하다. (예를 들면) 시계를 만드는 것은 확실히 섬세함과 정밀함이 필요한 일로서, 침(針)의 회전은 천체(天體)[의 회전]를 모방하고, 규칙적인 진동은 동물의

---

70) Aulus Gellius, *Noctes Atticae*, XII, 11.

맥박을 모방한 것으로 보이지만, 실제로 여기에 적용된 자연의 공리는 한두 가지에 불과하다[1:7].

또한 교양학[71] 각 분야의 정치(精緻)한 연구나 혹은 자연물의 제조와 관련된 기계적 기술의 정교함을 보고 감탄하는 사람이 있다면, 즉 [교양학 분야에서] 천문학이 천체운동을 발견한 것과, 음악이 화음을 발견한 것, 문법학이 알파벳 문자(중국에서는 아직도 쓰고 있지 않지만)를 발견한 것을 보고, 또한 기계적 기술 분야에서, 바쿠스[72]와 케레스[73]의 일, 즉 포도주와 맥주의 양조기술, 제빵기술 혹은 식탁에 오르는 진귀한 음식들[의 조리법]과 증류법 따위를 발견한 것을 보고 감탄하는 사람이 있다면, 그런 사람들은 그 기술들이 현재와 같은 세련된 상태에 이르기까지 얼마나 많은 세월이 걸렸는지(증류법[74]을 제외하면 나머지는 모두 오래 된 것이다), 거기에 적용된 인간의 관찰과 자연의 공리가 (시계의 예와 같이) 얼마나 적은 것인지, 그것도 얼마나 쉽게, 말하자면 우연히 무심결에 발견된 것인가도 한번 생각해보기 바란다. 그러면 감탄은 즉시 사라지고, '그토록 장구한 세월이 지났는데도 기술과 발견이 어찌 이토록 빈약하고 부족한가' 하는 탄식이 나올 것이고, 마침내 인간을 불쌍히 여기는 마음이 생기고야 말 것이다. 위에서 말한 발견들조차도 사실은 철학이나 지적 학문들

---

71) 5세기 이후 서양의 전통적인 교양과목으로는 문법학, 변론술, 논리학의 3과 (三科, the trivium)와 산술, 기하학, 천문학, 음악의 4학(四學, the quadrivium)이 있었다.
72) Bacchus. 로마 신화에서 술의 신. 그리스 신화의 디오니소스에 해당한다.
73) Ceres. 로마 신화에서 파종과 수확을 관장하는 농업의 여신. 그리스 신화의 데메테르(Demeter)에 해당하며, 중국 신화로 말하자면 신농씨(神農氏)에 해당한다.
74) 증류법은 1150년경에 무어인이 유럽에 소개한 것으로 알려져 있다.

보다 더 오래 된 것들이기 때문에, (솔직하게 말하자면) 그런 사변적이고 독단적인 학문[철학이나 지적 학문들]이 시작된 순간 쓸모 있는 발견은 끝나고 말았다고 해야 할 것이다.

이제 공장에서 도서관으로 눈을 돌려 보자. 시야에 들어오는 책이 엄청나게 많은 것을 보고 감탄하는 사람이 있다면, 그런 사람들은 그 많은 책의 재료와 내용을 주의 깊게 살펴보기를 권한다. 그러면 벌어졌던 입이 다물어지고, 대신 불평이 나오고야 말 것이다. '어찌하여 같은 이야기를 끝없이 반복하는가, 똑같은 일을 하고 똑같은 것을 말한 사람이 어찌하여 이다지도 많은가' 하고 말이다. 종류가 많은 것에 감탄하던 사람이 이번에는 재료가 어떻게 빈약한가를 보고는, 인간이 지금까지 전심전력으로 연구했다는 것이 고작 이것이란 말인가 하고 놀라게 될 것이다.

한편, 진지한 학문적 관심거리라고 할 수는 없지만 호기심을 불러일으키는 일에 대해서도 관심을 아끼지 않는 사람들이, 연금술사나 마술사의 일을 자세히 살펴본다면, 그런 사람들은 그들의 행태를 보고 과연 웃어야 할지 울어야 할지 도무지 종잡을 수 없을 것이다. 연금술사들은 반드시 성공하리라는 희망을 품고 작업을 하다가, 제대로 안 될 경우에는 그 책임을 자기 탓으로 돌리고, 자신의 기술이 아직 부족하거나, 자기가 불민(不敏)하여 종주(宗主)의 오묘한 가르침을 제대로 이해하지 못했기 때문이라고 생각한다. 그런 자책 때문에 자기가 한 실험이 어딘가 잘못되었다고 생각하고 재료의 분량이나 시간을 다르게 하여 같은 실험을 끝없이 반복해본다. 이렇게 실험을 계속하는 사이에 우연히 예사롭지 않은 일이 나타나거나 뭔가 쓸모 있어 보이는 것이 발견되면 기쁨에 들떠서 여봐란듯이 과시하고, 이로써 장래의 엄청난 발견이 보장이라도 된 듯이, 더 큰 희망에 부풀어 작업을 계속해나간다.

이 같은 황당한 작업방식에도 불구하고 연금술사들이 발견한 것이 적지 않고, 인간에게 도움이 되는 여러 발명을 했다는 것은 부정할 수 없다. 그러나 이 연금술사들의 일은 우화에 나오는 포도밭 노인 이야기와 아주 흡사하다. 어떤 노인이 포도밭에 묻어둔 황금을 자식들에게 유산으로 남기면서 그 장소는 알려주지 않았는데, 자식들은 그 황금을 찾기 위해 포도밭을 열심히 갈았고, 황금은 찾아내지 못했지만 포도밭을 열심히 간 덕분에 포도농사가 풍년을 이루었다는 이야기 말이다.

자연적 마술의 신봉자들은 또 어떤가? 이들은 전혀 터무니없는 어림짐작으로 사물의 신통력을 믿으면서, 사물의 공감(共感, sympathy)과 반감(反感)으로 모든 것을 설명하려 했는데, 이들이 이루어놓은 성과는, 설령 있다 해도 인간에게 뭔가 도움이 되도록 하려고 했던 것이 아니라, 그저 [자연물의 신통력을] 신기하게 여기고 감탄하기 위한 것이었다.

미신적 마술은 또 어떤가? (이런 것까지도 말해야 한다면) 기묘하고 미신적인 기술은 어느 민족이든, 어느 시대에든, 나아가 어느 종교에서든 한몫을 한 것은 사실이지만, 그것은 한두 가지 특정한 대상에 한정되어 있었다는 점에 특별히 주의하는 것으로 족하고, 더 이상 길게 언급할 필요가 없다. 이 정도면 [현재 우리가 가진] 풍부한 성과에 대한 찬탄이 곧 빈곤의 원인이었다고 한 것이 결코 놀랄 이야기가 아님을 알았을 것이다.

86

[9] 여러 학설과 기술에 인간이 감탄한 것은 그 자체로는 나무랄 것이 못 된다. 문제는 학문을 취급하고 후세에 전해온 사람들이 간계

와 책략으로 이 단순하고 철부지 같은 인간의 감탄을 계속 조장해왔다는 사실이다. 즉 그들은 학문을 눈부시게 장식해서, 마치 모든 분야에 걸쳐 완벽하게 완성된 것처럼 보이도록 사람들 눈앞에 내놓았던 것이다. 그들의 방법과 각 분야를 언뜻 보면, 연구대상이 될 만한 것은 하나도 남김없이 다 포함하고 있는 것처럼 보이지만 실상 빛 좋은 개살구에 불과하고, 세상 사람들의 지성에는 완전한 학문의 형태와 외관을 갖추고 있는 것처럼 보이지만 실상 빈 깡통일 뿐이다.

그러나 최초의, 그리고 가장 우수한 고대의 탐구자들은 그 누구보다도 성실하게 사물을 고찰해 그 누구보다도 성공적으로 진리를 탐구했으면서도, 모든 분야를 다 포괄한 것처럼 허세를 부린 일도 없고 호언장담을 한 일도 없었다. 이러한 겸손 때문에 그들은 민간에 도움을 주는 일에 있어서도, 얻은 바를 체계적으로 정연하게 제시하지 않고, 단지 잠언(箴言)의 형태로, 단편적인 경구의 형태로 제시하는 데 그쳤다. 그러나 현재로서는 [그들의 잠언은] 이미 오래 전에 완성을 보아, 후세인들이 더 이상 손댈 여지가 없는 상태로 전수받았기 때문에 사람들이 그 이상의 것은 추구하지 않는다고 하더라도 조금도 놀랄 일이 아니다.

87

[10] 옛날부터 전해 내려오는 어떤 학설들은, 그 학설을 주창한 자가 터무니없는 요망한 말로 세상 사람들의 관심을 끌고 신용을 얻었으니, 이는 특히 자연철학의 행동적·실천적 영역에서 심하다. 이러한 요설가나 몽상가들이 혹은 맹신에서, 혹은 협잡으로 인류에게 한 약속은 셀 수 없이 많다. 생명을 연장하는 것, 노쇠를 방지하는 것, 고통을 경감시키는 것, 선천적 결함을 교정하는 것, 감각을 속이는 것, 감

정을 억제하거나 자극하는 것, 지적 능력을 계발하고 고양하는 것, 실체의 성질을 변화시키는 것, 운동을 임의로 강화하거나 증대시키는 것, 공기를 압축하거나 변화시키는 것, 천체의 영향력을 끌어다 이용하는 것, 미래의 일을 예언하는 것, 먼 과거의 일을 재현하는 것, 숨어 있는 물체를 드러내 보이는 것 등이 바로 그러한 것들이다.

철학에서 이런 호언장담을 일삼는 사람의 요망한 술책과 진짜 과학의 차이는, 역사에서 카이사르나 알렉산드로스의 [사실상의] 위업과, 갈리아의 아마디스[75] 나 브리튼의 아서[76]의 [전설적인] 업적과의 차이와 같다고 해도 크게 틀린 말은 아닐 것이다. 카이사르나 알렉산드로스와 같은 훌륭한 장군들은 아마디스나 아서의 업적으로 알려지고 있는 것보다 훨씬 더 위대한 일을 했을 뿐만 아니라, 그것도 전설로 가공된 것이 아닌 실제 행동으로 그렇게 한 것이 명백하기 때문이다. 물론 카이사르나 알렉산드로스의 이야기에도 후세 사람들이 덧붙인 대목도 없지는 않지만, 그런 가공(加工)과 우화(寓話)의 흠이 있다고 해서 이야기 전체를 불신하는 것은 온당한 일이 아니다. 사정이 이러한 까닭에 새로운 제안(특히 성과와 관련이 있는)이 나오기

---

75) Amadís de Gaula. 13세기 말 무렵에 유럽에 유포되기 시작한 『갈리아의 아마디스』라는 산문체 소설의 주인공 이름이다. 이 책에서 아마디스는 한 번도 패한 적이 없는 용감한 기사로 그려지고 있는데, 이것은 켈트족의 전설에 나오는 인물을 모델로 한 것이다. 『갈리아의 아마디스』는 전 유럽 상류사회의 공감을 불러일으켜, 중세 유럽에서 기사도(騎士道)의 모범과 교본이 되었다고 한다.

76) 앵글로색슨(Anglo-Saxon : Saxons, Angles, Jutes, Picts)이 영국을 침략했을 때 맹활약했다는 전설적인 왕. 제프리(Monmouth Jeffrey)가 『브리튼 왕 열전』(Historia regum Britanniae)(1135~39)을 쓴 이후 아서 왕은 불가사의한 힘을 지닌 통치자로 묘사되기 시작했다. 돌에서 마법의 검인 엑스캘리버(excalibur)를 뽑아내 왕위에 오르는 전설이 널리 알려져 있다.

만 하면, 그와 비슷한 일을 시도해온 협잡꾼들이 터무니없는 편견과 혐오감을 품고 막 자라나는 과학적 정신을 억압하는 일이 오늘날에 이르기까지 계속되고 있다고 하더라도 조금도 놀랄 일이 아니다.

88

[11] 과학에 더 큰 상처를 입힌 것은 무엇보다도 노력 자체가 부족했다는 점과, 노력이 있었다 하더라도 쓸데없는 일에 온통 힘을 쏟았다는 점이다. 노력은 고사하고 (설상가상으로) 언제나 교만을 떨고 거드름을 피웠다.

우선 첫째로 분야를 막론하고 어떤 기술의 창시자는 그 기술의 결함을 자연 탓으로 돌렸다. 즉 자신의 기술로 해결할 수 없는 문제에 부딪히면, 그 문제는 자연의 이치상 불가능하다는 단정을 서슴없이 내렸는데, 이런 수법은 오늘날에도 계속되고 있다. 하기야 그 기술이 자기 자신을 판단하면서 스스로 유죄판결을 내릴 턱이 있겠는가! 오늘날의 철학이 금과옥조(金科玉條)로 삼고 있는 주장이나 신조도 (그 속을 잘 들여다보면) 결국 인간의 기술이나 노력으로 자연을 지배하거나 정복할 수 있다는 기대는 걸지 말라는 것이다. 앞에서 말한 태양의 열과 불의 열은 종차가 전혀 다르기 때문에 그 둘을 혼합할 수 없다는 따위의 학설이 좋은 예가 될 수 있다[1 : 75]. 이러한 주장은 엄밀히 말하면 인간의 능력에 재갈을 물리고, 의도적으로 절망을 가르친다. 인간이 이렇게 절망하게 되면, 장래의 희망이 꺾일 뿐만 아니라 활력(活力)과 근골(筋骨)마저 끊기어 노력해볼 엄두를 낼 수 없고, 마침내 경험의 기회 자체를 잃어버리고 말게 된다.

그들이 바라는 것은, 세상 사람들에게 자신의 철학이 완전하다는 칭송을 듣는 일이다. 그 어리석은 허영심과 비뚤어진 공명심 때문에, 지금까지 발견하지 못한 것이나 이해하지 못한 것은 앞으로도 결코 발견할 수 없고 이해할 수 없다는 그릇된 믿음을 조장하고 있는 것이다. 설령 사물에 대한 연구에 몰두해 새로운 어떤 것을 발견해보려는 사람이 있어도, 그는 하나의 대상을 고정해놓고 탐구할 뿐 그 이상은 나아가지 않는다. 그런 사람들의 발견은, 예를 들면 자석의 본성이라든가, 밀물과 썰물이라든가, 천체의 질서 등과 같이 어딘가 신비한 구석을 지니고 있어서 지금까지도 이렇다 할 진전을 보지 못하고 있다.

어떤 사물의 본성을 오직 그 사물 속에서만 찾으려 하는 것은 하책(下策) 가운데 하책이다. 어떤 사물에는 숨어 있는 본성이 다른 사물에는 아주 명백하게, 거의 손에 잡힐 듯이 드러나는 경우도 있고, 어떤 사물에서는 경이롭게 생각되는 일이 다른 사물에서는 거의 주의를 끌지 못하는 일이 왕왕 있다. 그러므로 목재나 돌을 놓고 경도(硬度)[미분자의 상호인력, 2:25]의 본성을 탐구하기는 어렵다. 그저 고체(固體)는 다 그런 것이라고 무심하게 생각하고 말기 때문에, 연속성이 분해되거나 해체되지 않는 이유에 대해서는 탐구할 생각이 나지 않기 때문이다. 그러나 수포(水泡)의 경우에는 얇은 수막(水幕)이 반원형을 이루어 일순간 연속성이 해체되지 않는 일이 신기하게 여겨지기 때문에 세밀하고 정교한 연구가 필요한 것처럼 느끼게 된다.

일반적으로 어떤 사물에 숨어 있는 본성은 그 사물에 대한 연구만으로는, 그 사물에 대한 실험과 고찰만으로는 알아내기 어렵다. 그런 본성이 아주 분명하게, 흔하게 나타나는 다른 사물을 보아야 한다. 기계적 기술에서는 오래 전에 이루어진 발견을 더욱 정교하게 만든다든가, 잘 꾸며서 더욱 우아하게 만든다든가, 함께 결합해 합성을 한다든가, 한결 이용하기 쉽도록 만든다든가, 무게나 부피를 줄인다든가 하면 이것은 새로운 발견으로 간주되고 있다.

지금까지 살펴본 것처럼 철학을 한다는 사람들이 그런 소꿉장난 같은 하찮은 일에 만족하고 희희낙락했으니, 아니 무슨 대단한 일이라도 하고 있다는, 엄청난 업적이라도 내고 있다는 착각에 빠져 있었으니, [만물의 영장이라는] 인류의 이름에 걸맞은 위대한 발견이 세상에 빛을 보지 못한 것은 조금도 놀랄 일이 아니다.

89

[12] 또한 자연철학은 어느 시대를 막론하고 미신과 종교적 맹신과 무절제한 열광이라는 만만찮은 적수들과 싸워야 했다는 점도 빼놓을 수 없다. 그리스인 가운데도 천둥번개와 폭풍우의 자연적 원인을 탐구해 학설을 세웠다가 무지몽매한 사람들한테 신에 대한 불경죄로 고소를 당하고 유죄판결을 받은 사람이 있었고, 또한 기독교의 초대 교부(敎父) 가운데도 아주 확실한 증거를 가지고 지구가 둥글다고, 그러므로 지구 반대편에도 땅이 있다고 말했다가(요즘에야 제정신이 있는 사람이라면 아무도 논박하지 않을 일이지만) 그에 못지않은 고초를 겪은 사람이 있었다.[77]

자연철학에 대한 연구환경으로 말하자면, 오늘날은 스콜라 신학자들의 『대전』(大典)과 방법 때문에 한층 어렵고 위험한 지경에 이르러 있다. 이들은 신학을 될 수 있는 대로 질서정연하게, 학문적 형식에 맞게 만들려고 했을 뿐만 아니라, 그것으로도 모자라 종교의 실체를 논하면서 아리스토텔레스의 논쟁적이고 가시 돋친 철학을 필요 이상으로 많이 끌어들이고 있다.

또한 기독교의 진리를 철학의 원리에서 이끌어내고, 그 철학자들

---

77) Saint Augustine, *The City of God*. XVI, 9. *GBWW*, Vol. 16. p. 489 참조.

의 권위에 기대어 확인하는 일을 겁없이 감행해온 사람들 역시 스콜라 철학자들과 (비록 방법은 달랐다 해도) 그 저의(底意)는 다를 바가 없다. 그들은 이러한 신앙과 감각의 결합을 마치 합법적인 결혼이라도 성사된 것처럼 화려하고 엄숙하게 축하하고, 사람들이 좋아할 만한 것을 골라 적당히 섞고 있다. 이것은 신적인 것과 인간적인 것의 부당한 혼합이다. 게다가 당대에 널리 인정된 철학이 일단 신적인 것과 혼합되고 나면 그 후에는 어떤 새로운 철학이 등장해도, 심지어 신학에 혼합된 철학보다 더 나은 철학이 등장해도 모두 추방되거나 절멸되고 만다.

마지막으로, 신학자들의 무지(無知) 때문에 아무리 개선된 철학이 있어도 거기에 이르는 길이 완전히 막혀 있는 경우를 찾아볼 수 있다. 즉 하느님의 비밀을 엿보지 못하도록 한 성서의 금령(禁令)을 곧이곧대로 받드는 일부 신학자들은, 자연을 너무 깊이 탐구하는 것은 하느님이 허락하신 인간의 본분을 벗어나는 행위라고 생각해, 도대체 금령이 있을 수 없는 자연탐구의 길을 처음부터 차단하고 마는 것이다.[78] 일부 신학자들은 한층 교활하게도, 모든 것을 하느님의 손과 지팡이[제1원인]로 설명하기 위해서는 제2원인이 알려지지 않는 쪽이 더 낫다고 생각하고 있다. 그들이 하느님의 손과 지팡이를 아무리 중요하게 여기고 있기로서니, 이것은 "하느님을 위해 불의(不義)와 궤

---

78) 베이컨은 『학문의 진보』에서 무지한 신학자들이 금령이라고 내세우는 『성서』의 구절들을 이렇게 소개하고 있다. "지식은 인간을 교만하게 한다"(바울, 「고린도 전서」8 : 1). "여러 책을 짓는 것은 끝이 없고 많이 공부하는 것은 몸을 피곤케 하느니라"(솔로몬, 「전도서」 12 : 12). "지혜가 많으면 번뇌도 많으니 지식을 더하는 자는 근심을 더하느니라"(솔로몬, 「전도서」1 : 18). "누가 철학과 헛된 속임수로 너희를 노략할까 주의하라"(바울, 「골로새서」2 : 8). Bacon, *Advancement of Learning* (1605). I, 1 : 2~3. *GBWW*, Vol. 28. p. 2~3.

휼(詭譎)을 말하는 것"[79]이 아니겠는가? 일부 신학자들은, 과거의 예를 들어가며 철학상의 논의와 변화는 종당에는 종교에 대한 공격으로 귀결된다고 생각해서 철학을 두려워한다. 또 일부 신학자들은 자연을 탐구한 결과, (특히 배우지 못한 사람들 사이에서) 종교의 권위를 뒤집어엎거나 적어도 뒤흔드는 것이 발견되면 어쩌나 하는 걱정 때문에 철학을 두려워하고 있다. 마지막에 말한 두 가지 두려움은 거의 동물적 본능 수준이다. 종교의 강력한 힘과, 감각을 지배하는 신앙의 힘을 마음속 깊이 믿지 못하기 때문에, 곰곰이 생각한 결과 자연의 탐구를 위험하게 여기고 있는 것이다.

그러나 그 문제를 제대로 살펴보는 사람은, 자연철학이야말로 『성서』를 따르고 미신을 물리치는 확실한 명약(名藥)이요 신앙을 살찌우는 훌륭한 양분임을 알 것이다. 그러므로 자연철학은, 말하자면 종교의 가장 충실한 시녀로서 몸을 바친다 해도 틀린 말이 아닐 것이다. 『성서』는 하느님의 의지를 나타내는 것이요, 자연철학은 하느님의 능력을 나타내는 것이기 때문이다. 그러므로 [예수가] "너희가 『성서』도 하느님의 능력도 알지 못하는 고로 오해했도다"[80] 하고 질책하면서, 하느님의 의지의 계시와 하느님의 능력을 함께 보라고 한 것이다.

지금까지 살펴본 것처럼, 인간의 마음을 그토록 강력하게 지배하는 종교가 일부 사람들의 무지와 무분별한 열광 때문에 자연철학을 적으로 삼아왔으니, 종교에 발목이 잡힌 자연철학이 제대로 진보하지 못한 것은 조금도 놀랄 일이 아니다.

---

79) "너희가 하느님을 위해 불의를 말하려느냐 그를 위하여 궤휼을 말하려느냐?"(『성서』, 「욥기」 13 : 7)
80) 『성서』, 「마태복음」 22 : 29.

[13] 또한, 식자(識者)들의 주거(住居)와 학문의 육성을 위해 설치된 학교나 대학 혹은 기타 유사한 시설들을 살펴보면, 그 관습이나 제도가 하나같이 학문의 진보를 방해하고 있다. 강의나 실습은 상궤(常軌)를 벗어난 것이 있어도 눈에 잘 띄지 않고, 거기까지 생각이 미치기도 어렵다. 설령 판단의 자유를 대담하게 행사하는 사람이 한둘 있다 하더라도 외마디 소리로 외칠 뿐이요, 다른 사람의 협력을 전혀 얻지 못한다. 나아가 그런 고립무원의 처지를 잘 견뎌낸다고 하더라도 여전히 갈 길은 멀다. 잘못된 것을 고치려는 노력과 자유로운 정신 그 자체를 핍박하는 혹독한 시련이 그들을 기다리고 있기 때문이다.

학교 같은 데서 연구하는 사람들은 마치 감옥에 갇힌 것처럼 모두들 어느 특정한 저자의 작품에 갇혀 있어서, 그들과 의견이 다른 사람이 나타나기만 하면 즉시 질서를 교란하고 혁명을 꾀하는 것으로 간주한다. 그러나 정치상의 새로운 움직임에서 생기는 위험과 학문상의 새로운 빛이 불러일으킬 위험은 서로 같은 것이 아니기 때문에, 학문상의 혁명을 정치상의 변혁과 동일하게 위험시하는 것은 부당한 일이 아닐 수 없다. 정치의 경우에는 [권력이] 논증에 의해 유지되고 있는 것이 아니라 권위와 동의와 명성과 여론에 의해 지탱되고 있기 때문에, 더 좋은 세상을 위한 변혁이라 하더라도 그 변혁이 야기하는 소동 때문에 위험시된다. 그러나 기술과 학문의 경우에는 새로운 작업이 시작되거나 진전이 이루어지면, 광산(鑛山)의 경우처럼 사방팔방에 그 사실을 알려야 한다. 그렇게 해야 마땅하다. 그러나 현실은 완전히 딴판으로, 앞에서 말한 학문의 관리와 지배는 언제나 진보를 억압해왔던 것이다.

[14] 앞에서 말한 질시를 요행히 피했다고 하더라도, 그런 시도와 노력에 대해 아무런 보상이 주어지지 않는다면, 그것만으로도 학문의 진보를 억압하기에 충분하다. 학문을 탐구하는 일과, 그 탐구에 대한 보상을 해주는 일이 동일인에게 속하는 것은 아니다. 학문의 진보는 위대한 천재들의 일이고, 그 업적에 대해 포상이나 보상을 하는 일은, 학문을 잘 알지 못하는(특별한 경우를 제외하고) 보통 사람들이나 군주의 몫이다. 그런데 학문상의 진보를 이룩한 사람은 보상이나 은전(恩典)은 고사하고, 대중의 찬사조차 받을 수 없다. 왜냐하면 그와 같은 진보는 대다수 사람들의 이해 범위를 넘어서는 것이어서 세론의 강풍에 압도되거나 소멸되고 말기 때문이다. 그러므로 이처럼 대접다운 대접 한번 받아보지 못한 일이 제대로 성공하지 못한 것은 조금도 놀랄 일이 아니다.

[15] 그러나 학문의 진보에 (또한 새로운 시도나 신천지의 개척에) 가장 큰 장애가 된 것은, 무엇보다도 사람들의 절망감과 자포자기라고 해야 할 것이다. 생각이 분명하고 분별 있는 사람들은 하나같이 학문의 진보에 대해 자신없어한다. 그도 그럴 것이 자연의 이치는 무궁해서 다 알 길이 없는데 인간의 생명은 짧고, 감각은 속이고, 판단은 약하다고 생각들 하기 때문이다. 그러므로 이들은, 바다에 썰물과 밀물이 있듯이 학문에도 세월의 흐름과 시대의 변화를 따라 일폐일기(一廢一起)의 부침(浮沈)이 있어서 학문이 성장하고 만개하는 시대가 있는가 하면, 또 침체하고 쇠퇴하는 시대가 있다고 생각하고, 또한 일정한 단계와 수준에 도달한 후에는 더 이상의 진보는 불가능하다

고 생각한다.

　그러므로 누군가 위대한 것을 믿거나 혹은 약속하는 자가 있다면, '아직 철이 덜 들어서, 천지를 모르고 하는 소리'라고 비웃고 '처음에는 신명을 내지만 이내 난관에 부딪힐 것이고 종당에는 혼란에 빠지고 말 것'이라고 생각한다. 성실하고 판단력이 뛰어난 사람들일수록 이런 생각을 하기 쉽다. 그러므로 [과학적 진리 대신에] 가장 선한 것이나 가장 아름다운 것을 추구하는 일에만 매달리지 않도록, 판단의 엄격함을 늦추거나 줄이지 않도록 특히 주의해야 한다. 또한 희망의 빛이 어떻게 우리를 비추고 있는지, 그 빛은 어디에서 오고 있는지 열심히 조사해보고, 희미한 빛은 물리치고 그보다 한결 견실해 보이는 것은 철저히 음미하고 숙고해보아야 할 것이며, 인간 만사에 의심을 품고, 최악의 경우를 상정해보는[81] 처세(處世)의 지혜를 발휘해야 할 것이다.

　그러므로 이제 나는 [학문의 진보가 이루어질 수 있다는] 희망을 말하고자 한다. 말만 앞세우자는 것이 아니다. 사람들의 판단을 압박하거나 미혹하자는 것도 아니다. 사람들이 제 스스로 나아가도록, 말하자면 손을 잡고 인도하자는 것이다. 사람들에게 희망을 주기로는, 개별적인 사례들을 직접 보여주는 것이 가장 효과적일 것이다. 내가 만든 '발견표'는 이러한 개별적인 사례들을 간명하게 분류하고 정리한 것이다. 물론 이 발견표는, 희망 그 자체라기보다는, 희망을 품어도 좋다는 것을 보여주는 작은 단서일 뿐이다(『대혁신』 제2부에서 이 내용을 부분적으로 다루고 있고, 제4부에서 본격적으로 다루고 있다).[82]

---

81) Aristotle, *Rhetoric*. II, 13. *GBWW*, Vol. 8. p. 637.
82) 『대혁신』(*Instauratio Magna*)에 대해서는 이 책 앞부분에 있는 옮긴이 해제를 참고하라.

그러나 우리는 만사가 원만하게 진행되도록 하기 위해 먼저 사람들이 마음의 준비를 할 수 있는 기회를 마련하는 것도 필요한 일이라고 생각한다. 이러한 마음의 준비를 위해서는 희망을 품어도 좋다는 증거를 제시하는 것보다 더 좋은 방법은 없을 것이다. 희망이 없다면 우리가 지금까지 말한 것이 전부 절망할 이유가 되어 실험의 노력이 활기를 띨 수도 없고 촉진될 수도 없을 것이며, 현재의 상황을 실제 이상으로 열악하게 느끼거나 경멸하게 될 것이며, 마침내 자신들의 불행한 처지를 더욱 비참하게 느끼게 될 것이다. 그러므로 희망을 품어도 좋다는 나의 주장이 절대로 황당한 소리가 아니라는 것을 보여주기 위해 몇 가지 근거를 제시할 필요가 있겠다[1 : 93~114]. 이것은 콜럼버스(Columbus)가 대서양을 횡단하는 항해를 하기에 앞서, 지금까지 알려진 것 외에 새로운 땅과 대륙이 발견될 수 있다는 확신의 근거를 밝힌 것과 같다. 당대 사람들은 콜럼버스가 제시한 근거들을 묵살했지만 곧 그의 말이 옳았다는 것이 실증되었고, 그로 말미암아 여러 가지 대사건들이 벌어지게 되었던 것이다.

93

먼저 하느님 이야기부터 시작하는 것이 좋겠다. 왜냐하면 우리가 추구하는 일은 본성적으로 아주 선한 일이므로, 선의 창조자이자 빛의 아버지이신 하느님으로 말미암은 것이 분명하기 때문이다. 하느님이 하시는 일은 아무리 사소한 기미(機微)도 반드시 그 결과가 있는 법이며, 또한 영적인 것에 대해 "하느님의 나라는 볼 수 있게 임하는 것이 아니라"[83]고 하신 말씀은 하느님의 섭리 안에 있는

---

83) 『성서』, 「누가복음」 17 : 20.

모든 위대한 기업에 두루 해당하는 것이므로, 만사는 소리 소문 없이 가만히 진행되는 것이니 사람들이 알지 못하는 사이에 시작되고 이루어지는 법이다. 또한 세계의 종말에 대한 다니엘의 예언도 빼놓을 수 없다. 다니엘은 "많은 사람이 빨리 왕래하며 지식이 더하리라"[84]고 했는데, 이 말은 세계를 일주하는 탐험과 학문의 진보가 같은 시대에 일어나도록 운명으로, 하느님의 섭리로 정해져 있다는 것을 의미한다. 세계일주는 이미 달성되었고, 적어도 빈번한 장거리 항해로 그 완성을 눈앞에 두고 있으니 이제 남은 일은 학문의 진보가 아니겠는가?

94

다음으로 우리는 과거의 오류와 지금까지 시도해보지 않은 방법에서 아주 강력한 희망의 근거를 찾아낼 수 있다. 치세(治世)를 얻지 못한 국가에 대해 어떤 사람이 이렇게 꾸짖은 바 있다: "과거에는 최악이었던 것도 장래에는 최선이 될 수 있다. 자신의 모든 의무를 다했음에도 사태가 조금도 개선되지 않을 경우, 미래에 대한 희망조차 품기 어려울 것이다. 그러나 현재의 불행한 상태는 결코 운명적인 것이 아니라 그대의 잘못에서 연유하는 것이다. 그 잘못을 제거하거나 바로잡으면 사태가 크게 호전될 것이니, 부디 희망을 가질지어다."[85]

맞는 말이다. 지금까지 발견을 위해, 학문의 육성을 위해, 그토록 장구한 세월 동안 올바른 방법으로 노력했음에도 불구하고 아무런

---

84) 『성서』, 「다니엘서」 12 : 4.

85) 이 구절은 마케도니아의 필리포스 왕이 그리스를 정복하려 할 즈음에 데모스테네스(Demosthenes)가 아테네인들의 각성과 단결을 호소한 「필립포스 왕 타도연설」(Philippic 1)의 한 대목이다.

진보가 없었다면, 지금에 와서 누구라도 학문의 진보를 말하는 것은 뻔뻔스럽고 주제넘은 소리가 되고 말 것이다. 그러나 길을 잘못 드는 바람에 전혀 엉뚱한 일에 정력을 탕진하고 만 것이라면, 우리의 능력 밖에 있는 사물 그 자체에 문제가 있는 것이 아니라 인간의 지성과 그 지성의 실제 응용에 문제가 있다고 할 수 있다. 사물 그 자체에 문제가 있다면 하릴없는 노릇이지만, 인간의 지성이 문제라면 치료할 수도 있고 고칠 수도 있다. 우리가 과거의 오류를 밝혀보자는 것도 다 그 때문이다. 과거에 학문의 진보를 방해한 것이 많으면 많을수록 앞날의 희망의 근거도 그만큼 많다고 할 수 있다. 이 문제는 앞에서 이미 말한 것이지만, 여기서 다시 한번 간단명료하게 정리해 보도록 하자.

95

지금까지 학문에 종사한 사람들은 경험에만 의존했거나 독단을 휘두르는 사람들이었다[1 : 62~64, 67]. 경험론자들은 개미처럼 오로지 모아서 사용하고, 독단론자들은 거미처럼 자기 속을 풀어서 집을 짓는다. 그러나 꿀벌은 중용을 취해 뜰이나 들에 핀 꽃에서 재료를 구해다 자신의 힘으로 변화시켜 소화한다. 참된 철학의 임무는 바로 이와 비슷하다. 참된 철학은 오로지 (혹은 주로) 정신의 힘에만 기댈 것도 아니요, 자연지나 기계적 실험을 통해 얻은 재료를 가공하지 않은 채로 기억 속에 비축할 것도 아니다. 그것을 지성의 힘으로 변화시켜 소화해야 하는 것이다. 그러므로 이 두 가지 능력(경험의 능력과 이성의 능력)이 지금까지 시도되었던 것보다 더 긴밀하고 순수하게 결합된다면(아직은 아니지만) 좋은 결과가 나올 것이 틀림없으므로 이 것으로 희망의 근거를 삼아도 좋다.

순수한 자연철학[1:79]은 아직 나오지 않았다. 지금 있는 자연철학은 온통 불순물로 오염되어 있다. 아리스토텔레스 학파의 자연철학은 논리학에 오염되어 있고, 플라톤 학파의 자연철학은 자연신학에 오염되어 있다. 신플라톤 학파, 즉 프로클로스(Proclos, 412~485) 등의 자연철학은 수학에 오염되어 있는데, 수학은 자연철학을 생성하거나 창조하는 것이 아니라 자연철학을 완성시킬 때 쓰는 것이다[2:8]. 그러므로 불순물이 섞이지 않은 순수한 자연철학이 등장한다면 반드시 좋을 결과를 가져올 것이기 때문에 희망을 가져도 좋다.

세간의 속설과 고정관념을 일소(一掃)하고, 편견에 사로잡히지 않은 공정한 지성으로 개별적인 사례들을 연구하기로 결심하고, 이를 자신의 임무로 삼을 정도로 확고한 결의와 엄격한 정신을 지닌 사람은 아직까지 있어본 일이 없다. 그러므로 우리가 현재 가지고 있는 이성적 추론은 속단과 우연과 어릴 적부터 길들여진 유아적 관념으로 가득 찬 잡동사니에 불과하다.

나이를 먹을 만큼 먹고 균형 잡힌 감각과 명쾌한 정신으로 다시 한 번 경험과 개별적인 사례의 연구에 전념하는 사람이 있다면, 그런 사람에게는 얼마든지 기대를 걸어도 좋다. 우리는 이것이 알렉산드로스 대왕의 운명에 기대를 거는 것과 같은 일이라고 생각하고 있다. 그 결과를 보기 전까지는 우리가 허황한 생각을 하고 있다고 비난하지 말라. 우리야말로 허황한 생각을 물리치려는 사람들이다.

아이스키네스는 알렉산드로스와 그의 위업에 대해 이렇게 말했다: "우리는 죽을 수밖에 없는 인간으로서 살아가고 있는 것이 아니라, 놀라운 업적으로 후세인들의 칭송을 받기 위해 태어났다."[86] 이 것을 보면, 아이스키네스는 알렉산드로스 대왕의 위업을 기적 같은 일이라고 생각한 듯하다. 그러나 후대의 리비우스[87]는 사태의 본질을 정확히 간파하고, 알렉산드로스는 "대수롭지 않은 일을 대수롭지 않게 여겼을 뿐이라"[88]고 했다. 그러므로 내 생각에는 후세인들이 우리를 일러, "무슨 엄청난 일을 한 것이 아니라, 대수롭게 여기고 있던 일들을 대수롭지 않게 여겼을 뿐이라"고 할 것이다. 어쨌든 우리의 유일한 희망은 (지금까지 살펴본 것처럼) 학문의 재생, 즉 학문이 경험의 기초 위에서 올바른 순서에 따라 육성되고, 전혀 새롭게 건설되기를 바라는 것이다. 이 일이 벌써 이루어졌다거나 혹은 계획 중에 있다고 말할 수 있는 사람은 아무도 없을 것이다.

98

(학문의 유일한 원천인) 경험의 토대는 지금까지 완전히 붕괴되었거나 혹은 매우 허약하게 되었다. 개별적인 사례들은 수효나 종류 혹은 확실성으로 볼 때 지성을 계발하기에 충분한 혹은 만족스런 수준

---

86) Aischines, *Against Ctesiphon*. 132. 아이스키네스(기원전 390~기원전 322)는 아테네의 정치가로서 세 편의 연설이 남아 있다. 초기에는 마케도니아 필리 포스 왕의 세력확장을 막기 위해 데모스테네스와 협력했으나, 기원전 346년에 그 일이 실패로 돌아간 후에는 서로 적이 되었다. 「크테시폰 논박」(*Against Ctesiphon*)은 기원전 330년의 유명한 재판에서 행한 연설이었는데, 결국 그는 유죄판결을 받고 아테네를 떠나야 했다.

87) Titus Livius(기원전 59~기원후 17) : 로마의 역사가. 로마 시의 건설에서부터 기원전 9년까지의 『로마 건국사』(*Ab Urbe Condjta Libri*) 142권(현존 35권)을 집필했다.

88) Livius, *The History of Rome*. IX, 17.

까지 풍부하게 연구되거나 축적되거나 수집되어본 일이 없다. 오히려 식자들은 자신의 철학을 수립하거나 강화하는 일에만 정신이 팔려 시시껄렁한 경험이나 전해들은 이야기, 심지어는 자다가 봉창 두드리는 소리까지 긁어모아 그로써 자기 철학의 대들보로 삼는 무사안일한 태도로 일관했다.

어떤 왕국이나 국가가 대사의 서신이나 믿을 만한 사절의 보고에 의하지 않고 저잣거리의 뜬소문과 시정잡배들의 한담에 좌우되어 국무를 협의하고 처리하고 있다면 그 나라의 국정이 도대체 어떻게 되겠는가? 지금까지의 철학이 학문을 수립하면서 경험을 대한 태도가 이와 조금도 다를 바가 없으니, 자연지를 놓고 무엇 하나 제대로 탐구해본 것도 없고, 검증해본 것도 없고, 수효를 세어본 것도 없고, 무게를 달아본 것도 없고, 치수를 재어본 것도 없다. 이처럼 관찰이 막연하고 모호했으니, 그로부터 얻은 정보가 그릇되고 불확실한 것은 당연지사라 할 것이다.

이러한 우리의 주장을 의아하게 생각하거나 너무 심하다고 나무라면서 이렇게 토를 다는 사람이 있다. '아리스토텔레스는 탁월한 사람이었을 뿐만 아니라, 알다시피 위대한 왕의 경제적인 지원을 받으면서 그의 동물지(動物誌)를 완성했고, 후에 더욱 근면한 사람들이 (아리스토텔레스처럼 화려하지는 않았지만) 많은 것을 보탰고, 또 그를 본받은 사람들이 식물이나 광물이나 화석에 대해 상세한 기록을 남겼는데 이를 깡그리 무시해서야 되겠는가' 하고 말이다. 지금 문제가 되고 있는 것이 무엇인지, 우리가 무슨 말을 하고 있는지를 잘 생각해보면 금방 오해가 풀릴 것이다.

자연지 그 자체를 위한 자연지와 철학의 건설과 지성의 계발을 위해 수집된 자연지가 같을 수는 없다. 가장 큰 차이점은, 전자에는 오직 다양한 자연종(自然種)만이 포함될 뿐이요, 기계적 기술의 실험결과들은 포함되지 않는다는 점이다. 사람의 본심이나 지적 능력, 품고 있는 감정 등은 평상시보다는 교란되었을 때 훨씬 더 잘 드러난다. 마찬가지로 자연의 비밀도 제 스스로 진행되도록 방임(放任)했을 때보다는 인간이 기술로 조작을 가했을 때 그 정체가 훨씬 더 잘 드러난다. 그러므로 좀더 나은 자연지(자연철학의 진정한 기초와 근거인)가 만들어지기만 하면 자연철학의 진일보를 기대할 수 있으니, 바로 이것이 우리가 희망을 말하는 또 하나의 근거이다.

99

또한 기계적 실험이 실로 풍부함에도 불구하고, 지성의 계발에 도움이 되는 것은 극소수에 지나지 않는다. 장인들은 진리 탐구에는 처음부터 관심이 없는 사람들이다. 이들은 자기가 하고 있는 사업에 도움이 되지 않을 것 같은 일에는 관심을 두지도 않고 손수 나서지도 않는다. 그러나 그 자체로서는 수익성이 없지만, 원인을 발견하고 공리를 세우는 데 크게 도움이 되는 방대한 실험들이 자연지에 수록되고 수집된다면, 이것만으로도 학문의 진일보에 희망을 품어도 좋을 충분한 근거가 될 것이다. 우리는 이러한 종류의 실험을 빛을 가져오는 실험, 즉 '계명 실험'이라고 이름을 지어, 이익을 가져오는 '수익 실험'과 구별한 바 있다[1 :70, 121], 계명 실험은 절대로 인간을 속이거나 실망시키지 않는 아름다운 특성을 가지고 있다. 사물의 자연적 원인을 찾아내어 인간이 품고 있던 의문을 속 시원히 풀어주기 때문이다.

100

우리는 지금보다 더 많은 실험을 탐색하고 획득해야 할 뿐만 아니라 지금까지 시도된 것과는 전혀 다른 방법과 순서와 과정으로 진행해야 한다. 모호하고 변덕스러운 경험은 (앞에서 살펴본 것처럼) 어둠 속을 헤매는 것과 같은 것이며, 인간을 계발하는 것이 아니라 그저 깜짝 놀라게 할 뿐이다[1 : 70, 82]. 경험이 일정한 법칙을 따라 바른 순서에 의해 지속적으로 진행된다면 학문이 한층 더 진보할 것이라는 희망을 품어도 좋다.

101

그러나 지성적 작업이나 철학적 작업을 위해 자연지나 경험지의 풍부한 자료가 수집 및 준비된 후에도 지성의 기억에만 의존해 그 일을 해내려고 해서는 안 된다. 그것은 마치 역법(曆法)을 기억에만 의존해서 산술하려는 것과 다를 바 없다. 그럼에도 불구하고 지금까지의 발견 작업들은 기록보다는 사색에 더 많이 의존해왔기 때문에 기록으로 남아 있는 실험결과들이 없다[1 : 103]. 아무런 기록 없이 말로만 떠도는 발견들은 도저히 인정할 수 없다. 만일 그와 같은 발견들이 전부 다 기록되어 널리 쓰이게 된다면 [학문의 진보에] 더 큰 희망을 품어도 좋을 것이다.

102

게다가 개별적인 사례들은 수없이 많고, 그 개미떼 같은 대군은 사방에 흩어져 있기 때문에 지성이 혼란을 일으키거나 헷갈리기 쉽다. 그러므로 소규모 접전이나 기동전이나 습격 같은 전술로는 도저히 이 대군을 감당할 수 없다. 이런 상황에서는 탐구주제에 관한 개별적인 사례들을 적절한 순서로 일목요연하게 분류·정리·정돈해서, 말하자면 살아 있는 '발견표' 같은 것을 만들어야 한다. 정신은 이러한 발견표가 제공하는 잘 정리된 자료의 도움을 받아야 한다.

103

그러나 이와 같은 수다한 개별적인 사례들이 일목요연하게 수집·정리된 상태로 눈앞에 놓여 있다 하더라도 곧바로 새로운 개별적인 사례나 성과를 탐구하거나 발견하려고 해서는 안 된다. 설령 그렇게 할 경우에도 거기에 머물러서는 절대로 안 된다. 물론 한 개인이 일목요연하게 수집·정리된 실험결과들을 놓고, 이른바 '학문적 경험'으로 판단을 내릴 경우에도 기술의 이전(移轉)이 생길 수 있고, 그로써 인간과 사회에 이로운 여러 가지 새로운 실험이 발견될 수 있다는 것을 부정할 생각은 없다. 그러나 그와 같은 '학문적 경험'으로는 대단한 발견을 기대할 수는 없다. 우리가 큰 기대를 걸 수 있는 발견은 개별적인 사례들로부터 일정한 방법과 규칙에 의해 도출된 공리의 새로운 빛이다. 이 공리가 나오고 나면 곧 이 공리에 의해 새로운 개별적인 사례들이 차례로 밝혀지게 된다. 우리가 가는 길은 평지가 아니라 오르막도 있고 내리막도 있어서 공리까지 올라갔다가 다시 내려와 성과에 이르는 것이다.

104

또한 개별적인 사례에서 저 멀리 있는 가장 일반적인 공리(말하자면 기술과 사물의 원칙)로 단숨에 비약해서 그 공리의 부동(不動)의 진리성에 의해 중간 수준의 공리를 증명하거나 혹은 설명하는 일이 있어서도 안 된다[1 : 13, 19]. 이러한 일은 지성의 자연적인 경향 때문에, 또한 삼단논법의 증명방식에 오래 길들여진 탓에 오늘날까지도 계속되고 있다. 그러나 우리가 학문에 대해 어떠한 희망이라도 품고자 한다면, 일정한 단계를 중단이나 두절 없이 연속적으로 상승하는 길, 즉 개별적인 사례에서 저차원의 공리로, 그 다음에 중간 수준의 공리로, 계속해서 고차적인 공리로 차차 올라간 다음, 마지막으로 가장 일반적인 공리에 도달하는 길뿐이다. 저차원의 공리는 감각적인 경험 그 자체와 별로 차이가 없고, 가장 고차적인 일반적 공리도 현재 우리가 가지고 있는 것들은 관념적이고 추상적이어서 실질적 가치가 없다. 그러나 중간 수준의 공리에는 진실이 있고 생명이 있다 [1:66]. 그러므로 인간의 사업과 운명도 바로 여기에 달려 있다고 할 것이다. 이러한 중간 수준의 공리를 거쳐 일반적인 공리를 세운다면 추상성을 탈피한, 적용의 한계가 분명한 [쓸모 있는] 공리가 될 것이다.

그러므로 우리의 지성에 날개를 달아줄 것이 아니라 오히려 도약하거나 비상하지 못하도록 안정추(安定錘)를 달아주어야 한다. 이러한 [단계적 상승법에 의해 연구하는] 일이 지금까지 한 번도 없었기 때문에 만일 이러한 일이 일어난다면 학문의 진보에 다시 한번 희망을 품어도 좋을 것이다.

105

일반적 공리를 수립할 때는 지금까지 사용해온 것과는 전혀 다른 형식[의 논증방법]인 귀납법으로 해야 한다. 제1원리(라는 것)에 대해서는 물론, 중간 수준의 공리, 아니 요컨대 모든 공리의 증명과 발견에 이 귀납법을 사용해야 한다. 내가 말하는 귀납법은 단순나열의 유치한 귀납법이 아니다. 단순나열의 귀납법은 보통 소수의 사례, 그것도 손쉽게 얻을 수 있는 사례들만 가지고 그 가운데서도 특히 두드러진 사례들만 가지고 판단하기 때문에 믿을 만한 결론을 내릴 수 없을 뿐만 아니라, 단 한 가지라도 반대사례가 나타나면 결론이 당장 무너지게 되는 위험성이 있다.

학문과 기술의 발견 및 증명에 유용한 [참된] 귀납법[2:18]은, 적절한 배제와 제외에 의해 자연을 분해한 다음, 부정적 사례를 필요한 만큼 수집하고 나서 긍정적 사례에 대해 결론을 내리는 것이다. 이러한 귀납법은, 플라톤이 [정의(正義)에 대한] 정의(定義)를 어떻게 내려야 하는지, 이데아가 무엇인지를 논의하면서[89] 잠깐 시도해본 것을 빼면 지금까지 아무도 사용해본 일이 없고 시도해본 일도 없다. 참된 귀납법 혹은 진정한 증명방법을 도입하기 위해서는 지금까지 아무도 생각하지 못했던 많은 일들을 해야 하거니와, 특히 사람들이 삼단논법에 쏟아왔던 노력보다 더 많은 노력을 기울여야 한다. 참된 귀납법의 도움을 받으면 공리를 발견하기도 쉽고 개념을 규정하기도 쉽다. 이러한 귀납법이야말로 우리가 희망을 품어도 좋은 또 하나의 근거가 된다.

106

귀납법에 의해 일반적 공리를 수립할 때는 그 일반적 공리가 적절한 것인지, 즉 귀납적 추론의 근거가 된 개별적 사례들을 제대로 계산해서 나온 것이지, 아니면 좀더 넓은 범위로 확장된 것인지를 잘 조사해보아야 한다. 만일 후자일 경우에는 그 일반적 공리가 더 넓은 범위에도 적용될 수 있다는 것을 확증하기 위해 새로운 개별적인 사례들을 일종의 보증(保證)으로 제시해야 한다. 이미 알려진 사실들의 증명에만 집착한다든가, 자연의 실체는 놓아두고 엉뚱하게 그림자만

---

89) Plato, *Republic*. I. *GBWW*, Vol. 6.

따라다니거나, 속 빈 형상만을 좇아서는 안 되기 때문이다. 이 같은 방법을 사용한다면, 단언하건대 확실한 희망의 빛이 우리들을 비출 것이다.

107

앞에서[1:79~80] 이미 말한 것이지만 여기서 다시 한번 강조하건대, 자연철학은 확대되어야 하고 개별 학문들은 으레 이 자연철학을 모태로 삼아야 한다. 개별 학문들이 모태로부터 잘려나가는 일은 절대로 없도록 해야 한다. 그러지 않으면 어떠한 진보의 희망도 품을 수 없다.

108

지금까지 살펴본 것처럼 과거의 잘못과 결별하거나 혹은 잘못을 시정한다면 절망은 사라지고 희망의 길이 열릴 것이다. 다음으로 또 다른 희망의 근거들이 있는지 알아보기로 하자. 많은 유용한 발견들이 관심을 기울이고 탐구한 결과 얻어진 것이 아니라 정말 우연한 기회에 이루어진 것을 보면, 누군가가 나서서 전심전력으로 탐구한다면, 그것도 일정한 방법과 순서를 따라 서두르지 않고 중단 없이 해나간다면 그보다 훨씬 더 많은 발견이 이루어질 것은 의심할 여지가 없다. 열심히 노력해서 탐구했는데도 이루지 못하다가, 소 뒷걸음으로 쥐잡듯이 우연히 이루어진 발견이 한둘 있다 하더라도, 이런 일이 앞으로도 계속해서 일어나주길 바랄 수는 없지 않은가? 그러므로 더 이상 우연이나 동물적 본능 같은 것에 기대지 않고 인간의 이성과 근면과 새로운 방법과 그 적용을 발견의 밑천으로 삼는다면, 더 큰, 더 좋은, 더 많은 발견이 더 짧은 시간에 이루어지리라는 희망을 품어도 무방할 것이다.

109

우리가 익히 잘 알고 있는 발견들 가운데 어떤 것은 그것이 발견되기 전까지는 아무도 그런 일이 있으리라고는 상상조차 해본 일이 없거나 혹은 도저히 불가능한 일이라고 세인의 비웃음을 사기 일쑤였다는 것도 우리가 희망을 품어도 좋은 또 하나의 근거가 된다. 사람들이 새로운 것을 예측할 때는 이전에 익히 알고 있던 것에 비추어 거기에다 이런 저런 공상을 보태어 추측하는 것이 보통인데, 이러한 사고방식은 완전히 그릇된 추론이다. 왜냐하면 자연의 원천에서 솟아난 것 가운데는 정해진 수로(水路)를 따르지 않는 것이 많기 때문이다.

예를 들면 대포가 발명되기 전에, 누군가 대포의 위력에 대해 '아주 먼 거리에서도 성벽이나 견고한 보루까지 뒤흔들고 때려부수는 신발명품'이라고 설명했다면, 사람들은 하나같이 [전통적인 공성무기(攻城武器)인] 발석차나 당차(撞車)에 더 무거운 돌을 싣거나 바퀴를 더 많이 달거나 혹은 발사력을 더욱 강력하게 하거나 해서 돌진력(突進力)이나 파괴력을 증대시킨 무기쯤으로 생각했을 것이다. 갑자기 격렬하게 팽창하고 폭발해 불의 폭풍을 일으키는 그런 무기일 줄이야 누가 상상이나 했겠는가. 지진이나 뇌성벽력을 겪어본 일은 있지만, 그것은 오직 자연의 재변(災變)으로 생기는 일이지 감히 인간이 인공으로 흉내낼 수 있는 일은 아니라고 생각했던 것이다.[90]

---

90) Bacon, *The Advancement of Learning* (1605). II, 2 : 13. *GBWW*, Vol. 28. p. 37.

그와 마찬가지로 명주실이 발견되기 전에 누군가 '아마나 양모보다도 훨씬 결이 고우면서도 훨씬 더 질기고, 게다가 아름답고 부드러운 새로운 실이 발견되었는데 이것으로 옷을 만들어 입거나 홈패션물을 만들면 기가 막히게 좋다'고 설명했다면, 사람들은 금방 신기한 식물섬유나 결이 고운 동물털이나 새의 깃털이나 솜털 같은 것이 있나 보다 하고 생각했을 것이다. 작은 벌레가 자아내는, 그것도 해마다 계속 자아내어 써도 써도 부족함이 없는 그런 실이 있다는 것을 꿈엔들 생각이나 했겠는가. 누에고치 이야기를 꺼내기라도 했다면 무슨 엉뚱한 이야기를 하고 있느냐고 조롱당했을 것이다.

나침반은 또 어떤가? 나침반이 발견되기 전에 누군가 '동서남북의 4방위와 32방위를 정확히 알 수 있는 기구가 발명되었다'는 이야기를 들었다면, 사람들은 천문학에서 현재 사용하고 있는 기구를 한층 정교하고 세련되게 만든 것인가 하고 생각했을 것이다. 천체의 운동과 같은 운동을 하면서도 천체가 아닌 돌 혹은 금속이 있을 줄은 누가 상상인들 했겠는가. 그토록 오랜 세월 동안 인간이 알지 못했던 이러한 일들이 드디어 발견되긴 했지만, 철학이나 이성의 힘으로 된 것은 하나도 없고 순전히 예기치 못한 상황에서 우연히 얻은 것들이었다. 그도 그럴 것이 (앞에서 이미 말한 것처럼) 이 모든 발명품들은 예전부터 우리가 알고 있던 것과는 완전히 종류가 다른 것들이었기 때문에 기존의 지식이 아무런 도움이 될 수 없었던 것이다.

자연의 품에는 우리가 익히 알고 있는 것과는 차원이 다른, 유추조차 불가능한 기상천외한 보물들이 인간에게 실용될 날을 기다리며 수없이 묻혀 있다. 이들은 지금까지 우리가 이룩해온 발견들이 그러했던 것처럼 언젠가는 실용될 것이 틀림없거니와, 우리가 말한 방법대로 탐구해나간다면, 갑자기, 그리고 한꺼번에 그 모습을 드러낼 것을 기대할 수 있으니 이 또한 희망을 품을 수 있는 아주 좋은 근거가 된다.

110

또한 아주 훌륭한 발견이 바로 코앞에 있는데도 등잔 밑이 어두워 그것을 찾아내지 못하고 지나치는 경우도 허다하다. 화약이나 명주실·나침반·설탕·종이 같은 것들의 발견은 사물과 자연의 특성을 알아내어 실용화한 것이지만, 인쇄술의 경우에는 사물과 자연의 특성에 대한 힘든 연구과정을 전혀 거치지 않고 얻어낸 산뜻한 발명이다. 학문의 보급에 더할 나위 없이 유용한 이 아름다운 발명이 그토록 오랫동안 빛을 보지 못한 이유가 무엇이었을까? 자형(字型)을 배열하는 것이 손으로 글씨를 쓰는 것보다야 물론 더 어려운 일이긴 하지만, 자형은 한 번 배열해놓으면 몇 번이고 인쇄할 수 있는 반면, 손으로 쓴 문자는 단 한 권의 필사본밖에 만들 수 없다는 사실을 미처 깨닫지 못했기 때문이 아닌가? 그리고 잉크를 흘러 넘치지 않도록 뻑뻑하게 만들어 자형에 바르면 위에서 종이를 눌러 문자를 찍을 수 있다는 사실을 미처 알지 못했기 때문이 아닌가?

인간의 정신은 이와 같은 발견의 도정(道程)에서 자신없어하기도 하고, 심지어는 자기 자신을 경멸하기까지 하는 등 침착성을 잃고 안절부절못하는 일이 종종 있다. 어떤 발견이든 그것이 이루어지기 전에는 그런 일은 있을 수 없다고 고개를 절래절래 흔들다가, 막상 발견이 이루어지고 나면 이번에는 그런 간단한 일을 모르고 지내온 인간의 미련함에 대해 고개를 절래절래 흔든다. 그러나 이것이야말로 우리가 희망을 품을 수 있는 아주 좋은 근거가 된다. 새로운 작업방식을 연구하는 것으로 혹은 이미 알려진 작업방식을 학문적 경험[1:103]

이라고 부른 방법으로 이전(移轉)·비교·응용하는 것으로 얻을 수 있는 엄청난 발견이 우리를 기다리고 있기 때문이다.

111

빼놓을 수 없는 또 하나의 희망의 근거가 있다. 지금까지 인간들이 거의 쓸데없는 일에 실로 엄청난 노력과 시간과 재산을 쏟아부은 것을 생각하면 그 가운데 일부만이라도 건전하고 견실한 연구에 돌린다면 어떤 어려움이라도 능히 극복할 수 있다는 점이다. 이 이야기를 여기에 덧붙여두는 이유는, 솔직히 말해서 내가 염두에 두고 있는 자연지나 경험지의 수집은 매우 긴요한 일이면서도 실로 엄청난 노력과 비용이 필요한 대사업, 말하자면 왕실의 사업이기 때문이다.

112

한편 [수집해야 할] 개별적인 사례가 실로 엄청나게 많다는 사실에 절대로 겁을 먹어서는 안 된다. 오히려 바로 그 이유 때문에 희망이 있는 것이다. 기술과 자연의 개별적인 현상들[사례들]은, 아무리 많아 보여도 그것이 눈앞의 증거로부터 분리된 후에 인간의 정신이 만들어내는 상상에 비하면 실로 한 줌에 불과하다. 그리고 우리의 방법이 제시하는 목적지는 분명하고 또 그리 멀지 않지만, 지금까지 사람들이 걸어왔던 길은 목적지가 어딘지도 알 수 없는 끝없는 혼돈의 길이었다. 지금까지 사람들은 경험을 도외시하거나 수박 겉핥기식으로만 다루고 대부분의 시간을 정신의 사색과 공상에 바쳐왔다는 점을 생각해볼 때, 자연에 대해 우리가 품는 의문에 [우리가 제시한 방식에 따라] 답하는 사람이 나타나기만 하면 여러 가지 원인들의 발견과 학문의 진보는 불과 수년 안에 이루어질 것이다.

좀 쑥스런 이야기이긴 하지만 현재 내가 하고 있는 일을 보고 희망을 품을 사람도 있으리라고 생각한다. 내 자랑을 하자는 것이 아니라 이런 이야기를 해둘 필요가 있다고 생각하기 때문에 하는 말이다. 자신을 잃어버린 사람이 있다면 부디 나를 보고서라도 포기하지 마시길 바란다. 나는 국사(國事)로 다망(多忙)한 중에도, 또 건강이 좋지 않아 정양(靜養)할 시간조차 부족한 중에도 이 길의 선구자가 되어 어느 누구의 안내를 받은 바도 없고, 상담해줄 사람 하나 없는 가운데 이 길이 옳다는 확고한 믿음 하나로 내 정신이 사물을 따르게 했고, 이로써 (내 생각으로는) 이 분야의 연구에 약간의 진보가 있었다고 자부한다. 내가 하는 일을 보고 조금이라도 희망이 생겼다면, 이제 내가 세워놓은 이정표를 따라, 여가시간이 많은 사람들이 이 일을 한다면, 공동의 노력으로 이 일을 한다면, 여러 대에 걸쳐 이러한 연구가 쌓여간다면, 어떤 성과가 나올 것인지를 생각해보시기 바란다. 더구나 우리의 길은 (추론의 길과는 달리) 한 사람밖에 지나갈 수 없는 좁은 길이 아니라 여러 사람에게 노동과 노력을 (특히 경험의 수집에 관해) 배분한 후 이를 다시 결집할 수 있는 아주 멋진 길이다. 사람들은 같은 일을 무리지어 할 때보다는 제각각 일을 나누어 맡았을 때 비로소 자신의 역량을 알게 된다.

마지막으로 이 새로운 대륙에서 불고 있는 희망의 미풍이 아무리 미약하고 희미하다 하더라도 (겁쟁이가 아니라면) 일단 시도는 해보아야 한다고 생각한다. 시도를 했다가 성공하지 못하는 일이 있더라도 시도조차 해보지 않은 것과는 천양지차(天壤之差)가 있다. 시도를 했다가 성공하지 못한 경우에는 인간의 작은 노력이 무위(無爲)로 돌아가고 마는 정도에 그치지만, 시도도 안 해본 경우에는 실로 엄청난 이익을 코앞에서 놓치고 말기 때문이다. 우리가 앞에서 말한 여러 가지 희망의 근거와 다른 여러 가지 정황들을 보고, 대담한 사람들은 당장 실험에 뛰어들어도 좋을 충분한 이유를 얻었을 것이고, 이것저것 꼼꼼하게 따져보는 신중한 사람들도 실험의 성공을 믿어도 좋을 충분한 근거를 찾았을 것이다.

115

학문의 진보를 지체시키고 방해해온 가장 큰 원인이었던 절망을 깨끗이 떨쳐버려도 좋은 이유에 대해서는 이 정도면 충분하리라고 믿는다. 또한 세간에 만연한 갖가지 오류와 나태와 무지의 여러 징후와 원인들에 대해서도 충분히 논의했다. 일반인들의 판단과 관찰로서는 쉽게 파악하기 어려운 미묘한 원인들도 앞에서 인간 정신의 우상에 대해 논의한 것을 잘 생각해보면 알 수 있을 것이다.

이것으로서 세 개의 논박(論駁)으로 구성된, 『대혁신』의 파괴편(破壞篇)도 끝내기로 한다. 그 세 개의 논박이란 그대로 방치해두었을 때의 인간의 이성에 대한 논박이 그 하나요, 여러 가지 논증에 대한 논박이 그 둘이요, 여러 가지 이론 혹은 널리 승인된 철학과 학설에 대한 논박이 그 셋이다.[91] 우리의 논박은 오직 그 대상에만 합당한 방법, 즉 오류의 징후를 드러내고 그 원인을 명백히 밝히는 방법으로 수

---

91) 인간의 이성에 대한 논박은 '종족의 우상'과 '동굴의 우상' 및 '시장의 우상'에 대한 분석으로, 논증에 대한 논박 및 이론에 대한 논박은 '극장의 우상'에 대한 분석으로 마쳤다는 뜻이다.

행되었으며, 다른 방법은 (우리는 제1원리에 대해서도, 논증에 대해서도 다른 사람들과 전혀 다른 의견을 갖고 있기 때문에) 채택할 수 없었다.[92]

그러므로 이제부터 '자연의 해석'을 위한 기술 그 자체와 규칙을 살펴보기로 하겠는데, 그 전에 미리 말해두고 싶은 것이 하나 있다. 이 『잠언』의 제1권의 목적은, 곧 제2권에서 서술하게 될 내용을 쉽게 받아들이고 이해할 수 있도록 사람들에게 마음의 준비를 시키는 것이므로 이미 정신의 뜰을 깨끗하게 쓸고 윤기가 흐르도록 닦고 평평하게 골라놓았다면 이제 정신을 바른 위치에, 말하자면 내가 지금부터 설명할 내용을 잘 받아들일 수 있는 방향으로 두어야 한다. 새로운 사물들에 대한 편견은 낡은 생각에 사로잡혀 있을 때만 생기는 것이 아니라 새로운 것들에 대해 그릇된 지레짐작이나 섣부른 기대를 할 때도 생기기 때문이다. 그러므로 나는 내 주장이 올바르게 제대로 용납될 수 있도록 노력할 생각인데, 이러한 [예비적인 설명을 위한] 노력은 사물 그 자체가 완전히 이해되기 전까지 일시적으로 필요한, 일종의 계약금 같은 것이라 할 수 있겠다.

116

그러므로 독자들은 내가 옛날 그리스인들처럼 혹은 지금 세대의 사람들 가운데 텔레시오[93]나 파트리키우스(Patricius, 1529~?)나 세

---

92) 즉 삼단논법의 논증력을 믿지 않기 때문에 삼단논법의 논증방식을 채택하지 않았다는 뜻이다.

93) Bernardino Telesio(1509~1588) : 이탈리아 코센차 출신의 철학자. 자연 속에 자연적인 힘 이외의 것을 인정하지 않고 자연의 법칙만으로 자연을 설명하려고 한 그의 자연주의적인 사고는 르네상스 사상에 커다란 영향을 끼쳤

베리누스(Severinus, 1542~1602) 같은 사람들처럼 철학의 어떤 새로운 학파를 창립하려는 것으로 생각하지는 말기 바란다.[94] 나는 애당초 그럴 생각도 없거니와, 또한 자연과 사물의 원리에 대해 어떤 추상적인 생각을 가진 사람이 있다고 하더라도 [그런 추상적인 학설로] 인간의 운명이 달라질 것은 하나도 없다고 생각한다. 그런 종류의 케케묵은 학설을 부활시키는 것이나 혹은 새로운 학설을 제창하는 것은 하려고 마음만 먹으면 손바닥 뒤집기보다 쉬운 일이다. 예를 들면 천체의 현상은 하나이지만 그 현상을 설명하는 가설들은 서로 대립하는 것이 무수히 생겨날 수 있다는 점을 생각해보라.

나는 한 개인의 의견에 그칠 뿐, 천하에 아무 쓸모 없는 그런 이론적인 문제에 아까운 공을 들일 생각은 조금도 없다. 내 관심사는 인간의 능력과 위대함을 기초로 삼아 이를 더욱 견고히 하고 그 범위를 더욱 확장하는 것이다. 그리고 나는 일부 특정한 문제들에 대해서는 사람들이 지금까지 알고 있던 것보다 더욱 확실한 진리를, 그것도 이용후생에 기여할 진리를 발견했다고 생각하고 있지만 (이 내용들은 『대혁신』 제5부에 모아두었다) 이로써 보편적인 이론이나 통합적인 이론을 주창할 생각은 조금도 없다. 아직은 때가 이르지 않았다고 생각하기 때문이다. 『대혁신』 제6부를 (즉 자연에 대한 올바른 해석을 통한 철학의 건설 계획을) 완성할 때까지 내가 살아 있을지 기약할 길이 없기 때문에, 다만 내가 이 중간적인 일을 착실히 처리해나가는

다. 온갖 현상의 기원은 물질에 내재하는 두 개의 활동원리, 즉 열(熱)과 냉(冷)에 의하는 것으로 생각하고, 인간의 인식이나 윤리생활도 이 두 가지 원리로 설명했다. 주요저서에는 『고유의 원리로 본 사물의 본성에 관하여』(*De Rerum Natura Juxta Propria Principia*)(9권, 1565~1586)가 있다.

94) Bacon, *The Advancement of Learning* (1605). II, 8 : 5. *GBWW*, Vol. 28. p. 48.

동안, 후대를 위한 한층 순수한 진리의 씨앗을 뿌리고, 이로써 위대한 사업이 싹을 틔울 수만 있다면 만족하게 여길 것이다.

117

나는 학파를 창립할 생각이 없는 것은 물론이거니와 당장 특별한 성과를 제공하거나 약속할 생각도 없다. 그러나 내가 말끝마다 성과를 내세웠고, 무엇이든지 성과에 의해 판단해야 한다고 주장해왔기 때문에 일종의 보증금조로 성과를 두어 가지만이라도 보여달라고 요구할 사람이 있을지도 모르겠다. 그러나 나의 길과 방법은 앞에서 거듭 밝힌 것처럼 (경험론자들처럼) 성과에서 성과를 이끌어낸다든가 실험에서 실험을 이끌어낸다든가 하는 것이 아니라, 성과와 실험에서 원인과 공리를 이끌어내고, 다음 단계로 이 원인과 공리에서 새로운 성과와 실험을 이끌어내는 것이다(나는 이렇게 하는 것만이 자연을 올바르게 해석하는 길이라고 굳게 믿고 있다).

그리고 보통의 지능과 통찰력을 지닌 사람이라면 누구나 내가 만든 (『대혁신』 제4부를 구성하고 있는) 발견표를 보고, 또한 (제2부에 수록해둔) 개별적인 사례를 보고, 또한 (제3부의 주제인) 자연지에 관한 우리의 관찰을 보고 많은 훌륭한 성과가 있을 것을 충분히 예감할 수 있을 것이다. 그러나 솔직히 고백하건대 현재 우리가 가지고 있는 자연지는 문헌조사도 미비하고 탐구도 부족하고 일일이 확인하지 못한 것도 많아서 아직은 자연을 적절하게 해석했다고 자신할 수도 없고, 자연을 해석하는 데 도움이 될 것이라고 장담하기도 어렵다.

그러므로 만약 누군가 재예(才藝)가 출중해서 실험지에 기록된 사례를 살펴보는 것만으로도 당장 성과를 낼 수 있는 사람이 있다면, 그런 사람은 주저하지 말고 우리가 만든 자연지와 발견표를 보고 쓸 만한 것을 골라서 성과를 올리는 데 이용해주기 바란다. 그것만으로도 원금을 받을 때까지의 충분한 이자는 될 것이다.

하지만 우리로서는 좀더 큰 성과를 기대하고 있기 때문에 아직 때가 이르지 않았는데도 조급하게 달려들어 시간을 허비하는 일은 (예를 들자면) 아탈란타의 사과[1 :70] 같은 것으로 여기고 있다. 우리는 철부지 어린아이처럼 황금사과에 관심이 있는 것이 아니라 기술이 자연과 경주해서 어떻게 승리를 얻을 것인가 하는 일에 모든 것을 걸고 있으며, 아직 이삭도 패지 않은 이끼 같은 식물을 급하게 베어들이기보다는 충분히 성숙한 다음의 풍성한 수확을 기대하고 있는 것이다.

118

우리가 만든 자연지와 발견표를 보고서 그 실험 가운데 불확실하거나 완전히 틀린 것이 있다고 생각할 사람이 틀림없이 있을 것이다. 그리고 그것 때문에 우리의 발견이 잘못된 기초와 원칙에 의한 것이 아닌가 하는 의심이 생길지도 모르겠다. 하지만 그런 것은 전혀 문제가 되지 않는다. 세상에 처음부터 완벽한 것은 아무것도 없다. 필사(筆寫)를 할 때도 한두 획은 틀리게 마련이고, 인쇄를 할 때도 오자나 탈자가 있게 마련 아닌가? 이런 잘못은 금방 알아챌 수 있고 눈에 띄는 대로 쉽게 고칠 수 있기 때문에 보통 이런 일로 독자들이 큰 불편을 겪지는 않는다. 마찬가지로 자연지에 수록된 실험 가운데 잘못 알고 있는 것이나 잘못 인정된 것이 있다 하더라도, 이런 것들은 나중에 원인과 공리의 발견을 통해 손쉽게 제거할 수 있고 물리칠 수 있다.

그러나 자연지와 실험의 오류가 워낙 중대하거나 빈번하거나 계속해서 반복되는 경우에는 지능이나 기술이 뛰어난 사람들조차 감당하기 어려운 것 또한 사실이다. 주도면밀하게 (감히 말하건대) 하느님께

바치는 심정으로 신중하고 엄숙하고 성실하게 수집한 우리의 자연지에도 군데군데 허위와 오류가 없지 않을진대, 우리 것보다 훨씬 조잡하고 부정확한 자연지들은 오죽하겠는가! 그와 같은 퍼실퍼실한 모래 위에 세워놓은 철학과 학문이야말로 사상누각(砂上樓閣)이 아니겠는가? 그러므로 우리 자연지에 대해서는 아무 걱정도 하지 마시기 바란다.

119

또한 우리가 만든 자연지와 실험 가운데는 가볍고 흔해빠진 것도 있을 테고, 천박하고 저속한 것도 있을 테고, 세련이 지나쳐 완전히 사변적인 것도 있을 텐데, 이런 시시콜콜한 것들이 사람들의 관심을 산만하게 하거나 혹은 시들게 할지도 모른다.

그러나 '흔해빠진 것'에 대해 꼭 한 가지만 지적해두고자 한다. 지금까지 사람들은 드물게 일어나는 현상의 원인을 자주 일어나는 현상과 관련시켜 그에 합치하도록 생각해왔을 뿐, 자주 일어나는 현상에 대해서는 그 원인을 탐구해볼 생각은 조금도 하지 않은 채 그저 당연지사로 받아들이고 있다는 사실이다.

그런 이유로 사람들의 탐구대상에서 벗어나게 된 것이 한두 가지가 아니다. 중력, 천체의 회전, 더위와 추위, 빛, 경성(硬性)과 연성(軟性), 희박과 농밀(濃密), 유동성(流動性)과 고체성(固體性), 활성(活性)과 불활성(不活性), 유사성과 차이, 유기성(有機性) 등에 대해서는 아무런 연구도 하지 않은 채, 그저 자명한 일로 여기는 한편, 이보다 덜 자주 일어나고 덜 익숙한 것들에 대해서는 논쟁을 일으키고 결정을 보려고 한다.

그러나 우리는 흔히 볼 수 있는 현상의 원인과 그 원인의 원인을 미리 탐구해 밝혀놓지 못하는 한, 드물게 일어나는 현상이나 사람의 주의를 끄는 현상에 대해 아무런 판단도 내릴 수 없고, 새로운 어떤 것도 밝혀낼 수 없다는 것을 잘 알고 있기 때문에, 그런 흔히 볼 수 있는 사례들을 우리의 자연지에 수록하지 않을 수 없었던 것이다. 우리가 보기에는 자주 일어나는 익숙한 일들이 사람들의 주의를 끌지 못하는 바람에 그에 대한 연구가 소홀해지고 그 원인이 제대로 탐구될 수 없었던 상황이야말로 철학을 해쳐온 주범이었다. 미지(未知)의 사물에 대한 교시(敎示)도 필요하지만, 기지(旣知)의 사물에 대한 주의(注意)도 그에 못지않게 필요한 것이다.

120

저속한 사례 혹은 심지어 불결한 사례에 대해서도 (플리니우스가 말하기 전에 반드시 양해를 구하라[95]고 했으니) 한마디 해야겠다. 이러한 사례들 역시 고귀하고 값비싼 사례들과 마찬가지로 자연지에 등재될 충분한 가치가 있다. 태양은 궁전도 비추고 시궁창도 비추지만, 그로써 태양이 더러워지지는 않는 것처럼, 저속하고 불결한 사례들이 자연지에 등재된다 하더라도 그로써 자연지가 불결해지는 것은 아니다. 내가 하고자 하는 일은 인간의 자존심을 드높이기 위해 카피톨 신전[96]이나 피라미드를 건립하자는 것이 아니라 저 세계를 본받은 신성한 전당(殿堂)을 인간의 지성 안에 건립하자는 것이다. 나는 저 세계의 가르침을 따라 존재할 가치가 있는 모든 사물은 알 가치가

---

95) Plinius, *Historia Naturalis*. Praefatio, 13. 플리니우스(23~79)는 로마시대 초기에 1백 명의 저자가 쓴 2천여 권의 책을 기초로 37권으로 된 자연사(自然史)를 편집했다. 독창성이 없고 오류가 많은 책이었지만 중세 전반기까지 계속된 백과사전의 전통에 큰 영향을 미쳤다.

96) Capitol. 로마 시에 있는 주피터(Jupiter) 신전.

있다고 믿고 있다. 지식은 존재의 영상(映像)이기 때문에 저속한 것이든 고귀한 것이든 존재하는 한 마땅히 지식의 대상이 되어야 한다. 아니, 냄새가 지독한 사향(麝香)이나 사향고양이에게서 때로 좋은 향기가 나듯이, 저속하고 지저분한 사례에서도 때로 귀중한 빛과 교시가 번득이기도 하는 것이다. 이 정도 이야기했으니 이제 저속하다느니 더럽다느니 하는 까다로운 소리는 아녀자들이나 할 소리라는 것을 알았을 것이다.

121

그러나 그것보다도 더욱 주의 깊게 살펴보아야 할 것이 있다. 우리의 자연지 가운데는 평범한 사람들의 눈에, 아니 이미 기존의 학문질서에 익숙해진 모든 사람들 눈에 아무 짝에도 쓸모 없어 보이는 기묘하고 미세한 것이 실로 많이 있다는 점이다. 이 문제에 관해서는 앞에서[1:70, 99] 여러 번 되풀이한 말이지만, 우리는 적어도 당분간은 당장 이익을 가져오는 '수익 실험'보다는 하느님의 천지창조를 본받아 빛을 가져오는 '계명 실험'에 치중해야 한다는 점을 다시 한번 강조하고자 한다. 하느님께서는 첫째 날에 빛을 만드셨는데 그날에는 하루 종일 그 일만 하셨고 다른 어떤 물질도 만들지 않으셨다는 것은 이미 앞에서[1:70] 말했다.

그와 같은 것들이 아무 짝에도 쓸모 없다고 생각하는 사람이 있다면 그런 사람은 빛도 (고체도 아니고 물질적인 것도 아니라서) 아무 쓸모 없는 것이라고 생각할 것이다. 사물의 단순한 본성 그 자체에 대한 제대로 된 지식은 빛과 같은 것이다. 즉 그 자체로서는 눈에 띄는 큰 역할을 하지는 않지만 가장 고귀한 원리의 원천으로서 특별한 힘으로 천지만물의 전 군세(軍勢)를 한몸에 거느리고 있으니 삼라만상의 오묘한 운행(運行)이 어느 하나 그로 말미암지 않는 것이 없다. 알파벳 문자도 한 자 한 자 따로 떼어놓고 보면 아무 의미도 없는 단순한 기호에 불과하지만, 글을 쓰거나 혹은 말할 때에는 반드시 그 도움을 받아야 하는 제1질료와 같은 것이다. 사물의 종자(種子)도 그 잠재적인 능력으로 말하자면 막강한 것이지만, 싹을 틔워 생장(生長)하지 않으면 아무 데도 쓸모가 없다. 빛도 집중시키지 않으면 분산된 상태로는 그 혜택을 누릴 길이 없다.

그런데 우리 자연지의 기묘한 것을 못마땅하게 여기는 사람이 있다면 그런 사람은 기기묘묘한 것에 탐닉한 스콜라 철학자들에 대해서는 도대체 무슨 말을 할까 궁금하다. 스콜라 철학자들의 기기묘묘한 연구는 사물이나 자연에 관한 것이 아니라 언어에 관한 혹은 적어도 (결국 같은 말이지만) 통속적인 개념에 관한 것이었기 때문에 처음부터 도저히 쓸모가 있을 것 같지도 않았고, 결과적으로 아무 쓸모가 없었다. 이것이 바로 우리하고 다른 점이다. 우리의 연구는 지금 당장에는 쓸모가 없지만 나중에 무한한 혜택이 기다리고 있다.

다만 한 가지 확실한 것은 시시콜콜한 것이 꼭 필요한 시기가 있다는 사실이다. 그 사례와 관련된 공리가 발견된 다음에 시시콜콜한 이야기를 늘어놓는 것은 이미 때늦은 것이며 본말이 전도된 것이다. 실험이 한창 평가중에 있으며 그로부터 공리를 막 이끌어내려고 할 때가 바로 그런 시시콜콜한 이야기를 해도 좋은, 아니 해야 하는 적기(適期)다. 적기를 놓치면 아무리 자연을 잡으려고 해도 붙잡을 수 없다. 기회나 행운은 "앞머리만 있고 뒤는 대머리"[97]라고 했는데 자연

---

97) 나타났을 때 바로 잡으면 앞머리카락을 잡을 수 있지만, 이미 뒤돌아서 달아나고 있을 때는 뒷머리카락이 없기 때문에 잡을 수 없다는 뜻이다.

도 꼭 그와 같다.

요컨대 우리가 만든 자연지에 흔해빠진 것들이 들어 있다고, 저속한 것이 있다고, 시시콜콜한 것이 많다고, 온통 쓸모 없는 것뿐이라고 시시하게 여기는 사람이 있다면 그들에겐 이런 이야기를 들려주고 싶다. 어떤 거만한 군주[마케도니아의 필리포스]가 한 여인의 탄원을 군왕의 위엄을 손상시키는 것이라 하여 들을 가치가 없다고 물리치자 그 가련한 여인이 이렇게 말했다. "그러시면 왕 노릇을 그만두시지요."[98] 단언하건대 그런 미세한 것들을 시시한 것이라고 시시콜콜한 것이라고 외면하는 사람은 자연에 대한 통치권을 획득하는 것도 행사하는 것도 불가능하다.

122

또한 우리에게 이런 반론을 제기할 사람이 있을지도 모르겠다. 즉 [기존의] 모든 학문과 모든 학자들을 한 칼에 베어버리고, 게다가 옛 것을 상고(詳考)함도 없이 저 혼자 잘났다고 주장을 세우는 것은 완고하고 무엄한 태도가 아니냐고 말이다.

우리가 만약 우리의 주장을 성실하게 펼 생각이 없었다면 [권위를 세우기 위해] 그리스 시대 그 이전으로까지 거슬러 올라갔을 것이다. 왜냐하면 자연에 관한 연구는 그리스인들이 북 치고 장구 치며 요란을 떨기 이전에 이미 조용히 진행되고 있었기 때문이다. 혹은 그리스인들의 연구 성과에 (최소한 일부분은) 의존해 권위를 세우거나 명예를 구했을 것이다. 마치 신분이 천한 사람이 고색창연한 족보를 걸어놓고 고귀한 신분인 양 출신성분을 날조하는 것처럼 말이다.

---

98) Plutarch, *Apophthegmata*. 179, 25~29.

그러나 우리는 사실이 증거하는 바를 따르고자 하기 때문에 모든 허구와 협잡을 배척하고 있는 것이다. 또한 눈앞에 보이는 발견이 이미 고대인들도 알고 있었던 것인데 오랫동안 잊혀져 있다가 시대의 흐름을 타고 지금에 와서 다시 부각되고 있는 것인지의 여부는 우리가 지금 하고 있는 일과는 아무 상관도 없는 일이라고 생각하고 있다. 아틀란티스 섬[99]이 이미 고대인들도 알고 있었던 섬인지, 아니면 역사상 처음으로 발견된 섬인지 그게 뭐 그렇게 중요하겠는가. 사물의 발견은 자연의 빛에서 구할 것이지 옛 시대의 암흑에서 찾으려 할 것이 아니다.

확실히 이전의 모든 연구 성과를 깡그리 무시하는 것은 온당치 못한 일이 될 수도 있다. 가령 [기존의 학설에] 잘못과 결함이 있다 하더라도 근본적인 개념에는 오류가 없을 경우에는 그후의 여러 가지 참신한 발견에 의해 수정하거나 보완해나갈 수 있기 때문이다. 그러나 근본적인 오류가 있어서 단순히 사물에 대한 판단이 잘못된 정도가 아니라 아예 사물에 대한 관찰 그 자체를 못 하게 만들고 있는 경우에는 이런 학설을 어디에다 쓰겠는가? 이런 학설이 아무 성과도 얻지 못한 것은 처음부터 얻고자 하는 바가 없었기 때문이고, 어떤 목표에도 도달하지 못한 것은 처음부터 가고자 하는 곳이 분명치 않았기 때문이고, 어떤 과정도 밟지 못한 것은 처음부터 발걸음을 내디뎌본 일이 없었기 때문이니 이 어찌 놀랄 일이겠는가!

다음으로 우리들의 태도가 무엄하다는 비난에 대해 한마디하자. 만일 우리가 손재주가 있어서 혹은 눈이 밝아서 그 누구보다도 똑바른 직선이나 완전한 원을 그릴 수 있다고 주장한다면, 이것은 능력을

---

99) Atlantis. 지브롤터(Gibraltar) 해협 서쪽에 있었으나 신벌(神罰)을 받아 침몰했다는 낙원. Plato, *Timaios*. 24~25. *GBWW*, Vol. 6. pp. 445~446.

비교해서 말하는 것이므로 무엄한 소리가 될지도 모르겠다. 그러나 자나 컴퍼스를 가지고 그리면 맨손으로 눈을 부릅뜨고 그리는 것보다 훨씬 더 잘 그릴 수 있다고 말하는 사람을 보고 무엄하다고 할 수는 없지 않겠는가?[1:61] 이 이야기는 우리가 처음으로 시도하고 있는 일에 딱 맞는 말일 뿐더러, 또한 앞으로 우리와 비슷한 연구를 할 사람들에게도 똑같이 적용될 수 있는 말이다. 우리가 학문을 발견하는 방법은 만사를 확실한 규칙과 논증에 의해 처리하는 것이기 때문에 지능의 우열은 조금도 문제가 되지 않는다. 따라서 우리가 그 누구보다도 능력이 우수하다는 따위의 [무엄한] 주장을 했다는 비난은 [우리의 주장을 잘 모르고 하는] 애매한 소리다. 우리가 한 일은 (앞에서 여러 번 말했지만) 능력으로 한 것이 아니라 행운에 힘입은 것이고, 지능이 좋아서 한 것이 아니라 때를 잘 만나서 하게 된 것이다[1:78, 84]. 우연의 힘은 우리의 일과 행위에만 영향을 미치는 것이 아니라 우리의 사고방식에도 영향을 미칠 때가 있다.

123

"물 마시는 사람과 포도주 마시는 사람이 어찌 생각이 같을 수 있겠느냐"[100]고 말할 사람이 있을지도 모르겠다. 이 말은 우리 자신에게 딱 들어맞는 말이다. 우리 이외의 다른 사람들은 옛사람이든 지금 세대의 사람이든 학문을 탐구하면서 이른바 물과 같은 음료를 마셨다. 지성으로부터 저절로 솟아난 것이든 도르래에 매단 두레박으로

---

100) 아테네의 정치가 필로크라테스(Philocrates)가 데모스테네스를 공격하면서, "그는 물을 마시고 나는 포도주를 마신다"고 말한 바 있다(Demosthenes, *De Falsa Legatione*. 46).

우물물을 긷듯이 논리학으로 퍼올린 것이든.

그러나 우리 자신이 직접 마시기도 하고, 또 다른 사람들을 위해 축배를 드는 음료는 수많은 포도열매를 따서 만든, 그것도 아주 잘 익은 것만 골라서 딴 다음 압착기에 넣어 즙을 짜고 깨끗하게 걸러서 용기에 넣어 발효시켜 만든 것이다. 그러므로 우리는 다른 사람과 의견이 일치하지 않아도 조금도 놀라지 않는다.

124

우리가 세운 학문의 목표나 목적도 올바르다고, 최선이라고 할 수는 없지 않느냐는 (우리가 다른 사람들을 비난했던 바로 그) 반론을 우리에게 제기할 사람이 있을지도 모르겠다. 이들의 주장에 따르면 진리의 관조(觀照)야말로 그 어떤 공리실용(功利實用)보다도 고귀하고 품위 있는 것이기 때문에 우리처럼 그토록 오랫동안 경험과 사물에만, 사물들의 변화추이(變化推移)에만 온통 정신을 쏟으면 마음이 땅에 묶여, 아니 혼란과 동요의 나락에 빠져 순수한 지혜가 주는 청량함과 평온함의 성스러움은 얻을 길이 없다는 것이다. 나는 이러한 반론을 기꺼이 수용한다. 내가 하고 싶은 말이 바로 그 말이다.

우리가 하고자 하는 일은 인간의 지성 안에 세계의 모형을 세우는 것이다. 아마 그럴 것이라고 어림짐작한 세계가 아니라 실제로 있는 그대로의 세계를 인간의 이성으로 세우자는 것이다. 이런 일은 세계를 주도면밀하게 해부하지 않고서는 해낼 수 없다. 그러기 위해서는 먼저 사람들이 철학적 공상으로 날조해놓은 어리석은, 말하자면 원숭이 흉내를 낸 세계의 모상(模像)부터 철저히 파괴하지 않으면 안된다. 따라서 인간 정신의 우상이 신의 이데아로부터 얼마나 멀리 떨어져 있는지를 (앞에서[1:23] 이미 말한 것처럼) 사람들에게 알려주지 않으면 안 된다. 전자는 완전히 추상의 산물에 불과한 반면[1 : 104], 후자는 진실의 정교한 선으로 질료에 확실하게 표시해놓은 창조주의 진정한 인장(印章)이다. 그러므로 이 경우에는 진리와 효용이 완전히 일치하고, 성과의 측면에서도 그로 인한 생활의 편익보다 진리의 보증으로서 한층 가치 있는 것이라고 할 수 있다.

125

우리가 하고 있는 일이 옛날에 이미 다 해놓은 일일 뿐이라는, 고대인들도 우리처럼 그렇게 했다는 반론을 제기할 사람이 있을지도 모르겠다. 이들의 주장에 따르면 우리가 그렇게 야단법석을 떨면서 애를 써도 결국에는 고대인들이 세워놓은 철학에서 한 치도 못 벗어난다는 것이다. 고대인들도 사색의 초기 단계에서는 실례(實例)와 개별적인 사례들을 넉넉하게 준비해서 이들을 항목별로 묶어서 견문일지(見聞日誌)를 만들고, 이 자료를 참고로 철학과 기술을 수립했으며, 그런 다음 자기의 학설을 발표하고, 이 학설을 설명하고 증명하기 위해 간혹 실례를 든 경우도 있지만, 집 짓는 사람들이 집을 다 짓고 나서 발판이나 사다리를 버리는 것처럼 개별적인 사례들을 모아놓은 비망록이나 작업일지는 번잡하게 여겨 발표하지 않았다는 것이다.

옳으신 말씀이다. 분명히 그랬을 것이다. 그러나 우리가 앞에서 말한 것을 완전히 잊어버리지만 않았다면 이 반론, 아니 의구심에 쉽게 대답할 수 있을 것이다. 고대인들이 사용했던 탐구와 발견의 형식은 그들의 저술에 분명하게 나타나 있다. 즉 몇 가지 실례와 개별적 사례에서 출발해서 (여기에 세간의 상식적인 관념과 당대에 유행하고 있는 학설 몇 가지를 보탠 다음) 곧바로 가장 일반적인 결론이나 혹은 학문의 제1원리로 비약하고, 이 제1원리를 확고부동한 진리로 삼은 다음 중간 수준의 명제를 끌어내고, 계속해서 하위의 명제들을 끌어내거나 증명하는 방식으로 그들의 학문을 수립한 것이다. 나중에 그들의 학설에 안 맞는 새로운 사례나 실례가 나타나면 그들의 규칙에 대한 복잡한 설명과 구별을 통해서 억지로 끌어다 맞추거나 예외로 치부해 제외해버리고 오직 그들의 학설과 상충하지 않는 사례들에 대해서만 그 원인을 밝히는 일에 골몰했던 것이다. 그러므로 그들의 자연지나 경험은 제대로 된 것이라 할 수 없거니와, 무엇보다도 일반적 명제로 곧장 비약하는 바람에 모든 것을 망쳐놓고 말았던 것이다.

126

또 이런 반론을 제기할 사람이 있을지도 모른다. 즉 중간 단계를 거쳐 올바른 순서에 따라 일반적 명제에 도달하기 전까지는 함부로 단정을 내리거나 원칙을 세우지 말라는 우리의 입장은 일종의 판단중지(判斷中止)를 설파하고 불가지론(不可知論, Acatalepsia)[101][머리말, 1 : 37, 67]을 조장하는 것은 아닌가 하고 말이다. 천만의 말씀이다. 불가지론이 아니라 오히려 가지론(可知論, Eucatalepsia)[102]이 바로 우리가 주창하는 것이다. 우리의 주장은 인간의 감각을 깔보자는 것이 아니라 도와주자는 것이며, 인간의 지성을 업신여기자는 것이 아니라 [바른 길로] 인도하자는 것이다. 무엇이든지 다 안다고 생각하면서 정작 알아야 할 것은 모르고 있는 것보다는 무엇이든지 다 알지는 못한다고 생각하면서 필요한 것은 알고 있는 것이 더 낫지 않은가.

---

101) 'Acatalepsia'는 그리스어로 '아무것도 알 수 없다'는 뜻이다.
102) 'Eucatalepsia'는 그리스어로 '잘 알 수 있다'는 뜻이다.

또 이런 반론을, 아니 반론이라기보다는 의문을 품을 사람이 있을지도 모르겠다. 즉 우리가 주창하고 있는 방법론이 자연철학[1 : 79, 80]을 완성시키는 데만 유효한 것인가, 아니면 논리학이나 윤리학이나 정치학 같은 다른 학문에도 적용될 수 있는가 하는 의문 말이다. 앞에서 말한 우리의 방법은 물론 전부를 다 포함한다. 삼단 논법으로 증명해나가는 일반적인 논리학이 자연학 이외의 다른 학문에도 적용되는 것처럼, 우리의 귀납적 논리학도 모든 학문 분야를 전부 포용하고 있다. 우리가 만드는 자연지와 발견표의 대상에는 추위와 더위, 빛, 영양, 성장 등과 같은 것만 있는 것이 아니라, 노여움, 두려움, 부끄러움 같은 것도 있고, 사회생활의 실례도 있고, 또 기억, 결합과 분리, 판단 등과 같은 정신작용도 있다. 그러나 우리의 해석 방법은, 정리·정돈된 자연지를 놓고 오직 정신의 활동만으로, 생각하고 또 생각하는 것만으로 연구를 진행하는 일반적인 논리학과는 달리, 정신이 사물의 본성 그 자체에 육박할 수 있도록 모든 면에서 정신을 지도하는 것이다. 이런 이유 때문에 우리의 해석 방법에는 여러 개의 다양한 규칙들이 소개되어 있는데 이를 잘 활용하면 탐구주제의 성질과 상태에 따라 거기에 맞는 발견방법을 얻을 수 있을 것이다.

그러나 혹시 우리가 현재 통용되고 있는 철학이나 기술, 여타 학문들을 파괴하거나 폐지하려는 것은 아닌가 하는 의혹은 제발 품지 마시길 바란다. 우리는 오히려 그 반대로 지금 세대에서 인정받고 있는 철학이나 여타 학문들이 잘 육성되고 존중받기를 진심으로 바라고 있다. 그러므로 현재 유행하고 있는 철학이나 학문들이 논쟁을 장려하고 담론을 인도하며 교직의 의무나 사회생활의 편의를 위해 유익하게 쓰이는 것을, 마치 만인의 동의 아래 통용되고 있는 통화(通貨)처럼 널리 쓰이는 것을 방해할 생각은 조금도 없다. 아니, 솔직히 고백하건대 우리가 제창(提唱)하는 철학은 그런 방면에는 전혀 도움이 되지 않을 것이고 결과와 성과를 보기 전에는 일반인들이 이해하기도 어려운 것이다. 기존의 학문에 대해 우리가 품고 있는 우정과 선의가 얼마나 성실한 것인지는 내가 출간한 저작, 특히 『학문의 진보』[103]를 보면, 금방 알 수 있을 것이다. 그러므로 이 문제에 대해서는 더 이상 길게 말할 필요가 없겠지만, 여기에서 또다시 경고해두고 싶은 것은, 현행 방법 가지고는 학문의 이론과 고찰에 어떤 위대한 진보도 어떤 풍부한 성과도 있을 수 없다는 사실이다.

129

이제 우리가 세운 목표가 얼마나 멋진 것인가에 대해 두어 마디 설명할 일이 남아 있다. 이런 이야기를 느닷없이 했더라면 내가 꿈 같은 이야기를 하고 있다고 할 사람도 많았을 테지만, 지금은 희망도 얻었고 부당한 선입관도 버렸을 터이므로 진지한 말로 들릴 것이다. 만일 우리가 다른 사람의 도움은 전혀 구하지 않은 채 우리 힘으로만 모든 일을 수행하고 완성했다고 믿고 있다면 자칫 자화자찬으로 들릴 수도 있는 이런 이야기를 할 생각은 처음부터 하지 않았을 것이다. 오히려 우리는 우리 연구의 완성을 위해 많은 사람들이 용기를 내고 분발해서 탐구의 정열을 불태워줄 것을 바라마지 않기 때문에 사람들에

---

103) Bacon, *The Advancement of Learning* (1605). *GBWW*, Vol. 28. pp. 1~101.

게 두어 가지 주의해둘 필요가 있다고 생각한다.

첫째, 위대한 발견을 하는 것은 인간의 행위 중에서 가장 탁월한 행동이다. 고대인들도 그렇게 생각했다. 그들은 새로운 사물을 발견한 사람들은 신격화해서 그 영예를 드높였지만, 국사에 공적(功績)이 있는 사람들―예를 들면 도시와 제국을 건설한 사람, 입법자, 오래 도탄(塗炭)에 빠져 있던 조국을 구한 사람, 독재자를 타도한 사람 등―에게는 영웅의 영예를 부여하는 데 그쳤다. 누구라도 양쪽을 제대로 비교하고 보면 고대인들의 판단이 옳았다는 것을 알게 될 것이다. 발견의 혜택은 인류 전체에게 미치지만 정치상의 혜택은 특정한 장소에 한정되는 것이고, 또한 후자의 혜택은 기껏해야 2, 3대에 그치지만 전자의 혜택은 영원하기 때문이다. 또한 정치적 개혁은 보통 폭력과 혼란을 동반하지만, 발견은 축복과 혜택을 가져올 뿐, 아무도 해치거나 괴롭히는 일이 없다.

다음으로 발견은 이른바 새로운 창조로서, 신공(神功)의 모방이니, 시인이 노래했으되,

눈부신 이름의 아테네는 처음으로
곤핍(困乏)한 인류에게 수확의 종자를 알게 하여
새 생명을 주고, 법을 세웠다.[104]

---

104) Lucretius, *De Rerum Natura*, Ⅵ, 1~3. *GBWW*, Vol. 11. p. 77. 루크레티우스(Titus Lucretius Carus, 기원전 94?~기원전 55?)의 생애에 대해서는 전하는 것이 많으나 불확실하다. 남은 유일한 저작 『만물의 본성에 대하여』(*De Rerum Natura*)는 운문으로 쓰인 6권의 철학시로서, 철학자 에피쿠로스의 평온한 생활을 찬미하고 원자론적 합리주의를 지지했다.

솔로몬 이야기를 잠시 하자면, 그는 세상 부러울 것이 없는 권력과 금력에, 위대한 업적에, 만조백관(滿朝百官)에, 처자권솔(妻子眷率)에, 막강함대(莫强艦隊)에, 빛나는 명성에, 억조창생(億兆蒼生)의 그침없는 우러름까지 얻었지만 그 어느 것도 영화(榮華)로 여기지 않고 말하기를, "일을 숨기는 것은 하느님의 영화요, 일을 살피는 것은 왕의 영화라"[105] 했다.

다음으로 유럽의 어디든지 문명이 선진적인 지역의 사람들과 뉴인디아[106]의 미개하고 야만적인 지역의 사람들을 비교해보면 그 생활수준의 엄청난 차이가 실로 '사람이 사람에게 신(神)이다'[107] 하는 말이 실감이 날 정도이다(물론 이 말은 사람들이 서로 돕고 베풀 때 쓰는 말이지만 양쪽의 생활상태의 차이를 비교하는 데 써도 전혀 손색이 없다). 이러한 엄청난 차이는 토지나 기후 때문이 아니라 오직 기술 때문에 생긴 것이다.

다음으로 발명된 것의 힘과 효능과 결과를 생각해볼 필요도 있다. 이것은 고대인들은 전혀 모르고 있었던 저 3대발명, 즉 인쇄술·화약·나침반이 어떠했는가를 살펴보면 금방 알 수 있다. 이 세 가지는 천지개벽을 가져왔으니, 인쇄술은 학문에서, 화약은 전쟁에서, 나침반은 항해에서 세상을 완전히 바꾸어놓았던 것이다. 또한 그로 말미암아 헤아릴 수 없이 많은 변화가 천지에 가득했으니, 그 어느 제국도 그 어느 종파도 그 어느 별도 인간의 생활에 이 세 가지 발명보다 더

---

105) 『성서』, 「잠언」 25 : 2.
106) New Indies. 신대륙(아메리카)을 말한다. 콜럼버스가 처음 신대륙을 발견했을 때 인도의 일부라고 생각했기 때문에 '뉴 인디아'라는 이름으로 불렸다.
107) "hominem homini Deum esse."

큰 힘과 영향을 미친 것은 없었다.

또한 인간의 야망을 세 등급으로 나누어 살펴보아도 좋을 것이다. 첫째는 자신의 세력을 자기 나라 안에서 확대하려는 사람의 야망인데, 이것은 하등(下等)의 천박한 야망이다. 다음은 자기 나라의 권력과 지배권을 인류 전체에 확대하려고 하는 사람의 야망인데, 이것은 품위는 좀 있지만, 여전히 탐욕의 한계를 벗어나지 못한 야망이다. 그런데 인류 자체의 권력과 지배권을 우주 전체에 대해 수립하고 확대하려고 노력하는 사람이 있다면 이런 야망은(이런 것도 야망이라고 부르자면) 앞의 두 가지 야망에 비하면 더할 나위 없이 건전하고 고귀한 것이라 하겠다. 자연에 대한 인간의 지배권은 오직 기술과 학문에 달려 있다. 자연은 오로지 복종함으로써만 복종시킬 수 있기 때문이다[1 : 3].

또한 어떤 특정한 발견의 혜택이 인류 전체에 미치는 것에 사람들이 깊이 감동하여 그 발견자를 인간 이상의 위대한 존재로 여길 정도라면 그러한 발견 자체를 쉽게 할 수 있는 방법을 발견한 자는 얼마나 존귀하게 섬겨야겠는가! 그렇다면 (사실대로 말하자면) 빛의 은혜야말로 실로 측량할 길이 없으니 길을 걷는 것도 학문에 힘쓰는 것도 책을 읽는 것도 사람들이 서로 알아보는 것도 모두 빛으로 말미암은 것이다. 그러나 그 모든 빛의 효용보다도 더욱 훌륭하고 아름다운 것은 빛 그 자체를 [눈으로] 보는 것이다. 마찬가지로 미신이나 기만, 오류나 혼란 없이 사물을 있는 그대로 관조하는 것 그 자체야말로 발견으로 말미암은 모든 공리실용보다 한층 고귀한 것이라 해야 할 것이다[1 : 124].

마지막으로 학문과 기술이 인간을 사악(邪惡)과 방종으로 이끌어 타락하게 한다고 비난하는 사람이 있더라도 조금도 마음의 동요를 일으키지 말기 바란다. 그런 논법으로 말하자면 이 세상의 모든 좋은 것들(재능·용기·힘·아름다움·부·빛 그 자체 등)이 다 마찬가지 아닌가? 하느님께서 선물로 주신 자연에 대한 인류의 지배권을 회복하고 그 힘을 행사하기 위해서는 올바른 이성과 진실된 신앙의 인도를 받아야 한다.

130

이제 자연을 해석하는 기술 그 자체에 대해 말할 때가 되었다. 나는 여기에서 제시한 지침이 매우 유용하고 올바른 것이라고 생각하고 있지만 (이것 없이는 아무것도 할 수 없다는 듯이) 이것이 필요불가결하고 완전한 것이라고 말할 생각은 없다. 내 생각으로는 사람들이 제대로 된 자연지와 경험지를 앞에 놓고 다만 두 가지만 주의하면 별다른 기술이 없어도 정신 본래의 힘만으로도 우리가 설명한 자연에 대한 해석 방법에 도달할 수 있다. 첫째로 고정관념을 버리는 일이며, 둘째로 적당한 시기가 될 때까지 성급한 일반화의 유혹을 물리치는 일이다. 왜냐하면 정신활동을 방해하는 모든 장애물이 제거된 상태에서 정신이 올바르고 성실하게 활동하기만 하면 그것이 곧 자연에 대한 해석이 되기 때문이다. 다만 우리가 제시한 지침을 따르면 그 해석이 한결 수월해지고 좀더 확실해질 것이다.

그렇다고 해도 나의 지침에 덧붙일 것이 없다고 주장할 생각은 없다. 오히려 그 반대로 나는 정신의 활동을 정신 그 자체의 본래적 기능에 대해서는 물론, 사물과의 관련에 대해서도 고찰해야 하기 때문에 발견의 기술은 발견 그 자체와 함께 진전되어야 한다고 믿고 있다.

제2권

1

어떤 물체에 한 개 혹은 여러 개의 새로운 본성을 부여하거나 추가하는 것은 인간의 힘이 하는 일이요 목표로 삼는 바이다. 한편 어떤 물체의 [본성의] 형상이나 혹은 [그 본성의] 진정한 종차를, 그러한 본성을 낳는 본성을, 그러한 본성이 유래되는 근원—이 용어들은 우리가 문제로 삼고 있는 것을 설명하는 데 매우 적절한 용어들이다—을 발견하는 것은 인간의 지식이 하는 일이요, 또한 마땅히 해야 할 일이다. 이 두 가지 1차적인 과업에는 2차적인 과업이 하나씩 딸려 있다. 인간의 힘의 과업에 딸려 있는 것은 구체적인 물체를 가능한 한 다른 물체로 변화시켜보는 일인데, 이는 어떤 한계 안에서 가능한 일이다. 인간의 지식의 과업, 즉 학문의 과업에 딸려 있는 것은 작용인과 질료인[2:2]이 형상을 만들어내는 연속적인 과정을, 즉 모든 물체의 생성과 운동 속에 숨어 있는 '잠재적 과정'(latens processus)을 발견하는 일이며, 운동하지 않고 정지해 있는 물체에 대해서는 그 속에 숨어 있는 '잠재적 구조'(latens schematismus)를 발견하는 일이다 [1:51, 2:6~7].

현재 인간의 학문이 얼마나 한심한 상태에 있는지는 현재 널리 인정되고 있는 주장에서도 충분히 알 수 있다. '진정한 지식은 원인으로부터 추론된 지식이다'[1]라는 주장은 옳다. 그 원인을 네 가지로, 즉 질료인(質料因, material cause), 형상인(形相因, formal cause), 작용인(作用因, efficient cause), 및 목적인(目的因, final cause)으로 구별하는 것[2]도 역시 틀린 것은 아니다. 그러나 그 원인 가운데 목적인은 인간의 행위를 다룰 경우 이외에는 전혀 도움이 되지 않을 뿐더러 오히려 학문을 타락시킨다. 형상인을 발견하는 문제는 [현재 사람들이 인간의 이해력을 초월해 있는 것이라고 여기고 있기 때문에] 감히 엄두도 못 내고 있다[1 : 75]. 작용인과 질료인의 경우에는 [현재 사람들이] 형상을 만들어내는 '잠재적 과정'과는 아무 관계가 없는 완전히 엉뚱한 것을 놓고 작용인이다 질료인이다 하고 있는데, 이런 산만하고 피상적인 개념은 실용적인 학문에는 전혀 도움이 되지 않는다.

　[학문의 과업이 사물의 형상을 발견하는 것이라는 나의 주장[2 : 1]에 대해] 이렇게 반문할 사람이 있을지도 모르겠다. '아니, 당신은 어찌 한 입으로 두 말을 하는가? 앞에서[1 : 51, 65] 사물의 가장 중요한 본질을 형상으로 여기는 것은 그릇된 사고방식이라고 단죄하고, 이러한 인간 정신의 오류를 정정할 것을 주장한 것을 잊었는가' 하고 말이다. 결코 그렇지 않다.[다시 한번 말하거니와 사물의 본질을 형상

---

1) Aristotle, *Posterior Analytics*. I, 2. *GBWW*, Vol. 7. p. 98. Aristotle, *Metaphysics*. I, 3. *GBWW*, Vol. 7. p. 501.

2) Aristotle, *Metaphysics*. I, 3. *GBWW*, Vol. 7. p. 501~502.

에서 찾으려는 사고방식은 그릇된 것이다.] 자연에는 어떤 정해진 법칙에 따라 개별적으로 활동하는 개체 이외에는 아무것도 존재하지 않는다. 그러나 개별 학문에서는 바로 그 법칙에 대한 탐구와 발견 및 개발이 이론과 실천의 기초를 이루게 된다. 내가 '형상'이라고 부르는 것은 바로 이런 법칙이거나, 개별 과학 안에서 이에 상응하는 것들이다[1 : 51]. 내가 이 말을 선택한 이유는 사람들이 널리 쓰는 익숙한 말이기 때문이다.

3

어떤 본성(예를 들어 흰색이라든가 열이라든가)의 원인을 다만 이 본성을 지닌 특정의 물체에 대해서만 알고 있을 경우 그 인식은 아직 완전한 것이라고 할 수 없다. 또한 어떤 결과를 다만 특정의 질료에 대해서만, 즉 그러한 결과가 발생하는 특정한 질료 가운데 하나에 대해서만 알고 있을 경우에도 그 힘은 아직 완전한 것이 아니다. 작용인과 질료인까지만 알고 있을 경우에는 (이 두 원인은 물체에 따라서 저마다 다르고 어떤 경우에는 형상을 구현하는 매개체에 불과하기 때문에) 어느 정도 성질이 비슷한 의도적으로 선택된 질료에 대해서는 새로운 발견을 해낼 수 있지만 사물의 심층에까지 도달하지는 못한다. 그러나 형상을 알고 있을 경우에는 전혀 이질적인 질료에 대해서도 공통의 본성을 찾아낼 수 있다. 따라서 그런 사람은 지금까지 아무도 해내지 못했던 일, 즉 자연의 변화 중에서도 인간의 실험 중에서도 우연에 의해서도 한 번도 일어난 일이 없고 아무도 생각조차 해본일이 없는 그런 것을 밝혀내거나 만들어낼 수 있다. 그러므로 형상을 발견해야 비로소 제대로 된 이론이 성립하고 [특정한 대상에 한정되지 않은] 자유로운 작업이 가능해진다.

인간의 힘과 인간의 지식은 아주 밀접하게 연관되어 있기 때문에 거의 같은 것이라고 할 수 있다. 그러나 추상적인 것에 몰두하는 저간의 고질적인 악습에 물들지 않기 위해서는 실용적인 영역과 관계가 있는 기초에서 출발해 학문의 건설을 시작하고, 이 실용의 영역을 잣대로 이론적인 부분을 규정해나가는 것이 한결 안전한 방법이다. 그러므로 어떤 물체에 어떤 본성을 부여하거나 추가하기 위해서는 사람들이 어떤 규칙을 혹은 어떤 지침을 혹은 어떤 지도(指導)를 가장 원하고 있는지를 잘 살펴보고 그것을 이해하기 쉬운 아주 평범한 말로 나타내지 않으면 안 된다.

예를 들면 누군가가 은(銀)에 노란 금색을 띠게 한다든가, 무게를 증가시킨다든가(질료의 법칙을 지키면서), 돌을 투명하게 만든다든가, 유리를 더욱 강인하게 만든다든가, 생장성(生長性)이 없는 사물을 생장하게 만들고 싶어한다면 (거듭 말하거니와) 우리는 그가 어떤 종류의 규칙이나 지침을 좋아할 것인가를 먼저 살펴보아야 한다. 첫째로 당연히 그는 자신을 기만하지 않으며 자기가 직접 실험했을 때 성공할 수 있는 방법을 보여주기를 바랄 것이다. 둘째로 일정한 수단이나 특정한 작업방식으로만 그 일을 하도록 강제하지 말기를 바랄 것이다. 왜냐하면 그와 같은 수단을 가지고 있지 못할 수도 있고, 또 그러한 수단을 획득할 힘이나 기회가 없을 수도 있고, 또 그 얻고자 하는 본성을 만들어낼 수 있는 다른 수단이나 방법(지침에 나와 있는 것말고)이 있을 경우 그러한 수단과 방법을 이용하는 길이 시작부터 차단되고 말기 때문이다. 셋째로 지금과 같은 그런 어려운 작업방법말고 좀더 쉽게 실행할 수 있는 방법을 보여주기를 바랄 것이다.

그러므로 진실로 완벽한 작업규칙이 되기 위해서는 '확실하고 선택적이고 실용적'이어야 한다. 그리고 이것은 진정한 형상을 발견하는 '작업'에 대해서도 마찬가지다. 형상이란 것은 그 본성 전체에 내재하는 것으로서, 그 본성이 현존할 경우에는 항상 현존하고, 그 본성의 현존을 언제 어느 때라도 확인할 수 있도록 해주는 것이다. 그러므로 어떤 물체라도 어떤 본성의 형상을 갖게 되면 그 본성이 반드시 생겨나고, 또한 그것이 없어지면 그 본성도 반드시 사라지고 만다. 즉 형상은 오직 그 본성 안에서만 존재하는 것이기 때문에 그 본성이 현존하지 않을 때에는 형상도 현존하지 않을 뿐더러 그 본성의 현존을 부정한다. 마지막으로 진정한 형상은 탐구의 대상이 되고 있는 본성을 본질의 어떤 근원―여러 개의 본성 안에 존재하기 때문에 자연의 질서 중에서 그 형상 자체보다도 더 잘 알려져 있는[1:22]―으로부터 도출해내는 그런 것이다. 따라서 진실로 완벽한 이론적 공리는 다음과 같은 규칙이다. '탐구의 대상이 되고 있는 본성을 드러내면서 우리들에게 잘 알려져 있는 [개별적] 본성들의 진정한 유개념(類概念)과 종차를 밝혀주는 그런 본성을 발견할 것'이다. 앞에서 말한 두 가지 규칙, 즉 작업규칙과 이론적 공리는 결국은 같은 것으로서 작업을 하는 데 가장 유용한 것이 결국 이론적으로 가장 올바른 것이다.

5

물체를 변화시키는 문제에 관한 규칙 또는 공리는 두 가지이다. 제1의 규칙은 물체를 단순한 본성들이 모인 집합체 또는 결합체로 보는 것이다. 예를 들면 금(金)은 다음과 같은 요소들이 결합되어 있다. 금은 황색이며 일정한 무게를 지니고 있다. 일정한 정도까지 두드려 펼수 있고 휘발성 물질이 아니다. 불에 태우면 양이 줄며 특별한 방법을 쓰면 용해되기도 하고 분해되기도 한다. 물론 이 외에도 여러 가지 본성들을 금에서 찾아볼 수 있다. 금을 이렇게 규정하는 것은 곧 어떤 사물[에 대한 규정]을 그 사물이 가지고 있는 여러 가지 단순본성의 형상으로부터 도출한다는 것을 의미한다.

그런 이유로 금의 단순본성들(황색·무게·연성·고정성·유동성·용해성 등등의 여러 가지 본성의 형상들)과 및 그 본성들의 정도와 가감의 방법을 알고 있는 사람은 어떤 물체를 금으로 변화시키고자 할 때 그 본성들을 그 물체에 결합하거나 추가할 좋은 방법이 없을까 하고 궁리하게 되는 것이다. 그리고 이러한 종류의 작업은 일차적인 행위에 속한다. 그것은 곧 한 개 혹은 여러 개의 단순본성을 만들어내는 것과 같은 것이기 때문이다. 다만 여러 개의 본성을 만들어내야 하는 경우에는 그러한 본성들을 하나의 물체에 결합해 넣기가 어렵기 때문에 작업이 훨씬 힘들어지는 것은 사실이다. 그러나 위에서 말한 작업방식―구체적인 물체를 놓고서 단순본성에만 주목하는―은 자연 가운데 변하지 않고 영원하고 보편적인 것(단순본성)에서 출발해서 인간의 사유가 (현재 상태로는) 전혀 이해할 수 없는, 생각지도 못한 넓은 길을 인간에게 열어준다는 사실을 명심해야 한다.

다음으로 제2의 규칙은 (잠재적 과정의 발견과 관계되는 것으로서) 단순본성에서 출발하는 것이 아니라 자연에 존재하는 그대로의 구체적인 물체에서 출발하는 통상적인 방법이다. 예를 들면 금이나 어떤 금속이 혹은 돌이, 어떤 기원에서 어떤 방식으로 어떤 과정을 거쳐 원초의 용액이나 맹아(萌芽)에서 생겨나서 지금과 같은 광물이 되었을까 하는 문제를 탐구하는 경우라든지, 초목이 어떤 과정을 거쳐 땅 속의 액즙의 원초적 응결이나 혹은 씨앗에서 출발해 자연의 보편적인 운동과 여러 가지 연속적인 운행에 의해 유형의 식물이 되었는가 하는 것을 탐구하는 경우라든지, 또는 동물의 교미에서 출산에 이르는 일정한 순서에 따라 전개되는 생성과정을 탐구하는 경우라든지, 기타 다른 물체에 대한 탐구의 경우 등이 모두 여기에 속한다.

이러한 종류의 탐구는 다만 물체의 생성에만 한정되는 것이 아니라 자연의 다른 운동과 활동에도 적용된다. 예를 들면 식물의 최초의 섭취에서 완전한 동화에 이르는 신진대사의 과정 전체와 연속적인 작용에 대해 탐구할 경우라든지, 또는 인간의 심상이 형성될 때의 최초의 인상과 정신의 연속적인 작용에서부터 사지의 굴절과 운동에 이르기까지 동물의 수의운동(隨意運動)에 대해 탐구할 경우라든지, 또는 분절음이 발성되기까지 혀와 입술을 포함한 기타 기관의 운동에 대해 탐구할 경우 등이 그러한 예에 속한다. 이러한 탐구들도 물론 [사물의] 구체적인 본성 혹은 집합적 조직을 이루고 있는 본성과 관계가 있는 것이긴 하지만 자연의 개별적 습관, 특수한 습관을 고찰하는 것일 뿐 형상을 구성하는 근본적·보편적 법칙을 고찰하는 것은 아니다. 그럼에도 불구하고 이 방법은 앞에서 말한 제1의 규칙에 비하면 한결 편리하고 손쉬운 것으로 성공의 가능성도 더 크다.

이 이론에 대응하는 작업 영역에서도 사정은 마찬가지다. 자연 속에서 흔히 발견할 수 있는 것에서부터 시작해 그와 상관이 밀접한 것 혹은 관계가 없지 않은 것으로 작업이 확대되는 것이다. 그러나 자연에 대한 고차적이고 근본적인 작업을 할 경우에는 제1차적인 공리에 의존하게 된다. 뿐만 아니라 천문학의 경우처럼 인간의 능력으로는 전혀 힘을 미칠 수 없는 문제의 경우에는 (예컨대 인간은 천체에 대해 힘을 미칠 수도 없고 변화시킬 수도 변형시킬 수도 없다) 그에 대한 지식을 쌓는 방법밖에는 다른 도리가 없거니와 이러한 지식, 즉 사실이나 진리의 탐구라든가 원인이나 동시발생에 대한 지식 등은 불가불 단순본성에 대한 일차적이고 보편적인 공리를 기초로 삼게 된다. 예를 들면 천체 그 자체를 알기에 앞서 자발적 회전[3])이나 인력이나 자력같이 천체 자체보다도 훨씬 더 일반적인 사실들을 먼저 탐구해야 하는 것과 같다. 자발적 회전의 본성을 파악하지 못하고서는 일주운동(日周運動)에서 땅이 도는지 하늘이 도는지 아무도 말할 수 없기 때문이다[2 : 36(2), 48].

6

그런데 우리가 말하는 '잠재적 과정'이라는 것은 사람의 정신으로 (그것도 현재와 같이 선입관에 사로잡혀 있는 정신으로) 금방 알아낼 수 있는 것이 아니다. 우리가 말하는 '잠재적 과정'은 물체 자체가 드러내 보이는 양적 관계나 징후 혹은 단계적 과정이 아니라 그 대부분이 사람의 감각으로는 파악할 수 없는 하나의 연속적 과정이다.

예를 들면 모든 물체의 생성과 변형 과정에서 무엇이 소멸하고 무엇이 잔존(殘存)하는지, 무엇이 부가되는지, 무엇이 팽창되고 무엇이 수축되는지, 무엇이 결합되고 무엇이 분리되는지, 무엇이 연결되고 무엇이 절단되는지, 무엇이 촉진되고 무엇이 저해되는지, 무엇이 지배하고 무엇이 복종하는지 등 여러 가지를 탐구해야 한다.

또 있다. 그 어떠한 변화와 변동에 대해서도 무엇이 선행하고 무엇이 후속하는지, 무엇이 빠르고 무엇이 느린지, 무엇이 운동을 일으키고 무엇이 운동을 규제하는지 등등을 탐구해야 한다. 굼뜨고 무기력한 미네르바[4])가 이끌고 있는 현재의 학문은 이 가운데 어느 한 가

---

3) spontaneous rotation. 여기에서 '자발적 회전'이란 공전과 자전을 막론하고 천체가 저절로 돈다는 의미이다.

4) Minerva. 로마 신화에 나오는 지혜·전쟁·공예의 여신. 그리스 신화의 아테나(Athena)에 해당한다.

지도 제대로 알지 못하고 있으며 알려는 시도조차 못 하고 있다. 자연의 모든 작용은 미분자(微分子)간에 혹은 적어도 감각으로 지각하기에는 너무나도 작은 분자간에 이루어지고 있기 때문에[1:50] 그 분자들을 적절한 방법으로 파악하고 관찰하지 않는 한 어느 누구도 자연을 지배하거나 변화시킬 수 없다.

7

마찬가지로 물체에 숨어 있는 '잠재적 구조'를 탐구하고 발견하는 문제 역시 '잠재적 과정'과 형상을 발견하는 문제에 못지않은 새로운 일이다. 우리는 지금 자연의 앞마당에서 서성거리고 있을 뿐, 내전(內殿)은 고사하고 내전에 이르는 입구조차 모르고 있기 때문이다. 어느 누구도 그 물체에 대한 완전한 지식이 없이는 그 물체에 새로운 본성을 부여할 수도 없고 새로운 물체로 변화시키거나 변형시킬 수도 없다. 그런 지식이 없는 사람은 그 물체의 본성에는 전혀 맞지 않는 혹은 완전히 엉뚱한 방법으로 새로운 본성을 부여하려 하거나 변화시키려고 할 것인즉 이런 사람이 성공하는 일은 결코 생기지 않는다. 그러므로 이런 일을 위해서라도 [새로운] 길이 열려야 하고, 그 길을 열기 위해 육력일심(戮力一心)으로 노력해야 한다.

인간이나 동물과 같은 유기체를 해부하는 문제에 관해서는 [현재의 학문이] 꽤 유익한 방법으로 노력해 왔기에 그 미세한 것도 알고 자연에 대한 탐구도 충실하고 일정한 성과도 있는 것으로 보인다. 그러나 이러한 종류의 해부는 시각적 관찰 같은 감각에 의한 것이기 때문에 오직 유기체에 대해서만 적용될 수 있다. 게다가 이러한 종류의 해부는 동질적인 것으로 생각되는 물체나 혹은 동질적인 것으로 생각되는 부분—특히 쇠나 돌 등과 같은 특정한 종류에 속하는 물체나 그 부분, 뿌리, 잎, 꽃, 살[肉], 피, 뼈 등과 같은 식물 또는 동물의 동질적인 부분—의 잠재적 과정에 대한 진짜 해부와 비교해보면 훨씬 쉬운 일이다.

물론 이처럼 동질적인 것으로 생각되는 물체에 대한 해부에 대해서도 [지금까지의] 인간이 노력을 하지 않은 것은 아니다. 증류법(蒸溜法)이나 다른 분해의 방법을 사용해 동질적인 물체 혹은 부분을 분리하는 것이 하나의 예증이 될 수 있거니와, 이것은 곧 복합체의 이질성을 그 동질적 부분의 집합을 통해 명백히 하려는 노력의 일환으로 간주될 수 있다. 이러한 일은 유익하기도 하고 우리가 주창하고 있는 탐구에 유용한 것이기도 하지만 잘못하면 속을 가능성이 있다. 왜냐하면 불이나 열 혹은 기타의 분해 방법에 의해 확인된 본성들 중 어떤 것들은 처음부터 그 복합체에 들어 있었던 것이 아니라 불이나 열이나 기타 분해 방법에 의해 새로 부여되거나 추가된 것일 수도 있기 때문이다. 이러한 일은 복합체의 진정한 구조를 발견하는 일에 비하면 아주 사소한 것일 뿐이다. 복합체의 진정한 구조는 미세하고 정밀하기 때문에 불로 태워보는 작업만 가지고는 분명하게 알아낼 수 있는 것보다는 오히려 헷갈리고 잃어버릴 것이 더 많다.

그러므로 물체를 분리하거나 분해하는 작업은 불로 하기보다는 이성적 추론과 실험의 도움을 받아 이루어지는 참된 귀납으로 하는 편이 훨씬 더 낫고, 그 물체를 다른 물체와 비교해 복합체 속에 견고히 자리잡고 있는 단순본성과 그 본성의 형상으로 환원해보는 편이 훨씬 더 낫다. 그리고 물체의 진정한 조직과 구조의 정체를 밝히고자 한다면(사물 속에 숨어 있는 특성과 성능은 결국 이 조직과 구조에 의존하고 있으며, 이로부터 모든 유효한 변화의 규칙이 생기기 때문에)

불카누스[5]에서 미네르바[1 :85]로 옮겨가야 한다는 것은 명백하다.

예를 들면 어떤 물체에 대해서도 그 속에 어떤 정기[1 :50, 2 :40]가 들어 있는지 그 실체적 본질은 무엇인지를 탐구해야 하며, 그 정기는 풍부한가 부족한가, 촘촘한 것인가 성긴 것인가, 공기와 같은 것인가 불과 같은 것인가, 활성인가 불활성인가, 미약한가 강력한가, 전진적인가 후퇴적인가, 단절적인가 연속적인가, 그 물체의 외부에 있는 주위의 사물과 잘 조화하는가 아니면 대립하는가 등등을 탐구해야 한다. 다음에는 같은 방법으로 그 실체적 본질(이것은 정기에 못지않은 많은 특징을 지니고 있다)과 털과 섬유조직과 다양한 직조상태 등을 탐구해야 하며, 또한 이 유형적 실체 속에 정기가 어떻게 배치되어 있는가 하는 것과, 그 정기의 기공(氣孔)·통로(通路)·혈관·세포 등의 상태는 어떠한가 하는 것과, 그 유기체의 맹아 혹은 기미는 무엇인가 하는 것도 탐구해야 한다. 이러한 탐구의 경우, 특히 숨어 있는 잠재적 구조에 대한 탐구의 경우에도 앞에서 말한 탐구에서와 마찬가지로 모든 어둠과 난관을 물리치는 밝은 진실의 빛은 오로지 1차적인 공리로부터 오는 것이다.

8

그렇다고 해서 [데모크리토스의] 원자를 생각할 필요는 없다. 원자는 텅 빈 공간과 불변의 질료를 전제하고 있는데, 이 둘 다 그릇된 가정이기 때문이다. 현재 우리가 발견한 그대로의 실제 분자를 생각하면 된다. 또한 탐구의 대상이 이렇게 정제(精製)된 것에 지레 겁을 먹

---

5) Vulcanus. 로마 신화에 나오는 불과 대장장이의 신. 그리스 신화의 헤파이스토스(Hephaestos)에 해당한다.

고 낙담하지 말기 바란다. 탐구가 단순본성에 근접하면 할수록 오히려 모든 것은 한결 명료해지고 한결 확실해지는 것이다. 즉 탐구는 복잡한 것에서 단순한 것으로, 공약수(公約數)가 없는 것에서 공약수가 있는 것으로, 무리수에서 유리수로, 무한정하고 막연한 것에서 한정되고 명확한 것으로 진행되는 것이다. 이것은 언어에서 알파벳 문자에 도달하거나 음악에서 단음(單音)에 도달하는 것과 같은 것이다.[6] 자연학(물리학)은 자연에 대한 탐구를 수학으로 끝을 맺을 때 가장 좋은 결과를 얻게 된다[1 : 96]. 엄청나게 큰 수가 나오거나 아주 작은 소수가 나오더라도 조금도 겁낼 필요가 없다. 왜냐하면 계산을 할 때 큰 수는 1,000을 1로 생각하면 될 것이고, 분수의 경우에도 1,000분의 1을 정수 1로 생각하면 되니까 말이다.

9

앞에서 말한 두 종류의 규칙[2 : 5]을 가지고서 철학과 기타 여러 학문들을 두 종류로 구분해볼 수 있겠는데, 사람들이 흔히 쓰는 용어 가운데 내가 말하고자 하는 것에 가장 근접한 용어를 사용하여 이를 설명해보겠다. '형상'은 적어도 이성과 그 자신의 법칙을 따른다는 점에서 영원하고 불변하는 것이라고 할 수 있으므로 이러한 '형상'에 대한 탐구는 '형이상학'을 구성한다고 할 수 있겠고, '작용인'과 '질료인' 및 '잠재적 과정'과 '잠재적 구조'에 대한 탐구가 '자연학'을 구성한다고 할 수 있겠다(자연학적 탐구는 자연의 일반적 과정과 관계가 있는 것일 뿐 자연의 근본적이고 영원한 법칙과는 관계가 없다). 이 두 종류의 학문 분야에는 각각 실천적인 학문이 하나씩 딸려 있다.

---

6) Bacon, *The Advancement of Learning* (1605). II, 7 : 5. *GBWW*, Vol. 28. p. 44.

즉 자연학에는 기계학이 딸려 있고, 형이상학에는 진정한 의미에서의 마술이 딸려 있다. 형이상학에 딸린 실천적 학문이 마술인 이유는 기계학에 비해 자연에 대한 지배력이 훨씬 더 크고 영향을 미치는 범위도 훨씬 더 넓기 때문이다.

10

이제 학문의 목적은 이처럼 설정되었으므로 다음으로는 질서정연한 탐구를 도와줄 지침의 문제를 논의하기로 하자. 자연을 해석하는 문제는 두 부문으로 나눌 수 있는데, 한 부문은 경험으로부터 공리를 추론하는 것과 관계되는 일이고, 또 한 부문은 공리로부터 새로운 경험을 이끌어내는 것과 관계되는 일이다. 제1의 부문은 또한 세 부분으로 나눌 수 있는데, 1) 감각에 대한 보조, 2) 기억에 대한 보조, 3) 정신 혹은 이성에 대한 보조가 바로 그것이다.

첫째로 [감각에 대한 보조로서] 우리는 먼저 전면적이고 완전하고 정확한 자연지와 실험지를 준비해야 한다. 자연의 행동과 속성은 있는 그대로 발견되어야 할 것이지 결코 상상하거나 날조되어서는 안되기 때문이다.

그러나 자연지와 실험지에는 온갖 잡다한 내용들이 뒤섞여 있기 때문에 적당한 순서에 따라 정리하지 않으면 지성을 당혹하게 하고 혼란하게 한다. 따라서 둘째로 [기억에 대한 보조로서] 지성이 사례를 취급할 수 있도록 정돈된 방식으로 사례표를 만들어 대조해야 한다.

그러한 대조표가 만들어졌다 하더라도 지성은 제멋대로 활동하도록 방임하면 힘을 발휘할 수 없다. 지성은 적절히 지도하고 보호해주어야 공리를 만들어낼 수 있다. 따라서 셋째로 [이성에 대한 보조로서] 바르고 참된 귀납법을 사용해야 하는데, 이것이야말로 자연을 제대로 해석할 수 있는 열쇠가 된다. 먼저 이 귀납법에 대해 자세히 설명한 다음에 자연지와 실험지 및 발견표의 문제를 다루기로 하자.

11

형상에 대한 탐구는 다음과 같이 진행된다. [첫째] 탐구의 대상이 되고 있는 본성[이하 탐구대상본성]에 대해 우선 질료는 전혀 다르지만 본성이 동일한 모든 알려진 사례를 수집해야 한다. 이러한 자료수집을 할 때에는 쓸데없는 궁리를 하지 말고, 또 너무 미세하게 하지도 말고, 다만 사례가 나타나는 순서에 따라 해야 한다. 열의 본성을 탐구할 경우를 예로 들어 설명해보자.

표 1. 열의 본성에 일치하는 사례

(1) 햇빛, 특히 여름철과 정오.

(2) 반사되어 집중된 햇빛, 예컨대 산골짜기에, 벽에, 특히 돋보기에.

(3) 불꽃을 뿜는 유성.

(4) 작열하는 번개.

(5) 분화구에서 치솟는 화염.

(6) 모든 화염.

(7) 발화한 고체.

(8) 천연온천.

(9) 끓고 있거나 가열된 액체.

(10) 뜨거운 증기와 연기와 공기. 공기는 반사로(反射爐)에 밀폐되었을 경우 강렬한 열을 발생한다.

(11) 계절에 관계없이 공기 자체의 조성에 의해 생기는 습기차고 무더운 날씨.

(12) 동굴에 밀폐된 지하공기. 특히 겨울에.

(13) 양털, 털가죽, 새털 등 털 있는 물체들은 모두 열을 가지고 있다.

(14) 고체도 되고 액체도 되고 (공기처럼) 농밀하기도 하고 희박하기도 한, 잠시 불에 가까워진 모든 물체들.

(15) 부싯돌이나 강철이 강한 충격을 받았을 때 생기는 불꽃.

(16) 강하게 마찰된 물체. 예컨대 돌, 나뭇조각, 천 등. 수레바퀴의 굴대가 때때로 불을 일으키는 것도 이 때문이다. 서인도인[아메리카 원주민]이 이러한 마찰법으로 불을 얻는다.

(17) 축축한 푸성귀, 예컨대 바구니 속에서 서로 부딪치는 장미, 완두. 그래서 습한 목초더미에서 종종 불이 발생한다.

(18) 물을 끼얹은 생석회(生石灰).

(19) 쇠를 유리 컵 속의 초산에 넣었을 때 전혀 불을 대지 않아도 처음 용해될 때 불이 일어난다. 주석(朱錫)의 경우도 같지만 쇠처럼 강하지는 않다.

(20) 동물, 특히 동물의 체내. 다만 곤충의 경우에는 몸집이 너무 작아서 열을 감지할 수 없다.

(21) 말똥이나 그와 비슷한 동물의 배설물. 금방 싸놓았을 때.

(22) 진한 황산은 아마포를 태우면서 열을 발생한다.

(23) 마요라나유(油)나 그와 유사한 기름은 치아의 골질(骨質)을 태우면서 불의 작용을 한다.

(24) 정류(精溜)된 강한 주정(酒精)은 열의 작용을 한다. 계란 흰자질을 그 속에 넣으면 마치 끓인 것처럼 하얗게 굳고, 빵을 넣으면 토스트처럼 갈색으로 굽히는 것도 그 때문이다.

(25) 방향(芳香) 식물 혹은 약용 식물. 예컨대 천남성(天南星)이나 금련화(金蓮花) 같은 풀들은 손으로 만졌을 때는 (분말로 만들었다

하더라도) 자극성이 없지만, 조금이라도 깨물어보면 혀나 입천장에
불타는 듯한 아린 맛이 느껴진다.

(26) 강한 식초와 모든 산(酸)은 신체 중 피부가 없는 부분, 이를테
면 눈이나 혀나 혹은 상처난 부위나 혹은 피부가 벗겨진 부위에 묻으
면 불에 덴 것과 비슷한 통증을 느끼게 된다.

(27) 극심한 추위도 불에 타는 듯한 느낌을 갖게 한다―살을 에는
북풍의 추위.7)

(28) 기타 여러 가지 사례들.

이 표는 '존재와 현존의 표'라고 부르기로 하자.

12

다음으로 [둘째] 탐구대상본성을 결여하고 있는 사례를 수집해야 한
다. 왜냐하면 앞에서 말한 것처럼[2 : 4] 형상은 주어진 본성이 현존하
는 곳에 현존하고, 그 본성이 현존하지 않는 곳에는 현존하지 않기 때
문이다. 그러나 이러한 사례를 모두 모으려면 한도 끝이 없을 것이다.

따라서 부정적 사례는 긍정적 사례로 분류될 수 있음직한 것들 중
에서 찾아야 하며, 탐구대상본성을 가지고 있는 물체들과 밀접한 연
관이 있는 사물들 중에서 그 본성을 결여하고 있는 경우를 찾아야 한
다. 이 표는 '근접사례 중 일탈 혹은 부재의 표'라고 부르기로 한다.

표 2. 열의 본성을 결여하고 있는 근접 사례

(1) (제1의 긍정적 사례에 대응하는 부정적 또는 추가적 사례) 달

---

7) Virgil, *Georgics*. I, 93. *GBWW*, Vol. 12. p. 29.

과 별과 혜성의 빛은 촉감으로는 열을 느낄 수 없다. 뿐만 아니라 오히려 보름날이 더 추운 것처럼 느껴지는 것이 보통이다. 그러나 아주 큰 항성은 태양이 그 아래를 지나거나 혹은 그에 근접할 때 태양열을 강화시키는 것으로 알려져 있는데, 예를 들면 태양이 사자궁(獅子宮)[황도 제5궁]에 있는 복중(伏中)[8] 무렵이 그러하다.

(2) (제2의 긍정적 사례에 대응하는 부정적 사례) 햇빛은 이른바 공기의 중간영역에서는 열을 발생시키지 않는다. 그 영역은 빛이 발생하는 태양의 본체로부터도 멀고 햇빛을 반사하는 지면으로부터도 멀기 때문에 열이 발생하지 않는다는 설명이 있는데 틀린 것은 아니다. 이것은 산꼭대기에는 (특별히 높은 곳이 아닌 한) 언제나 눈이 쌓여 있는 것만 보아도 알 수 있다. 그러나 다른 한편 몇몇 사람들이 확인한 바에 따르면, 테네리페[9]의 산봉우리나 혹은 페루의 안데스 산맥의 경우에는 산꼭대기에는 오히려 눈이 없고 조금 아래쪽에만 눈이 쌓여 있다고 한다. 또한 산꼭대기의 공기도 그다지 차지는 않은데, 다만 희박해서 숨이 답답해진다고 한다. 이처럼 공기가 극히 부족해 안데스 산맥에서는 눈에 통증을 느끼게 되고, 심한 경우에는 위의 입구가 자극을 받아 구토를 일으키는 일조차 있다고 한다. 또한 옛날 사람들이 확인한 바에 의하면 올림포스의 산꼭대기에는 공기가 극히 희박하기 때문에 거기에 오르는 사람들은 식초와 물을 축인 수건 따위를 휴대해서 호흡곤란이 일어날 때마다 그 수건을 입이나 코에 대야만 했다고 한다. 올림포스의 산꼭대기에는 날씨가 지극히 평온해 비

---

8) 7월 초에서 8월 중순.
9) Teneriffe. 아프리카 북서해안의 카나리아 군도 중 가장 큰 섬. 이 섬에 해발 3,718미터의 화산이 하나 있다.

도 눈도 바람도 없다. 그곳에서 제사를 받드는 사람들에 따르면 주피터 제단에 바친 제물들이 그 이듬해까지도 [부패하지 않고] 그대로 남아 있다고 하는데, 그 제물에 손가락으로 써놓은 문자까지 처음 상태 그대로라고 한다. 오늘날에도 테네리페 산에 오르는 사람들은 낮을 피하고 주로 밤에 걷는다. 해가 뜨면 안내인들은 서둘러 하산하도록 충고한다. 낮이 되면 (공기가 희박해지기 때문에) 질식할 위험이 있기 때문이다.

(3) (제2의 긍정적 사례에 대응하는 부정적 사례) 햇빛의 반사는 극지방 근처에서는 극히 약하고 열을 일으키지 못한다는 것이 확인된 바 있다. 노바야 쳄랴[10]에서 배가 거대한 얼음덩어리에 갇혀 하릴없이 그곳에서 겨울을 보내야 했던 네덜란드인들은 7월 초에는 얼음이 녹아 배를 띄울 수 있을 것이라고 생각했지만 그 기대는 완전히 무산되었고 결국 보트에 의지[해 탈출]할 수밖에 없었던 것이다. 이와 같이 태양의 직사광선은 평지에서조차 아주 미약하고, 반사광선도 많이 모이지 않는 한 큰 힘을 내지 못하는 것으로 생각된다. 광선이 많이 모이는 것은 태양이 지면에 대해 수직의 위치에 가까워졌을 경우다. 이때는 광선의 입사각과 반사각이 예각(銳角)을 이루게 되어 광선들이 서로 접근하지만, 반대로 태양이 경사진 위치에 있을 경우에는 현저하게 둔각(鈍角)을 이루게 되어 광선들이 서로 멀리 떨어지게 된다. 다른 한편 우리가 느끼지 못하는 것 가운데도 햇빛의 작용에서, 그것도 열의 본성에서 생겨나는 것이 많이 있을지도 모른다. 그

---

10) Novaya Zemlya. 러시아 북방의 북극해 상 바렌츠(Barents) 해와 카라(Kara) 해 사이에 있는 두 개의 큰 섬. 1596년 네덜란드의 항해자 바렌츠(Willem Barents)가 이른바 '북동항로'를 탐험한 후 유럽 세계에 알려졌다.

러므로 햇빛은 우리들에게는 열을 느끼게 하지는 않지만 다른 물체에는 열의 작용을 일으키고 있을 가능성도 항상 염두에 두어야 한다.

(4) (제2의 긍정적 사례에 대응하는 부정적 사례) 이런 실험을 한번 해보자. 돋보기의 경우와는 반대로 만들어진 졸보기를 가지고 손바닥을 비추었을 때, 돋보기가 태양열을 증강시키는 것과 달리, 졸보기는 과연 태양열을 약화시키는지를 관찰해보라. 가시광선의 경우에는 렌즈의 중앙이 주변에 비해 두꺼운가 얇은가에 따라 영상이 확대되거나 축소되기 때문에 열의 경우에도 또한 같은지 관찰해보아야 한다.

(5) (제2의 긍정적 사례에 대응하는 부정적 사례) 고성능 돋보기로 달빛을 모았을 때 그 힘이 어느 정도인지, 열을 일으킬 수 있는지 어떤지를 관찰해보라. 이 열이 너무 미약해 촉감으로서는 도저히 감지할 수 없을 정도라면 공기의 온도를 표시하는 유리관을 사용해서 알아보아야 한다. 즉 달빛을 돋보기를 통하여 이 유리 검온계[11]의 윗부분에 바로 비추었을 때 열 때문에 물이 아래로 내려가는지를 관찰해야 한다.

(6) (제2의 긍정적 사례에 대응하는 부정적 사례) 빛을 내지 않으면서도 따뜻한 물체, 예를 들면 쇠나 돌, 뜨거운 물 등과 같은 것에 돋보기를 사용해보고 햇빛처럼 열이 모이는지를 잘 살펴보라.

(7) (제2의 긍정적 사례에 대응하는 부정적 사례) 보통 화염에다 돋보기를 사용해보라.

(8) (제3의 긍정적 사례에 대응하는 부정적 사례) 혜성(이것도 일종의 유성이라고 본다면)은 흔히 가뭄을 가져오는 것으로 알려져 있

---

11) 이 검온계의 구조에 대해서는 2 : 13(38)을 참조하라.

지만 혜성이 계절에 미치는 영향은 아직까지 명확히 밝혀진 것이 아니다. 또한 북극광(北極光) 현상도 하절기보다는 동절기에 자주 나타나는데, 특히 아주 춥고 건조한 날씨에 자주 나타난다. 번개와 천둥은 겨울에는 극히 드물고 주로 무더운 계절에 나타난다. 별똥별은 강력한 불덩어리가 아니라 점착성(粘着性) 발광(發光)물체인 것으로 널리 알려져 있는데 이 문제에 대해서도 좀더 많은 연구가 필요하다.

(9) (제4의 긍정적 사례에 대응하는 부정적 사례) 빛을 발하기는 하지만 연소하지는 않는 섬광(閃光)이 있는데 이런 종류의 섬광은 천둥을 동반하지 않는 것이 특징이다.

(10) (제5의 긍정적 사례에 대응하는 부정적 사례) 화염의 분출이나 분화(噴火)는 온난한 지역에서나 한랭한 지역에서나 다 발견된다. 예를 들면 아이슬란드나 그린란드의 경우가 그러하다. 수목의 경우도 전나무나 소나무 등을 보건대 온난한 지역의 수목보다는 한랭한 지역의 수목이 불이 더 잘 붙고, 역청 성분이 더 많고, 수지(樹脂) 성분도 더 많다. 그러나 어떤 토양과 토질에서 그런 분화 현상이 일어나는지에 대해서는 아직까지 충분히 연구된 바 없기 때문에, 현재로서는 위의 긍정적 사례에 대응하는 부정적 사례를 열거하기가 어렵다.

(11) (제6의 긍정적 사례에 대응하는 부정적 사례) 모든 화염은 정도의 차이가 있을지언정 반드시 뜨거운 법이기 때문에 이에 대해서는 부정적 사례가 존재하지 않는다. 가끔 벽에 나타난다는 이른바 도깨비불(ignis fatuus)은 열을 거의 지니고 있지 않다고 한다. 짐작컨대 그것은 부드럽고 조용한 주정과 비슷한 것이 아닌가 한다. 그러나 믿을 만한 기록에 의하면 아이들의 머리와 머리카락 주변에 나타났다는 저 불꽃은 머리카락을 태우지도 않고 머리 주변에서 조용하게 움직이는 데 그친 것으로 보아 [도깨비불보다도] 더욱 부드럽고 조용한

성질의 불로 생각된다. 밤이나 습기가 많은 날 땀을 흘리고 있는 말 주변에 열이 없는 불이 나타난다는 것은 확실하다.

또한 수년 전에 어떤 소녀가 앞치마를 가볍게 흔들었을 뿐인데 갑자기 치마에서 불꽃이 일어난 사건이 발생하자 사람들은 이를 기적이라고 생각했는데, 이것은 아마도 앞치마에 묻어 있던 명반(明礬)[12]이나 소금이 서로 부딪쳐 깨지면서 일어난 현상이었을 것이다. 설탕의 경우 입자가 고운 것이든 거친 것이든 딱딱하게 덩어리진 것을 어둠 속에서 부수거나 비벼대면 불꽃이 일어난다는 것은 널리 알려져 있다. 마찬가지로 바닷물이나 혹은 짠물도 밤에 노로 세게 치면 불꽃을 일으킬 때가 있다. 폭풍우 치는 밤에 바다에 이는 파도 거품도 불꽃을 일으킨다. 에스파냐 사람들은 이런 현상을 바다의 허파라고 부르고 있다. 그러나 옛날 뱃사람들이 카스토르와 폴룩스[13]라 부른, 오늘날에는 성 엘모의 불이라고 부르는 불[14]이 어느 정도의 열을 가지고 있는지는 아직 정확히 알려지지 않고 있다.

(12) (제7의 긍정적 사례에 대응하는 부정적 사례) 불과 같이 빨갛게 단 모든 물체는 불꽃이 일지 않더라도 열을 가지고 있다. 이 긍정적 사례에 대응하는 부정적 사례는 없다. 다만 썩은 나뭇조각이 이에 가장 근접하는 사례가 될 수 있겠다. 썩은 나뭇조각은 밤에 빛을 내지만 열이 느껴지지는 않는다. 또한 썩은 물고기의 비늘도 밤에는 빛

---

12) 명반 : 알루미늄·크롬·철 등의 3가 이온의 황산염과, 칼륨·암모늄·나트륨 등의 1가 이온의 황산염의 총칭. 무색 투명한 정팔면체의 결정이며, 매염제·수렴제·정수제 또는 가죽 무두질 등에 쓰인다. 백반(白礬)이라고도 한다.

13) Castor와 Pollux. 그리스 신화에서 제우스와 레다(Leda)의 쌍둥이 아들. 뱃사람들의 수호신.

14) Saint Elmo's fire. 폭풍우가 칠 때 돛대 끝에 불이 번쩍일 때가 있는데, 선원들은 이 불이 수호자의 화신이라고 믿었다.

을 내지만 촉감으로 열을 느낄 수는 없다. 개똥벌레나 루키올라(Lu-ciola)[파리(蠅)]의 몸체를 만져보아도 열을 느낄 수는 없다.

(13) (제8의 긍정적 사례에 대응하는 부정적 사례) 온천은 어떤 상태의, 또는 어떤 성질의 토지에서 솟아나는가 하는 문제에 대해서는 아직 충분한 연구가 이루어지지 않았기 때문에 추가할 만한 부정적 사례가 없다.

(14) (제9의 긍정적 사례에 대응하는 부정적 사례) 끓고 있는 액체에 대해서는 액체 일반의 자연적 성질 그대로가 부정적 사례로 추가될 수 있다. 우리가 알고 있는 액체 중에는 자연적 본성이 뜨거우면서 그 열을 계속 유지하는 액체는 없기 때문이다. 그 열은 일정한 시간 동안에만 유지되는 외생적 성질이다. 따라서 강력한 열을 가지고 있거나 열의 작용을 하는 액체, 예컨대 주정이나 화학 향료(香料)나 유황(硫黃) 등과 같은 물질들은 닿기만 하면 금방 연소작용을 일으키지만 처음에는 차게 느껴진다. 그리고 온천의 뜨거운 물은 용기에 담아 다른 곳에 옮겨놓고 나면 마치 데워놓은 물처럼 곧 식고 만다. 그러나 유성(油性) 물질은 수성(水性) 물질에 비해 확실히 덜 차다. 예를 들면 물보다는 기름이 덜 차고, 아마포보다는 비단이 덜 차다. 그러나 이런 사례들은 냉정도표(冷程度表)를 만들 때 쓸 내용들이다.

(15) (제10의 긍정적 사례에 대응하는 부정적 사례) [위 14번의 사례의 경우와] 마찬가지로 뜨거운 증기에 대해서는 우리가 흔히 보고 있는 바와 같은 자연적 본성 그대로의 증기가 부정적 사례로 추가될 수 있다. 유성물질에서 증발한 물질은 확실히 인화성(引火性)이 강하긴 하지만 뜨거운 물체에서 막 증발한 것이 아닌 한 열을 느낄 수 없기 때문이다.

(16) (제10의 긍정적 사례에 대응하는 부정적 사례) 마찬가지로

뜨거운 공기에 대해서는 공기 자체의 자연적 본성이 부정적 사례로 추가될 수 있다. 우리가 알고 있는 한 공기는 밀폐되거나, 압축되거나, 태양이나 불이나 기타 다른 뜨거운 물체에 의해 가열되지 않는 한 열을 느낄 수 없기 때문이다.

(17) (제11의 긍정적 사례에 대응하는 부정적 사례) 계절에 대해서는 추운 날씨가 부정적 사례로 추가된다. 이러한 날씨는 우리가 아는 바로는 동풍이나 북풍이 불 때 일어나는 것으로서, 남풍이나 서풍이 불 때는 그 반대의 날씨가 된다. 또한 비가 내리기 쉬운 날씨(특히 겨울에)는 따뜻하고, 서리가 내리기 쉬운 날씨는 춥다.

(18) (제12의 긍정적 사례에 대응하는 부정적 사례) 여름에 동굴 속에 밀폐된 공기가 부정적 사례로 추가된다. 그러나 밀폐된 공기에 대해서는 한층 주의 깊게 탐구해야 한다. 열과 냉에 관한 한 공기의 자연적 본성이 어떠한가 하는 문제는 아주 좋은 탐구 주제가 될 수 있다. 공기가 열을 지니게 되는 것은 천체의 영향인 것이 확실하고, 냉을 지니게 될 경우에는 짐작컨대 지상에서 발산된 것일 가능성이 크다. 또한 이른바 공기의 중간영역은 찬 증기나 눈의 영향을 받고 있을 가능성이 크다. 그러므로 공기의 본성에 대한 정확한 판단을 내리기 위해서는 건물 밖의 개활지에 있는 공기에 대한 탐구로는 불충분하다. 밀폐된 공기를 대상으로 탐구해야 한다. 또한 밀폐용기는 외기의 열이나 냉을 완전히 차단할 수 있는 소재로 만들어진 것이어야 하기 때문에 실험을 할 때는 가죽으로 겹겹이 싼 병을 사용하는 것이 좋다. 이런 병을 견고한 마개로 막아서 공기를 3, 4일 정도 밀폐해두었다가 마개를 열어 손으로 혹은 검온계[2:13(38)]로 열이 어느 정도 있는지를 조사해야 한다.

(19) (제13의 긍정적 사례에 대응하는 부정적 사례) 마찬가지로

양털이나 털가죽, 새털 등이 따뜻하게 느껴지는 이유가 무엇인지에 대해서도 의심해볼 필요가 있다. 즉 그것들이 (정온)동물의 신체의 일부이기 때문에 얼마간의 온기를 지니고 있는 것인지, 혹은 열과 비슷한 본성을 지닌 지방이나 기름기 때문에 그런 것인지, 혹은 앞에서 말한 공기의 밀폐와 압축에서 생기는 온기인지를 잘 조사해보아야 한다. (외부 공기와 접촉이 차단된 공기는 약간의 온기를 지니게 된다.) 그러므로 실험을 할 때는 동물의 몸에서 벗겨낸 양모나 새털이나 비단으로 할 것이 아니라 아마포 같은 섬유 물질을 가지고 해야 한다. 또 하나 주의할 점은 분말로 만들어지기 전의 원래 물질보다는 확실히 덜 차다는 점이다. (분말이 공기를 포함하고 있다는 것은 분명한 사실이다.) 이것은 공기를 포함하고 있는 거품이 원래의 액체 그 자체보다는 확실히 덜 찬 것과 같은 이치에서 생기는 현상일 것이다.

(20) (제14의 긍정적 사례에 대응하는 부정적 사례) 여기에 추가할 부정적 사례는 없다. 불에 가까이 했는데도 열을 받지 않는 물체 혹은 증류체(蒸溜體)는 우리가 아는 바로는 없기 때문이다. 그러나 이런 차이는 있다. 즉 공기나 기름이나 물은 열을 비교적 쉽게 받고 돌이나 금속은 느리게 받는다. 이런 것은 정도표(程度表)에서 다룰 문제다.

(21) (제15의 긍정적 사례에 대응하는 부정적 사례) 여기에도 추가할 부정적 사례는 없다. 그러나 이 사례와 관련해서는 눈여겨보아야 할 것이 있다. 즉 부싯돌이나 강철에서 불꽃이 일어날 때는 반드시 그 돌이나 강철에서 미분자가 떨어져 나온다는 사실이다. 다들 알고 있는 것처럼 공기의 마찰만으로는 결코 불꽃이 생기지 않는다. 또한 이 불꽃 자체도 연소된 물체의 무게 때문에 위로 치솟는 것이 아니라 오히려 아래로 향하고, 다 타고 나면 일종의 검은 재가 된다.

(22) (제16의 긍정적 사례에 대응하는 부정적 사례) 여기에도 역시 추가할 부정적 사례는 없는 것으로 생각된다. 유형의 물체 가운데 마찰했을 때 열이 나지 않는 물체는 우리 주변에서는 전혀 찾아볼 수 없기 때문이다. 그러므로 옛날 사람들은 천체의 급격한 회전에 의해 공기를 마찰시키는 것말고는 달리 열을 생기게 하는 힘이나 수단이 없다고 생각했다.[15] 그러나 이러한 종류의 사례와 관련해서는 기계에서 발사된 물체, 예를 들면 대포에서 발사된 탄환 같은 것이 공기에 부딪치는 충격으로 인해 어느 정도로 열을 받는지, 낙하할 시점에는 어느 정도의 열이 남게 되는지의 문제는 잘 연구해볼 필요가 있다. 그런데 공기는 움직이면 따뜻해지는 것이 아니라 차가워지는 성질이 있다. 이것은 바람이나 풀무를 보면 알 수 있고, 입을 동그랗게 모아 숨을 불어보더라도 알 수 있다. 이러한 운동은 열을 일으킬 정도로 급속한 것이 아니고, 또한 공기 전체로서의 운동일 뿐이지 (공기 안의) 분자간의 운동은 아니기 때문에 열을 일으키지 않는다고 해서 하등 이상할 것이 없다.

(23) (제17의 긍정적 사례에 대응하는 부정적 사례) 이 사례에 관해서는 더욱 주의 깊은 탐구가 필요하다. 왜냐하면 습한 녹초나 식물에는 얼마간의 열이 내재되어 있는 것으로 생각되기 때문이다. 물론 그 열은 너무나 미약하기 때문에 한 포기 한 포기를 놓고서는 촉감으로 확인할 방법이 없지만 여러 포기를 한꺼번에 쌓아놓고 그 정기가 공기 중에 방출되지 않도록 밀폐해두면 풀포기 상호간에 열을 발생시킨다는 사실을 확인할 수 있다. 심지어 화염이 발생하는 경우도 있다.

---

15) Aristotle, *On the Heavens*. II, 7. *GBWW*, Vol. 7. p. 380.

(24) (제18의 긍정적 사례에 대응하는 부정적 사례) 이 사례에 관해서도 더욱 주의 깊은 탐구가 필요하다. 물을 끼얹은 생석회가 열을 갖게 되는 이유는 아마 다음 둘 중 하나일 것이다. 즉 이전에 분산되어 있던 열이 결합하기 때문에(밀폐된 목초에 대해 앞에서 설명한 것과 같이) 그럴 수도 있고, 아니면 불의 정기가 물의 자극을 받아 일종의 충돌과 저항[2:27]을 일으키기 때문에 그럴 수도 있다. 어느 쪽이 진정한 원인인가 하는 것은 물 대신에 기름을 끼얹어보면 쉽게 알 수 있다. 기름은 그 속에 있는 정기를 결합시킨다는 점에서는 물과 같은 작용을 하겠지만 정기를 자극하는 것은 오직 물의 효능(效能)이기 때문이다. 실험을 할 때는 범위를 좀더 넓혀서 다양한 물체의 재나 생석회를 대상으로 여러 가지 서로 다른 액체를 끼얹어보아야 할 것이다.

(25) (제19의 긍정적 사례에 대응하는 부정적 사례) 이 사례에는 쇠보다 무르고 녹기 쉬운 금속의 경우가 부정적 사례로 추가될 수 있다. 금박(金箔)은 왕수(王水)[16]에 녹는 동안 촉감으로 느낄 수 있을 만한 열을 발생시키지는 않으며, 납이 초산에 녹을 때도 열을 발생시키지는 않기 때문이다. (내 기억으로는) 수은도 열을 발생시키지 않지만, 은은 아주 약하나마 열을 발생시키고, (내 기억으로는) 구리도 열을 발생시킨다. 그러나 이들 물질보다 더 많은 열을 발생시키는 것이 주석이고, 쇠와 강철은 모든 금속 중에서 가장 많은 열을 발생시킨다. 쇠와 강철은 녹는 동안에 강한 열을 발생시킬 뿐만 아니라, 격렬

---

16) 왕수 : 진한 염산(鹽酸)과 진한 질산(窒酸)을 3 대 1의 비율로 혼합한 액체. 산에 잘 녹지 않는 금·백금 등을 용해시키는 강한 작용을 가지므로 이 이름이 있다.

한 비등(沸騰)현상을 보인다. 그러므로 이 열은 산이 물체의 부분 부분에 침입하여 부식 및 분열 현상을 일으킬 때 물체 자체가 이에 저항하는 경우에 그 충돌에 의해 생기는 것으로 생각된다. 그러나 물체가 심하게 저항하지 않고 순순히 굴복하는 경우에는 열은 거의 발생하지 않는다.

(26) (제20의 긍정적 사례에 대응하는 부정적 사례) 동물의 열에는 앞에서 말한 것처럼 몸집이 너무 작아서 열을 감지할 수 없는 곤충의 경우를 제외하면 추가할 만한 부정적 사례가 없다. 물고기의 경우 뭍짐승과 비교했을 때 열이 없는 것이 아니라 열의 정도가 아주 약한 것이다. 그에 비해 풀이나 나무의 경우에는 그 삼출물(滲出物)이나 금방 꺼낸 고갱이[髓]나 전혀 열을 감지할 수 없다. 그런데 동물의 경우, 신체 부위에 따라 열의 정도가 다 다르다. 예컨대 심장과 뇌수(腦髓)와 피부의 열은 각각 다르다. 또 상황에 따라서 즉 심한 운동을 했을 때나 흥분했을 때의 열은 서로 다르다.

(27) (제21의 긍정적 사례에 대응하는 부정적 사례) 이 사례에 추가될 수 있는 부정적 사례는 없는 것 같다. 게다가 동물의 배설물은 금방 싸놓은 것이 아니더라도 토양을 기름지게 하는 것으로 알려져 있기 때문에 잠재열(潛在熱)을 가지고 있는 것이 확실하다.

(28) (제22와 제23의 사례에 대응하는 부정적 사례) 아주 쓴맛을 지닌 액체는 물이든 기름이든 물체를 분해하고, 대기만 하면 태우는 등 열의 작용을 하지만, 처음 손을 댔을 때는 열이 느껴지지 않는다. 이러한 액체들은 그 액체와 유사한 다공성(多孔性) 물질에만 작용한다. 이것은 왕수는 금을 녹이지만 은을 녹이지는 못하고, 반대로 초산은 은은 녹이지만 금을 녹이지는 못하고, 왕수도 초산도 유리를 녹이지는 못하는 것을 보아도 알 수 있다. 다른 액체들도 다 마찬가지다.

(29) (제24의 긍정적 사례에 대응하는 부정적 사례) 주정을 나뭇조각에 혹은 버터나 밀랍에 혹은 역청(瀝靑)에 부었을 때 주정의 열이 이들을 어느 정도로 녹이는지를 관찰해보라. 즉 제24의 긍정적 사례는 주정이 빵을 바삭바삭하게 만들어 열과 같은 작용을 한다는 것을 보여주고 있다. 그러므로 주정이 과연 다른 물질을 녹이는 힘이 있는지도 알아보아야 한다. 또한 윗부분이 우묵하게 들어간 검온계[2 : 13(38)]에 잘 정류된 주정을 붓고 그 주정의 열을 더욱 잘 보존하기 위해 뚜껑을 덮은 다음 그 주정의 열 때문에 검온계의 물이 내려가는지 어떤지를 살펴보라.

(30) (제25의 긍정적 사례에 대응하는 부정적 사례) 향신료(香辛料)나 매운 풀은 입천장에 열을 느끼게 하고 체내에 섭취되고 나면 더 큰 열을 느끼게 한다. 그러므로 과연 이러한 물질들이 다른 소재에도 열의 작용을 일으키는지를 잘 관찰해볼 필요가 있다. 또한 뱃사람들의 말에 의하면 대량의 향신료를 오랫동안 밀폐해두었다가 갑자기 열었을 때 그 향신료를 처음 꺼낸 사람은 열병에 걸리거나 염증이 생긴다고 한다. 마찬가지로 이러한 종류의 향신료나 풀 위에 말린 물고기나 고기를 걸어두고 과연 불로 훈제(燻製)하는 것과 같은 효과가 있는지를 살펴볼 수도 있다.

(31) (제26의 긍정적 사례에 대응하는 부정적 사례) 식초와 황산 같은 찬 액체도 마요라나유와 같은 따뜻한 액체도 자극성과 삼투력을 가지고 있다. 그러므로 이러한 물질들은 모두 생물에게는 고통을 일으키고 무생물에는 분해작용과 연소작용을 일으킨다. 이 사례에도 추가할 만한 부정적 사례는 없다. 또한 생물에게 고통을 일으킬 경우에는 반드시 열을 느끼게 한다.

(32) (제27의 긍정적 사례에 대응하는 부정적 사례) 열의 작용과

냉의 작용은 작용방식이 전혀 다르지만 공통점도 많이 있다. 예를 들면 눈은 한참 동안 쥐고 있으면 손을 태우는 것처럼 느껴지고, 또한 추위는 불에 못지않게 부패를 막아준다. 또한 열은 신체를 수축시키는데, 추위도 그러하다. 그러나 이러한 사례 및 이와 유사한 사례들은 냉을 탐구할 때 취급하는 것이 더 적당할 것이다.

13

셋째로 탐구대상본성이 서로 다른 정도로 존재하고 있는 사례를 모아야 한다. 이것은 동일한 대상을 놓고 그 본성의 증가와 감소를 비교하는 방식으로 하든지, 아니면 여러 가지 대상을 놓고서 그 본성의 다소의 정도에 따라 비교하는 방식으로 하든지 어느 쪽이든 좋다. 사물의 형상은 사물 그 자체이며, 사물이 형상과 다른 점이 있다면 그것은 현상과 실재의 차이일 뿐이며, 외적인 것과 내적인 것의 차이일 뿐이며, 혹은 인간과 관련이 있는 것으로 생각되는 것과 우주와 관련이 있는 것으로 생각되는 것과의 차이일 뿐이기 때문이다. 그러므로 그 본성의 증감 정도에 따라 형상도 똑같이 증감하지 않는 한 어떠한 본성도 진정한 형상으로 여겨서는 안 된다. 이처럼 본성의 정도나 증감을 나타내는 표를 '정도표' 혹은 '비교표'라고 부르기로 하자.

표 3. 열의 정도 및 비교 사례

먼저 촉감으로는 전혀 열을 느낄 수 없고, 다만 얼마간의 잠재열을 지니고 있거나 혹은 열의 소인(素因)이나 열을 발생시킬 준비가 되어 있는 것으로 생각되는 물체들을 알아본 다음에 촉감으로 실제 열을 느낄 수 있는 물체들을 그 강도에 따라 살펴보기로 하겠다.

(1) 견고한 물체 혹은 유형의 물체 중에는 그 본성 자체가 따뜻한

물체는 없다. 돌·금속·유황·화석·나뭇조각·물·동물의 시체 등 어느 것도 본래부터 열기를 지닌 것은 발견된 바 없다. 온천의 열탕도 에트나(Etna) 산이나 다른 많은 산에서 분출되고 있는 것 같은 화염이나 지하의 열, 또는 철이나 주석이 녹을 때 생기는 열처럼 어떤 물체와의 접촉에 의해 우연히 따뜻해진 것으로 생각된다. 따라서 무생물 중에는 인간의 촉감으로 판단하건대 어떤 열도 존재하지 않는다. 그러나 차가움의 정도에는 차이가 있다. 예를 들면 나무와 금속을 비교하면 금속이 더 차다. 이런 것은 냉정도표에서 다룰 문제다.

(2) 그러나 잠재열을 지니고 있거나 혹은 화염을 발생시킬 준비가 되어 있다는 점을 놓고 본다면 이러한 소인을 강하게 지닌 무생물은 아주 많이 발견된다. 유황·휘발유·초석(硝石) 등이 이런 예에 속한다.

(3) 이전에 열을 지녔던 물체들, 예를 들면 동물에서 열을 받은 말똥 혹은 불에서 열을 받은 석회는, 어쩌면 재나 매연 등도 원래 열의 여열(餘熱)을 지니고 있다. 따라서 물체를 말똥 속에 묻어두면 일종의 증류(蒸溜) 및 분해 현상이 나타나고, 또 앞에서 말한 것처럼 석회에 물을 끼얹으면 열이 발생하는 것이다.

(4) 식물 중에 인간의 촉감으로 열을 감지할 수 있는 식물은 발견되지 않는다. 식물의 부분, 예를 들면 수액(樹液)이나 고갱이도 마찬가지다. 그러나 앞에서 말한 것처럼 녹초는 밀폐된 상태에서는 열을 발생시킨다. 그리고 입천장이나 위 같은 몸 내부의 촉감이나 혹은 피부에 닿으면(반창고나 연고를 발랐을 때처럼) 얼마 지난 후에 뜨겁게 느껴지거나 혹은 차게 느껴지는 식물이 있다.

(5) 죽은 동물 혹은 살아 있는 몸체에서 분리된 동물의 부분 가운데는 인간의 촉감으로 열을 느낄 수 있는 것은 발견되지 않았다. 말똥조차도 밀봉해서 묻어두지 않는 한 열이 그대로 보존되지는 않기 때

문이다. 그러나 모든 똥은 토양을 기름지게 하는 것으로 알려져 있는 만큼 잠재열을 지니고 있는 것으로 생각된다. 마찬가지로 동물의 시체도 이러한 종류의 잠재열을 지니고 있다. 따라서 날마다 시체를 파묻고 있는 묘지에서는 묻힌 시체의 잠재열이 그 묘지의 흙을 따뜻하게 만들고, 새로 묻힌 시체는 이 묘지의 잠재열 때문에 다른 곳에서보다 더욱 빨리 분해된다. 동양인들은 새털로 만든 아주 부드러운 천을 사용하고 있다고 하는데, 이 천으로 버터를 싸두면 천에서 생기는 열 때문에 버터가 녹아버린다고 한다.

(6) 토양을 기름지게 하는 것, 예를 들면 모든 종류의 똥, 백악, 바다모래, 소금 등과 같은 것은 열의 소인을 얼마간 지니고 있다.

(7) 모든 부패물은 그 속에 약간의 열을 지니고 있지만 촉감으로 느낄 수 있을 정도는 아니다. 예를 들어 살코기나 치즈같이 부패하면 분해되어 극미동물(極微動物)로 변하는 것들도 촉감으로는 열을 느낄 수 없고, 야간에 빛나는 썩은 나뭇조각도 촉감으로는 열을 느낄 수 없다. 그러나 썩은 물체에서 나는 열은 때로 강한 악취 때문에 발생한다.

(8) 그러므로 인간의 촉감으로 느낄 수 있을 정도의 열을 지니고 있는 것으로는 우선 동물을 들 수 있겠는데, 이 동물의 열은 편차가 커서 가장 낮은 것은 (곤충의 경우처럼) 거의 감지할 수 없을 정도이고, 가장 높은 것은 거의 열대지방의 여름철 햇볕과 맞먹을 정도이지만, 손을 댔을 때 참을 수 없을 정도의 고통을 느끼게 하지는 않는다. 그러나 전해지는 이야기에 의하면 콘스탄티우스[17]는 깡마른 체격과

---

17) Constantius. 로마 황제 콘스탄티누스(Constantinus) 대제의 아들. Ammaianus Marcellinus, *Rerum Gestarum*. XXI, 15.

체질을 가진 사람이었는데 그가 열병에 걸렸을 때 그의 몸에 손을 댄 사람이 거의 화상을 입을 정도였다고 한다.

(9) 동물은 움직이거나 운동을 했을 때, 술이나 밥을 먹었을 때, 성교할 때, 지독한 열병에 걸렸을 때, 고통스러워할 때 열이 올라간다.

(10) 동물은 간헐열(間歇熱)에 시달릴 경우 처음에는 추위로 오들오들 떨다가 한참 후에는 열이 아주 높이 올라간다. 그러나 페스트 열에 걸린 경우에는 처음부터 타는 듯한 고온에 시달린다.

(11) 어류, 네발동물류, 뱀 종류, 조류 등과 같은 동물의 각 종류에 대해, 또한 사자, 솔개, 인간 같은 동물의 각 종에 대해 열의 비교 탐구를 해볼 필요가 있다. 어류는 체내가 그다지 뜨겁지 않지만 조류는, 그 중에서도 특히 비둘기나 매나 타조는 특별히 체내가 뜨거운 것으로 알려져 있기 때문이다.

(12) 하나의 동물을 놓고 신체의 부분과 지체(肢體)에 따라 열을 비교 탐구해볼 필요가 있다. 젖이나 피, 정액, 알은 어느 정도 따뜻하기는 하지만 움직이거나 흥분했을 때의 동물의 바깥살만큼 뜨겁지는 않다. 또한 뇌수, 위, 심장 등은 어느 정도의 열을 가지고 있는지도 살펴보아야 한다.

(13) 모든 동물은 겨울이나 추운 날씨에는 몸체 표면이 차지만, 체내는 오히려 보통 때보다 더 따뜻하다.

(14) 천체의 열은 가장 더운 지방에서 일년 중 가장 더운 날, 그것도 하루 중 가장 더운 시각에 돋보기로 열을 모으지 않는 한 잘 건조된 나뭇조각이나 짚도, 심지어 부싯깃조차도 발화(發火)시키거나 태우지 못한다. 그러나 젖은 물체를 말릴 수는 있다.

(15) 천문학자들의 이야기를 들어보면 어떤 별은 아주 뜨겁고, 어떤 별은 그렇게 뜨겁지는 않다고 한다. 행성 중에서는 화성이 태양 다

음으로 뜨겁고, 그 다음이 목성, 그 다음이 금성이고, 달은 차고, 특히 토성도 차다고 한다. 항성(恒星) 중에서는 시리우스(Sirius)[큰개자리의 일등성] 별이 가장 뜨겁다고 하고, 그 다음이 레굴루스(Regulus)[사자자리의 일등성], 그 다음이 작은개자리의 별, 등등의 순으로 뜨겁다고 한다.

(16) 태양은 지면과 연직(鉛直)의 위치에 가까울수록, 즉 천정(天頂)에 가까울수록 더 강한 열을 낸다. 행성의 경우에도 과연 같은 현상이 나타나는지를 살펴보아야 하는데, 예를 들면 목성은 염소자리[황도 제10궁]나 물병자리[황도 제11궁]에 있을 때보다는 게자리[황도 제4궁]나 사자자리[황도 제5궁]에 있을 때 더 강한 열을 내는 것으로 알려져 있다.

(17) 태양이든 다른 행성이든 지구로부터 원지점(遠地點)에 있을 때보다는 근지점(近地點)에 있을 때 당연히 더 많은 열을 낼 것으로 생각된다. 또한 태양이 똑같이 근지점에 있을 때도 햇빛을 수직으로 받고 있는 지역이 사양(斜陽)을 받고 있는 지역보다는 당연히 더 많은 열을 받는다. 그러므로 행성의 높이에 따른 비교와 아울러 지역에 따른, 햇빛의 경사도에 따른 비교 연구도 필요하다.

(18) 태양이든 다른 행성이든, 그보다 더 큰 항성에 (지구에서의 거리보다) 더 가까이 있을 때는 더 강한 열을 내는 것으로 생각된다. 예를 들면 태양은 사자자리에 있을 때에는 게자리에 있을 때보다도 레굴루스, 사자꼬리(Denebola), 스피카(Spica)[처녀자리의 일등성], 시리우스, 프로키온(Procyon)[작은개자리의 일등성]에 한층 가까워진다. 게자리에 있을 때에는 수직에 가까운 위치가 된다. 또한 하늘에 별이 많이 나타날수록, 특히 광도가 높은 별이 많으면 많을수록 더 많은 열을 낸다(물론 촉감으로 이 열을 감지할 수는 없다).

(19) 요컨대 천체의 열은 다음 세 가지 방식으로 증가한다. ① 지면과 연직의 위치에 근접할 때, ② 접근 혹은 근지점에 있을 때, ③ 여러 별들이 집합 혹은 협동했을 때.

(20) 동물의 열이나 혹은 (우리가 받고 있는) 천체의 광열(光熱)을 한편에 놓고 다른 한편에 가장 미약한 화염이나 발화한 물질 혹은 불로 가열한 용액이나 공기를 놓고 비교해보면 큰 차이가 있다는 것을 알 수 있다. 주정의 화염은 한데 집중시키지 않아도 짚이나 아마포나 종이를 태울 수 있는 반면에 동물의 열이나 태양열은 돋보기를 사용하지 않고서는 발화를 일으키지 못하기 때문이다.

(21) 그런데 화염이나 발화한 물체의 열은 강약의 정도가 다양하다. 그러나 이 문제에 대해서는 제대로 된 연구가 아직 없기 때문에 간단하게 다루고 넘어가는 수밖에 없다. 모든 화염 가운데 주정의 화염이 가장 약한 것으로 생각된다. 물론 도깨비불이나 동물의 땀에서 생기는 화염은 그보다 더 약할지도 모른다. 그 다음으로 약한 것은 가벼운 다공성식물(多孔性植物), 예를 들면 짚이나 갈대나 마른 낙엽의 화염인데, 머리털이나 새털의 화염도 이와 크게 다를 바가 없을 것으로 생각된다.

그 다음으로 약한 것은 장작의 화염, 특히 수지나 역청을 다량 함유하고 있는 장작의 화염인 것 같다. 그러나 (보통 다발로 묶어서 땔감으로 쓰는) 가는 장작의 화염은 나무의 줄기나 뿌리에서 생기는 화염에 비하면 약하다. 이것은 쇠를 녹이는 용광로에서 어떤 연료를 쓰고 있는지를 보면 알 수 있다. 용광로에서는 가는 장작이나 나뭇가지를 연료로 사용하지는 않는다. 필요한 만큼의 열을 얻을 수 없기 때문이다. 그 다음으로 약한 것은, 내 생각에는, 기름, 짐승기름, 밀랍 등과 같은 유지성분이 많은 물체들인데, 그렇게 격렬하지는 않다. 가장 강한 열은 역청이나 수지에서 발견된다. 유황이나 장뇌(樟腦),[18] 석뇌유(石腦油),[19] 초석, 소금(불순물을 완전히 제거한), 및 이들의 합성물, 예를 들면 화약이나 그리스 화약(흔히 미친 불이라고 하는)[20] 혹은 그 변종 가운데 발견된다. 이러한 물질들에 불이 붙으면 워낙 강한 열이 나오기 때문에 물로는 좀처럼 끄기 어렵다.

(22) 내 생각으로는 비금속(卑金屬) 가운데서도 아주 강렬한 화염을 발생시키는 것이 있다. 이 문제에 대해서도 좀더 많은 연구가 이루어져야 할 것이다.

(23) 번갯불은 모든 불 가운데 가장 강력하다. 번갯불은 때로 쇠를 완전히 녹이기도 하는데, 다른 화염들은 이런 일을 하지 못한다.

(24) 연소하고 있는 물체들의 열은 발화된 물질의 종류의 따라 많은 차이가 있는데, 이 문제에 대해서도 아직 제대로 된 연구가 없다. 불을 일으킬 때 쓰는 부싯깃의 열이나, 대포를 발사할 때 쓰는 화승(火繩)의 열은 그 중에서도 가장 약한 것으로 생각된다. 그 다음으로 약한 열은 숯·석탄·벽돌 등이 연소할 때 나오는 열이다. 가장 격렬한 열이 발생하는 것은 쇠나 구리 같은 금속이 연소할 때이다. 그러나 이 문제에 대해서도 좀더 깊은 탐구가 필요하다.

(25) 연소할 때 일부 화염에서 나오는 열보다도 훨씬 더 뜨거운 열을 발생시키는 물체들도 있다. 예를 들면 쇠가 연소할 때에 나오는 열

---

18) 녹나무를 증류하여 얻는 유기 화합물의 한 가지. 무색 투명한 광택이 있는 결정으로, 특유한 향기가 나며 승화성이 큼. 셀룰로이드·필름의 제조 및 방충제·강심제 등의 원료로 쓰임.

19) 나프타(naphtha). 원유를 증류할 때 생기는, 경질(輕質)의 석유 유분(溜分). 석유 화학 공업의 원료 등으로 쓰임. 석정(石精).

20) 그리스 화약. 중세 비잔티움 사람들이 적의 함대 등을 불태울 때 사용했던 초석·유황·역청 등의 합성물.

은 주정의 화염보다 더 뜨겁고 더 강렬하다.

(26) 어떤 물체들은 불에 타지는 않지만 불로 데우면 끓는 물이나 용광로에 밀폐된 공기처럼 뜨거워지는데, 화염이나 불타고 있는 물체들에 비해 그 열이 더 높은 경우도 있다.

(27) 운동은 열을 증가시킨다. 이것은 풀무나 취관(吹管)[불어서 불을 일으키는 대통]을 보면 알 수 있다. 딱딱한 금속의 경우, 불을 조용히 가만두어서는 녹지 않기 때문에 부채질을 해서 불을 활발하게 만들어야 한다.

(28) 돋보기를 사용해서 실험을 해보라. 내가 관찰한 바로는 다음과 같은 일이 생긴다. 즉 가연성(可燃性) 물체로부터 돋보기를 10인치의 거리에 두었을 때는, 5인치의 거리에 두고 천천히 10인치의 거리로 이동했을 때와 비교해서 발화나 연소가 더디게 일어난다. 광추(光錐)와 초점은 동일하지만 운동 그 자체가 열의 작용을 증가시키는 것이다.

(29) 강풍이 불고 있을 때 화재가 발생하면 바람이 부는 방향보다는 바람 반대 방향으로 불이 더 크게 번지는 것 같다. 왜냐하면 화염은 바람이 불고 있을 때 전진하는 속도보다는 바람이 그쳤을 때 되살아나는 속도가 더 빠르기 때문이다.

(30) 화염은 움직일 수 있는 빈 공간이 없으면 발화하지도 않고 연소하지도 않는다. 다만 화약의 폭발적 화염과 같은 것은 예외로서, 이 경우에는 화염의 압박과 밀폐가 화염의 위력을 증가시킨다.

(31) 모루를 해머로 내려치면 굉장히 뜨거워진다. 그러므로 모루가 얇은 금속판으로 되어 있을 경우에 해머로 계속 내려치면 단 쇠처럼 빨갛게 될 것이다. 이런 실험도 해볼 필요가 있다.

(32) 그러나 연소하고 있는 다공성 물체의 경우 불이 움직일 수 있

는 충분한 공간이 있더라도 강한 힘으로 (물체를) 압축하여 불의 운동을 방해하면 불은 금방 꺼지고 만다. 예를 들어 부싯깃이나 연소중인 양초나 램프의 심지 혹은 숯이나 석탄까지도 스너퍼(snuffer)[촛불 끄는 기구]로 압축하거나 발로 밟으면 불은 곧 꺼지고 만다.

(33) 뜨거운 물체에 접근하게 되면 그 접근 거리에 비례하여 열이 증가한다. 이것은 빛의 경우에도 마찬가지다. 즉 대상이 빛에 가까워지면 가까워질수록 그만큼 더 잘 보인다.

(34) 여러 가지 열이 합쳐지면 뜨거운 물체들 자체가 혼합되지 않는 한 더 뜨거워진다. 예를 들어 큰 불과 작은 불을 같은 장소에 놓으면 서로 열을 증가시키지만, 미지근한 물을 끓는 물에 부으면 오히려 식는다.

(35) 뜨거운 물체가 계속해서 가까이 있으면 열이 증가된다. 그 물체로부터 끊임없이 방출되는 열이 처음부터 있던 열과 합세하여 열이 늘어나기 때문이다. 예를 들어 난롯불로 방을 데울 경우, 반 시간 동안 데우는 것보다는 한 시간 동안 데우는 것이 더 따뜻하다. 그러나 이것은 빛의 경우에는 적용되지 않는다. 램프나 양초는 한 자리에 오래 놓아두어도 처음부터 있던 빛의 합계 이상이 되지는 않는다.

(36) 주위가 차면 자극을 받아 열이 증가된다. 이런 현상은 난롯불이 살을 에는 듯한 서리의 자극을 받는 것을 보면 알 수 있다. 이것은, 내가 보기에는, 열의 밀폐와 수축(일종의 응축)에 의한 것이라기보다는 오히려 충격에 의한 것 같다. 예를 들면 공기를 압축하거나 막대기를 휘면 원래의 위치로 돌아갈 뿐만 아니라 오히려 반대 방향으로 튄다. 따라서 막대기나 그와 유사한 것을 화염 속에 넣고 그것이 화염의 중심보다도 오히려 가장자리에서 더 빨리 연소하는지 어떤지를 살펴보는 실험을 해볼 필요가 있다.

(37) 물체마다 열을 받아들이는 열감수성(熱感受性)이 서로 다르다. 먼저 열감수성이 아주 낮은 물체에 아주 약한 열을 가하여 그 물체가 어떻게 변하고 어떻게 가열되는지를 살펴보는 실험을 해야 한다. 납이나 혹은 다른 금속으로 만든 공을 손바닥으로 감싸쥐고 있으면 금방 따뜻해진다. 이처럼 열은 외관상으로는 물체에 변화를 일으키진 않지만 어떤 물체에 대해서든 쉽게 전달된다.

(38) 우리 주변의 모든 물체들 중에서 가장 쉽게 열을 받아들이고, 또한 가장 쉽게 열을 잃는 것은 공기다. 이것은 검온계[21]로 실험을 해 보면 알 수 있다. 검온계의 구조는 다음과 같다. 즉 속이 비어 있고 목 부분이 좁고 긴 유리관을 입구 부분이 아래를 향하도록 거꾸로 돌려서 물이 담긴 유리 용기에 넣는다. 유리관의 목과 배가 이어지는 부분을 약간 경사지게 만들어 유리관 입구가 유리 용기의 바닥에 닿자마

---

[21] 원문에는 "기상 유리관"(weather glasses)으로 되어 있다. 이 검온계는 온도계의 전신이라고 할 수 있는데, 베이컨과 동시대인인 베네치아 출신 의사 산토리오(Santorio, 1561~1636)가 눈의 온도와 촛불의 온도 사이를 같은 길이로 나누어 눈금을 매겨 사용했다는 기록이 있다. 온도계를 누가 처음 만들었는지는 확실하지 않다. 눈금에 의해 "대기의 덥고 찬 정도를 측정하는" 온도계(Thermo*meter*)가 사용되었다는 기록은 1633년에 처음 나온다. 그 이전에는 온도의 변화를 나타내는 검온계(Thermo*scope*)가 사용되었는데, 이것은 비잔티움의 필론(Philon, 기원전 2세기)과 알렉산드리아의 헤론(Heron, 기원후 1세기)과 같은 고대 과학자들에게까지 거슬러올라간다. 현재 우리가 사용하고 있는 섭씨온도계는 물의 빙점을 0°로, 비등점을 100°로 해서 100등분한 것으로서 스웨덴의 천문학자 셀시우스(Anders Celsius, 1701~1744)가 처음 창안한 것이고, 영미권에서 널리 쓰이는 화씨온도계는 물의 빙점을 32°로 비등점을 212°로 하여 180등분한 것으로서 독일의 물리학자 파렌하이트(Daniel Gabriel Fahrenheit, 1686~1736)가 처음 창안한 것이다(Daniel J. Boorstin, 1983. *The Discoverers : A History of Men's Search To Know His World and Himself*. New York, Random House, pp. 369~370).

자 유리 용기의 입구에서 똑바로 고정되도록 한다. 유리 용기의 입구에 밀랍을 조금 바르면 한결 일하기가 쉽긴 하지만 완전히 밀폐되지 않도록 주의해야 한다. 공기의 유통을 가로막으면, 다음에서 말하겠지만, 극히 민감하고 미묘한 공기의 운동이 방해를 받기 때문이다.

유리관을 유리 용기에 삽입하기 전에 유리관의 윗부분(배 부분)을 잠시 동안 가열해둔다. 그런 다음 위에서 말한 것처럼 하면 (가열로 인해 팽창했던) 공기는 일정한 시간이 지나면 외부로부터 가해진 열이 완전히 소멸되고 원래의 크기로 수축되어 주위의 보통 공기와 같은 크기가 되어 그만큼 물을 위로 끌어올리게 된다. 그리고 유리 용기에 임의의 눈금을 긋고 가늘고 긴 종이를 붙여두면 그 날의 날씨가 따뜻한가 추운가에 따라서 공기가 냉각되어 수축되기도 하고 가열되어 크게 팽창하기도 할 것이다. 공기가 수축하면 그만큼 물이 위로 올라오고 공기가 팽창하면 그만큼 물이 아래로 내려갈 것이다. 더위와 추위에 관한 한 공기의 감수성은 인간의 촉각과는 비교가 안 될 정도로 민감하고 미묘하기 때문에 햇빛 한 줄기를 비추기만 해도, 숨만 한 번 내뿜어도, 유리관 위에 손을 대고 있기만 해도 [공기가 팽창하여] 물을 아래로 밀어낸다. 한편 동물정기(動物精氣)는 더위와 추위에 관한 한 공기보다 더 민감한 감각을 가지고 있지만, 신체의 무게가 [그 민감한 열감수성을] 방해해서 둔감하게 만들고 있는 것으로 생각된다.

(39) 공기 다음으로 열을 잘 받아들이는 물체는, 생각건대 눈이나 얼음같이 추위에 의해 지금 막 변화·압축된 물체들이다. 이와 같은 물체들은 조금만 온기를 가해도 바로 녹고 만다. 그 다음으로 열감수성이 높은 물체는 수은일 것이다. 그 다음으로는 지방질의 물체, 예컨대 기름이나 버터와 같은 물체들이고, 나무 다음으로 물, 그리고 맨 마지막에 돌이나 금속이 온다. 돌이나 금속은 열을 쉽게 받아들이지

않는데, 특히 내부가 그러하다. 그러나 돌이나 금속은 일단 가열되고 나면 매우 오랫동안 열을 보존한다. 연소한 벽돌이나 돌이나 쇠는 찬물을 가득 담은 그릇에 넣고 15분이 지나도 손을 댈 수 없을 정도로 뜨겁다.

(40) 물체는 부피가 작을수록 뜨거운 물체에 가까이 두었을 때 더빨리 가열된다. 이것으로 우리 주변에 있는 열은 모두 어느 정도 유형의 물체의 방해를 받는다는 것을 알 수 있다.

(41) 인간의 감각이나 촉각으로 판단하는 열은 그 감각이나 촉각이 어떤 상태에 있느냐에 따라 시시때때로 변하는 상대적인 것이다. 예를 들면 미지근한 물도 손이 차면 따뜻하게 느껴지고 손이 뜨거우면 차게 느껴진다.

14

위에서 말한 표만 놓고 보더라도 우리가 역사[자연에 관한 사실들]에 대해 얼마나 무식한지를 알 수 있을 것이다. 즉 증명되었거나 확실한 사례들도 있지만, 아직 확실하게 확인되지 않은 전해오는 이야기를 넣을 수밖에 없고(물론 이런 경우에는 그 신빙성이나 권위에 대해 의심의 여지가 있다는 단서를 달았다), 또한 때때로 이런 저런 "실험을 해보아야 한다"든가 혹은 "좀더 깊이 연구해볼 필요가 있다"는 등의 단서를 달아야만 하는 형편에 놓여 있는 것이다.

15

이 세 개의 표의 임무와 용도는 지성 앞에 사례들을 제시하는 것이다. 이 일이 완수되고 나면 다음에는 이 사례들을 놓고 귀납으로 들어가야 한다. 즉 이 개별 사례들에 대해 탐구대상 본성이 항상 존재하는 것과 부재하는 것과 그 본성의 증감 정도와, 또한 앞에서 말한 것처럼 [2 : 4] 일반적이고 좀더 공통적인 한계 등을 발견해야 한다. 그런데 정신이 이런 일을 편견 없이 하고자 하여도(정신은 가만 두면 이렇게 한다[1 : 46, 105]), 상상이나 억측이나 잘못된 개념들이 자꾸 끼여들게 마련이고, 공리에 도달했다고 하더라도 지속적인 교정이 필요하다. 물론 공리를 만들어내는 지성의 능력과 힘에 따라 좋고 나쁜 차이는 있을 것이다. 그러나 긍정적 사례를 한번 척 보아서 진정한 형상을 알아내는 일은 (형상의 부여자이자 창조자인) 하느님이나 천사들, 예지자(叡智者)들이나 할 수 있는 일이다. 인간들은 그렇게 할 수 없다. 인간들이 할 수 있는 일은 부정적 사례에서부터 출발하여 하나씩 하나씩 배제해나간 다음에야 긍정적 사례에 도달하는 것이다.

16

그러므로 우리는 자연을 완전히 분해하고 해체해야 한다. 물론 불로서가 아니라, 성스러운 불인 정신으로 그렇게 해야 한다. 그러므로 형상을 발견하는 문제에 관한 한, 참된 귀납이 가장 먼저 해야 할 일은 이런 것이다. 즉 [첫째] 탐구대상본성이 존재하는 [긍정적] 사례들을 놓고 보았을 때 그 사례들 중에서는 전혀 발견할 수 없는 어떤 본성이 있는지를 살펴보고, [둘째] 탐구대상본성이 부재하는 사례들을 놓고 그 사례들 중에서 발견되는 어떤 본성이 있는지를 살펴보고, [셋째] 탐구대상본성이 증가하는데도 감소하고 있거나 혹은 그 반대 현상을 보이고 있는 어떤 본성들이 있는지를 살펴보고, 이러한 본성들을 찾아내어 제외 또는 배제하는 것이다. 이 제외와 배제가 적절히 이루어지고 나면 이제 경박한 의견들(사례들)은 안개 속으로 사라지고 견고하고 진실되고 제대로 규정된 긍정적 형상만이 남을 것이다.

이것을 말로 하기는 쉽지만 여기까지 도달하기 위해서는 수많은 우여곡절을 겪어야 한다. 하지만 우리는 거기까지 도달하기 위해 필요한 모든 수단을 강구할 것이다.

17

그런데 '형상'의 개념과 관련해서 반드시 주의하고 명심해야 할 일이 한 가지 있다. 내가 말하는 '형상'을 지금까지 사람들의 사변과 사유에 익숙해져 있는 형상[1:51]과 혼동해서는 절대로 안 된다는 것이다.

우선 첫째로 내가 지금 문제로 삼고 있는 것은 앞에서 말한 것처럼 [2:5] 개개의 단순본성이 우주만물의 통칙(通則)을 따라 결합된 복합형상—예를 들면 사자·독수리·장미·금 등과 같은 형상—이 아니기 때문이다. 이들 복합형상에 대해서는 내가 말한 '잠재적 과정'과 '잠재적 구조'를 다루는 곳에서, 또한 이른바 실체 혹은 구체적 자연에 존재하고 있는 과정과 구조를 발견하는 문제를 다루는 곳[2:21, 52]에서 논의하는 것이 적당할 것이다.

또한 단순본성에 관해서도 내가 말하는 형상은 질료와 아무런 상관 없이 규정되어 있거나 혹은 잘못 규정되어 있는 추상적인 형상이나 관념(이데아)이 아니라는 점을 기억하길 바란다. 내가 말하는 형상은 어떤 질료나 물체 속에 들어 있는 단순본성들, 이를테면 열이나 빛이나 무게 같은 단순본성들이 그 물체를 지배하고 구성하고 규제하는 활동 법칙일 뿐이다[1:51]. 따라서 열의 형상이라는 것은 곧 열의 법칙을 말하는 것이요, 빛의 형상은 빛의 법칙과 같은 말이다. 그렇다고 해서 결코 이것이 사물 그 자체와 유리된 것도 아니요, 철학의 실용적 부문과 유리된 것도 아니다. 예를 들어 열의 형상을 탐구하면서 내가 "희박성을 제외하라"고, 혹은 "희박성은 열의 형상에 속하지 않는다"고 말할 경우, 이것은 곧 "인간은 농밀한 물체에 열을 도입할 수 있다"고, 혹은 그와 반대로 "인간은 희박한 물체로부터 열을 분리하거나 차단할 수 있다"고 말하는 것과 같은 것이다.

혹시 내가 말하고 있는 형상도 이질적인 것들을 혼합 및 결합하고 있다는 이유로 어느 정도 추상적인 것이 아닌가 하고 의심하는 사람이 있을지도 모르겠다. 이런 사람은 자신의 지성이 습관과 사물의 겉보기와 억측에 홀려 있다는 사실을 깨달아야 한다. 물론 천체의 열과 불의 열은 극히 이질적인 것으로 보이고, 장미의 붉은색과 무지개의 붉은색과 오팔이나 다이아몬드의 발광도 서로 이질적인 것으로 보이고, 또한 물에 빠져 죽는 것과 불에 타 죽는 것, 칼로 자살하는 것, 중풍으로 죽는 것, 폐병으로 죽는 것 등은 서로 이질적인 것으로 보일 수도 있다. 그러나 그것이 다 열이고 붉은색이고 죽음이라는 점에서는 모두 같은 것이다. 서로 이질적인 것처럼 보이고 별 관계가 없는 것처럼 보이지만 열과 붉은색과 죽음을 지배하는 형상 혹은 법칙을 한 치도 빈틈없이 따르고 있다는 점에서는 완전히 동질적인 것이다. 우리가 이러한 종류의 형상을 분명하게 찾아내지 못하는 한 자연의 통상적인 법칙으로부터 해방될 길도, 자유를 얻을 길도 없고, 새로운 작용인이나 새로운 작업방식을 알아낼 길도, 발전시킬 길도 없다. 그러므로 가장 중요하다고 할 수 있는 이 본성의 통일에 대해 설명한 다음에 적당한 곳에서 본성의 구분과 분류 문제—통상적인 것과 내적인 것과 더욱 실제적인 것 등—를 다루기로 하겠다.

18

그러나 여기에서는 우선 앞에서 만든 발견표를 토대로 열의 형상

에 속하지 않는 것으로 판단되어 배제 또는 제외된 본성의 예를 들고
자 한다[2 :16]. 이때 주의해야 할 것은 어떤 본성을 배제하기 위해서
는 세 개의 표가 하나같이 배제의 충분한 증거가 되어야 할 뿐만 아니
라 그 표들에 들어 있는 사례 하나 하나가 이를 충분히 뒷받침하고 있
어야 한다는 점이다. 앞에서 이미 말한 것이지만 형상에 관한 그 어떤
가설도 단 한 개의 모순적 사례가 나오기만 하면 무너지고 말기 때문
이다. 그러나 여기에서는 더욱 확실하게 하기 위해, 표의 사용법을 더
욱 명확하게 보여주기 위해 때로 배제적 사례를 두 개 이상 반복적으
로 제시한 경우도 있다.

표 4. 열의 형상에서 배제 혹은 제외해야 하는 본성들의 사례

(1) 햇빛 때문에 [열의 형상에서] 4원소의 본성을 제외하라.

(2) 통상적인 불, 그 가운데서도 특히 지하의 불(이것은 천체의 광
선으로부터도 너무 멀고 격리되어 있는 것이므로) 때문에 [열의 형상
에서] 천체의 본성을 제외하라.

(3) 모든 종류의 물체(즉 광물 · 식물 · 동물의 신체 바깥 부분, 물
· 기름 · 공기 등)가 불이나 혹은 다른 뜨거운 물체에 접근하면 열을
얻기 때문에 [열의 형상에서] 물체의 다양성이나 미세한 조직을 전부
제외하라.

(4) 다른 물체를 뜨겁게 만들면서도 자신의 중량이나 실체가 전혀
감소하지 않는 물체(예컨대 쇠나 혹은 연소하는 금속)가 있기 때문
에 뜨거운 물체가 자신의 실체를 나누어준다거나 혹은 다른 물체와
혼합되어서 열을 발생시킨다는 생각을 제외하라.

(5) 끓는 물이나 공기가 있기 때문에, 그리고 또한 뜨거우면서도
발화하지는 않는 혹은 빨갛게 달지는 않는 금속이나 견고한 물체들

이 있기 때문에 [열의 형상에서] 밝게 빛나는 성질을 제외하라.

(6) 또한 달이나 태양 이외의 다른 천체도 빛이 있기 때문에 [열의 형상에서] 밝게 빛나는 성질을 제외하라.

(7) 연소하는 쇠와 주정의 화염을 비교하면 연소하는 쇠는 열은 많고 화염은 적은 데 비해, 주정의 화염은 화염이 많고 열은 적다. 그러므로 [열의 형상에서] 화염과 빛은 제외하라.

(8) 가장 밀도가 높은 물체인 금과 같은 금속도 연소하므로 [열의 형상에서] 희박성을 제외하라.

(9) 또한 공기는 보통 차고 언제나 희박한 상태에 있으므로 [열의 형상에서] 희박성을 제외하라.

(10) 연소하는 쇠는 부피가 팽창하지 않고 처음 그대로의 모습을 지니고 있으므로 [열의 형상에서] 물체 전체의 장소이동 혹은 팽창운동을 제외하라.

(11) 검온계나 그와 유사한 것에서 볼 수 있는 공기의 팽창은 분명히 장소의 이동과 팽창을 보여주지만, 확실한 열의 증가를 가져오는 것은 아니기 때문에 [열의 형상에서] 물체 전체의 장소이동 혹은 팽창운동을 또한 제외하라.

(12) 모든 물체는 현저한 파괴나 변화 없이 쉽게 따뜻해질 수 있기 때문에 [열의 형상에서] 파괴적인 본성이나 혹은 새로운 본성의 급격한 추가를 제외하라.

(13) 냉의 영향과 열의 영향이 일치하거나 유사한 경우가 있기 때문에 [열의 형상에서] 물체 전체의 수축운동 혹은 팽창운동을 제외하라.

(14) 물체의 마찰에 의해 열이 발생하기 때문에 [열의 형상에서] 물체의 본원적 본성을 제외하라. 본원적 본성이라는 것은 그에 선행

하는 어떤 본성에 의해 야기된 것이 아니라 처음부터 그 물체의 본성 안에 존재하는 것을 말한다.

이들 외에도 [열의 형상에서] 제외해야 할 본성들이 많이 있다. 내가 이 표에서 제시한 것은 하나의 본보기일 뿐 완벽한 것은 아니다.

위에서 말한 본성들은 모두 다 열의 형상에서 제외되어야 할 것들이다. 그러므로 열에 대해 연구하는 사람들은 이러한 본성들을 제외하고 시작해야 한다.

19

열배제표 안에 참된 귀납의 기초가 들어 있다. 그러나 참된 귀납은 긍정적 사례의 표, 즉 존재표가 나올 때까지는 완성되지 않는다. 또한 배제표 자체도 결코 완벽한 것이 아니거니와 처음부터 완전하기를 기대할 수는 없다. 배제표는 단순본성을 제외하는 작업을 하는 것인데, 만약 내가 단순본성에 대해 명확한 개념을 가지고 있지 못하다면 어떻게 제대로 된 배제표를 만들 수 있겠는가? 앞에서 내가 제시한 배제표에서 어떤 개념들(예를 들어 4원소의 본성, 천체의 본성, 희박성 등)은 확실하고 구체적인 개념이 아니다.

내가 하고자 하는 일—즉 인간의 지성이 사물과 자연을 감당할 수 있도록 하는 일—이 얼마나 중요한 일인가 하는 것을 잘 인식하고 있기 때문에 이 정도의 규칙을 제시하는 데 그치지 않고 한 걸음 더 나가 지성을 도울 수 있는 더욱 강력한 보조수단을 제시하려고 한다. 자연을 해석하려는 사람은 확실성의 정도를 제대로 분별할 줄 아는 정신을 가지고 있어야 할 뿐만 아니라, 또한 현재 자기 앞에 놓여 있는 자료들(의 신빙성)이 앞으로 이루어질 연구의 결과에 크게 의존하고 있다는 사실을 (특히 연구의 초기 단계에서는) 깊이 명심해야 한다.

20

그러나 진리는 혼란보다는 오히려 오류에서 얻을 수 있으므로 앞에서 말한 세 종류의 표(존재표, 부재표, 정도표)를 작성하고 검토한 다음에는 이들 표에 제시된 사례를 가지고 혹은 다른 방법으로 얻은 사례를 가지고 자연을 해석하는 일을 긍정적으로 수행하도록 정신을 자유롭게 두는 것이 유익한 일이라고 나는 믿고 있다. 이러한 종류의 시도를 나는 '지성의 해방' 혹은 '해석의 단초' 혹은 '최초의 수확'이라고 부르고자 한다.

열의 형상에 대한 최초의 수확

여기에서 주의해야 할 점은 어떤 사물의 형상은 (앞에서 말한 것처럼) 그 사물 자체가 들어 있는 모든 사례에 내재하는 것이며, 그렇지 않다면 그것은 형상이 아니라는 점이다. 그러므로 [어떤 형상에 대한] 모순적 사례라는 것은 처음부터 존재할 수 없다. 하지만 사물에 따라 그 형상의 본성을 좀더 잘 드러내는 사례가 있는데, 예를 들면 다른 본성으로 그 형상의 본성을 적게 억압하거나, 덜 저지하거나 혹은 규제하지 않는 사례들이 그 경우이다. 형상의 본성을 잘 드러내는 사례를 나는 '현저한 사례' 혹은 '명시(明示)사례'라고 부른다[2 : 24]. 그러면 다음에서 열의 형상에 대한 최초의 수확이 무엇인지 살펴보기로 하자.

내가 수집한 사례들을 놓고 볼 때 열이 지닌 특수한 본성은 운동이라고 결론지을 수 있다. 이러한 운동의 본성은 계속적으로 움직이는 화염이나 뜨거운 액체, 끓는 액체를 보면 잘 알 수 있다. 또한 운동에 의해 열이 상승하거나 증가하는 현상에서도 이를 확인할 수 있다. 예를 들면 풀무나 바람에 의한 경우가 그러하다(표 3의 사례 29를 보라). 다른 종류의 운동에 의한 경우도 그와 같다(표 3의 사례 28과 사례 31을 보라). 그것은 또한 운동을 억압하고 정지시키는 강한 압박을 가하기만 하면 불과 열이 소멸하는 것을 보아서도 명백하다(표 3의 사례 30과 사례 32를 보라). 그것은 또한 강렬한 불로 연소시키면 어떤 물체라도 파괴되거나 혹은 적어도 현저한 변화를 일으키는 것을 보더라도 명백하다. 이로써 우리가 확실하게 알 수 있는 것은 열은 물체 내부에 동요와 혼란과 심한 운동을 가져오고, 이로써 물체가 점점 분해되어 간다는 사실이다.

운동에 대해 지금까지 내가 말한 것 —즉 열과 운동의 관계는 종(種)과 유(類)의 관계와 같다는 것 —은 열이 운동을 낳는가 아니면 운동이 열을 낳는가(어떤 경우에는 이것이 사실이지만) 하는 문제에 관한 것이 아니라, 열 그 자체 혹은 열의 본질이 운동이라는 것일 뿐, 그 이상도 이하도 아니다. 물론 열은 [운동류에 속하면서도 다른 종류의 운동과는 구별되는] 종차를 가지고 있는데, 이 문제를 살펴보기 전에 먼저 몇 가지 주의사항을 말해둘 필요가 있다.

[첫째로] 열은 우리가 감각으로 느끼고 있는 것이므로 상대적인 것, 즉 우주에 관계된 것이 아니라 인간에 관계된 것이라는 사실이다. 다시 말해 우리가 열이라고 하는 것은 단지 동물정기에 대한 열의 작용에 불과한 것이다. 또한 우리가 감각으로 느끼고 있는 열 그 자체도 가변적인 것이다. 왜냐하면 동일한 물체라도 우리의 감각이 어떤 상태에 있는가에 따라 뜨겁게 느껴지기도 하고 차갑게 느껴지기도 하

기 때문이다(이것은 표 3의 사례 41을 보면 분명히 알 수 있다).

[둘째로] 또한 열의 전달 혹은 열의 이동—이 때문에 어떤 물체라도 뜨거운 물체에 가까이 가면 뜨겁게 된다—을 열의 형상과 혼동해서는 안 된다. 열과 가열작용은 서로 다른 것이기 때문이다. 열은 선행(先行)하는 열[로부터의 가열작용]이 없어도 마찰작용에 의해 생길 수 있으므로 가열작용은 열의 형상에서 배제되어야 한다. 또한 뜨거운 물체의 접근에 의해 열이 발생하는 경우에도 열의 형상에서 유래하는 것이 아니라 그보다 깊고 일반적인 본성, 즉 동화(同化) 혹은 자기증식(自己增殖)의 본성에 의한 것으로서, 이에 대해서는 별도로 탐구할 필요가 있다[2:48(11)].

[셋째로] 불이라는 개념은 통속적인 것으로서 전혀 도움이 되지 않는다. 그것은 화염이 일어나고 빨갛게 단 어떤 물체에서 보이는 열과 빛을 합쳐서 일컫는 말에 불과하다.

이러한 주의사항을 염두에 두고서 특수한 운동으로서의 열의 형상, 즉 열의 종차에 대해 살펴보기로 하자.

(1) 제1의 종차는 다음과 같다. 즉 열은 팽창운동으로서, 이 팽창운동에 의해 물체는 그 자신을 확장하고 이전에 차지하고 있던 것보다 더 넓은 영역 혹은 부피를 갖게 된다는 것이다. 이러한 종차가 가장 확연하게 나타나는 경우는 화염이다. 화염에서 연기나 진한 증기가 넓게 퍼지고 불꽃이 활활 타오르는 모습을 볼 수 있다.

이것은 또한 끓고 있는 모든 액체를 보아서도 알 수 있다. 끓고 있는 액체는 팽창하고 끓어오르는 것이 확연하게 눈에 보이는데, 증기나 연기로 혹은 공기로 변할 때까지 계속해서 팽창한다.

또한 모든 나뭇조각이나 가연성물질을 보아서도 알 수 있다. 이들로부터는 때로 삼출물이 나오고, 증발물(蒸發物)은 반드시 나온다.

이것은 또한 금속이 녹는 것을 보아서도 알 수 있다. 금속은 매우 조밀한 조직의 물체로 구성되어 있기 때문에 쉽게 팽창하거나 부피가 커지기 어려움에도 불구하고 그 정기[1 : 50, 2 : 7, 40]가 일단 자기 확장을 시작하면 성긴 부분부터 녹기 시작하는데, 계속해서 열을 가하면 대부분이 분해되어 기체상태로 변하고 만다.

이것은 쇠나 돌을 보아서도 알 수 있다. 쇠나 돌은 액화(液化)하거나 용해되지는 않지만, 대신 부드러워진다. 이런 현상은 나무막대기에서도 나타나는데, 나무막대기를 뜨거운 재 속에 잠시 두면 구부리기 쉬워진다.

열의 성질이 운동이라는 것을 가장 잘 알 수 있는 것은 공기다. 공기는 표 3의 사례 38에서 보는 것처럼 아주 작은 열을 받아도 즉시 눈에 띄게 팽창한다.

이것은 또한 냉이 갖는 반대 본성을 보아서도 잘 알 수 있다. 즉 냉은 모든 물체를 수축시키고, 옹색하게 만든다. 그러므로 혹심한 추위에는 못이 벽에서 튀어나오고 놋그릇에 금이 간다. 또한 뜨거운 유리잔을 갑자기 찬 곳으로 가져가면 금이 가서 갈라진다. 마찬가지로 공기도 표 3의 사례 38에서 본 것처럼 조금만 추워져도 수축한다. 그러나 이 문제에 대해서는 냉을 탐구할 때 더욱 자세히 말하기로 한다.

열과 냉이 (표 2의 사례 32에서 보는 것처럼) 공통 작용을 하는 것이 많이 있다고 하더라도 조금도 놀랄 필요가 없다. [공통 작용을 하는 것이 있더라도] 양자는 서로 다른 각각의 종차를 가지고 있기 때문이다(이에 대해서는 뒤에 가서 말하겠다). 내가 여기에서 말한 열과 냉의 종차는 정반대되는 것으로서, 열은 팽창 및 확장운동을 하고 냉은 수축 및 응집운동을 한다.

(2) 제2의 종차는 제1의 종차에 대한 한정(限定)이다. 열은 팽창운동, 즉 주변으로 향하는 운동이긴 하지만 물체가 동시에 윗방향으로 향하는 운동이라는 것이다. 운동 중에는 혼합운동도 많이 있다. 예를 들면 화살이나 투창(投槍)은 전진하면서 회전하고, 회전하면서 전진한다. 마찬가지로 열의 운동도 팽창운동임과 동시에 상향운동이다.

이 종차는 부젓가락이나 부지깽이를 불 속에 넣어보면 알 수 있다. 부젓가락 끝을 잡고 불에 수직으로 넣으면 금방 뜨거워지지만, 비스듬히 넣거나 혹은 아래쪽에서 넣으면 훨씬 덜 뜨겁다.

이 종차는 또한 하강식증류법(下降式蒸溜法)에서도 쉽게 확인된다. 하강식증류법은 향기가 날아가기 쉬운 꽃을 증류할 때 불을 꽃 아래에 두는 것이 아니라 꽃 위에 두는 것을 말한다. 화염뿐만이 아니라 모든 열은 상향운동을 하기 때문에 그렇게 하면 꽃이 타지 않는다.

그러나 이러한 실험은 열의 본성과 반대의 본성을 가진 냉에 대해서도 해보아야 한다. 즉 열은 물체를 상승시키면서 팽창시키는데, 과연 냉은 물체를 하강시키면서 수축시키는지 어떤지 알아보아야 한다. 이제 똑같은 두 개의 철봉이나 유리관을 약간 따뜻하게 한 다음, 찬 물이나 눈에 적신 스펀지를 한 철봉에는 아래에 놓고 또 다른 철봉에는 위에 놓아보자. 이런 실험을 하면 열의 경우와는 반대로 눈을 윗부분에 놓은 철봉이 아랫부분에 놓은 철봉보다 더 빨리 끝까지 차가워질 것이다.

(3) 제3의 종차는 다음과 같다. 즉 열은 물체 전체의 균일한 팽창운동이 아니라 물체의 작은 분자 사이의 팽창운동으로, 저지·반발·격퇴가 동시에 일어나는 운동이라는 것이다. 따라서 열은 끊임없이 진동·돌진·저항하고 반격에 의해 자극을 받는 교호적인 운동을 하며, 그로부터 저 거센 불과 열이 생긴다는 사실이다.

화염이나 끓고 있는 액체를 보면, 이 종차가 가장 확연하게 드러난다. 화염이나 끓고 있는 액체는 끊임없이 진동하고 작은 부분들이 분리되었다가 다시 가라앉는다.

이 종차는 가열하거나 연소해도 팽창하거나 부피가 늘어나지 않는 조밀한 물체를 보아서도 알 수 있다. 예를 들어 강렬한 열 현상을 보이는 벌겋게 단 쇠의 경우가 그러하다.

이 종차는 또한 불이 혹한의 계절에 가장 활발하게 타오르는 것을 보아서도 알 수 있다.

이 종차는 또한 검온계 속의 공기가 저지되거나 반발을 받지 않고 균등하게 팽창할 때는 열이 발생하지 않는 것을 보아서도 알 수 있다. 밀폐된 바람도 큰 힘을 분출하기는 하지만 이렇다 할 만한 열은 발생하지 않는다. 왜냐하면 이 경우에는 운동이 전체로서 일어나 분자들의 교차운동이 없기 때문이다. 그러므로 이런 문제와 관련해서 화염의 중심부보다는 끝부분이 더 강하게 연소하지는 않는지 실험해볼 필요가 있다.

이 종차는 또한 다음과 같은 사실에서도 알 수 있다. 즉 모든 연소는 물체의 미세한 구멍을 통해 이루어지는데, 구멍을 내고 뚫고 찌르고 쑤시고 하는 것이 마치 무수한 바늘 끝으로 공격하는 것과 같다. 그러므로 모든 강한 산은 (산에 반응하는 물체인 경우) 그 부식시키고 찌르는 본성으로 인해 불과 같은 작용을 보인다.

지금 내가 설명하고 있는 이러한 종차는 냉의 본성과 공통된 것이다. 즉 열의 경우에는 팽창운동이 수축이라는 반대운동에 의해 저지되는 것과 마찬가지로, 냉의 경우에는 수축운동이 팽창이라는 반대운동에 의해 저지되는 것이다.

따라서 물체의 분자들이 내부를 향해 침투하려는 것과 외부를 향해 침투하려는 것은 결국 이유가 같다. 물론 그 힘에는 큰 차이가 있다. 왜냐하면 지구상에는 [우리가 만들어낼 수 있는 열의 힘에 필적할 만한] 극도로 찬 물체는 존재하지 않기 때문이다.

(4) 제4의 종차는 제3의 종차에 대한 한정이다. 즉 이 자극운동 혹은 침투운동은 결코 완만한 것이 아니라 매우 신속한 것이며, 또한 이 운동은 극도로 미세한 분자 간의 운동이 아니라 미세하기는 하지만 어느 정도의 크기를 가진 분자 간의 운동이다.

이 종차는 불이 해내는 일과 시간이 해내는 일을 비교해보면 잘 알 수 있다. 시간도 역시 불과 마찬가지로 혹은 그 이상으로 건조·파괴·침식 작용을 해서 물체를 재로 만들고 말지만, 이 운동은 매우 완만하고 지극히 미세한 분자 사이에서 일어나는 운동으로 열은 지각되지 않는다.

이 종차는 또한 쇠의 용해와 금의 용해를 비교해보아서도 알 수 있다. 쇠나 금이나 녹는 데 걸리는 시간은 비슷한데 금의 경우에는 열이 발생하지 않지만 쇠의 경우에는 강력한 열이 발생한다. 이런 차이가 나타나는 이유는 금의 경우에는 산이 부드럽고 미세하게 침입해서 금의 분자가 쉽게 굴복하는 데 반해 쇠의 경우에는 산의 침입이 난폭하여 쇠의 분자가 완강하게 저항함으로써 투쟁이 일어나기 때문이다.

이 종차는 또한 수육(獸肉)의 괴저(壞疽)나 탈저(脫疽)에서도 부분적으로 볼 수 있다. 이 경우에는 부패작용이 미세하기 때문에 큰 열이나 고통이 일어나지 않는다.

이것이 지성의 해방에 의해 우리가 얻게 된 열의 형상에 대한 최초의 수확 혹은 해석의 단초이다.

그런데 이 최초의 수확에 의하면, 열―인간의 감각에 관계된 것이 아니라 우주에 관계된—의 형상 혹은 진정한 정의는 다음과 같이 간추릴 수 있다. 즉 '열이라는 것은 억제된 상태에서 저항하는 소분자 사이의 팽창운동이다. 이 팽창운동은 모든 방향으로 일어나기는 하지만 특히 윗방향으로 일어난다. 또한 소분자 사이의 저항은 결코 완만한 것이 아니라 급속하고 격렬하다.'

작업적 부문에 관해서도 이것은 마찬가지다. '어떤 자연적 물체에다 자기확장 혹은 팽창운동이 일어나게 하고, 또한 그 확장이 균등한 것이 아니라 일부는 일어나고 일부는 저지되도록 운동을 억제할 수 있다면 이것은 의심의 여지없이 열을 발생시킬 수 있다는 것을 의미한다.' 이것은 그 물체가 (이른바 4원소로 된) 지구상의 물체이든 천계(天界)의 원소[제5원소, 즉 에테르]를 함유하고 있는 물체이든, 투명하든 불투명하든, 희박하든 농밀하든, 팽창하여 큰 장소를 차지하든 원래의 크기를 그대로 지니고 있든, 분해되고 마는 것이든 그대로 있든, 동물이든 식물이든 광물이든, 물이든 기름이든 공기든, 그 외위에서 말한 운동을 받아들이는 어떠한 물체에든지 예외 없이 적용되는 것이다. 감각으로 느낄 수 있는 열도 마찬가지이지만 이 경우에는 감각에 대해 상대적이므로 이 점을 고려하여 연구해야 한다. 다음에서 또 다른 보조수단을 고찰하기로 하자.

21

내가 만든 열의 존재표와 부재표 및 제외표(혹은 배제표)를 이용해 최초의 수확을 얻었으므로 다음에서 지성이 자연을 해석하는 데 도움이 될 수 있는 진실되고 완전한 귀납에 관해 살펴보기로 하자. 논의 도중 표에 나온 내용을 다룰 경우에는 열과 냉에 관한 논의를 계속하겠지만 소수의 사례만으로 족한 경우에는 [열과 냉에 국한하지 않고] 모든 것에 걸쳐 논의하기로 하자. 이렇게 하는 것이 탐구의 혼란을 줄이고 우리의 주장이 편협해지는 것을 막아줄 것이기 때문이다.

따라서 나는 1) 특권적 사례에 대해, 2) 귀납의 지주(支柱)에 대해, 3) 귀납의 정정(訂正)에 대해, 4) 주제의 본성에 따른 탐구의 변화에 대해, 5) 탐구에 관한 특권적 본성에 대해, 즉 먼저 탐구해야 할 것과 나중에 탐구해야 할 것에 대해, 6) 탐구의 한계에 대해, 즉 우주에 존재하는 모든 본성의 일람(一覽)에 대해, 7) 실천적인 응용에 관해, 즉 인간과 관련된 것에 대해, 8) 탐구를 위한 준비에 대해, 9) 마지막으로 공리의 상승적 단계와 하강적 단계에 대해 서술하겠다.[22]

22

첫 번째 특권적 사례로 '고립사례'를 들 수 있다. 고립사례라는 것은 1) 탐구의 대상이 되고 있는 본성을 다른 물체와 공유하고는 있지만 이 공유하고 있는 본성 이외에는 다른 어떤 본성도 공유하지 않는 물체에서 볼 수 있는 사례, 혹은 2) 탐구대상본성을 갖고 있지는 않지만 그 밖의 점에서는 다른 물체[탐구대상본성을 가지고 있는 물체]와 모든 것이 유사한 물체에서 볼 수 있는 사례를 말한다. 이러한 사례들은 지리멸렬한 논의를 막아주고 배제의 과정을 촉진 및 강화하기 때문에 비록 소수라 할지라도 다수의 사례에 필적한다.

1) 예를 들면 색의 본성을 탐구하는 경우 자기 자신이 색을 가지고 있을 뿐만 아니라 외부의 벽에도 그 색이 나타나게 하는 프리즘이나 수정이 그러한 고립사례에 속한다. 이슬 등도 마찬가지다. 이러한 사

---

22) 여기에서 아홉 가지 주제가 제시되고 있으나 이 책은 첫 번째 주제인 '특권적 사례'에 대한 논의에서 끝나고 있다.

례들은 꽃이나 유색 보석, 광석, 나뭇조각 등에 고착된 색과 비교해보면 색 그 자체 이외에는 아무것도 공통점이 없다. 이로부터 우리는 다음과 같은 것을 쉽게 추정할 수 있다. 즉 색이라는 것은 투사(投射)되고 반사(反射)된 빛의 영상의 변용(變容)—투사의 경우에는 입사각이 어떠한가에 따라, 반사의 경우에는 물체의 다양한 조직과 구조에 따라 생기는—이라는 것이다. 이것은 유사(類似)와 관련된 고립사례이다.

2) 이것도 역시 색에 관한 것으로서 대리석에 나타나 있는 흑백의 결이나 같은 종류의 꽃인데 색깔이 다른 경우가 고립사례에 속한다. 왜냐하면 대리석의 흰 결과 검은 결은, 그리고 패랭이꽃의 흰 반점과 붉은 반점은 색 자체만 다를 뿐 그 밖의 거의 모든 점에서 같기 때문이다. 이로부터 우리는 다음과 같은 것을 쉽게 추정할 수 있다. 즉 색은 물체의 내적 본성에 주로 의존하는 것이 아니라 좀더 거친 부분, 즉 물체의 여러 부분의 기계적인 배치에 의존한다는 것이다. 이것은 불일치와 관련된 고립사례이다. 나는 이러한 두 종류의 사례를 모두 '고립사례' 혹은 천문학자의 용어를 빌려, '야생(野生)사례'라고 부른다.

23

두 번째 특권적 사례로 '이동(移動)사례'를 들 수 있다. 이것은 탐구의 대상이 되고 있는 본성이 처음에는 존재하지 않다가 [일정한 조건에서] 갑자기 새로 생성된 경우나, 혹은 반대로 처음에는 존재하던 것이 [일정한 조건에서] 갑자기 소멸되고 만 경우를 말한다. 따라서 이러한 이동사례의 경우에는 어느 쪽이든 하나의 쌍으로 나타난다. 아니, 쌍으로 나타난다기보다는 오히려 반대의 상태에 이르기까지 연속적으로 운동 혹은 이행(移行)하는 하나의 사례라고 하는 편이 더 나을 것이다. 이러한 종류의 사례는 배제의 과정을 촉진하고 강화할 뿐만 아니라 긍정의 과정 혹은 형상 그 자체의 범위를 좁혀준다. 왜냐하면 어떤 물체의 형상은 필연적으로 이런 종류의 이동에 의해 생성되거나 혹은 그와 반대로 이런 종류의 이동에 의해 제거 및 파괴되기 때문이다.

그리고 모든 배제의 과정이 긍정의 과정을 촉진하기는 하지만, 이것은 특히 종류가 서로 다른 물체들보다도 동일한 물체들에서 한층 직접적으로 나타난다. 일단 하나의 물체에서 형상이 나타나기만 하면 이것은 (앞에서 형상에 관해 설명한 것처럼) 동일한 종류의 모든 물체들을 이해하는 길잡이가 된다. 그리고 이동현상이 단순하면 단순할수록 그 사례는 그만큼 귀중한 사례가 된다. 게다가 이동사례는 실천적 부문에 특히 유용하다. 이동사례는 형상을 작용인 또는 결여인(缺如因)과 연결해서 보여주기 때문에 어떤 물체들에 대한 실험을 어떤 방법으로 할 것인지를 알려주거니와, 여기에서 얻은 실험방법은 또한 이와 종류가 비슷한 다른 물체들에도 적용해볼 수 있다.

그러나 이 사례에는 약간의 위험이 도사리고 있기 때문에 주의할 필요가 있다. 즉 이동사례를 탐구할 경우, 지성이 형상 그 자체보다는 그 형상의 작용인에 주목하기 쉽기 때문에 그 작용인을 과대평가하거나 혹은 그에 미혹되어 그릇된 선입관을 갖게 될 우려가 있다. 작용인은 형상의 전달수단 혹은 운반수단에 불과한 것이다. 이러한 위험은 배제의 과정을 제대로 거치면 쉽게 제거될 수 있다.

그러면 이 이동사례의 실례를 들어보기로 하자. 탐구대상본성이 '흰색'이라고 하자. 생성의 이동사례는 파손되지 않은 유리와 분쇄된 유리, 혹은 자연 그대로의 물과 휘저어서 거품이 생긴 물이다. 파손되지 않은 유리와 자연 그대로의 물은 (희지 않고) 투명하지만 분쇄된 유리와 거품이 인 물은 (투명하지 않고) 흰색을 띠기 때문이다. 그러므로 이러한 이동 과정에서 무슨 일이 일어났는지를 살펴보아야 한다. 왜냐하면 흰색의 형상이 유리의 파손과 물의 교반(攪拌)에 의해 운반 및 도입된 것이 분명하기 때문이다. 그러나 여기에서 유리나 물의 부분들이 세분화된 것과 공기가 유입된 것 외에는 아무것도 추가된 것이 없다. 이로부터 우리는 공기와 물 혹은 공기와 유리처럼 투명도가 서로 다른 두 물체가 작게 분할된 상태에서 서로 섞이면 광선의 굴절을 불균등하게 해서 흰색을 띠게 한다는 것을 알 수 있는데, 이러한 발견은 흰색의 형상에 대한 우리의 지식에 적지 않은 진보라 할 것이다.

다음으로 앞에서 말한 주의해야 할 위험이 무엇인지를 살펴보기로 하자. 유리와 물의 예에서 지성이 그 작용인에 미혹되면 흰색의 형상에는 공기가 반드시 필요하다든가 흰색은 오직 투명한 물체로부터 생겨난다든가 하는 따위의 생각을 하게 된다. 이러한 추정은 둘 다 오류임이 명백한데, 이 오류는 배제의 과정을 통해 제거될 수 있다. (오류의 제거에 그치는 것이 아니라) 한 걸음 더 나아가 다음과 같은 사실까지 알 수 있다. 즉 (공기 같은 것에 특별히 한정할 필요 없이) 모든 물체는 그 부분들이 시각에 고르게 작용하면 투명하게 보이고, 그 부분들이 고르지 않게 작용하면서 단순한 조직으로 되어 있으면 흰색으로 보이고, 그 부분들이 고르지 않게 작용하면서 복합적이지만 규칙적인 조직으로 되어 있으면 검은색을 제외한 모든 색을 띠게 되고, 그 부분들이 고르지 않게 작용하면서 복합적이고 불규칙적이고 혼란한 조직으로 되어 있으면 검은색을 띤다는 것이다. 이것이 바로 탐구의 대상이 되고 있는 흰색의 형상과 관련된 생성이동의 사례라고 할 수 있겠고, 예의 본성에 대한 소멸이동의 사례로는 거품이 가라 앉은 것이나 혹은 눈이 녹은 것 등을 들 수 있다. 거품이 가라앉거나 눈이 녹으면 흰색이 사라지는데, 물은 공기가 섞이지 않은 순수한 상 태가 되면 다시 투명성을 회복하기 때문이다.

여기에 한 가지 덧붙이고 싶은 말은 이러한 이동사례에는 생성이 동과 소멸이동만 있는 것이 아니라 증가이동과 감소이동도 있다는 사실이다. 앞에서 말한 형상에 대한 정의와 정도표를 보면 잘 알 수 있는 것처럼 이러한 사례들(증가이동과 감소이동)도 형상의 발견에 매우 유용한 것이다. (예를 들면) 종이가 건조상태에서는 흰색을 띠 다가도 젖으면 (즉 공기가 배제되고 물이 들어가면) 흰색이 줄어들 면서 약간 투명해지는데 이는 앞에서 말한 사례와 이치가 같다.

24

세 번째 특권적 사례로 '명시사례'를 들 수 있는데, 이것은 앞에서 열에 대한 최초의 수확을 논의하면서 언급한 바 있다[2:20]. 나는 이 사례를 '찬란한 사례' 혹은 '자유로운 지배적 사례'라고 부르기도 한 다. 이것은 탐구대상본성의 모습을 적나라하게, 그리고 최고 최대의 형태로 보여주는 사례로서, 본성의 발현을 막는 모든 장애를 자신의 강인한 힘으로 제압하고 극복하고 있다는 점에서 해방된 사례 혹은 자유로운 사례라고 부를 수 있다. 어떤 물체든지 여러 구체적인 본성 들의 형상이 결합되어 들어 있기 때문에 그 본성들 상호간의 약화· 억압·파괴·구속 등으로 인해 개별 본성들은 모호해지기 쉽다. 그러 나 가끔 탐구대상본성이 혹은 장애가 전혀 없기 때문에 혹은 다른 본 성들에 대해 지배적인 힘을 가지고 있기 때문에 가장 활력이 큰 본성 으로 나타나는 물체가 종종 발견된다. 이러한 사례가 바로 형상을 가장 잘 보여주는 것이다. 그러나 이와 같은 사례에서도 역시 지성이 너무 성급하게 서두르지 않도록 주의해야 한다. 즉 그 사례가 아무리 탐구대상본성을 명백하게 보여준다고 할지라도 처음부터 턱 믿지 말고 하나 하나 의심하면서 엄밀한 배제의 과정을 주의 깊게 거쳐야 한다는 것이다.

예를 든다면 탐구대상본성이 열이라고 하자. 팽창운동의 명시사례는 검온계다(앞에서[2:20] 살펴본 것처럼 팽창운동은 열의 형상의 가장 중요한 요소이다). 화염은 팽창운동을 잘 보여주기는 하지만 순식간에 가라앉고 말기 때문에 팽창의 진행과정을 잘 보여주지는 않는다. 또한 뜨거운 물은 쉽게 증기로 변하거나 혹은 공기로 변하고 말기 때문에 물 그 자체의 팽창현상을 관찰할 수는 없다. 또한 연소하는 쇠는 팽창의 진행과정을 보여주기는커녕 오히려 (팽창을 억압하고 저지하는) 촘촘한 소분자와 성긴 소분자에 의해 그 정기가 억압을 받아 약화되기 때문에 팽창현상을 감각으로는 전혀 느낄 수 없다. 그러나 검온계[2:13(38)]는 공기의 팽창을, 그것도 현저하게 팽창의 진행과정을 지속적으로 [물이 증기로 변하는 것처럼 다른 것으로] 변하지 않은 채 아주 분명하게 보여준다.

또 다른 예를 든다면 탐구대상본성이 무게라고 하자. 무게의 명시사례는 수은이다. 수은은 황금을 제외한 다른 어떤 물체보다 무겁다. 황금도 수은보다 그렇게 많이 무겁지는 않다. [황금이 수은보다 무겁기는 하지만] 무게의 형상을 보여주기로는 수은이 황금보다 더 나은 사례이다. 왜냐하면 황금은 고체이며 견고한 물체이기 때문에 그 무게가 조직의 긴밀성과 관계가 있다는 생각이 들지만, 수은은 액체로서 정기로 가득 차 있지만 다이아몬드나 견고한 그 어떤 물체보다도 무겁기 때문이다. 이로써 무게의 형상은 어떤 물체의 질료의 양을 지배할 뿐 조직의 긴밀성 여부와는 관계가 없다는 것을 확실하게 알 수 있다.

25

네 번째 특권적 사례로 '은밀(隱密)사례'를 들 수 있다. 나는 이것을 '여명(黎明)사례'라고 부르기도 한다. 이것은 명시사례와 정반대되는 것이다. 이 사례는 탐구의 대상이 되고 있는 본성이 최저한도로, 말하자면 요람과 맹아의 상태로 잠깐 나타났다가 곧 반대의 본성 때문에 은폐되고 만다. 그러나 이런 종류의 사례는 형상의 발견을 위해서는 매우 유용하다. 왜냐하면 명시사례가 종차를 쉽게 보여주는 것과 마찬가지로, 은밀사례는 유적(類的) 본성을 쉽게 알 수 있도록 해주기 때문이다. 탐구대상본성은 이 유(類)의 공통 본성이 특수화한 것에 불과하다.

예를 들면 탐구대상본성이 고체성 혹은 자기한정성(自己限定性)이라고 하자(이와 반대되는 본성은 액체성 혹은 유동성이다). 이 경우의 은밀사례는 유동체이면서 약간의 고체성을 보이는 물체, 예컨대 수포 같은 것이다. 수포는 물의 실체로 만들어진 고체성의 박피(薄皮)이다. 처마에 매달린 빗방울도 마찬가지다. 그 빗방울에 물이 계속 이어지면 중간에 단절되지 않고 가는 실처럼 흘러내리지만, 이어지는 물이 충분하지 않은 경우에는 동그란 방울모양을 만드는데, 이는 연속성의 단절을 막기 위한 최상의 형태이다. 이어지는 물이 완전히 끊어지는 경우에는 드디어 물방울이 되어 떨어지는데, 떨어지면서도 단절되지 않으려고 물방울 위로 실 같은 꼬리가 생긴다.

금속의 경우에는 녹아서 액체가 되더라도 응집력이 커서 방울진 것이 아래로 떨어지는 것이 아니라 오히려 윗방향으로 뒷걸음을 치면서 매달려 있다[2 : 48(5)]. 아이들이 등심초(燈心草)의 관 끝에 침을 발라서 만드는 거울에서도 그와 비슷한 물의 박편(薄片)을 볼 수 있고, 비누방울 놀이에서도 같은 현상이 발견된다. 물에 비누를 풀면 물의 응집성이 좀더 강해지고, 이 비눗물을 대롱을 이용해 부풀리면 공기의 개입에 의해 수많은 비누방울이 생겨나는데 이 비누방울은 한참 동안 터지지 않고 먼 거리까지 날아간다. 가장 좋은 예는 물론 서리와 눈의 경우이다. 서리와 눈은 유동체인 공기와 물로 이루어진 것이지만 단단하기가 거의 칼로 자를 수 있을 정도이다.

이 모든 사례들은 놓고 보건대 우리는 다음과 같은 사실을 확실히 알 수 있다. 즉 유동성이라든가 고체성이라든가 하는 말은 그저 감각적으로 판단한 통속적인 개념일 뿐으로, 사실상 모든 물체는 연속성의 단절을 피하려는 움직임이 있는데, 이 움직임은 유동체와 같은 동질적인 물체에서는 미약하고, 이질적인 것들이 합성된 물체에서는 활발하고 강력하다는 것과, 이질적인 것의 침입은 물체를 접합시키지만 동질적인 것의 삼투는 물체를 분해하고 이완시킨다는 것이다.

또 하나의 예로 탐구대상본성이 물체의 견인 혹은 응집이라고 하자. 이 본성의 형상에 관한 가장 뚜렷한 명시사례는 자석이다. 견인에 반대되는 본성은 비견인, 그것도 유사한 실체들 사이의 비견인이다. 예를 들면 쇠는 쇠를 끌어당기지 않고, 납은 납을, 나무는 나무를, 물은 물을 끌어당기지 않는다. 그러나 (쇠로 된) 자석은 쇠붙이를 끌어당긴다. 그러므로 쇠붙이를 끌어당기는 자석, 아니, 쇠붙이를 끌어당긴 자석에 붙은 쇠붙이는 하나의 은밀사례가 된다.

쇠붙이와 자석의 거리가 먼 경우에는 쇠붙이가 달라붙어 있는 자석이든 쇠붙이가 달라붙어 있지 않은 자석이든 둘 다 끌어당기는 힘을 보여주지 않는다. 그러나 쇠붙이와 자석이 접촉할 만큼 그 거리가 아주 가까워지면 쇠붙이가 달라붙어 있는 자석 쪽이 쇠붙이가 달라붙어 있지 않은 자석보다 더 무거운 쇠붙이를 들어올리는 것은 볼 수 있다. 이것은 바로 유사한 실체, 즉 쇠와 쇠 사이에서 일어나는 견인 현상인데, 자석이 쇠붙이를 끌어당겨 자석에 달라붙도록 할 때까지는 쇠붙이 속에 은밀하게 숨어 있는 것이다. 그러므로 우리는 응집의 형상이 자석에서는 활동적으로 강력하게 나타나고, 쇠에서는 숨어 있어서 약하게 나타난다는 것을 확실하게 알 수 있다.

또한 (선박의 옆구리 등과 같은) 나무로 된 표적을 향해 멀리서 활을 쏘았을 때, 쇠로 된 활촉이 달려 있는 나무화살보다는 쇠촉이 없는 나무화살이 더 깊이 박힌다. 이것은 화살이나 표적이나 다 같이 나무라는, 다시 말해 실체의 유사성 때문에 생기는 현상이지만 [겉으로 잘 드러나지 않고] 나무 속에 숨어 있는 성질이다. 또한 공기 자체가 공기를 끌어당기거나 물 자체가 물을 끌어당기는 일은 없지만 거품의 경우에는 사정이 달라진다. 즉 거품과 거품이 접근하면 거품이 금방 물과 공기로 분해되고 마는데, 이것은 물은 물끼리 공기는 공기끼리 응집하려는 욕구 때문이다. 앞에서 말한 것처럼 탐구에 매우 중요한 역할을 하는 이러한 은밀사례는 주로 물체의 미세한 부분에서 관찰된다. 덩어리가 큰 물체들은 한층 보편적이고 일반적인 형상을 따르기 때문이다. 이 문제에 대해서는 나중에 자세히 살펴보기로 하자.

26

다섯 번째 특권적 사례로 '구성(構成)사례'를 들 수 있다. 나는 이것을 '집합사례'라고 부르기도 한다. 이것은 탐구대상본성에 대해 하나의 종(種)을 구성하는, 말하자면 그 본성의 하위의 형상을 구성하는 사례이다. 진정한 형상은 (이것은 탐구대상본성과 항상 치환될 수 있는 것인데) 깊이 숨어 있어서 쉽게 발견되지 않는다. 이처럼 상황은 어렵고 인간의 지성은 연약하기 때문에 특정한 일군(一群)의 사례(결코 모든 사례는 아니다)를 어떤 공통개념 아래 포괄하는 특수한 형상이 있다면 이를 간과하지 말고 주의 깊게 살펴볼 필요가 있다. 본성을 통일하는 것은 좀 불완전한 구석이 있더라도 형상으로 가는 발견의 길을 열어주기 때문이다. 그러므로 이런 일에 도움을 주는 사례는 그 힘이 결코 적은 것이 아니요, 오히려 어느 정도 특권적인 힘을 가지고 있다고 해야 할 것이다.

그러나 이 사례 중에서도 주의해야 할 점이 있다. 즉 인간의 지성이 지금 말한 특수한 형상을 많이 발견하고 이들을 참고해서 탐구대상본성을 분류했다고 해서 이들 형상을 발견한 것에 만족하여 여기에 안주한다면 이들보다 상위에 있는 형상을 발견하는 길은 영영 막히게 되고 만다. 또한 그 본성이 동일한 근본에서 다양하게 갈라져 나온 것이라고 생각하고 그 이상의 본성의 통일을 구하는 일을 불필요한 일로 여기게 되면 추상으로 치닫기가 쉽다. 이런 일이 생기지 않도록 해야 한다.

예를 들어 탐구대상본성이 기억 혹은 기억을 불러일으키는 데 도움을 주는 것이라고 하자. 이에 대한 구성사례는 [1] 순서 혹은 구분으로서 이것은 분명히 기억을 돕는다. 주제 혹은 인위적 기억의 공유장소도 또한 그러하다. 이 말은 본래 장소(locus)를 뜻하는 말로서, 대문·모퉁이·창 등과 같은 것도 좋고, 친하게 알고 지내는 사람이라도 좋고, 혹은 임의의 어떤 것(다만 일정한 순서에 의해 배열된 것이기만 하면), 예를 들면 동물이나 식물이라도 좋고, 말·문자·기호·역사상의 인물 등 무엇이든지 좋다. 이들 가운데 어떤 것은 다른 것보다 더 편리하다. 이 공유장소들은 확실히 기억을 도와주고, 나아가 자연적인 기억력 이상으로 기억할 수 있도록 만들어준다. 시가(詩歌)도 산문보다는 훨씬 쉽게 외워지고 기억된다.

그런데 이러한 세 가지 사례―순서와 인위적 기억의 공유장소와 시가―로부터 기억을 돕는 하나의 종(種)을 구성해볼 수 있는데 이 것은 무한성의 절단이라고 불러도 좋을 것이다. 왜냐하면 무언가를 상기하거나 기억해내거나 할 때, 그가 구하고자 하는 대상에 대한 예 지나 예감 같은 것이 전혀 없다면, 여기저기를 거의 무한정으로 헤매 고 다녀야 할 것이다. 그러나 정해진 예지를 가지고 있는 경우에는 무 한성이 절단되고 기억의 방황은 한층 좁은 범위에 한정된다. 앞에서 말한 세 가지 사례에서 그 예지는 명료하고 확실하다. 즉 제1의 사례 에서는 순서에 합치되는 어떤 것이 있음에 틀림없고, 제2의 사례에 서는 미리 정해둔 장소와 어떤 관계를 지니거나 혹은 그와 일치하는 심상(心像)이 있고, 제3의 사례에서는 시가에 적합한 말이 따로 있기 때문에 이러한 이유로 무한성이 절단되는 것이다.

[2] 그 밖에 기억을 도와주는 다른 사례들이 있는데 이것이 또 하 나의 종을 구성한다. 그것은 감각을 자극하는 어떤 것을 지성이 떠올 릴 수 있도록 만들어주는 것이다(이것은 인위적인 기억에서 자주 사 용되는 방법이다).

[3] 기억을 도와주는 또 다른 사례들이 있는데 이것 역시 또 하나 의 종을 구성한다. 강한 감정에 의해 깊은 인상을 주는 것, 예를 들면 두려움이나 놀라움이나 부끄러움이나 기쁨을 불러일으키는 것은 기 억을 돕는다.

[4] 기억을 도와주는 또 다른 사례들이 있는데 이것 역시 또 하나 의 종을 구성한다. 정신이 아주 맑고 아무런 잡념에 사로잡히지 않은 상태에서 받은 인상, 예를 들어 어릴 적에 배운 것이라든가 잠자기 전

에 생각한 것, 처음 겪은 일 같은 것은 오래 오래 기억된다.

[5] 기억을 도와주는 또 다른 사례들이 있는데 이것 역시 또 하나의 종을 구성한다. 부수적 사정이나 '손잡이'가 많은 것도 기억을 돕는데, 예를 들면 장절(章節)로 나누어서 글을 쓴다든가 큰 소리로 읽는다든가 암송한다든가 하는 경우가 그러하다.

[6] 마지막으로 기억을 도와주는 또 다른 사례들이 있는데 이것 역시 또 하나의 종을 구성한다. 우리가 기대한 것, 우리의 관심을 끈 것들이 잠시 지나가고 마는 것에 비해 훨씬 더 잘 기억된다. 그러므로 어떤 문장을 외우려고 할 경우에는 그 문장을 스무 번 통독하는 것보다는 열 번을 읽으면서 읽을 때마다 외우려고 시도해보고 못 외운 부분을 다시 보면서 읽는 것이 더 낫다.

지금까지 기억을 돕는 하위 형상 여섯 가지를 살펴보았는데 다시 한 번 간추리면 다음과 같다. 1) 무한성의 절단, 2) 지성적인 것을 감각적인 것과 연결시키는 것, 3) 강한 감정에 의해 깊은 인상을 주는 것, 4) 무념무상의 상태에서 인상을 주는 것, 5) 손잡이가 많은 것, 6) 미리 예상한 것 등이다.

또 다른 예를 하나 더 들어보자. 탐구대상본성이 맛 또는 미각이라고 가정하자. 이 본성에 대한 구성사례는 다음과 같다. 1) 태어날 때부터 후각이 없어서 냄새를 맡지 못하는 사람은 악취가 나는 음식이나 부패한 음식을 맛으로 구별하지 못하며, 마늘이나 장미향 등으로 조미된 음식도 미각으로 식별하지 못한다. 2) 그리고 비염이나 감기에 걸려서 코가 막힌 사람도 악취가 나는 음식이나 부패한 음식이나 장미향수를 뿌린 것 등을 맛으로 구별하지 못한다. 3) 그러나 이렇게 비염에 걸린 사람도 악취가 나는 음식이나 향기가 나는 음식을 입에 넣는 순간 세게 코를 풀면 코를 푸는 바로 그 순간에 악취나 향기를 지각하게 된다.

이러한 사례들은 맛의 한 종 혹은 일부분을 구성한다고 할 수 있다. 즉 미각은 그 일부분은 비강(鼻腔)의 상부에서 입과 입천장으로 이어지는 내부 후각이라는 것이다. 그런데 그와 반대로 짜고 달고 맵고 시고 떫고 쓴맛은 후각이 없는 사람이나 코가 막힌 사람들도 정상인과 똑같이 맛을 구별한다. 이로부터 우리는 미각이 내부 후각과 어떤 섬세한 촉각으로 합성된 감각이라는 것을 알 수 있다(촉각의 문제를 여기서 논의할 필요는 없다).

또 다른 예를 들어보자. 탐구대상본성이 실체의 혼합 없이 일어나는 성질의 전달이라고 하자. 빛의 사례는 전달의 한 종이고 열과 자석은 그와는 다른 또 하나의 종이다. 빛의 전달은 말하자면 순간적인 것으로서 처음의 빛이 제거되고 나면 [전달된 빛도] 곧 소멸하고 말지만, 열과 자석은 다른 물체에 이전 혹은 야기된 후에는 처음의 동인이 제거되어도 얼마 동안 계속 남아 있기 때문이다.

요컨대 구성사례의 특권은 엄청난 것이다. 이 사례는 본성들에 관한 정의(특히 특수한 정의)를 내리는 데도 큰 도움이 되고, 본성들을 분류하는 데도 큰 도움이 된다. 이 점에 관해서는 정곡을 찌르는 플라톤의 말이 있다. "한정하고 분할하는 일을 적절히 할 수 있는 사람은 신(神)으로 여겨도 좋다."[23]

27

여섯 번째 특권적 사례로 '상사(相似)사례'[24] 혹은 '균형(均衡)사

23) Plato, *Phaedrus*. 266. *GBWW*, Vol. 6. p. 134.

24) 'Instantias Conformes'는 일치사례, 상응사례, 유사사례 등으로도 번역될 수

례'를 들 수 있다. 나는 이것을 또한 '병행사례' 또는 '자연적 유사'라고 부르기도 한다. 이것은 사물의 유사와 결합을 (구성사례처럼) 하위의 형상에서가 아니라 구체적으로 단적으로 명시하는 사례이다. 그러므로 이 사례는 본성의 통일성을 보여주는, 이를테면 최초의, 최하위의 단계와 같은 것이다. 이 사례는 당장 어떤 공리를 세울 수 있도록 해주는 것은 아니고, 다만 물체들 사이에 존재하는 관계를 관찰하도록 지시할 뿐이다. 그러므로 이 사례는 형상의 발견에 별로 도움이 안 되는 것처럼 보일 수도 있겠지만 우주의 여러 부분의 구조를 드러내 보여주고, 우주의 각 부분에 대해 일종의 해부를 하고 있다는 점에서 매우 유용한 것이며, 따라서 때로는 우리를 인도하여 숭고하고 고상한 공리에 이르도록, 특히 단순한 본성이나 형상이 아니라 세계의 구성에 관한 공리에 이르도록 도와준다.

예를 들면 다음과 같은 사례들이 상사사례이다. 즉 거울과 눈[眼]이 그러하며, 마찬가지로 귀의 구조와 메아리가 들리는 장소가 그러하다. 그러한 상사로부터 (유사성의 관찰 그 자체가 여러 가지로 유용하지만 이와는 별도로) 다음과 같은 공리를 쉽게 추론할 수 있다. 즉 감각기관과 감각에의 반사를 낳는 물체는 유사한 본성을 지니고 있다는 것이다. 일단 지성이 이러한 공리를 형성하고 나면 한층 더 높고 고귀한 공리를 향해 나아갈 수 있게 된다. 즉 감각이 있는 생물체의 공감 또는 감각과, 감각이 없는 무생물체의 동감 또는 공감을 비교해보면, 전자에게는 동물정기가 그 물체에 깃들어 있는 반면, 후자에

있겠지만 생물학이나 생리학에서 종류가 다른 생물의 기관이 발생적으로 그 기원은 다르나 그 기능이나 작용이 서로 일치하는 것을 '상사'라고 부르고 있으므로 이 글에서도 '상사사례'로 번역하기로 한다.

게는 그것이 없다는 점말고는 다른 점이 전혀 없다. 그러므로 동물정기가 그 자신에 어울리는 기관 속에 깃들 수 있도록 작은 구멍이 생물체에게 있다면 동물에게는 무생물체가 가지고 있는 공감과 같은 수의 감각이 있을 것이다. 그리고 동물정기가 없는 무생물에게도 틀림없이 동물에게 있는 감각과 똑같은 수의 운동이 있을 것이다. 그러나 감각기관의 수가 적기 때문에 생물체의 감각보다는 무생물체의 운동쪽이 가지 수가 많을 것이 틀림없다.

그리고 이것의 명백한 예는 고통에서 찾아볼 수 있다. 동물에게는 많은 종류의 고통이 있는데 그 특징도 다양하지만(예를 들면 타는 듯한 고통, 혹한의 고통, 뚫리고 찔리는 고통, 압박의 고통, 잡아 끌리는 고통 등) 이들의 고통이 모두 운동인 한 무생물체에도 고통이 있다. 예를 들면 나무나 돌이 연소한다든가 서리에 언다든가 구멍이 난다든가 잘린다든가 휜다든가 눌려서 부서진다든가 하는 경우에 그 나무 또는 돌에도 (생물체의 고통에 해당하는 운동이) 있는 것은 확실하다. 다만 이런 무생물체들은 동물정기가 없기 때문에 그런 고통을 감각으로 느끼지 않을 뿐이다.

이상한 이야기로 들릴지도 모르겠지만 식물의 뿌리와 가지도 상사 사례에 해당한다. 식물성의 물체는 모두 자신의 여러 부분을 주위로, 즉 위로 아래로 뻗어나가고 넓혀나가기 때문이다. 또한 뿌리와 가지를 비교해보면 뿌리는 땅 속에 묻혀 있고 가지는 공기와 태양에 노출되어 있다는 점말고는 다를 게 하나도 없다. 싱싱하게 자라난 나뭇가지를 꺾어 부드러운 흙 속에 찔러두면 땅에 완전히 뿌리박지는 못할지라도 가지가 아니라 뿌리가 생겨난다. 반대로 흙을 위에 덮고 그 위에 돌이나 혹은 다른 딱딱한 물체를 얹어서 나무가 윗방향으로 가지를 뻗지 못하게 억압하면 가지가 공중에서 아래쪽으로 뻗어나가게 된다.

나무의 수지나 돌 속에 있는 보석도 대부분 상사사례에 속한다. 둘 다 액즙이 삼출(渗出) 및 여과된 것이기 때문이다. 수지는 수액이, 돌 속의 보석은 암액(巖液)이 삼출 및 여과된 것으로서, 둘 다 밝고 빛나는 이유는 교묘하고 정밀한 여과 때문이다. 동물의 털이 대체로 새의 깃털만큼 아름답거나 선명하지 않은 이유도 이 액즙의 여과와 관련이 있다. 즉 동물의 피부는 새의 깃대[羽幹]만큼 교묘한 여과작용을 하지 못하는 것이다.

또한 남성의 음낭과 여성의 자궁도 상사사례에 속한다. 육지동물의 암수 구별의 기초가 되는 이 구조상의 중대한 차이도 그 기관이 체외에 있는가 체내에 있는가 하는 차이일 뿐인 것 같다. 남성의 경우에는 열이 강하여 (이 열을 방출하기 위해) 생식기가 체외로 나왔고 여성은 열이 약해서 그럴 필요까지는 없어서 체내에 있는 것이다.

또한 물고기의 지느러미와 네발짐승의 발도 상사사례에 속하고 새의 발과 날개도 또한 그러하다. 아리스토텔레스는 여기에다가 뱀이 움직일 때 네 개의 주름을 이용한다는 사실을 덧붙이고 있다.[25] 따라서 우주의 구조에 대해 말하자면 동물의 운동은 사지(四肢) 혹은 네 개의 굴곡으로 이루어지는 것이 아닌가 한다.

또한 육지동물의 이빨과 새의 부리도 상사사례에 속한다. 이것으로 미루어 모든 완전한 동물들은 어떤 딱딱한 물질이 입 쪽으로 모인다는 사실을 확실히 알 수 있다.

또한 인간을 거꾸로 선 식물에 비유하여 상사관계로 보는 생각도 전혀 불합리한 것은 아니다. 사람의 경우에 맨 위에 있는 머리가 신경과 동물적 기능의 뿌리에 해당하고, 생식부는 (사지의 끝을 예외로

---

25) Aristotle, *On the Gait of Animals*. Chap. 7~8. *GBWW*, Vol. 8. pp. 245~247.

하고 볼 때) 맨 아래에 있다. 그러나 식물은 (사람의 머리에 해당하는) 뿌리가 보통 맨 아래에 있고 종자는 맨 위에 있다.

요컨대 자연지의 탐구와 수집에 관한 한 현재 인간이 기울이고 있는 노력은 완전히 바뀌어야 한다. 현재와는 반대 방향으로 나아가도록 유도하고 독려해야 한다. 지금까지 인간이 사물의 다양성을 관찰하면서 동물과 초목과 광물의 정확한 차이를 설명하려고 노력해 왔지만 학문의 발전에 실질적인 도움을 전혀 주지 못했기 때문이다. 그들이 한 일은 기껏해야 자연에 대한 희롱에 불과했다. 물론 이들의 탐구 결과가 때로는 사람들을 흡족하게 하고 때로는 실생활에 응용되는 경우도 있지만 자연의 내부를 철저히 탐구하는 데에는 거의 혹은 전혀 도움이 되지 않는다. 그러므로 우리는 사물의 부분에 대해서든 전체에 대해서든 상사와 유사를 탐구하고 관찰하는 일에 노력을 집중해야 한다. 이것이 바로 본성의 통일성을 이해하는 단서가 되는 것이요, 또한 학문의 기초를 놓는 일이기 때문이다.

그러나 여기에도 또한 반드시 주의해야 할 점이 있다. 앞에서 이미 말했지만 오직 자연적 유사를 보이는 사례만을 상사와 균형의 사례로 간주해야 한다는 점이다. 자연적 유사란 자연적으로 완성되어 있는 실재적이고 실체적인 유사를 말한다. 우연적이고 표피적인 유사는 제외되어야 하며, 자연적 마술을 다루는 책에 나오는 미신적이고 진기한 유사도 제외되어야 한다. 자연적 마술에 관한 이야기를 늘어놓는 저술가들은 허영과 미망(迷妄)에 가득 차 있고, 때로는 지어내기까지 하기 때문에 그들이 제시하는 유사와 공감은 전혀 쓸모가 없다. 우리가 하고자 하는 이야기의 중요성에 비추어 이런 한심하기 짝이 없는 일을 하는 사람들의 이름을 여기서 일일이 거론할 필요는 없을 것이다.

그건 그렇다고 하더라도 세계의 형태에 관해 무시해서는 안 될 상사사례가 있다. 즉 아프리카와 페루 지역(마젤란 해협에 이르기까지 뻗어 있는 대륙을 포함하는)을 비교해보면 두 지역에 공히 있는 지협(地峽)과 곶[岬]이 매우 유사한 모습을 하고 있는데 이는 결코 우연이라 할 수 없다.

또한 신대륙과 구대륙도 상사사례라고 할 수 있는데, 양쪽 다 북쪽으로 갈수록 넓어지고 남쪽으로 갈수록 좁고 뾰족해진다.

(이른바) 공기의 중간지역의 혹심한 추위와 땅 속 깊은 곳에서 맹렬하게 타오르고 있는 불도 한계와 극한을 보여주는 매우 귀중한 상사사례라고 할 수 있다. 즉 전자는 하늘 주변으로 향하는 냉의 본성을, 후자는 지구 중심으로 향하는 열의 본성을 극한의 형태로 보여주는데, 공기의 운동이나 불의 운동이나 둘 다 일종의 저항[2:12(24)], 즉 반대의 본성을 배제하는 운동이라는 점에서 동일하다.[26]

마지막으로 학문의 공리들에서 보이는 상사사례도 주목할 가치가 있다. 예를 들면 '허 찌르기'(surprise)라는 변론술상의 비유는 '종지(終止)의 회피'라는 음악상의 음형(音形)과 상사를 이루고 있고, 'A가 C와 같고 B가 C와 같다면 A와 B는 같다'는 수학 공리는 중명사(中名辭)가 일치하는 두 개의 명제를 결합하는 논리학의 삼단논법 구조와 상사를 이룬다. 요컨대 상사와 자연적 유사를 탐구하고 추적하는 영리(怜悧)함은 실로 많은 경우에 유용하다.

28

일곱 번째 특권적 사례로 '단독사례'를 들 수 있다. 나는 이것을

---

26) Aristotle, *Physics*. VIII, 10. *GBWW*, Vol. 7. pp. 353~355.

(문법학자의 용어를 빌려) '불규칙사례' 또는 '파격적 사례'라고 부르기도 한다. 이것은 외톨이 본성, 즉 그 본성이 하도 기발하여 동일 유(類)에 속한 다른 사물과 거의 공통점이 없는 물체를 구체적으로 보여주는 사례다. 상사사례는 둘이 서로 닮은 것인 반면에 단독사례는 자기 자신을 닮았을 뿐이다. 이러한 단독사례의 용도는 은밀사례의 용도와 같다. 즉 유적 본성 혹은 공통의 본성을 발견하기 위해 본성을 분명히 하고 통일한 후 다음으로 그 유적 본성 혹은 공통의 본성을 진정한 종차에 의해 특수화하는 일에 도움이 된다.

이른바 자연의 기적으로 여겨질 수도 있는 사물의 어떤 성질이나 특징들도 결국은 어떤 형상이나 어떤 법칙으로 환원되거나 어떤 법칙 안에 포함될 수 있는 것이므로 불규칙성이나 단독성 역시 알고 보면 그들이 의존하고 있는 공통의 형상이 있는 법이다. 사람들이 기적이라고 하는 것도 종 그 자체가 기적적인 현상을 보이는 것이 아니라 확실한 구별이 가능한 차이와 정도를 가지고 있으며 드물게 나타나는 우연한 일치에서 생기는 것이다. 이러한 사실들을 알아낼 때까지 탐구를 계속해야 함에도 불구하고 지금 사람들은 그런 일을 보면, 혹은 자연의 비밀이라고 혹은 자연의 위업이라고 혹은 원인 없이 일어나는 일이라면서 그저 일반적 규칙의 예외로 취급하는 데 그치고 만다.

단독사례의 실례로서는 천체들 중에서 해와 달, 광물 중에서 자석, 금속 중에서 수은, 네발짐승 중에서 코끼리, 촉감 중에서 성감(性感), 후각 중에서 사냥개의 후각 등을 들 수 있다. 문법학자들 사이에서는 S라는 문자도 단독사례로 간주되고 있다. 이 문자는 자음과 쉽게 결합해서 때로는 두 개의 자음과 때로는 세 개의 자음과 결합하는데, 이런 현상을 다른 문자에서는 찾아볼 수 없기 때문이다. 이러한 종류의 사례는 탐구를 예민하게 하고 활발하게 하며, 지성이 습관이나 통념에 사로잡혀 타락하는 일이 없도록 항상 일깨워주기 때문에 엄청난 가치를 지니고 있다고 할 수 있다.

29

여덟 번째 특권적 사례로 '일탈(逸脫)사례'를 들 수 있다. 자연의 실수나 진기하고 괴이한 것들이 여기에 속하는데, 이들 사례는 하나같이 상도(常道)에서 벗어난 자연의 모습들이다. 자연의 실수는 개체의 기적이라는 점에서 종의 기적을 의미하는 단독사례와는 다르다. 그러나 둘 다 지성이 습관에서 벗어날 수 있도록 해주고 공통의 형상을 보여준다. 이 사례에서도 이러한 종류의 일탈의 원인을 발견할 때까지는 탐구를 단념하는 일이 있어서는 안 된다. 그러나 그 원인은 형상 그 자체에까지 영향을 미치는 것은 아니고, 다만 형상에 이르는 잠재적 과정에만 영향을 미치는 것이다. 왜냐하면 자연의 바른 길을 알고 있는 사람은 자연의 일탈을 손쉽게 알아볼 수 있거니와, 자연의 일탈을 잘 알고 있는 사람 역시 자연의 바른 길을 정확히 기술할 수 있기 때문이다.

이 사례는 실생활에의 응용과 작업적 부문에 직접적인 도움이 된다는 점에서 단독사례와 다르다. 새로운 종을 만들어내는 것은 정말 어려운 일이지만, 이미 알고 있는 종을 변화시켜 희한하고 이상한 것을 만들어내는 것은 그 정도로 어려운 일은 아니기 때문이다. 자연의 기적에서 기술의 기적으로 이동하기는 쉽다. 일단 자연이 일탈한 지점이 어디인지, 또 그 이유가 무엇인지 밝혀지고 나면 기술로써 자연을 그 지점에까지 되돌리기는 쉬운 일이기 때문이다. 또한 한 방면의 실수[에 대한 이해]는 다른 모든 방면의 실수와 일탈에 대한 이해의 길을 열어주기 때문에 일단 한 지점으로 되돌리는 일에 성공하고 나면 그와 같이 되돌릴 수 있는 지점이 여러 개 발견된다.

이러한 일탈사례는 워낙 많기 때문에 일일이 말할 필요는 없을 것이다. 예를 들면 자연의 모든 기형괴상(奇形怪狀), 즉 자연의 신기한 것, 희한한 것, 이상한 것 등을 모두 수집하여 따로 하나의 자연지를 만들어야 한다. 그러나 허황한 이야기가 되지 않도록 사례 선택에 각별한 주의를 기울여야 한다. (미신적) 종교와 관계된 것(예컨대 리비우스[1 :97]가 써놓은 괴상한 이야기들)은 일단 의심해볼 필요가 있고, 자연적 마술 책이나 연금술 책에 나오는 이야기들도 함부로 믿어서는 안 된다(이런 책을 쓴 사람들은 말하자면 우화를 좋아하고 숭배하는 사람들이다). 우리의 사례는 믿을 만한 역사[자연지]와 확실한 보고에 기초를 둔 것이어야 한다.

30

아홉 번째 특권적 사례로 '경계(境界)사례'를 들 수 있다. 나는 이것을 '분사'(分詞)[27]라고 부르기도 한다. 이것은, 두 개의 종이 합성된 것 혹은 두 종의 사이에 있는 맹아로 생각되는 종류의 사물을 보여주는 사례를 말한다. 이 사례는 아주 드물고 특이하기 때문에 단독사례 혹은 파격적 사례 속에 넣어도 무방하지만 워낙 가치가 큰 사례이기 때문에 따로 취급하는 것이 좋다. 이 사례들은 사물의 체계와 구조를 아주 잘 보여주고 우주만물의 종수(種數)와 성질의 원인을 시사하며, 현생종(現生種)에는 어떤 것들이 있는지, 또 장래 어떤 종이 생

---

27) 라틴어 원문에는 'Participium'으로 되어 있는데, 브리태니커 역본에는 'partici- pant'로, 스페딩(Spedding) 역본에는 'participle'로 영역되어 있다. 이 글에서는 후자의 번역을 따라 '분사'로 번역했다. 분사는 문법적으로 동사적 성격과 형용사적 성격을 함께 가지고 있다.

겨날 수 있는지를 알려준다.

이 사례의 실례로는 부패물과 식물의 중간에 있는 이끼, 별과 유성의 중간에 있는 일부 혜성들, 새와 물고기의 중간에 있는 나는 물고기, 새와 네발짐승의 중간에 있는 박쥐 등이다. 또한 "가장 추한 짐승이면서 우리 인간과 닮은 원숭이"[28]도 이 사례에 속한다. 동물의 기형아, 서로 다른 종 사이에서 생겨난 잡종 등도 여기에 속한다.

31

열 번째 특권적 사례로 '힘의 사례' 혹은 '표장(標章)사례'를 들 수 있다(이 말은 [로마] 제국의 표장[29]이 주는 이미지에서 따왔다). 나는 이것을 '인간의 지혜' 또는 '인간의 솜씨'라고 부르기도 한다. 이 것은 인간의 모든 기술이 총동원된 가장 고귀하고 완전한 작품, 말하자면 최고의 걸작이다. 우리의 목표 자체가 자연을 인간의 지위와 필요에 봉사하도록 하는 것이므로 이미 인간의 힘으로 만들 수 있게 된 작품, 그 가운데서도 가장 세련되고 완전한 작품을 (기왕에 점령하고 정복한 지방처럼) 기록하고 열거해두는 것도 의미 있는 일이다. 이 들 작품들을 잘 살펴본다면 지금까지 발견된 적이 없는 새로운 작품에 이르는 길도 한결 평탄해지고 가까워질 것이다. 다시 말해 이 작품들을 놓고 [그 원리나 설계나 제작방법 등에 대해] 심사숙고하는 사람은 그 작품보다 한 걸음 더 진전된 것을 만들어낼 수도 있고, 그 작품과 용도가 유사한 다른 작품을 만들어낼 수도 있고, 그 작품을 더욱

---

28) Cicero, *De Natura Deorum*. 1, 35.
29) 고대 로마에서 집정관 같은 고위관리들은 권위를 나타내기 위해 막대기 다발 속에 도끼를 끼운 표장을 사용했다.

고귀하게 사용할 수 있는 방법을 찾아낼 수도 있다.

그뿐만이 아니다. 인간의 지성은 자연의 기형괴상을 보면 자극을 받아 이 사례들을 설명할 수 있는 형상을 알아보려고 하게 마련인데, 기술이 우수하고 경이로운 작품을 볼 때도 같은 종류의 자극을 받는다. 아니, 후자의 경우가 더욱 큰 자극을 받는다고 할 수 있다. 자연의 기적은 보통 그 원인이 불분명한 반면에 기술의 기적은 그러한 기적을 일으키는 방법이 아주 분명하기 때문이다. 한편 기술의 작품을 보면서 자극을 받는 것은 좋지만 여기에도 반드시 주의할 점이 있는데, 혹시라도 지성이 놀란 나머지 오히려 위축되어 이른바 '복지부동'하는 일이 생기지 않도록 해야 한다는 것이다.

왜냐하면 인간의 노력의 정점과 절정을 보여준다고 해도 좋을 이런 작품들을 보고 나면 인간의 지성은 완전히 놀라서 그에 속박되거나 매료되고 말거나 혹은 익숙해져서 이런 종류의 작품은 만드는 방법이 그 한 가지밖에 없는 줄로 알게 되고, 그것을 만들 때는 그저 공이나 좀더 들이고 준비나 더 세심하게 하면 되는 줄로 생각하게 될 위험이 있기 때문이다.

인간의 지혜와 힘이 만들어낸 것 중에 놀라운 작품들이 없지는 않지만 이것 하나만은 확실하다. 즉 어떤 문제와 일을 해결하기 위해 지금까지 발견되고 기록된 수단과 방법들은 대부분이 하찮은 것이며, 인간이 자연에 대한 지배력을 제대로 행사할 수 있는가 하는 것은 아직까지 발견하지 못한 형상의 발견 여부에 달려 있고, 그런 형상에 대해서는 형상의 원천들에 대한 탐구에서부터 시작해야 한다는 것이다.

그러므로 (앞에서[1 : 109] 말한 것처럼) 옛사람이 사용한 발석차나 당차 같은 공성무기에 대해 이런 저런 연구를 하면서 모든 생애를 바치는 사람이 있다고 해도, 그 사람은 화약을 쓰는 대포를 발명해내기는 어려울 것이며, 양모제품이나 식물섬유만 들여다보고 있는 사람은 결코 누에나 비단의 본성을 발견해내지는 못할 것이다.

그러한 사정 때문에 가장 위대한 발명들은 (잘 살펴보면) 기술의 점진적인 세련이나 확대에 의한 것이 아니라 전적으로 우연히 빛을 보게 된 것이다. 우연이 우연히 일어나도록 기다리자면 부지하세월(不知何歲月)일 터, 이 우연을 모방하거나 예측하는 것, 그것이 바로 형상의 발견이 아니겠는가!

이런 종류의 사례에 속하는 예는 대단히 많기 때문에 일일이 거론할 필요는 없을 것이다. 다만 앞으로 해야 할 일에 관해서만 간단하게 언급하자면, 모든 기계적 기술과 나아가 (실용성이 있다고 생각되면) 교양학[1:85]도 하나 하나 주도면밀하게 검토해 각 분야에서 가장 위대하고, 가장 걸출하고, 가장 완성도가 높은 작품만 선별 수집하여 별도의 자연지를 만들고 거기에 이들의 제작방법과 작동방법을 잘 기록해두어야 할 것이다.

이처럼 선별 수집해야 하는 것은 분명하지만 너무 걸작이나 비법에 집착한다든가 혹은 경이로운 것에만 집착할 필요는 없다. 경이로움이라는 것은 보통 희소성에서 생기는 것으로서 알고 보면 흔한 본성들이 혼합되어 있을 뿐인데, 오로지 희소하다는 이유 때문에 경이로움을 불러일으키는 것도 왕왕 있기 때문이다.

이와는 달리 동일류(同一類)에 속한 다른 종과 비교해보면 그 종차가 참으로 경이로운 것인데도 우리에게 너무 친숙한 나머지 대수롭지 않게 여기고 지나치기 쉬운 것들도 있다. 이런 것들은 전부 [인간의] 기술의 단독사례에 빠짐없이 기록해야 한다. 기술의 단독사례도 중요하기로 말하자면 자연의 단독사례에 못지않은 것이기 때문이다. 앞에서[2:28] 자연의 단독사례로 해와 달과 자석 등등을 언급한 바 있는데, 이 모든 사례들은 우리에게 아주 친숙한 것들이지만 그 본성은 하나같이 독보적인 것이다. 기술의 단독사례도 마찬가지다.

예를 들어보자. 우리가 흔히 보고 있는 종이는 기술의 단독사례에 속한다. 잘 살펴보면 인공의 재료는 실크나 양모나 아마포처럼 하나같이 씨줄과 날줄로 짜여졌거나, 혹은 벽돌이나 도기(陶器)·유리·에나멜·자기(磁器)처럼 응액(凝液)을 굳혀서 만든 것들이다. 응고법으로 만드는 물건들은 제대로 만들면 윤이 반들반들 나기는 하지만, 일단 굳고 나면 딱딱해져서 거의 모양을 바꿀 수 없다. 그러나 종이는 자를 수도 있고 찢을 수도 있다. 또 유리처럼 딱딱하지도 않고 천처럼 날줄과 씨줄로 되어 있는 것도 아니고 한 올 한 올의 실이 모여서 된 것도 아니고 자연산 재료와 똑같은 섬유 조직으로 되어 있다. 이처럼 종이는 동물의 피부나 막(膜), 식물의 잎 같은 자연의 산물과 거의 구별이 불가능할 정도이다. 사람이 만들어낸 인공의 재료 가운데 종이와 비슷한 성질을 가진 것은 찾아보기 어렵기 때문에 종이야말로 아주 좋은 단독사례가 될 수 있다. 인공의 산물 가운데 자연을 아주 가깝게 모방한 것과, 반대로 자연을 강력하게 지배하거나 변화시킬 수 있는 것은 특히 우리가 주목할 만한 것들이다.

다음으로 인간의 재치와 인간의 솜씨에 속하는 사례 가운데 기술(奇術)이나 요술도 가볍게 볼 수는 없다. 이들은 그저 흥미로운 것일 뿐 실생활에는 별로 쓰임새가 없지만, 그래도 이로부터 배울 점은 많다.

마지막으로 미신과 마술(보통의 의미로)에 속하는 것들도 완전히 무시해서는 안 된다. 물론 여기에는 온갖 거짓말들이 잡다하게 섞여 있긴 하지만, 그래도 한번쯤은 살펴볼 필요가 있다. 예를 들면 미신과 마술에 나오는 매혹이나 기상천외한 상상이나 서로 멀리 떨어져 있는 사물들 사이의 교감이나 영혼에서 영혼으로 혹은 신체에서 신체로 인상이 전달되는 것 등, 언뜻 보아 황당해 보이는 이야기 중에는 실제로 그런 작용이 자연에 잠재해 있는 것이 있을지도 모르기 때문이다.

32

앞에서 다 말한 것이지만 지금까지 말한 다섯 가지 사례(즉 상사사례, 단독사례, 일탈사례, 경계사례, 힘의 사례)는 (그에 앞서 제시한 다른 사례들이나 다음에 제시할 대부분의 사례들처럼) 어떤 특정의 본성이 탐구될 때까지 보류할 것이 아니라 탐구를 개시하면서 바로 수집해야 하며 각각 별도의 자연지를 만들어야 한다. 이들 사례는 지성을 자극해 지성의 불량한 성질을 바로잡아주기 때문이다. 이러한 교정이 없으면 지성은 매일의 습관적 인상에 오염되어 타락하고 전도(顚倒)되고 왜곡되고 만다.

따라서 이들 사례는 지성을 교정하고 정화하기 위한 일종의 준비 작업이라고 할 수 있겠는데, 지성을 나쁜 습관으로부터 격리시키는 것은 무엇이든지 지성의 표면을 평평하게 골라 마른 빛 같은, 순수한 빛 같은 진정한 개념을 받아들일 수 있도록 해주는 것이다.

또한 이러한 종류의 사례는 작업적 부문을 위한 길을 마련해주기도 하는데, 이 문제는 '실천적 응용'[2:21]을 논의하는 곳에서 다루기로 하자.

33

열한 번째 특권적 사례로 '동반(同伴)사례'와 '적대(敵對)사례'를 들 수 있다. 나는 이것을 확정명제(確定命題)의 사례라고 부르기도 한다. 이것은 탐구대상본성이 있는 곳에는 어디든지 그림자처럼 따라다니거나, 그와 반대로 탐구대상본성을 적대자로 여겨 항상 회피하고 배척하는 물체 또는 구체적 사물을 말한다. 우리는 이들 사례로부터 확실한 전칭명제(全稱命題)—긍정적 혹은 부정적—를 얻을 수 있다. 이 전칭명제의 주어는 지금 말한 구체적 사물이고 술어는 탐구대상본성이다. 특칭명제(特稱命題)는 결코 확정된 것이라고 할 수 없는데, 탐구대상본성이 추가 및 획득되거나 소멸 및 제거되는 등 유동하고 이동하기 때문이다. 그러므로 특칭명제는 앞에서 말한 이동사례[2:23]의 경우를 제외하면 이렇다 할 특권을 지니지 못한다. 그럼에도 불구하고 이러한 특칭명제도 전칭명제와 비교·대조되었을 때는 매우 큰 가치가 있는데 이 문제는 나중에 적당한 곳에서[2:34] 다시 살펴보기로 하자. 또한 전칭명제의 경우에도 대뜸 절대적인 긍정이나 절대적인 부정을 요구할 생각은 없다. 한둘의 예외가 있더라도 지금 단계의 탐구에서는 충분히 전칭명제의 구실을 할 수 있다.

동반사례의 용도는 (이동사례와 마찬가지로) 형상의 긍정적 사례 범위를 좁혀주는 것이다. 사물의 형상이 반드시 이동작용에 의해 도입 또는 파괴된다는 사실을 알려줌으로써 형상의 긍정적 사례의 범위를 좁혀주는 것이 이동사례의 역할이라면, 동반사례는 사물의 형상이 반드시 그러한 구체적 물체에 한 요소로 들어간다는 사실 혹은 거부된다는 사실을 알려줌으로써 형상의 긍정적 사례의 범위를 좁혀준다. 따라서 이러한 물체의 구성이나 구조를 잘 알고 있는 사람은 탐구대상본성을 알게 될 날이 그다지 멀지 않다고 할 수 있다.

예를 들어 탐구대상본성이 열이라고 하자. 동반사례는 화염이다. 물·공기·돌·금속 등 대부분의 물체에서 열은 이동하기 쉽고, 들어가기도 하고 나오기도 한다. 그러나 화염은 항상 뜨거운데, 반드시 열을 동반하기 때문이다. 한편 우리 주변에서 열의 적대사례는 발견할 수 없다. 우리 감각으로 지구 중심부를 직접 느낄 수는 없지만 우리가 알고 있는 물체 가운데는 열을 받아들이지 않는 물체는 전혀 존재하지 않기 때문이다.

다음으로 탐구대상본성이 고체성이라고 하자. 공기는 하나의 적대 사례이다. 금속은 액체상태일 수도 있고 고체일 수도 있다. 유리도 그렇고 물도 얼면 고체상태가 된다. 그러나 공기는 어떤 경우에도 유동성을 잃어버리고 고체상태가 되는 일은 없다.

마지막으로 이러한 확정명제의 사례와 관련해서 주의해야 할 매우 중요한 사항 두 가지만 지적해두기로 한다. 첫째로 긍정적 전칭명제나 혹은 부정적 전칭명제가 확실하게 존재하지 않을 경우에는 그 존재하지 않는다는 사실 자체를 분명하게 기록해두어야 한다. 이 글에서 열의 본성을 조사하면서 우리가 내린 결론이 하나의 본보기가 될 수 있겠다. 이 경우에는 우리가 인식할 수 있는 존재에 관한 한 전칭부정명제가 성립하지 않는다. 예를 들어 탐구대상본성이 영원성 혹은 불멸성이라고 한다면 우리 주변에는 전칭긍정명제가 성립하는 사물이 존재하지 않는다. 하늘 아래 있는 사물 중에는 혹은 땅 위에 있는 사물 중에는 이러한 성질을 술어로 삼을 수 있는 존재가 없기 때문이다.

둘째로 어떤 구체적인 사물에 관련된 전칭명제(긍정명제든 부정명제든)에는 비존재적 실체에 가장 가깝다고 생각되는 구체적 사물을 추가해야 한다는 것이다[2 : 34]. 예를 들면 열의 경우에는 가장 미약하고 연소력이 적은 화염이 될 것이고, 불멸성의 경우에는 불멸에 가장 가까운 황금이 될 것이다. 이들은 존재와 비존재 사이의 한계를 보여줌으로써 형상의 범위를 한정해주고 질료의 조건을 넘어 방황하는 일이 없도록 해준다.

34

열두 번째 특권적 사례로 바로 앞에서 말한 '추가사례'를 들 수 있다. 이것을 나는 '극한(極限)사례' 또는 '한계사례'라고 부르기도 한다. 이 사례는 그 자체만으로도 큰 도움이 되지만, 특히 확정명제와 비교 및 대조되었을 때 진가를 발휘한다. 이 사례는 본성의 진정한 구분과 사물의 척도, 본성의 작용의 한도, 하나의 본성이 다른 물체로 이동하는 것 등을 정확히 보여주는데 예를 들면 무게에서 황금, 경도(硬度)에서 쇠, 동물의 크기에서 고래, 후각에서 개, 급속한 팽창에서 화약의 발화 등등이 이에 해당한다. 최고 최대의 극한뿐만 아니라 최저 최소의 극한을 보여주는 사례도 역시 여기에 속하는데 이를테면 무게에서 주정, 유연성(柔軟性)에서 시금석, 동물의 크기에서 피부의 기생충 등을 들 수 있다.

35

열세 번째 특권적 사례로 '동맹(同盟)사례' 혹은 '합일(合一)사례'를 들 수 있다. 이것은 기존의 분류체계에서 이질적인 것으로 간주되어온, 따라서 그렇게 구분 및 기록되어 있는 본성을 혼합하고 합일하는 사례를 말한다.

동맹사례는 이들 이질적인 본성 가운데 어느 하나에만 고유하게 존재한다고 생각해온 작용이나 효과가 다른 이질적 본성에도 있다는 것을 분명하게 보여준다. 이러한 동맹사례가 발견되면 기존의 분류체계에서 이질적인 것으로 구분한 것이 사실은 공통의 본성이 특수화한 것에 불과하다는 것이 밝혀지게 된다. 그러므로 이 사례는 종차에 사로잡혀 있는 인간의 지성을 유적(類的) 본성에 도달할 수 있도록 도와주며, 구체적인 사물의 겉보기가 일으켰던 환상과 상상을 제거하는 데 매우 유용하다.

예를 들어 탐구대상본성이 열이라고 하자. 열에는 세 종류가, 즉 천체의 열과 동물의 열과 불의 열이 있다는 것은 현재 널리 받아들여지고 있는 구분이다. 이 가운데 천체의 열과 동물의 열은 [사물을] 생산하고 육성하지만 불의 열은 그와 반대로 오히려 소멸시키고 파괴하기 때문에 불의 열과 천체 및 동물의 열은 분명히 이질적인 것이며 그들 사이에는 확연한 종차가 존재하는 것으로 보인다.[30] 이 경우 다음과 같은 손쉬운 실험이 동맹사례가 될 수 있다. 즉 포도나무 한 가지를 계속 불을 때는 집 안으로 끌어들여 놓으면 포도열매가 다른 것보다 한 달쯤 빨리 익는다. 나무에 달려 있는 과일이 익는 것은 오직 태양만이 할 수 있는 일로 여겨왔지만 이 실험은 불의 열을 가지고도 과수를 생육할 수 있다는 것을 보여준다. 이러한 사례를 발견하게 되면 인간의 지성은 세 종류의 열이 본질적으로 다른 것이라고 생각해온 종래의 관념을 미련 없이 버리고 태양의 열과 불의 열이 도대체 어떻게 다르기에 (물론 그 본성에 공통된 것도 많지만) 둘의 작용이 저렇게 다를까 하는 문제를 다시 원점에서부터 탐구하게 되는 것이다.

둘의 차이는 다음 네 가지로 나누어볼 수 있다.

1) 태양열은 불의 열에 비해 온화하고 유연하다.

2) 태양열은 (아마도 공기층을 통과해 우리가 있는 곳에 도달하기 때문에) 성질상 아주 많은 습기를 머금고 있다.

3) (이것이 아주 중요한 점인데) 태양열은 극히 불균등해서 가까이 다가와서 커지는 것도 있고 뒤로 물러나 작아지는 것도 있다. 바로 이러한 접근과 후퇴가 사물의 생성에 가장 큰 공헌을 하는 것이다. 이것

---

30) Aristotle, *On the Generation of Animals*. II, 3. *GBWW*, Vol. 8. pp. 276~278.

은 일찍이 아리스토텔레스가 밝힌 것과 같다. 그는 이 지구상에서 일어나는 만물의 생성과 소멸의 주요 원인을 태양이 황도대(黃道帶)를 경사지게 운행한다는 사실과 그로 말미암아 태양열이 불균등하게 된다는 사실에서 찾았다[31] (물론 밤낮의 교체와 계절의 계기적 순환 때문이기도 하지만). 아리스토텔레스의 이러한 주장 자체는 정확한 것이지만 그는 자신이 발견한 것을 즉각 왜곡시키고 말았다. 그는 과연 자연의 독재자답게 [자신이 자연에 따른 것이 아니라] 자연을 자신의 습관에 따르도록 만들어 생성의 원인을 태양의 접근에서 찾고 소멸의 원인을 태양의 후퇴에서 찾았다. 그러나 사실은 태양의 접근과 후퇴라는 두 가지 현상은 제각기 작용하는 별개의 현상이 아니라 함께, 이른바 무차별적으로 작용하여 사물의 생성과 소멸을 낳는다. 즉 접근과 후퇴를 반복하는 열의 균차(均差)는 사물의 생성과 소멸을 돕고, 열의 균등은 사물의 보존을 돕는다.

4) 태양열과 불의 열의 네 번째 중요한 차이는 태양은 긴 시간에 걸쳐 작용하는 데 비해 불의 작용은 (성급한 인간의 재촉을 받아) 아주 짧은 시간 안에 끝장을 내고 만다. 그러므로 누군가 불의 열을 약화시켜 온화하고 유연하게 만들 수 있다면(이것은 여러 가지 방법으로 손쉽게 할 수 있다), 그리고 습기를 조금 섞어넣을 수 있다면, 그리고 마지막으로 느긋하게 (태양의 작용에 비할 바는 아니더라도, 사람들이 보통 불의 작용에 기대하는 것보다는 훨씬 더 오랫동안) 참고 기다릴 수 있다면, 이런 사람은 열의 이질성이라는 해묵은 관념을 어렵지 않

---

31) Aristotle, *Meteorology*. I, 14(351a ff). *GBWW*, Vol. 7. pp. 457~459 ; Aristotle, *On Generation and Corruption*. II, 10 (336a ff). *GBWW*, Vol. 7. pp. 437~439.

게 추방하고, 열을 사용하여 태양의 작용을 시험한다든가, 그와 경쟁한다든가, 어떤 경우에는 태양열을 능가하는 일까지 해낼 수 있을 것이다.

이와 비슷한 동맹사례로는 추위에 얼어붙어 거의 빈사 상태에 빠진 나비가 아주 약한 불을 쬐기만 해도 살아나는 현상을 들 수 있다. 이로 미루어 불에는 식물을 생육하는 힘도 있고 동물에 생기를 불어넣는 힘도 있다는 것을 어렵지 않게 알 수 있다. 프라카스토로[32]의 유명한 발명품인 열투구(빈사상태에 빠진 중풍 환자의 머리에 씌워 머리를 뜨겁게 만드는 쇠로 만든 의료기구)의 원리도 이와 다르지 않다. 즉 뇌수의 체액과 장애 때문에 압박을 받아 거의 생명이 꺼져가는 환자에게 이 열투구를 씌우면 동물정기가 다시 팽창하는데, 이것은 불이 물이나 공기에 작용하는 것처럼 동물정기를 자극해서 운동하도록 만들어 그 결과 생기가 돌도록 하는 것이다. 알도 불의 열로 부화시킬 수 있거니와, 불의 열은 그만큼 동물의 열과 비슷한 것이다. 이런 종류의 예는 그 밖에도 매우 많은데 불의 열이 여러 가지 물체들을 천체의 열이나 동물의 열과 아주 비슷하게 변화시킬 수 있다는 것은 의심의 여지가 없다.

마찬가지로 탐구대상본성이 운동과 정지라고 하자. 자연적 물체의 운동을 원운동과 직선운동과 정지상태로 구분하는 것은 확고한 철학

---

32) Girolamo Fracastoro(1478?~1553) : 라틴명 Hieronymus Fracastorius. 베네치아 출신 의사, 천문학자, 지질학자. 파도바 대학에서 코페르니쿠스와 교우했으며, 매독에 대한 연구(*Syphilis sive morbus Gallicus*, 1530)로 유명하다. 그외 접촉성 전염병에 대한 연구(*De contagione et contagiosis morbis*, 1546)가 있다. 그는 질병이 미생물(병원균)에 의해 발생한다고 주장했는데, 이로부터 3백 년 후에 파스퇴르(Louis Pasteur)와 코흐(Robert Koch)가 이를 실험적으로 확인했다.

적 근거를 가진 것으로 생각되고 있다. 이것은 어떤 운동이든지 극한이 없는 운동이거나 일정한 한계 안에서 지속되는 운동이거나 일정한 한계에 이를 때까지 이동하는 운동 가운데 하나일 수밖에 없다는 생각에서 나온 추론이다. 저 영구한 원운동은 천체에 고유한 것이고, 정지상태는 지구에 속한 것이라고 생각해왔고 기타 물체는 (그 자연적인 위치로부터 벗어났을 경우에는 물체의 경중에 따라) 유사한 것과 한 패가 되거나 결집하는 쪽으로, 즉 가벼운 물체는 하늘의 주변을 향해 위로, 무거운 물체는 지구를 향해 밑으로 운동하는 것이라고 생각해왔다. 이것은 참으로 멋진 설명이다.

그러나 동맹사례로서 낮게 나는 혜성이 있는데, 이 혜성은 하늘의 아래, 그것도 한참 아래에서 원운동을 한다. 또한 아리스토텔레스는 혜성이 어떤 별과 연관되어 있거나 혹은 반드시 어떤 별을 따르는 것이라고 주장했는데, 이 가상(假想)은 이미 깨진 지 오래다. 그런 일 자체가 있을 법하지도 않거니와, 혜성이 하늘의 여기 저기를 불규칙하게 움직인다는 것은 우리 모두가 이미 경험적으로 알고 있기 때문이다.

이 문제에 관한 또 하나의 동맹사례는 공기의 운동이다. 열대지방(회전을 그리는 원이 가장 큰)에서는 공기 자체가 동에서 서로 회전하는 것으로 보인다.

밀물과 썰물도 어쩌면 또 하나의 동맹사례가 될 수 있을지 모른다. 바닷물이 들고나고 하는 것이 워낙 느리기 때문에 식별하기 어렵긴 하지만 동에서 서로 원운동을 한다는 것이 확인되면 충분히 그럴 수 있다(물론 하루에 두 번씩 반대운동이 있지만). 만일 그렇다면 회전운동은 천체에만 한정된 것이 아니라 공기나 물도 하는 것이라고 할 수 있다.

또한 가벼운 것의 특징, 즉 위로 움직인다는 특징도 그다지 확실한 것은 아니다. 이 문제에 대해서는 수포가 하나의 동맹사례가 될 수 있을 것이다. 물 아래에 있는 공기는 금방 물 위로 떠오르지만, 이것은 공기 자체의 힘에 의한 운동이 아니라 공기 위에 있는 물이 아래로 압력을 가하여 물을 위로 밀어올리는 (데모크리토스의 이른바) 저 충격운동에 의한 것이다. 공기는 [물 표면까지는 빠른 운동을 하지만] 일단 물 표면에 도달하면 그 이상의 상승운동은 하지 못한다. 이것은 어느 정도 분리에 저항하는 물의 성질 때문이다. 이것으로 미루어 공기의 상승운동의 성질은 매우 약하다고 할 수 있다.

또 다른 예를 들어보자. 탐구대상본성이 무게라고 하자. 현재 일반적으로 받아들여지고 있는 구분에 따르면 모든 물체는 자신에게 가장 적당한 장소를 향해 움직이는 것으로 되어 있다. 즉 밀도가 높고 단단한 물체는 지구 중심으로 향하고 희박하고 가벼운 물체는 하늘 주변으로 향한다는 것이다. 스콜라 학자들 사이에서는 이 장소 문제를 매우 중요하게 여기고 있지만 모든 물체에 정해진 적당한 장소가 있다는 관념 자체가 불합리하고 유치하기 짝이 없는 생각이다. 그러니까 지구에 구멍이 뚫려 있다면 무거운 물체는 중심에 도달했을 때 정지할 것이라는 철학자의 주장은 엉터리없는 소리다. 왜냐하면 이런 주장이 성립하기 위해서는 다른 물체에 강력한 영향을 미치는 무(無), 또는 수학적 점(點)이 존재해야 하기 때문이다.

그러나 물체는 물체 이외의 것에 의해서는 작용하지 않는다. 물체들의 상승과 하강의 욕구는 움직이는 물체의 구조 안에 있거나 그 물체와 다른 물체와의 공감 또는 동감 안에 있다. 밀도가 높고 단단한 물체인데도 불구하고 지구 중심을 향해 운동하지 않는 물체가 발견된다면 장소 개념에 근거한 지금까지의 구분은 무효가 되고 말 것이다. 예를 들어 무거운 것을 끌어당기는 지구의 자력은 일정한 범위 안에서만 작용하고, 그 힘의 범위를 넘어설 정도로 멀리 있는 물체에는 작용하지 않는다는 길버트의 주장[33]을 우리가 받아들인다면, 그리고 이 주장이 사례에 의해 확증된다면 이런 사례야말로 이 문제에 관한 동맹사례가 될 것이다. 현재로서는 이 문제에 대한 확실하고 명백한 사례는 하나도 없다.

그러나 가장 가까운 사례라고 생각되는 것은 대서양을 넘어 동인도 혹은 서인도로 항해하는 선원들이 종종 보게 되는 용오름[龍卷] 현상이다. 용오름은 엄청난 양의 물이 갑자기 한꺼번에 억수같이 쏟아지는 것인데, 이 물은 사전에 일정한 장소에 모여 있다가 자연적인 중력운동에 의해 떨어지는 것이라기보다는 원인을 잘 알 수 없는 강력한 어떤 힘이 이 물덩어리를 내던지는 것으로 생각된다. 따라서 지구에서 아주 먼 거리에 있는 높은 밀도의 땅덩어리는 지구 자체와 마찬가지로 하늘에 걸려 있어서 어떤 힘이 이것을 내던지지 않는 한 [지구 중심을 향해] 낙하하지는 않을 것이라는 생각이 들지만 확실한 것은 나도 모른다. 이 문제를 포함한 다른 여러 문제들을 다루면서 확실한 사례들만으로 논의하지 못하고 때로 추정에 의지할 수밖에 없는 딱한 사정만 보더라도 우리들의 자연지에 대한 지식이 얼마나 빈약한가 하는 것을 알 수 있다.

또한 탐구대상본성이 정신의 추리능력이라고 하자. 인간의 이성과 동물의 본능을 구분하는 것은 올바른 것처럼 보인다. 그러나 동물의 행동 가운데는 동물도 추리작용을 한다는 것을 보여주는 사례가 있다. 예를 들면 우화에 나오는 까마귀의 경우가 그러하다. 까마귀 한

---

33) William Gilbert, *De Magnete*. II, 7.

마리가 큰 가뭄으로 목이 말라서 죽을 지경에 이르렀을 때 속이 빈 나무줄기 속에 물이 들어 있는 것을 발견했다. 하지만 입구가 너무 좁아서 안으로 들어갈 수 없었다. 까마귀는 작은 돌멩이를 하나씩 날라 그 나무줄기 안으로 던져넣었고 마침내 물이 입구까지 차올라 먹을 수 있게 되었다는 이야기다.

또한 탐구대상본성이 가시성(可視性)이라고 하자. 빛과 색은 서로 다른 본성이므로 이를 구별하는 것은 올바르고 확실한 구분인 것처럼 보인다. 빛은 본원적으로 가시적이며 시력(視力) 자체를 부여하는 것인 반면, 색은 2차적으로 가시적이며 빛 없이는 지각되지 않고, 따라서 빛의 영상 또는 변용에 불과한 것으로 생각되기 때문이다. 그러나 이 문제에 관해서는 양쪽으로 동맹사례가 있다. 대량의 적설(積雪)과 유황의 화염이 바로 그것이다. 대량의 적설에는 스스로 빛나는 색이 있고 유황의 화염에는 색에 가까운 빛이 있다.

36

열네 번째 특권적 사례로 '이정표(里程標)사례'를 들 수 있다. 이정표는 갈림길에 다다랐을 때 어디로 가는 길인지를 알려주는 안내표지다. 나는 이것을 '결정적 사례' 또는 '판결사례'라고 부르기도 하고, 때로는 '신탁(神託)사례' 혹은 '명령사례'라고 부르기도 한다. 어떤 본성을 탐구하고 있을 때 여러 개의 본성이 동시적으로 자주 나타나서 두 개의 혹은 여러 개의 본성 가운데 어떤 것이 탐구대상본성의 진정한 원인인지를 결정하기 어렵고 자신이 없는 경우가 있다. 이때 이정표사례는 (탐구대상본성에 관한 한) 이들 본성 가운데 하나와는 그 통일성이 확고하고 불가분의 관계를 맺고 있는 반면, 다른 하나와는 그 관계가 불안정하고 거리가 멀다는 것을 보여준다. 이로써 문제는 해결되는데, 즉 나중 것의 본성은 제거 및 배제되고 처음 것의 본성이 원인으로 확인되는 것이다. 따라서 이러한 종류의 사례는 매우 밝은 빛을 던져주는, 말하자면 큰 권위를 지니는 것으로서 자연의 해석 과정은 흔히 이러한 사례를 통해 해결되고 완성된다. 이러한 이정표사례는 앞에서 말한 여러 사례들 속에 가끔 나타나기도 하지만 대부분은 새로운 것이고, 특히 세심한 주의와 적극적인 노력을 통해 찾을 때만 발견된다.

예를 들면 [1] 탐구대상본성이 밀물과 썰물이라고 하자. 밀물과 썰물은 하루에 두 번씩, 여섯 시간 간격으로 들고나고 한다. 이것은, 약간의 차이가 있기는 하지만 대체로 달의 운동과 일치한다. 여기에서 우리는 다음과 같은 갈림길을 만난다.

이 운동은 대야 속의 물이 흔들릴 때 한쪽이 늘어나면 한쪽이 줄어드는 것처럼 바닷물의 전진과 후퇴에 의해 일어나거나, [용기 안에서] 끓는 물처럼 바닷물이 바닥에서 위로 솟아올랐다 가라앉는 운동에 의해 일어날 것이다. 이제 이 둘 가운데 어느 것이 진정한 원인인가 하는 문제가 생긴다. 첫 번째 주장이 맞다면 한쪽이 밀물이 되면 다른 한쪽은 반드시 썰물이 되어야 한다. 아코스타(Acosta)를 비롯한 몇몇 사람들이 (주의 깊게 탐구하여) 보고한 바에 의하면, 플로리다 해안과 그 반대편의 에스파냐 및 아프리카 해안에서는 밀물이 동시에 생기고 썰물도 또한 동시에 생긴다고 한다.[34] 즉 에스파냐 및 아프리카 해안이 썰물일 때 플로리다 해안이 밀물이 되는 경우는 없다는 것이다. 그러나 잘 살펴보면 이것이 상승운동의 필연성을 입증하는 것도 아니요, 전진운동의 가능성을 부정하는 것도 아니다. 왜냐하면

---

34) Jose de Acosta, *Historia Natural y Moral de las Indias*. 1590.

그 물이 어딘가 인근 해역에서 밀려와서 동일수로(同一水路)의 양쪽 해안에 동시에 차올랐을 수도 있기 때문이다.

강물의 경우 양쪽 강변이 동시에 물이 차올랐다 빠졌다 하는데, 이 운동은 바다에서 강어귀로 물이 들어오는 것이므로 분명히 전진운동이다. 그러므로 이를테면 동인도양에서 엄청난 수량이 대서양의 수로로 밀려들어올 경우 대서양의 양쪽 해안이 동시에 밀물이 될 수 있다. 만약 그렇다면 대서양의 양쪽 해안이 밀물이 되었을 때 바닷물이 줄어들거나 혹은 유출되는 수로가 어디엔가는 반드시 있어야 한다. 우선 남양(南洋)[태평양]을 생각해볼 수 있다. 남양은 대서양보다 오히려 더 넓고 크기 때문에 대서양의 양쪽 해안의 밀물이 남양에서 온 것이라고 가정하더라도 수량(水量)에 관한 한 계산상 전혀 무리가 없다.

이제 우리는 이 문제에 관한 이정표사례에 도달했다. 즉 대서양에서 서로 마주 보고 있는 플로리다 해안과 에스파냐 해안이 밀물일 때, 남양에서 서로 마주 보고 있는 페루 해안과 중국(의 아시아 쪽) 해안도 역시 밀물이 된다는 것이 확인된다면 이 결정적 사례에 의해 밀물과 썰물이 전진과 후퇴운동이라는 주장은 배척되어야 한다. 대서양의 양쪽 해안과 남양의 양쪽 해안에 이처럼 엄청난 바닷물을 한꺼번에 보낼 만한 해양이 더 이상 없기 때문이다. 이것은 파나마와 리마의 주민들에게 물어보면 쉽게 알 수 있다. 이 지역은 대서양과 남양이 [파나마] 지협에 의해 나누어진 곳이기 때문에 양 대양에서 밀물과 썰물이 동시에 생기는지 어떤지를 쉽게 알 수 있는 곳이다. 그러나 이러한 방식의 결정 혹은 배척은 지구가 움직이지 않는다는 가정 아래 이루어지는 것이다.

그런데 만약 지구가 돈다고 가정한다면 지구와 바닷물의 회전 속도의 불균등 때문에 바닷물이 강제적으로 아래위로 출렁일 수 있다. 만일 사정이 그렇다면 바닷물이 위로 치솟았을 때가 밀물이 되고 다시 아래로 가라앉았을 때가 썰물이 되는 것이다. 그러므로 이 문제에 대해서는 지구가 움직이지 않을 경우와 지구가 돌고 있을 경우의 두 가지로 나누어서 생각해보아야 한다. 하지만 지구가 돌고 있을 경우에도 한쪽이 밀물이 되면 다른 한쪽은 반드시 썰물이 되어야 한다는 것은 분명하다.

그러나 주의 깊게 탐구해본 결과 밀물과 썰물이 전진 및 후퇴운동이라는 것이 부정되었다고 하자. 그러면 이제 탐구대상본성은 앞에서 우리가 가정한 두 개의 운동 가운데 후자, 즉 바닷물이 상승 및 하강운동을 하는 것이 된다. 여기에서 우리는 셋으로 갈라진 갈림길을 만난다. 다시 말해 밀물과 썰물이 바닷물의 상승 및 하강운동이라면, 다음과 같은 세 가지 가능성을 생각해볼 수 있다. 즉 첫째는 저 엄청난 양의 바닷물이 지구 내부에서 솟아올랐다가 다시 들어가는 것이거나, 둘째는 바닷물의 전체 양은 늘지 않고 그대로인데 그 일정한 양의 바닷물이 팽창하여 희박해진 상태로 더 넓은 공간을 차지했다가 다시 수축하는 것이거나, 셋째는 바닷물의 양도 그대로이고 밀도도 그대로인데 어떤 자력(磁力)에 의해 혹은 공감(共感)에 의해 위로 끌려 올라갔다가는 다시 아래로 떨어지는 것이거나 이 셋 중의 하나가 될 것이다.

이 글에서는 (앞의 두 가지 가능성에 대해서는 뒤로 미루기로 하고) 세 번째 가능성, 즉 공감 또는 자력에 의해 저 엄청난 양의 물이 그렇게 높이 끌려 올라가는가 하는 문제에 대해 생각해보기로 하자. 우선 한 가지 명백한 사실은 해구(海溝) 혹은 해강(海腔)에 가득 차 있는 바닷물 전체가 한꺼번에 상승할 수는 없다는 것이다. 왜냐하면 물을 대신하여 바다 밑바닥을 채울 것이 아무것도 없기 때문이다. 그러므로 설혹 이러한 상승의 욕구가 바닷물에 있다고 하더라도 사물의 응집성향 때문에 혹은 (시쳇말로) '진공(眞空)의 회피' 성향 때문에 방해받을 수밖에 없다. 따라서 바닷물은 한 부분이 상승하면 필연적으로 다른 부분은 하강하게 된다. 자력도 또한 바닷물 전체에 대해 작용할 수는 없기 때문에 바다 한가운데에 가장 강하게 작용해 한가운데의 물을 끌어올릴 것이고, 이렇게 높이 끌려 올라간 물은 옆부분의 물과 분리될 수밖에 없을 것이다.

이리하여 이제 우리는 이 문제에 관한 이정표사례에 도달했다. 즉 썰물 때는 해수면이 바다 한가운데는 솟아오르고 옆부분, 즉 해안에서는 가라앉아서 둥그스름한 모양이 되고, 밀물 때에는 바닷물이 원래의 위치로 되돌아가기 때문에 해수면이 평평해진다는 것이 확인된다면 이 결정적 사례에 의해 자력에 의한 상승이 인정될 것이고, 반대로 그렇지 않다면 그러한 주장은 배척되어야 할 것이다. 과연 썰물이 되었을 때 바다 한가운데가 더 높은지 어떤지는 측량선(測量船)이 해협에 가서 확인해보면 알 수 있을 것이다. 만일 그렇다면 바닷물은 (사람들이 알고 있는 것과는 달리) 썰물일 때 올라가고 밀물일 때 낮아져서 해안을 뒤덮게 된다는 점에 주의해야 할 것이다.

[2] 또한 탐구대상본성이 [천체의] 자발적 회전운동, 특히 일주(日周)운동이라고 하자. 우리 눈에 태양이나 별이 뜨고 지는 것이 바로 이 일주운동 때문인데, 문제는 천체가 [겉보기와 같이] 실제로 뜨고 지고 하는 것인지, 아니면 겉보기만 그럴 뿐 사실은 지구가 운동하는 것인지, 과연 어느 쪽인가 하는 것이다. 이 문제에 대해서는 다음과 같은 이정표사례가 있을 수 있다. 즉 바다에서 비록 미약한 것일망정 동에서 서로 움직이는 어떤 운동이 발견된다면, 그리고 공기 중에서

는 바다에서보다는 좀더 빠른 운동이 발견된다면, 특히 열대지방—원주가 크기 때문에 운동을 더 잘 지각할 수 있는—에서 그렇다는 것이 발견된다면, 그리고 이와 같은 운동이 낮은 하늘의 혜성에서는 공기 가운데의 운동보다 더욱 활발하다는 것이 발견된다면, 그리고 행성들의 경우에는 지구와의 거리에 따른 순서와 단계를 가지고 있어서 그와 같은 운동이 지구에 가까운 행성일수록 느리고 먼 행성일수록 빠르다는 사실이 발견되고, 마지막으로 항성천(恒星天)에서 가장 빠르다는 사실이 발견된다면, 일주운동은 천체가 실제로 하고 있는 운동이라는 주장이 승인되어야 하고, 지구의 운동이라는 주장은 배제되어야 한다. 왜냐하면 앞에서 말한 것이 사실로 판명된다면 동에서 서로 움직이는 운동은 우주 전체에 걸쳐 나타나는, 우주의 공감에서 생기는 것이라고 볼 수밖에 없으며, 가장 높은 하늘에서는 가장 급속하고 지구 쪽으로 내려올수록 차차 감소해 마침내 지구에 이르러서는 정지해서 움직이지 않는 상태가 되는 것이라고 결론지을 수밖에 없기 때문이다.

또한 탐구대상본성이 천문학자들 사이에서 논란이 되고 있는 또하나의 회전운동이라고 하자. 이것은 일주운동과는 반대되는, 즉 서에서 동으로 움직이는 이른바 역행운동으로서 옛날의 천문학자들은 행성이 이러한 역행운동[35]을 하는 것이라고, 나아가 항성천에서도

---

35) 행성은 태양에서 멀리 떨어져 있을수록 공전 시간이 그만큼 오래 걸린다. 지구와 행성이 각각의 궤도를 따라 이동하면서 둘 사이의 상대적 위치가 변하면 지구에서 볼 때 행성의 운동방향과 속도가 바뀌는 것처럼 보인다. 즉 공전 속도가 빠른 행성은 느린 행성과 거리가 점점 벌어져서 나중에는 완전히 한 바퀴를 따라잡은 뒤 다시 앞서간다. 이러한 현상은 계속 되풀이된다. 따라서 지구에서 보면 다른 행성들이 지구의 앞에 있는 것처럼 보일 때도 있고 뒤에 있는 것처럼 보일 때도 있다. 이처럼 행성이 동에서 서로 가다 말고 서에서

이러한 역행운동이 있다고 주장한 바 있는데, 코페르니쿠스와 그의 추종자들은 지구가 그러한 역행운동[36]을 한다는 주장을 하고 있다. 그러면 정말 그런 운동이 있는가, 아니면 계산을 간편하게 하기 위해, 그리고 천체의 운동을 완전한 원운동으로 설명하고자 하는 멋진 발상에서 나온 허구적 가정인가 하는 문제가 생긴다.

역행운동의 개념이 등장한 이유는 일주운동을 하는 행성이 항성천의 동일지점에 복귀하지 않는다는 것과, 황도대의 양극이 지구의 양극에 대해 경사지게 위치하고 있다는 것 때문이다. 하지만 이들 두 가지 현상 가운데 그 어느 것도 하늘에서 실제로 역행운동이 일어나고 있다는 주장을 입증하고 있는 것은 아니다. 행성이 제자리에 복귀하지 않는 현상은 항성이 행성을 앞질러가기 때문에 생기는 것일 수도 있고 황도대의 경사는 나선운동으로 설명될 수도 있기 때문이다. 그러므로 복귀의 부동(不同)과 회귀선에의 편각(偏角)은 역행운동이나 혹은 다른 극을 둘러싼 운동을 입증하는 것이 아니라 오히려 우주전체에 걸친 일주운동의 변형이라고 볼 수 있다.

또한 천문학자와 스콜라 철학자들(이들은 감각에 부당한 폭력을 가하고 확실하지도 않은 것을 꾸며대는 일이 허다하다)의 가설을 잠시 잊어버리고 평범한 사람들의 입장에 서서 본다면, 일주운동이 동에서 서로 움직이는 실재적인 운동이라는 것이 분명하다. 나는 언젠가 이러한 운동의 모형을 철사로 만들어서 기계와 같은 모양으로 보

동으로 '거꾸로 가는 운동'을 역행운동이라고 한다. 즉 역행운동은 행성을 관찰하는 지점의 변화(지구의 공전) 때문에 생긴 '시각적 착오'라고 할 수 있다.
36) 여기에서 말하는 지구의 '역행운동'이란 지구가 태양을 중심으로 서에서 동으로 '공전'하는 것을 말한다.

여준 바 있다.

이 문제에 관한 이정표사례는 다음과 같은 것이 될 것이다. 즉 일주운동이 불규칙한 정도에 그치는 것이 아니라 일주운동에 완전히 반대되는 운동, 즉 항성천과 반대방향으로 회전하는 혜성이 높은 하늘[항성천]에서든 낮은 하늘[행성천]에서든 단 하나라도 있었다는 것이 믿을 만한 자연지에 기록된 것이 있다면 자연계에는 그와 같은 종류의 운동[역행운동]이 있을 수 있다는 사실을 받아들여야 한다. 그러나 그런 기록이 없다면 다른 확실한 이정표사례가 나올 때까지 역행운동을 함부로 믿어서는 안 된다.

[3] 또한 탐구대상본성이 무게 또는 중량이라고 하자. 이 본성에 관한 갈림길은 다음과 같다. 즉 무게가 무거운 것이 지구중심으로 향하는 이유가 그 물체의 고유한 구조 혹은 본성 때문인가, 아니면 본성이 동일한 물체들은 서로 한데 모이려고 하는 (물체들 간의) 공감에 의해 지구의 땅덩어리가 (무거운 물체를) 끌어당기고 있기 때문인가 하는 것이다. 이 중에서 후자가 맞다면 (자석이 끌어당기는 힘이 꼭 그런 것처럼) 무거운 물체는 지구에 가까울수록 강력하게, 지구에서 멀수록 약하고 느리게 지구를 향해 움직일 것이며, 또한 이 인력(引力)은 일정한 범위 안에서 작용할 것이기 때문에 지구의 인력이 미치지 못할 정도로 멀리 떨어져 있는 물체의 경우에는 우리 지구와 마찬가지로 우주 공간에 떠 있게 될 것이며 결코 (지구 쪽으로) 떨어지는 일이 없을 것이다.

따라서 이 문제에 관해서는 다음과 같은 이정표사례를 들 수 있다. 즉 납추[鉛錘]로 움직이는 시계 하나와 스프링으로 움직이는 시계 하나를 시간이 서로 정확히 일치하도록 맞추어놓고 나서 납추시계를 탑꼭대기처럼 아주 높은 곳에 두고 이 시계가 그보다 낮은 곳에 있는 스프링시계보다 늦게 가는지 어떤지를 살펴보는 것이다. 납추시계가 스프링시계보다 늦게 간다면 [지구에서 조금이라도 멀어지는 바람에] 중량이 감소한 것이라고 판단할 수 있기 때문이다. 또한 같은 실험을 지하 깊은 곳에까지 파 들어간 갱도 바닥에서 해보아서 이 시계가 그보다 높은 곳에 있는 스프링시계보다 빨리 가는지 어떤지를 살펴볼 필요가 있다. 납추시계가 스프링시계보다 빨리 간다면 [지구에서 조금이라도 가까워지는 바람에] 중량이 증대한 것이라고 판단할 수 있기 때문이다. 이러한 실험을 통해 중량의 힘이 높은 곳에서는 감소하고 지하에서는 증대한다는 사실이 확인된다면 지구 땅덩어리가 끌어당기는 것이 중량의 원인이라고 단정해도 좋을 것이다.

[4] 또한 탐구대상본성이 자석과 접촉한 쇠바늘의 양극성(兩極性)이라고 하자. 이 본성에 관한 갈림길은 다음과 같다. 즉 쇠는 자석과 접촉하기만 하면 남북을 가리키는 양극성을 저절로 갖게 되는 것인가, 아니면 길버트가 주장하고 있는 것처럼 자석은 쇠를 자극하여 양극성을 받아들이기에 적합한 변화를 일으켜놓는 것일 뿐, 양극으로 향하는 운동은 지구 자체에서 생겨나는 것인가 하는 것이다. 길버트가 제시한 사례를 보면 후자가 맞다.[37]

1) 나사못을 남북 방향으로 오래 두면 자석과의 접촉이 없어도 양극성을 갖게 된다. 이처럼 남북 방향으로 오래 두었다는 사실만으로 양극성을 띠게 된다는 것은 자석처럼 쇠를 자극하여 양극성을 갖게 만드는 힘이 작용하고 있다는 것을 의미하는 것이고, 이 힘은 (길버트에 따르면 지구 표면이나 외각(外殼)은 자력을 갖고 있지 않기 때문에) 결국 멀리 떨어진 곳[지구의 극지방]에서 오는 것이라고 생각

---

37) Gilbert, *De Magnete*. IV, 1.

할 수밖에 없다.

2) 빨갛게 연소하고 있는 쇠가 식을 때 남북 방향으로 늘이면 자석과의 접촉이 없어도 양극성을 갖게 된다. 이것이 의미하는 바는 쇠는 연소하고 있을 때 구성 부분들이 이동하다가 그 후 다시 제자리로 돌아오는데, 식는 순간에는 지구에서 나오는 힘을 가장 잘 받아들이는 상태가 되고, 이때 남북으로 늘이면 지구의 힘을 감수(感受)해서 양극성을 갖게 된다는 것이다. 그러나 길버트가 말한 이러한 현상들은 주의 깊게 관찰된 것이긴 하지만, 그의 주장을 확증하고 있는 것은 아니다.

이 문제에 관해서는 다음과 같은 이정표사례가 있을 수 있다. 즉 자석으로 만든 소지구(小地球) ─ 길버트가 말한 구형자석(球形磁石) ─ 에 양극 표시를 해놓고 이 소지구의 양극을 남북이 아니라 동서로 향하게 하고 그대로 둔다. 그리고 자석과 접촉하지 않은 보통의 바늘을 그 위에 올려놓고 이레쯤 그대로 둔다. 이 바늘은 구형자석 위에 놓인 동안에는 지구의 양극을 가리키는 것이 아니라 세계의 동서를 가리킬 것이 틀림없다. 그런데 이 바늘을 구형자석에서 분리해 첨축(尖軸) 위에 올려놓았을 때 곧바로 남북 방향으로 움직인다든가 혹은 서서히 그 방향으로 움직인다는 것이 확인되면 지구 자체가 양극성의 원인이라고 해야 할 것이다. 그러나 그 바늘이 (여전히) 동서를 가리키거나 혹은 양극성을 보이지 않는다면 그 주장은 받아들일 만한 것이 못 되고 다른 이유를 탐구해보아야 한다.

[5] 또한 탐구대상본성이 달의 실체라고 하자. 달은 과연 옛날 철학자들 대다수가 그렇게 생각했던 것처럼 화염이나 공기와 같은 희박한 물질로 구성되어 있는 것인가,[38] 아니면 길버트와 많은 신진 철

---

38) Aristotle, *Meteorology*. I, 3(340b). *GBWW*, Vol. 7. pp. 446~447 ; Aristotle,

학자들과 일부 옛날 철학자들이 주장한 것처럼 견고하고 농밀한 물체인가[39] 하는 것이 하나의 갈림길이다. 후자의 주된 근거는 달이 햇빛을 반사하는데 빛의 반사는 오직 고체에서만 일어나는 현상이라는 것이다.

따라서 이 문제에 대한 이정표사례를 찾고자 한다면 이런 사례를 생각해볼 수 있다. 즉 화염처럼 희박한 물체도 충분히 두꺼울 경우에는 빛의 반사가 일어난다는 것을 증명하는 것이다. 예를 들어, 여명(黎明)의 원인을 한번 생각해보자. 여러 가지 이유가 있겠지만 공기의 상층부에서 일어나는 빛의 반사가 그 중 하나임은 분명하다. 그리고 나는 때때로 맑은 저녁 하늘에 습기를 머금은 구름층에서 햇빛이 달빛에 못지않게, 아니 그보다 더욱 밝게 반사되어 빛나는 것을 본다. 그 구름들이 융합하여 물이라는 농밀한 물체로 변했기 때문에 햇빛이 반사되고 있는 것은 결코 아닐 것이다. 또한 우리는, 밤에 창 밖의 어두운 공기가 농밀한 물체에 못지않게 촛불 빛을 반사하는 것을 볼수 있다. 또한 구멍을 통해 나오는 햇빛으로 짙은 푸른색 화염을 비추어보는 실험을 해봐도 좋을 것이다. 태양의 직사광선은 색이 옅은 화염에 비추면 그 화염을 죽이고 말기 때문에 화염이 아니라 흰 연기처럼 보인다. 현재로서는 이들 사례가 이 문제에 대한 이정표사례가 될수 있을 것이라고 생각하지만, 이보다 더 좋은 사례가 있을지도 모르겠다. 다만 한 가지 주의할 것은 화염으로부터의 반사는 어느 정도 두께를 가진 경우에나 기대할 수 있다는 점이다. 그렇지 않으면 화염은

On the Heavens. I, 3(270b). *GBWW*, Vol. 7. p. 361.

39) Gilbert, *De Mundo*. II, 13~16. 이 책이 출간된 것은 1651년이지만 베이컨은 이 글을 원고 상태로 읽고 있었다.

거의 투명하게 되고 만다. 또한 빛은 평평한 물체에 비추면 받아들여져 통과되거나 혹은 반사되거나 반드시 둘 중의 하나라는 것은 명백하다.

[6] 또한 탐구대상본성이 (투창·화살·공 등과 같은) 투사체(投射體)의 공기 중 운동이라고 하자. 이 운동에 대해 스콜라 학자들은 (늘 그렇듯이) 대충대충 넘어가고 있다. 즉 이것을 강제운동이라고 이름을 붙이고 (이른바) 자연운동과 구별하는 것으로 충분하다고 생각하고[1 : 66], 최초의 충격 또는 충동에 관해서는 '연장물체(延長物體)의 불가입성(不可入性) 때문에 두 개의 물체가 동일장소에 존재할 수는 없다'는 공리[2 : 48(1)]를 내세우는 데 그치고, 이 운동의 연속적 진행에 대해서는 전혀 주의를 기울이지 않고 있다. 그러나 이 본성에 대해서는 다음과 같은 갈림길이 있다. 즉 이 운동은 (보트가 강물에 떠내려가고 밀짚이 바람에 날려가는 것처럼) 투사체의 뒤를 따르며 모여드는 공기에 의한 것[40]이거나, 최초의 충격이 준 압박을 완화하기 위해 계속해 전진하는 물체 그 자체에 의한 것이나 이 둘 중 하나일 것이다.

프라카스토리우스[2 : 35]를 비롯해 이 운동에 대해 나름대로 연구했다는 사람들은 하나같이 전자의 입장을 취하고 있으며, 이 운동에서 공기가 진짜로 그런 역할을 하고 있는지에 대해서는 아무도 의심하지 않고 있다. 그러나 여러 가지 실험을 통해 명백하게 밝혀진 것처

---

40) 이것은 아리스토텔레스의 설명이다. 그에 따르면 투사체가 손을 떠나면 공기를 교란시키고, 교란된 공기가 뒤로 와서 투사체를 앞으로 가게 하고, 다음 층 공기가 또 뒤로 와서 밀고 해서 운동이 계속된다. 투사체의 추진력이 천천히 약해져 완전히 없어지고 나면 강제운동으로서의 투사체 운동은 끝나고 자연운동이 시작되어 곧장 땅으로 떨어지게 된다는 것이다.

럼 후자의 설이 진실이다. 이 문제에 대한 이정표사례가 될 만한 실험한 가지를 소개하겠다. 얇은 철판이나 혹은 조금 딱딱한 철사, 반으로 나눈 갈대나 펜 같은 것을 엄지손가락과 집게손가락 및 가운뎃손가락으로 잡아 누르면 밑으로 휘어졌다가 다시 위로 튀어오른다. 이 실험에서 보건대 위로 튀어오르는 운동의 원천은 철판 혹은 갈대 뒤에 모여 있는 공기가 아니라 엄지손가락으로 누른 가운데 부분에 있는 것이 분명하다.

[7] 또한 탐구대상본성이 화약이 폭발할 때 나타나는 급속하고 강력한 팽창운동이라고 하자. 이러한 팽창운동은 지뢰나 대포에서 보는 것처럼 엄청나게 무거운 물체를 공중으로 솟아오르게 만든다. 이 본성에 관한 갈림길은 다음과 같다. 즉 이 운동은 점화되면 팽창하는, 이 물체의 욕구에서 비롯된 것인가, 아니면 그 물체에 들어 있는 거친 정기의 욕구, 즉 감옥에서 탈출하듯이 불과 화염에서 재빨리 탈출하려는 욕구에서 비롯된 것인가 하는 것이다.

스콜라 학자들이나 일반인들은 전자의 가능성만을 염두에 두고 있다. 그들이 위대한 철학자인 척하면서 내놓은 주장에 따르면 화염은 그 원소[불]의 형상으로부터 부여받은 어떤 필연성에 의해 화약의 형태로 있을 때보다는 훨씬 더 큰 장소를 차지하려고 하기 때문에 그러한 팽창운동이 일어난다는 것이다. 이들의 주장은 화염의 발생을 전제로 한다면 옳다. 그러나 어떤 무거운 물체 등에 의해 화염의 발생이 억압되고 있을 경우에는 그러한 필연성이 일어나지 않는다는 사실에 대해서는 아무런 설명도 못하고 있다. 따라서 이 문제는 그들이 말하는 필연성만 가지고는 설명할 수 없다.

물론 화염이 일단 발생하고 나면 그들의 주장대로 필연적으로 팽창이 일어나고, 따라서 장애가 되는 물체들을 공중으로 날려버리지만, 화염이 발생하기 전에 딱딱한 물체가 화약을 둘러싸고 있으면 그와 같은 필연성은 생기지 않는다. 화염이 막 발생하기 시작했을 때는 아직 약하고 부드러운데, 이 상태에서 거센 불길로 타오르기 위해서는 빈 공간이 필요하다는 것을 우리는 잘 알고 있다. 그러므로 저 강렬한 힘을 오직 화염 탓으로만 돌릴 수는 없다. 이 문제에 관한 진실을 말하자면 이러한 폭발적 화염과 맹렬한 광풍은 서로 상반되는 본성을 지닌 두 물체간의 싸움에서 비롯되는 것이다. 즉 유황은 연소하기 쉬운 강력한 본성을 가진 반면 초석의 거친 정기는 화염을 기피한다. 따라서 유황과 초석 정기 사이에 엄청난 싸움이 생겨나는데, 유황은 유황대로 힘 닿는 데까지 연소하고(숯은 이 두 가지를 잘 결합해 놓은 것이다), 초석 정기는 초석 정기대로 힘 닿는 데까지 분출 및 팽창(공기나 물 같은 것이 열에 의해 팽창하는 것처럼)한다. 바로 이러한 팽창이 마치 눈에 보이지 않는 바람이라도 몰아친 것처럼 유황의 화염을 사방으로 흩어놓는 것이다.

이 문제에 관해서는 다음과 같은 두 종류의 이정표사례를 생각해 볼 수 있다. 하나는 유황·장뇌·석뇌유 같은 물체[2:13(21)]나 이들의 혼합물처럼 연소하기 쉬운 물체의 사례이다. 이들 물체는 방해만 받지 않으면 화약보다도 훨씬 더 빨리, 그리고 더 쉽게 인화한다. 이로부터 알 수 있는 것은 타오르려는 욕구가 아무리 강하더라도 그것만으로는 [화약의 폭발과 같은] 엄청난 결과를 가져오지는 않는다는 것이다. 또 하나는 소금처럼 화염을 기피하고 배척하는 물체의 사례이다. 소금을 불 속에 던지면 불에 붙기 전에 물을 머금은 정기가 소리를 내면서 분출하는 것을 볼 수 있다. 이런 현상은 마른 나뭇잎에서도 볼 수 있는데 정도가 약하긴 하지만 나뭇잎의 기름 부분이 타기 전에 물기가 먼저 분출한다. 이런 현상을 가장 잘 보여주는 것은 수은이다. 수은은 광천수라고 불리기도 하는데 이런 이름을 공연히 얻은 것이 아니다. 수은은 화염을 전혀 일으키지 않은 채 폭발 및 팽창해 화약에 버금가는 힘을 발휘하는데, 화약과 섞어놓으면 그 힘이 훨씬 더 커진다고 한다.

[8] 또한 탐구대상본성이 화염의 찰나적 본성과 순간적 소멸이라고 하자. 화염은 우리가 익숙하게 알고 있는 사물들 가운데는 가장 순간적으로 생겼다가 순간적으로 사라지는 물체로서 결코 고정된 것도 아니요, 영속하는 것도 아니다. 물론 화염이 지속되는 것을 보는 경우도 있지만, 이 경우에도 동일한 개체로서의 화염이 지속되는 것이 아니라 새 화염이 계속적으로 발생해 뒤를 잇는 것이기 때문에 결코 동일 화염이 지속되는 것은 아니다. 이것은 화염의 양분, 즉 연료를 제거하면 화염이 금방 꺼지고 마는 것을 보아서도 쉽게 알 수 있다. 이 본성에 대한 갈림길은 다음과 같다. 그와 같은 순간적 본성이 생기는 것은 빛이나 소리, 혹은 강제운동의 경우처럼 처음에 그것을 발생하게 했던 원인이 사라지고 말기 때문에 그런 것인지, 아니면 화염의 본성은 원래 지속적인 것이지만 그 주위를 둘러싸고 있는 반대본성들 때문에 폭력적으로 파괴되고 마는 것인지 그 어느 쪽인가 하는 것이다.

따라서 이 문제에 관한 이정표사례는 다음과 같은 것이다. 큰 화재가 일어나면 화염은 위로 높이 치솟는데, 옆으로 넓게 번지면 번질수록 가운데 부분이 점점 더 높아진다. 따라서 화염의 소멸은 공기의 압박 때문에 위로 더 이상 타오를 수 없는 가장자리에서부터 시작되는 것 같다. 다른 화염에 둘러싸여 공기와 맞닿아 있지 않은 가운데 부분의 화염은 동일 화염으로 지속되다가 측면으로부터 공기의 공격을 받았을 때야 조금씩 사위어간다. 따라서 모든 화염은 피라미드 형태를 취하며 연료가 있는 아랫부분이 넓고 꼭대기부분은 (공기가 적대하고 있고 연료가 부족하기 때문에) 좁아진다. 그런데 연기는 아랫부분이 좁고 위로 올라갈수록 점점 넓어져 역피라미드 형태를 보이는데, 이것은 공기가 연기를 받아들여 화염을 압박하기 때문이다. 설마 불탄 화염이 공기라고 생각할 사람은 없을 것이다. 공기와 화염은 전혀 다른 물체다.

이 문제는 색깔이 서로 다른 두 종류의 화염으로 실험해보면 이에 딱 알맞은 이정표사례를 얻을 수 있다. 작은 금속 촛대에 불을 붙인 양초를 세운 다음 이 촛대를 쟁반 위에 올려놓고 주위에 약간의 주정을 부어보라. 이때 촛대의 가장자리까지 닿지 않도록 주의해야 한다. 그리고 주정에 불을 붙여보라. 그러면 주정에서는 푸른 화염이 생기고 양초에서는 노란 화염이 생길 것이다. 이때(화염은 액체와 달라서 금방 뒤섞이지는 않는다) 양초의 화염이 여전히 피라미드 형태를 유지하는지, 그 화염을 파괴하고 압박하는 힘이 없어졌기 때문에 구형(球形)에 가깝게 되는지를 관찰해보라. 만약 구형에 가깝게 된다면 화염은 다른 화염에 둘러싸여 적대적인 공기에 노출되지 않는 한, 개체로서의 동일성을 유지한다고 결론지을 수 있다.

이정표사례에 대해서는 이 정도로 마치기로 하자. 내가 이 사례를 이처럼 길게 취급한 이유가 있다. 사람들이 이제 개연적 추리는 그만하고 이정표사례와 계명 실험[1 :70, 99, 121]을 통해 자연을 판단하기를, 여기에 점점 익숙해지기를, 어떻게 하는 것인지를 배울 수 있기를 간절히 바라고 있기 때문이다.

37

열다섯 번째 특권적 사례로 '이별(離別)사례'를 들 수 있다. 이것은 가장 자주 일어나는 본성들의 분리를 보여준다. 이 사례는 동반사례에 추가되는 사례[즉 적대사례]와는 다르다. 적대사례[2:33]는 하나의 본성과 [서로 배타적인] 다른 어떤 본성을 구별해주는 것임에 반해 이 이별사례는 어떤 본성과 그에 긴밀히 결합되어 있는 어떤 구체적인 실체를 서로 분리해 인식할 수 있도록 해주는 것이다. 이 사례는 다만 서로 다른 본성을 구별할 수 있도록 해주는 것일 뿐, 무엇인가를 결정할 수 있도록 해주는 것은 아니라는 점에서 또한 이정표사례와도 다르다. 이 사례는 가짜 형상을 적발하여 제 눈으로 본 것만 가지고 만들어놓은 성급한 이론들을 날려버리는 데 쓰이는 것이므로 지성에 안정추를 달아주는 것이라고 할 수 있다[1:104].

예를 들면 탐구대상본성이 텔레시오가 한 패라고, 한 가족이라고 말한 네 가지 본성, 즉 열·빛·희박성·가동성(可動性)이라고 하자.[41] 이들 사이에는 많은 이별사례가 발견된다. 즉 공기는 희박하고 가동성을 갖지만 뜨겁지도 않고 빛도 없다. 달은 빛나기는 하지만 뜨겁지는 않다. 끓고 있는 물은 뜨겁기는 하지만 빛은 없다. 첨축 위에 올려놓은 나침바늘의 운동은 신속하고 예민하지만 나침바늘 자체는 차고 밀도가 높고 불투명한 물체다. 그 밖에도 이와 유사한 사례는 많다.

또한 탐구대상본성이 물체적 본성과 자연적 작용이라고 하자. 자연적 작용은 어떤 물체 속에 존속하는 것일 수밖에 없다고들 생각하고 있지만 이 문제에 대해서도 놀라운 이별사례가 자력의 작용에서 발견된다. 즉 쇠가 자석에 끌려가고 무거운 물체가 지구로 향하는 운동이 바로 그것이다. 이 외에도 여러 가지 원격작용(遠隔作用)이 여기에 포함될 수 있을 것이다. 즉 이러한 종류의 작용은 시간적으로는 한 순간에 일어나는 것이 아니라 매 순간마다 계속적으로 일어나는

---

41) Telesio, *De Rerum Natura*. 1586, I, 1.

것이고, 공간적으로는 거리에 따라 일정한 정도로 일어나는 것이다. 그러므로 그 힘 혹은 작용이 이 운동을 일으키는 두 개의 물체 사이에 숨어 있기라도 한 듯한 어떤 시점과 어떤 공간적 간격이 있는 것이다.

따라서 고찰의 대상은 다음과 같이 한정된다. 즉 이 운동의 양쪽 끝에 있는 두 물체가 그 중간에 있는 물체들을 변동 혹은 변화시키는가, 그래서 중간에 있는 물체들이 차례차례 실질적인 접촉에 의해 한쪽 끝에서 다른 쪽 끝까지 힘을 전달하는가, 아니면 중간에 있는 물체들은 아무것도 아니고, 다만 두 물체와 힘과 공간만이 있는 것인가 하는 것이다. 그런데 빛이나 소리나 열이나 혹은 다른 원격작용을 하는 것들을 보면 중간에 있는 물체에 변동 혹은 변화를 일으키는 일이 충분히 있을 수 있다. 그 작용을 전하기 위해서는 그에 적합한 매체가 필요하기 때문에 더욱 그러하다. 그러나 자력 혹은 인력(引力)은 매체가 무엇이든지 아무 상관이 없고, 어떤 종류의 매체도 이 힘을 방해할 수 없다. 그런데 이 힘 혹은 작용이 중간에 있는 물체와는 아무런 관련이 없다면 어떤 시간과 어떤 장소에 물체 없이 존속하는 자연적인 힘 혹은 작용이 있다는 말이 된다. 그 힘 혹은 작용은 양쪽 끝에 있는 물체 안에도, 그 사이에 있는 매체 안에도 존속하지 않기 때문이다. 그러므로 그와 같은 자력의 작용은 물체적 본성과 자연적 작용에 관한 이별사례로 간주될 수 있다.

그리고 이 점과 관련해 한마디 덧붙이고 싶은 것이 있는데, 물체에서 분리된 비물체적인 실체가 존재한다는 것은, 감각에 의지해 철학을 하고 있는 사람들[자연철학자]도 직접 증명해볼 수 있다는 것이다. 물체에서 출발하는 자연적인 힘과 작용이 어떤 시간과 어떤 장소에 물체 없이 존속할 수 있다는 것은 곧 그 힘과 작용의 기원이 비물체적 실체일 수도 있다는 것을 증명하는 것이라고 볼 수 있거니와, 또한 자연적 작용을 일으키고 낳을 수 있는 어떤 물체적 본성이 그 작용을 유지하고 전달하는 힘을 갖지 못할 하등의 이유가 없[기 때문에 만일 그런 상황이 발생한다면 자연적 작용 자체를 물체적 본성과 분리해야 한]다.

38

[지금까지 지성을 도와주는 사례들을 살펴보았는데] 다음으로 감각의 결함을 보충하는 다섯 가지 종류의 사례가 있다. 나는 이 사례들을 총칭하여 '램프의 사례' 혹은 '즉시고지(卽時告知)의 사례'라고 부르고 있다. 자연에 대한 해석은 모두 감각기관의 지각으로부터 시작해 잘 정비된 길을 통해 지성의 지각(진정한 개념과 일반적 명제)에 이르는 것이기 때문에 감각 자체의 활동 혹은 업무처리가 풍부하고 정밀하면 그만큼 일은 수월하게 해결된다.

이들 다섯 가지 램프의 사례 중 첫 번째의 것은 감각기관의 직접적인 작용을 강화·확대·교정한다. 두 번째의 것은 감각될 수 없는 것을 감각될 수 있도록 한다. 세 번째의 것은 사물과 운동의 연속적 과정 혹은 계열을 보여주는 것으로서, 이들 대부분은 그 운동이 완전히 종결된 경우가 아니면 감각기관으로 잘 포착할 수 없다. 네 번째의 것은 감각기관이 전혀 손쓸 수 없는 문제를 해결해준다. 다섯 번째의 것은 감각을 자극해 주의 깊게 관찰하도록 유도함과 동시에 미세한 내용들에 한계를 설정해준다. 이들 하나하나에 대해 자세히 살펴보기로 하자.

39

열여섯 번째 특권적 사례로 '입구(入口)사례' 혹은 '관문(關門)사례'를 들 수 있다. 이들 사례는 감각기관의 직접적 작용을 도와준다.

정보를 얻는 문제에 관한 한, 가장 중요한 것은 시각(視覺)이기 때문에 무엇보다도 이 시각을 도와줄 수 있는 방법을 찾아야 한다. 세 가지 방법을 생각해볼 수 있겠는데 [첫째] 보이지 않는 것을 보이게 해주는 것과, [둘째] 더 먼 거리까지 볼 수 있도록 해주는 것과, [셋째] 더 정확하고 명확하게 알 수 있도록 해주는 것 등이다.

　[1] 첫 번째 부류에는 최근 발명된 현미경이 있다.[42] (안경처럼 정상이 아닌 시력을 교정해주는 것 외에는 더 이상 자연적 시력의 능력을 확장해주지는 못하는 것은 별개로 한다) 이것은 물체의 모습을 크게 확대해 물체 각 부분의 미세한 구조와 운동을 보여주는 것으로서, 이 힘을 이용하면 놀랍게도 벼룩이나 좀벌레 같은 극소동물들의 모습과 특징을 자세하게 알 수 있을 뿐만 아니라 이전에는 볼 수 없었던 색이나 운동도 식별할 수 있다. 또한 펜이나 연필로 그려놓은 직선도

---

42) 현미경을 누가 처음 발견했는지는 모른다. 미델뷔르흐(Middelburg)의 안경 제작자 자하리아 얀센(Zacharias Jansen)이라는 설이 있으나 확실하지는 않다. 갈릴레이가 1614년에 현미경의 신비한 능력에 대해 언급한 일이 있는 것으로 보아 망원경이 발견된 것과 비슷한 시기에 그 존재가 널리 알려지기 시작한 것만은 분명하다. '현미경'(microscope)이라는 이름은 1625년에 린섹스 아카데미(Academy of the Lynxes) 회원이며 박물학자 및 의사인 페이버(John Faber, 1574~1692)가 "이 광학적 관은 미세한 물건을 볼 수 있으니까 망원경과 비슷하게 현미경이라 부르자"고 해서 생겨났다. 현미경이 생물학과 의학에 본격적으로 사용된 것은 1660년대에 들어서였다. 1665년 로버트 훅(Robert Hooke, 1635~1703)이 『현미경도록』(顯微鏡圖錄, *Micrographia*)이라는 소책자를 발간했고, 곧이어 얀 스왐메르담(Jan Swammerdam, 1637~1680)이 『일반곤충사』(*Historia Insectorum Generalis*)를 발간했다. 1668년에는 런던 왕립학회의 『철학회보』(*Philosophical Transaction*)에 현미경에 관한 학술적 보고가 있었다. Daniel J. Boorstin, 1983. *The Discoverers : A History of Men's Search To Know His World and Himself.* New York, Random House. pp. 327~329.

현미경으로 보면 똑바르지 않고 구불구불하게 굽은 것이 나타난다고 한다. 그만큼 우리 손의 운동이 (아무리 자를 대고 그린다고 하더라도) 불규칙하고 잉크나 색의 상태도 고르지 못하다는 것인데, 우리 눈으로는 식별이 잘 안 될 정도로 사소한 것이지만 현미경으로 보면 확연하게 나타난다고 한다.

(새롭고 진귀한 물건이 나오기만 하면 흔히 그런 것처럼) 현미경이 자연의 작품은 높이고 인간의 노고(勞苦)는 오히려 깎아내린다는 미신적인 비평을 늘어놓는 사람들이 있지만, 원래부터 자연적 조직이 인위적 조직보다도 훨씬 더 정교하기 때문에 그런 것이지, 어찌 현미경 탓이겠는가? 현미경은 미세한 물체를 잘 보이게 해주는 것뿐이다. 원자를 볼 수 없다고 생각했던 데모크리토스가 이 현미경을 보았다면 드디어 원자를 볼 수 있는 방법이 생겼다고 껑충껑충 뛰면서 좋아했을 것이다. 그러나 이 현미경은 아주 작은 것이 아니면, 또 작은 것이라 하더라도 큰 물체 속에 들어 있을 경우에는 전혀 힘을 쓰지 못한다는 한계가 있다. 이 발명품이 아주 큰 물체나 큰 물체의, 미분자에까지 확장되어 아마포의 조직을 그물코처럼 볼 수 있거나 보석이나 액체·오줌·피·상처 등과 같은 물체들의, 눈에 보이지 않는 미분자와 불균등한 상태 등을 식별할 수 있다면 이 발명품으로 매우 큰 이익을 얻을 수 있다는 것은 의심할 여지가 없다.

[2] 두 번째 부류에는 갈릴레이가 멋진 솜씨로 만들어놓은 망원경이 있다.[43] 이 망원경의 도움을 빌면 보트나 작은 배를 탄 것처럼 천

---

43) 망원경은 1608년에 네덜란드의 안경 기술자가 처음 만든 것으로 알려져 있다. 1609년에 갈릴레이는 손수 만든 망원경으로 천문을 관찰해 많은 새로운 사실들을 알아냈다. 은하의 모습이나 달 표면, 태양의 흑점, 목성의 위성 등 베이컨이 나열하고 있는 발견들은 전부 갈릴레이가 이룩한 것이다.

체와 교통(交通)할 수 있는 한결 가까운 길이 열린다. 망원경으로 보면 [흰구름처럼 보이는] 은하도 사실은 수많은 작은 별의 무리라는 것을 확실하게 알 수 있다(고대인 중에도 이렇게 생각한 사람들이 있었지만[44] 추측에 불과했을 뿐 어느 누구도 확신할 수는 없었다). 또한 망원경으로 보면 (이른바) 행성천구를 넘어 항성천에 이르는 그 사이의 공간에도 너무 작아서 우리 눈에 보이지 않았을 뿐 사실은 많은 별들이 빛나고 있다는 것을 알 수 있다.

또한 망원경으로 보면 목성의 주변에도 작은 별들이 공전(公轉)하고 있는 것이 보이고, 따라서 별의 운동에는 중심이 여러 개 있을지도 모른다는 추측을 할 수 있다. 또한 망원경으로 보면 달 표면의 명암의 차이를 확실하게 알 수 있어서 이른바 월면지도(月面地圖)를 만들 수도 있고 태양의 흑점 같은 것도 볼 수 있다. 망원경을 통해 얻은 이러한 성과들이 확실한 것으로 증명이 된다면 이들 사례는 매우 귀중한 것이다. 그러나 큰 기대를 걸기는 어려운 것으로 생각된다. 망원경을 통한 실험이 발견한 것들도 더러 있지만, 그에 못지않게 중요한 많은 문제들에 대해 망원경은 아직까지 아무런 발견도 못하고 있기 때문이다.

[3] 세 번째 부류에는 측지간(測地竿)이나 [천문]관측의(觀測儀) 등이 있다. 이들은 시각의 힘을 강화시키는 것이 아니라 그 오류를 바로잡아 준다. 시각 이외의 다른 감각기관의 직접적인 작용을 도와주는 사례들도 많이 있기는 하지만, 이들은 이미 알고 있는 것 이상으로 추가적인 정보는 주지 않는 것들이기 때문에 우리의 논의와는 별로 상관이 없고, 따라서 이와 같은 사례들은 언급하지 않았다.

---

44) Aristotle, *Meteorology*. I, 8(345a). *GBWW*, Vol. 7. p. 451.

40

열일곱 번째 특권적 사례로 '소환(召喚)사례'를 들 수 있다. 이 사례는 이전에 나타나지 않았던 것을 나타나도록 불러오기 때문에 '소환'이라는 법정 용어를 빌려왔다. 나는 이것을 '환기(換起)사례'라고 부르기도 하는데, 감각될 수 없는 것을 감각될 수 있도록 환기해주기 때문이다.

사물을 감각기관으로 파악할 수 없는 경우는 [첫째] 대상이 너무 먼 거리에 있을 때, [둘째] 중간 물체에 의해 감각이 차단되었을 때, [셋째] 대상이 감각기관에 인상을 줄 만큼 힘이 크지 못할 때, [넷째] 감각기관을 자극할 만큼 충분한 양을 갖고 있지 못할 때, [다섯째] 감각기관에 작용할 만큼 충분한 시간이 없을 때, [여섯째] 대상의 자극을 감각기관이 견뎌내지 못할 정도로 격렬할 때, [일곱째] 대상이 이미 감각기관을 사로잡아 (감각기관의) 새로운 운동의 여지가 없을 때 등으로 나누어볼 수 있다. 이것은 주로 시각과 관련이 있는 것이고, 그 다음으로 촉각과 관련이 있다. 시각과 촉각은 넓은 범위에 걸쳐 공통의 대상에 관한 정보를 알려준다. 그러나 다른 세 개의 감각 [청각, 후각, 미각]은 자신의 직접적 활동 대상에 관한 한정된 정보를 알려줄 뿐이다.

첫 번째의 경우처럼 너무 먼 거리에 있어서 감각되지 않는 경우에는 먼 거리에서도 보일 수 있도록 눈과 귀를 환기시키고 자극할 수 있는 어떤 것을 부가하거나 대체하면 된다. 봉화(烽火)나 벨 등에 의해 정보를 전달하는 경우가 바로 여기에 속한다.

두 번째의 경우처럼 중간 물체 때문에 감각되지 않는 경우에는 표면에 있는 혹은 밖으로 나타나는 것을 감각해 이를 알 수 있다. 인간의 신체상태를 맥박이나 오줌 등으로 판단하는 경우가 여기에 속한다.

세 번째와 네 번째의 경우는 실로 많은 대상과 관계가 있는데, 감각기관으로 지각할 수 있도록 하기 위해 다방면으로 노력하지 않으면 안 된다. 일례로, 공기나 정기 같은 것은 보이지도 않고 촉감으로 느낄 수도 없다. 이런 물체들을 탐구할 때는 감각기관으로 지각할 수 있는 방법을 반드시 찾아내야 한다.

예컨대 탐구대상본성이 가촉(可觸) 물체[촉각으로 지각 가능한 물체] 속에 들어 있는 정기[1 : 50, 2 : 7]의 작용과 운동이라고 하자. 우리 주변의 가촉 사물들에는 모두 보이지도 않고 촉감되지도 않는 정기가 들어 있는데 이것은 마치 옷에 싸여 있는 것처럼 속에 숨어 있다. 이 정기가 1) 방사(放射)되면 물체가 오그라들면서 마르고, 2) 속에 갇혀 있으면 물체가 부드러워지면서 녹고, 3) 완전히 방사된 것도 완전히 갇힌 것도 아니면 형체와 사지가 생기고 소화·배설·조직 등의 작용을 한다. 그리고 이들 작용의 결과는 명백하게 나타나기 때문에 감각으로 지각할 수 있다.

[1] 생명이 없는 가촉 물체의 경우 그 속에 갇혀 있는 정기는 자기 증식에 가장 알맞은 유형의 부분을 먹으면서 자라나는데, 먹이가 완전히 소화되고 나면 이것이 정기로 변하고, 정기로 변화된 다음에는 그 물체에서 빠져 달아난다. 우리는 이러한 정기의 형성과 증식을 무게의 감소를 통해 지각할 수 있다. 물체가 마르면 양이 줄게 마련인데 이것은 이전에 형체를 가지고 있던 물체 그 자체가 [정기로 변해] 소실되기 때문이다. 물론 이전에 들어 있던 정기도 소실되지만 정기 자체는 무게가 없기 때문에 줄어들었다고 하더라도 물체의 무게에 변화를 가져오지는 않는다.

정기의 발산 혹은 방사는 금속이 녹스는 것이나 기타 이와 유사한 물체들의 부패현상을 보면 (감각으로) 알 수 있다. 이 부식 혹은 부패는 생명의 맹아에 도달할 때까지 계속되는데, 생명의 맹아에 이르고 나면 여기에서 다시 세 번째 종류의 과정이 시작된다. 비교적 밀도가 높은 물체의 경우에는 정기가 빠져 달아날 구멍이나 통로를 찾기 어렵기 때문에 유형의 물체 자체를 밖으로 밀어내게 된다. 금속에 스는 녹이 바로 그런 것이다. 정기의 방사로 인한 (건조작용과) 물체의 수축은 물체가 딱딱해진 것과 오그라들고 갈라진 것을 보면 (감각으로) 알 수 있다. 나무 부분은 갈라지고 찌그러지고 껍질은 오그라드는데, 정기의 방사가 불의 열에 의해 갑자기 일어났을 경우에는 급속하게 오그라들어 비틀어지기도 하고 똘똘 말리기도 한다.

[2] 반대로 정기가 물체 속에 갇혀 있을 때 열과 같은 것에 의해 팽창되거나 자극을 받으면 (이러한 현상은 주로 딱딱한 물체 혹은 점성이 강한 물체에서 일어나는데) 물체는 단 쇠처럼 부드러워지거나 금속처럼 유동하거나 고무나 밀랍처럼 액체상태가 된다. 열의 상반된 작용, 즉 어떤 경우에는 물체를 딱딱하게 만들고 어떤 경우에는 물체를 녹이는 작용은 이렇게 해서 생겨나는 것이다. 전자는 정기가 방사된 경우이고 후자는 정기가 갇힌 상태에서 자극을 받은 경우이다. 물체가 녹아서 액체상태가 되는 것은 정기 자체의 고유한 작용에 의한 것이고 딱딱해지는 것은 정기가 방사되어 소실된 후에 생기는 가촉 부분의 작용이다.

[3] 그러나 정기가 완전히 갇힌 것도 완전히 방사된 것도 아니면 가촉 부분은 정기에 순종하며 정기가 이끄는 대로 따른다. 이로 인해 유기체로 형성되고 사지가 생겨나며 기타 식물이나 동물에서 보는 것 같은 생명활동이 나타난다. 이러한 생명활동의 최초의 발단과 맹아는 부패에서 생겨난 극소동물(예를 들면 개미나 연충(蠕蟲)이나 좀벌레의 알, 비 온 뒤의 개구리 알)에서 잘 나타나는데, 이것은 충분

히 감각적 관찰의 대상이 될 수 있다. [이러한 관찰을 통해서 알 수 있는 것처럼] 생명이 발생하기 위해서는 부드러운 열과 말랑말랑한 물체가 필요한데 [뜨거운 열 때문에] 정기가 급속하게 방사되는 일도 없고 가촉 부분이 너무 견고해 정기가 갇히는 일도 없이 밀랍처럼 쉽게 구부려지고 쉽게 형체를 바꿀 수 있어야 하기 때문이다.

또한 정기의 종류가 어떻게 다른가 어떤 차이를 가지고 있는가 하는 것도 [감각적 관찰의 대상이 될 수 있는] 여러 가지 사례에 의해 알아볼 수 있다. 그 중 가장 중요한 것을 알아보면 정기에는 하나하나 흩어진 정기와 가지[枝]를 가진 정기와 가지와 세포를 가진 정기가 있는데, 이 중 처음 것은 모든 무생물의 정기이고, 둘째 것은 식물의 정기이고, 마지막 것은 동물의 정기이다.

또한 사물의 한층 미세한 조직과 구조는 (이것이 결국 가시적·가촉적 물체를 구성하는 것인데) 눈에 보이지도 않고 촉감되지도 않는다. 따라서 이에 대한 정보 역시 감각적 관찰의 대상이 될 수 있는 사례들을 통해 얻어야 한다. 물체의 구조에 관한 가장 근본적인 문제는 동일 공간 또는 동일 용적에 얼마나 많은 물질이 들어 있나 하는 것이다. 그 밖의 것, 즉 동일 물체에 포함되어 있는 부분적인 차이나 각 부분의 배열이나 위치의 차이 같은 것은 부차적인 것이다.

이번에는 탐구대상본성이 물체 개개의 팽창 혹은 응집, 즉 각각의 물체가 어느 정도의 물질로 어느 정도의 용적을 차지하고 있는가 하는 것이라고 하자. 자연계에는 불변의 진리인 두 명제가 있는데, "무(無)에서는 아무것도 생기지 않는다"는 것과, "아무것도 무로 돌아가지는 않는다"는 것이다. 다시 말하면 물질의 절대량 혹은 총량은 일정하게 정해져 있으며 늘어나지도 줄어들지도 않는다는 것이다. 또한 "동일 공간 혹은 용적을 차지하는 물질의 양에 따라 물체의 차이가 생긴다"는 것도 그에 못지않은 진리이다. 예를 들면 동일 용적에 들어 있는 물질의 양은 물의 경우에는 많고 공기의 경우에는 적다. 그러므로 일정한 체적의 물이 그와 똑같은 체적의 공기로 변할 수 있다는 주장은 무엇인가가 무로 돌아갈 수 있다는 것을 전제하지 않고는 할 수 없는 말이고, 반대로 일정한 체적의 공기가 그와 똑같은 체적의 물로 변할 수 있다는 주장도 무에서 무엇인가가 생길 수 있다는 것을 전제하지 않고는 할 수 없는 말이다.

여러 가지 의미로 해석되고 있는 농밀과 희박이라는 개념도 본래는 위에서 말한 물질의 다소(多少)에서 생겨난 것이다. 그러므로 각각의 물체들에 들어 있는 물질의 다소는 서로 비교하여 계산할 수 있고 정확한 혹은 거의 정확한 비율로 나타낼 수 있다는 세 번째 주장 역시 [앞에서 말한 두 가지 명제에 이어] 거의 확실한 것으로 생각된다. 그러므로 일정한 체적의 황금에 들어 있는 양과 동일한 양의 주정은 황금보다 21배의 공간을 필요로 한다는 주장은 과히 틀린 말이 아닐 것이다.

물질의 집적과 그 비율은 무게로 쉽게 알 수 있다. 가촉 물체에 관한 한 무게는 분량에 비례하기 때문이다. 그러나 정기의 경우에는 물질의 무게를 증가시키는 것이 아니라 오히려 감소시키기 때문에 무게로 측정할 수 없다. 이 문제에 대해 꽤 정확한 표[농밀과 희박의 자연지]를 하나 만들어보았는데, 여기에는 각종 금속, 주요한 광물, 목재, 액체, 기름, 기타 여러 가지 자연적 물체 및 인공적 물체들의 무게와 체적이 기록되어 있다. 나는 이것이 매우 유용한 정보를 제공함과 동시에 작업의 지침으로도 사용될 수 있어서 여러 방면에 도움이 되리라고 굳게 믿고 있거니와, 또한 기대 이상의 여러 가지 좋은 결과들을 낳을 수도 있다고 생각한다. 이 표를 보면, 우리 주변의 가촉 물체(갯솜처럼 구멍이 많이 나 있고 공기가 가득 차 있는 물체말고 내부조직이 긴밀히 결합되어 있는 물체)들 사이에는 그 차이가 21 : 1의 비율을 넘지 않는다는 것을 알 수 있다. 즉 자연은 혹은 적어도 우리가 알고 있는 자연의 부분은 그와 같은 한계를 지니고 있다는 것인데 이런 것도 소홀히 취급할 문제는 아니다.

나는 또한 비가촉 물체 또는 기체상태의 물체와 가촉 물체 사이의 비율은 어떻게 될까 하는 것도 조사해볼 만한 가치가 있다고 생각해서 다음과 같은 장치를 만들어 실험해보았다. 먼저 약 1온스들이의 작은 유리관에 거의 목까지 차도록 주정을 넣는다. 작은 용기를 선택한 이유는 아주 약한 열에도 곧 증발을 일으키기 때문이고, 주정을 선택한 이유는 가촉 물체(잘 결합되어 있고 구멍이 나 있지 않은 것) 중에는 주정이 가장 희박하고 동일 용량에 가장 소량의 물질이 들어간다는 사실을 앞의 표에서 확인을 했기 때문이다. 다음으로 나는 주정의 무게를 유리병과 함께 정밀하게 계산했다. 그런 다음 약 2파인트[1파인트는 약 0.57리터]들이의 바람 주머니를 양쪽에서 꽉꽉 눌러 최대한으로 공기를 뺐다. 혹시 작은 구멍이라도 나 있을지 몰라서 주머니 전체에 기름을 발라 공기가 새는 것을 최대한으로 막았다. 이 주머니 입구에 유리병 주둥이를 끼운 다음 공기가 새지 않도록 주머니 입구를 초를 칠한 실로 꽁꽁 묶었다. 마지막으로 이 유리병을 화롯불로 가열했다.

잠시 후에 보니 주정의 증기 혹은 열기가 열에 의해 팽창해서 기체로 변하면서 조금씩 주머니 속으로 들어가기 시작했고, 주머니가 돛처럼 부풀었다. 이때 유리병을 불에서 꺼내 (갑자기 차가워지면 유리에 금이 갈지도 모르기 때문에) 조심스레 융단 위에 올려놓았다. 그런 다음 이 주머니 꼭대기에 구멍을 내서 모두 증발하게 했다(열이 식고 난 후 증기가 액체로 되돌아가 버리면 계산이 틀려지기 때문이다). 그리고 나서 그 주머니를 제거하고 남아 있는 주정의 중량을 다시 한번 재보았다. 이렇게 어느 정도의 양이 증기 또는 기체가 되어 없어지고 마는지를 계측하고, 다음으로 그 물체가 유리병 속에서 주정이었던 때는 어느 정도의 장소 또는 공간을 차지하는지, 주머니 속에서 기체로 변했을 때는 어느 정도의 공간을 차지하는지를 비교해 그 비율을 계산해보았다. 그 결과 주정은 기체상태로 변하게 되면 액체상태로 있을 때에 비해 100배나 커지고 팽창한다는 것을 알게 되었다.

탐구대상본성이 감각기관으로 지각할 수 없을 정도로 미약한 열 또는 냉이라고 하자. 이것은 앞에서 내가 말한 검온계[2:13(38)]로 감각될 수 있다. 열과 냉 그 자체는 촉각으로 지각할 수 없지만 열은 공기를 팽창시키고 냉은 공기를 수축시킨다. 또한 공기의 팽창과 수축 그 자체는 눈에 보이지 않지만, 공기가 팽창하면 물이 압박을 받아 아래로 내려가고 공기가 수축하면 물은 다시 올라간다. 그리하여 드디어 눈에 보이지 않던 것이 보이게 된다.

탐구대상본성이 물체들의 혼합상태, 즉 각 물체 속에 들어 있는 수분은 얼마며, 기름 성분은, 정기분(精氣分)은, 회분(灰分)은, 염분은 각각 얼마인가 하는 것이나 혹은 특정한 물체, 예를 들어 우유에는 버터가 얼마, 치즈가 얼마 들어 있는가 하는 것이라고 하자. 이러한 것은 가축 물체에 관한 한 기술적인 분리에 의해 감각될 수 있다. 물론 정기의 본성은 직접 지각되지는 않지만 그 물체의 다양한 운동이나 작용을 통해 검출된다. 또한 침식이나 부식이 일어나고 나면 그 이전과는 색이나 향기나 맛이 달라지기 때문에 이를 통해서도 정기의 본성을 지각할 수 있다.

지금까지 이 분야에서 증류법이나 인공적 분리를 이용한 연구가 없었던 것은 아니지만 다른 분야의 실험 성과에 비하면 이렇다 할 성과를 내지 못하고 있다. 이유는 간단하다. 지성을 제대로 사용하지 않은 채 그저 맹목적으로 열심히 하기만 했기 때문에 할 수 있는 일이라고 해봐야 추측의 수준을 넘을 수 없었던 것이다. 설상가상으로 자연을 모방하거나 경쟁할 생각은 못 하고 그저 센 불이나 센 힘으로 사물을 변화시킬 생각만 했기 때문에 사물의 미세한 구조는 오히려 파괴되었고, 그 결과 그 미세한 구조 속에 들어 있는 잠재적 성질이나 공감은 파악할 길이 없어지고 말았던 것이다. 또한 분리방법으로 실험하는 경우에도 내가 앞에서[2:7] 말한 주의사항을 제대로 지킨 경우가 극히 드물다. 즉 불이나 혹은 다른 방법으로 어떤 물체를 격동시킬 경우에는 불 그 자체나 혹은 분리를 위해 사용한 물체 그 자체 때문에 생겨나는 어떤 성질을 탐구대상이 되고 있는 물체의 본성으로 오인할 위험성이 있는데, 지금까지는 이런 일에 대해 전혀 주목하지 못했던 것이다. 바로 이런 이유로 여러 가지 착오가 생겨났는데, 예를 들면 불로 인해 물에서 방출된 증기는 처음부터 물 속에 증기 혹은 공기의 형태로 존재했던 것이 아니라 주로 불의 열 때문에 물이 팽창하여 생긴 것이다.

　또한 일반적으로 말해서 인공적 물체나 자연적 물체에 대한 모든 정밀한 실험은 진짜와 가짜를 구별하고 좋은 것과 나쁜 것을 구별하는 실험으로서 모두 이 항목에 넣을 수 있다. 감각될 수 없는 것을 감각될 수 있도록 만들어주는 것이기 때문이다. 따라서 이러한 실험은 모든 방면에 걸쳐서 주의 깊게 해볼 필요가 있다.

　다음으로 우리의 감각기관으로 파악되지 않는 다섯 번째 경우를 살펴보기로 하자. 감각의 작용은 운동에 의해 일어나고 이 운동은 시간 속에서 일어난다. 그러므로 어떤 물체의 운동이 너무 느리거나 너무 빠르거나 하여 감각작용이 일어나는 시간의 경과와 맞지 않으면 그 대상은 전혀 지각되지 않는다. 시계의 작은 바늘[시침]의 운동이 너무 느린 경우에 속하고, 머스킷 총 총알의 운동이 너무 빠른 경우에 속한다. 너무 느려서 지각되지 않는 경우에는 대체로 누적된 운동을 통해 지각될 수 있다. 그러나 너무 빨라서 지각되지 않는 경우에는 지금까지 별 뾰족한 수가 없었다. 하지만 이런 경우에도 자연을 제대로 탐구하기 위해서는 측정이 꼭 필요할 때가 있다.

여섯 번째의 경우, 즉 대상의 힘이 너무 강해서 감각기관이 방해를 받을 경우에는 대상을 감각기관으로부터 더 멀리 두거나, 혹은 대상을 파괴하지는 않고 다만 약화시키는 성질을 지닌 매개물을 사용해 대상의 힘을 약화시키는 방법을 사용해볼 수 있고 직접적인 충격이 너무 강할 경우에는 (물대야에 비친 태양처럼) 대상의 반사를 이용해서 대상이 감각될 수 있도록 할 수 있다.

일곱 번째의 경우, 즉 대상이 이미 감각기관을 사로잡아 감각기관이 더 이상 새로운 인상을 받아들일 여지가 없기 때문에 감각되지 않는 일은 보통 후각과 냄새의 경우 외에는 잘 생기지 않으므로 우리 일과 큰 관계는 없다. 그러므로 감각되지 않는 것을 감각될 수 있도록 만드는 일에 관해서는 이 정도로 마치기로 한다.

한편 인간의 감각기관에는 파악되지 않는 것을 지각할 수 있는, 인간보다 더욱 예민한 감각을 가진 동물들이 있다. 예를 들면 어떤 냄새는 개가 인간보다 더 잘 맡고, 외부의 빛이 차단된 깜깜한 공기 속에 숨어 있는 빛은 고양이나 올빼미처럼 밤눈이 밝은 동물들이나 볼 수 있다. 텔레시오가 정확히 지적한 것처럼,[45] 공기 속에는 아주 미약한 본원적인 빛이 들어 있는데, 이 빛은 인간이나 대다수 동물의 눈에는 아무 소용이 없다. 밤눈이 밝은 일부 동물들은 이 빛을 이용하는 것이 틀림없다. 그 동물들이 빛 없이 볼 수 있다거나 혹은 자기 스스로 빛을 내서 본다고 가정할 수는 없기 때문이다.

거듭 말하거니와 내가 여기에서 논의하고 있는 것은 인간의 감각기관의 '결함'과 그 대책이 무엇인가 하는 것이다. 감각기관이 저지르는 '잘못'은 감각기관과 감각대상에 관한 별개의 연구에 맡길 일이다. 다만 사물을 우주와 관련해서 규정하지 않고 인간과 관련해 규정하는 저 중대한 잘못[1:41]만큼은 이성과 보편철학에 의해 교정되어야 할 것이다.

41

열여덟 번째 특권적 사례로 '노정(路程)사례'를 들 수 있다. 나는 이것을 '순회(巡廻)사례' 또는 '관절(關節)사례'라고 부르기도 한다. 이것은 서서히 계속되는 자연의 운동을 나타내 보여주는 사례이다. 이러한 종류의 사례는 감각기관에 의해 파악되지 않는 것이라기보다는 오히려 잘 관찰되지 않는 것이라고 할 수 있다. 사람들이 자연을 관찰하는 모습을 보면 정말 부주의하기 짝이 없다. 무엇이든지 건성으로 보고, 그것도 가끔씩 볼 뿐 자연적 물체가 만들어지는 과정 그 자체에는 전혀 주의를 기울이지 않는다. 하지만 생각해보라. 어떤 공장(工匠)의 재능이 어떠하며 근면함이 어떠한지 알고자 할 경우 그가 물건을 만드는 데 사용한 재료가 무엇인지, 그가 만들어놓은 물건

---

45) Telesio, *De Rerum Natura* (1586). I, 3.

이 무엇인지 하는 것만 조사해서는 제대로 알 수 없지 않겠는가? 당연히 그가 직접 일하고 있는 현장을 보아야 할 것이다.

자연도 마찬가지다. 예를 들면 식물의 생장에 관해 탐구하는 사람은 씨앗을 뿌리고 나서 언제 어떻게 발아하는지부터 살펴보아야 한다. 이것은 파종한 지 이틀째, 사흘째 혹은 나흘째 된 씨앗을 파보면 쉽게 알 수 있다. 그리고 어떻게 그 씨앗이 껍질을 깨고 수염과 같은 싹이 트는지, 어떻게 수염과 같은 뿌리가 나서 땅속을 파고드는지, 어떻게 줄기가 나서 자라는지, (어느 한쪽이 자라기에 유리할 경우) 어떻게 옆으로 뻗어나가는지 하는 것도 전부 살펴보아야 한다. 알이 부화하는 것을 관찰할 경우도 마찬가지다. 생명이 싹트고 조직이 만들어지는 과정은 어떠한지, 노른자에서는 무엇이 또는 어떤 부분이 생기고 흰자에서는 무엇이 생기는지, 이런 것들은 마음만 먹으면 쉽게 관찰할 수 있다. 부패한 물질에서 생기는 동물에 관해서도 같은 방법을 사용할 수 있다. 완전한 포유동물의 경우에는 태아를 모태로부터 잘라내거나 하는 것은 비인도적인 행위이기 때문에 그렇게 할 수는 없다. 그러나 유산(流産)을 한 경우나 동물을 사냥했을 때는 예외가 될 수 있을 것이다. 이처럼 자연의 움직임은 낮보다는 밤에 더욱 잘 관찰되는 것이기 때문에 자연에 대해서는, 말하자면 야간근무를 서야 하고 영원히 꺼지지 않는 탐조등을 비추면서 머리카락 하나라도 놓치지 않는 자세로 탐구해야 한다.

뿐만 아니라 무생물에 대해서도 같은 시도를 해볼 필요가 있다. 나는 불에 의한 액체의 팽창 문제를 직접 탐구해본 일이 있다. 물은 포도주나 식초나 과즙과는 팽창방법이 다르고 우유나 기름 등과는 아주 많이 다른데, 이것은 이 액체들을 유리병에 넣고 약한 불로 끓을 때까지 가열해보면 쉽게 알 수 있다. 그러나 지금은 사물 그 자체를 다루는 것이 아니라 실례를 드는 것이기 때문에 이 문제에 대한 논의는 이 정도에서 그치기로 하고 나중에 사물의 '잠재적 과정'을 설명할 때[2:52] 다시 자세히 살펴보기로 하자.

42

열아홉 번째 특권적 사례로 '보충(補充)사례' 또는 '대용(代用)사례'를 들 수 있다. 나는 이것을 '피난(避難)사례'라고 부르기도 한다. 이것은 인간의 감각으로서는 도저히 어찌 해볼 방법이 없는 경우에 필요한 정보를 보충해주는 혹은 아쉬운 대로 대신 쓸 수 있는 사례를 말한다. 나는 적당한 사례를 얻을 수 없을 때 때때로 이 사례로 피난한다. 이러한 대용사례는 두 종류가 있는데 하나는 점차적 접근에 의한 방법이요, 또 하나는 유추에 의한 방법이다. 예를 들면 쇠를 끌어당기는 자석의 작용을 완전히 방해하는 중간물(中間物)은 아직까지 발견된 바 없다. 자석과 쇠 사이에 (금·돌·유리·나무·물·천·공기·불꽃 등) 무슨 물체를 두든지 자석의 작용은 방해받지 않는다. 그렇지만 잘 검사해보면 자석의 작용을 다른 물체보다는 비교적, 즉 약간은 둔화시키는 어떤 중간물이 있을지도 모른다. 예를 들면 두꺼운 황금 판자를 [자석과 쇠] 사이에 두면 (그 사이에 공기가 있는 것보다는) 자석의 작용이 둔화될지도 모른다. 또한 벌겋게 단 은을 [자석과 쇠] 사이에 두면 찬 은을 둔 것에 비해서는 쇠를 끌어당기는 힘이 더 약할지도 모른다. 이것은 내가 직접 실험해본 것은 아니기 때문에 단정적으로 말할 수는 없지만 예를 들면 그렇다는 것이다. 또한 불에 가까이 두었을 때 열을 받지 않는 물체는 우리 주변에는 없지만 공기는 돌보다는 확실히 열을 빨리 받아들인다. 이런 것이 바로 점차적 접근 방법에 의한 대용이다.

한편 유추에 의한 대용은 유익하기는 하지만 그다지 확실하지는 않기 때문에 판단을 잘해야 한다. 이것은 감각될 수 없는 것 자체에서 감각될 수 있는 작용을 찾아내는 것은 아니고 그것과 상사(相似) 관계에 놓여 있는 것에 대한 관찰을 통해 유추적 정보를 얻는 것이다. 예를 들어 비가시적(非可視的) 물체인 여러 정기들의 융합이 탐구의 대상이라고 하자. [이 문제에 대한 직접적인 관찰은 불가능하기 때문에 대신] 물체와 그 물체의 연료 또는 양분 사이에 존재하는 상사관계를 이용할 수 있다. 화염은 기름의 발산에 의해 증가하고 공기는 물의 증발에 의해 증가하는 것으로 미루어 화염의 연료는 기름 같은 유성물질이고 공기의 연료는 물과 같은 수성물질이라고 생각할 수 있다. 그러므로 공기와 화염의 융합과 같이 감각되지 않는 것을 알고자 할 경우에는 물과 기름의 융합과 같이 감각될 수 있는 것을 대신 살펴보면 된다. 물과 기름은 둘만 섞어놓으면 아무리 열심히 저어도 잘 섞이지 않지만 초목이나 피[血]나 동물의 어떤 부분에서는 아주 잘 섞여 있다. 화염의 정기와 공기의 정기가 융합할 경우에도 그와 유사한 일이 일어날지도 모른다. 즉 화염과 공기는 [기름과 물처럼] 둘만 섞으면 잘 섞이지 않지만 식물이나 동물의 정기 속에서는 잘 섞여 있을지도 모른다. 생명을 지닌 정기는 하나같이 수성물질과 유성물질 둘 다를 양분으로 섭취하고 있기 때문이다.

또한 탐구의 주제가 기체들의 완전한 융합이 아니라 단순한 혼합이라고 하자. 즉 기체들은 서로 얼마나 잘 섞이는지 (예를 들면) 바람이나 증기나 혹은 다른 기체 중에 보통의 공기와 융합하지 않고 응집된 상태로 작은 방울이 되어 공기 중에 떠다니거나 혹은 보통의 공기와 섞이기는커녕 오히려 공기에 의해 부서지는 그런 기체는 없는지를 탐구한다고 하자. 이것은 보통의 공기도 보이지 않고 문제의 기체도 보이지 않기 때문에 시각적 관찰이 불가능한 일이다. 그러나 수은이나 기름이나 물 같은 액체에서는 공기라 하더라도 물 속에서 방출되어 물 위로 떠오르는 작은 기포일 경우에, 혹은 짙은 연기의 경우에, 혹은 공중에 솟아올라 머무르고 있는 먼지의 경우에는 그 모습을 볼 수 있다. 이 중 어떤 경우에도 혼합은 일어나지 않는다. 물론 기체의 혼합 문제의 경우 이러한 상사관계에 의한 유추를 하기 전에 액체 상호간에 보이는 이질성이 기체 상호간에도 있는지에 대한 주의 깊은 탐구가 미리 이루어져야 할 것이다.

보충사례는 적당한 사례가 없을 경우에 일종의 피난처로 이용하라고 말하기는 했지만, 적당한 사례가 있는 경우에도 상당히 유용하다는 것도 알아둘 필요가 있다. 적당한 사례가 제공한 정보를 확증해주기 때문이다. 이 문제에 대해서는 나중에 귀납의 지주[2:21n] 문제가 나오면 그때 가서 상세히 다루기로 하자.

43

스무 번째 특권적 사례로 '해부(解剖)사례'를 들 수 있다. 이것을 나는 '각성(覺醒)사례'라고 부르기도 한다. 각성사례라고 한 이유는 인간의 지성을 끊임없이 각성시키기 때문이고, 해부사례라고 한 것은 자연을 해부해서 보여주기 때문이다. 따라서 나는 때로 이 사례를 '데모크리토스 사례'[1:51]라고 부르기도 한다. 이 사례는 절묘하고 심오한 자연의 신비를 일깨워주고 인간의 지성이 주의 깊게 관찰하도록 적절히 탐구하도록 환기시키는 사례를 말한다.

예를 들면 잉크 한 방울이 저토록 많은 문자를 만들어내는 것, 표면에만 금으로 도금한 은 조각을 길게 늘이면 금도금한 긴 실이 되는 것, 사람 피부 같은 데 붙어사는 작은 기생충에도 정기가 있고 신체조직도 다양해 있을 것은 다 있다는 것, 사프란 한 송이로 물 한 통을 [샛노랗게] 물들일 수 있다는 것, 소량의 사향이나 향료로 대량의 공기를 향기롭게 만들 수 있다는 것, 향을 조금만 피워도 엄청난 연기가 난다는 것, 분절어처럼 음이 딱딱 끊어지는 소리가 공중에서 모든 방향으로 퍼져나가고 심지어는 나무나 물의 기공조차도 관통하고 (소리가 작아지긴 하지만), 게다가 메아리까지 일으키는데 그것도 빨리, 똑똑하게 들린다는 것, 빛과 색이 저 정교하고 다양한 영상을 지닌 채 유리나 물과 같이 속이 찬 물체를 저토록 멀리까지 저토록 빨리 통과하고, 또한 굴절하고 반사하는 것, 자석이 그 어떤 물체라도 아무리 치밀한 물체라도 뛰어넘어 작용한다는 것, 게다가 (이것이야말로 정말 놀라운 일이지만) 이 모든 경우에 (공기와 같은) 공통의 매체에서 하나의 작용이 다른 작용을 전혀 방해하지 않는다는 것, 즉 저 많은 가시적 물체의 영상, 분절어의 저와 같이 많은 울림, 저토록 다양한 향기(예컨대 제비꽃 향기, 장미 향기), 그리고 또한 열과 냉, 자석의 인력 등, 이 모든 것이 (다시 말하면) 서로 다른 것을 방해하지 않고 마치 저마다 서로 다른 길과 통로를 가지고 있는 것처럼 서로 접촉하거나 충돌하는 일 없이 동시에 공기 중에 일어난다는 것 등등.

그러나 이 같은 해부사례에는 내가 해부의 한계라고 부르고 있는 사례를 덧붙여두는 것이 좋을 것이다. 앞에서 말한 여러 가지 사례에서 하나의 작용은 그와 종류가 다른 어떤 작용을 방해하거나 교란시키는 일은 없지만, 그와 종류가 같은 어떤 작용은 이를 압도하거나 소멸시키고 말기 때문이다. 예를 들면 햇빛은 반딧불이의 빛을, 대포 소리는 음성을, 강렬한 향기는 미약한 향기를, 강한 열은 약한 열을, 자석과 다른 쇠 사이에 둔 철판은 자석의 작용을 압도하고 소멸시킨다. 그러나 이 문제 역시 귀납의 지주[2:21n] 문제가 나오면 그때 가서 상세히 다루기로 한다.

44

지금까지 감각기관을 보조하는 사례에 대해 살펴보았거니와, 이들은 [자연에 대한] 정보를 얻기 위해 필요불가결한 사례들이다. 모든 정보는 우선 감각기관으로부터 시작되기 때문이다. 그러나 우리들이 하고자 하는 일 전체는 실천에서 완결되는 것으로서, 정보는 우리의 과업의 발단이요 실천은 그 종결이다. 따라서 지금부터는 실천하는 데 특히 유익한 사례에 대해 살펴보기로 하자. 이들 사례는 두 종류에 일곱 가지가 있는데, 일괄해서 '실천사례'라는 일반적 명칭으로 부르기로 하자. 실천적 작업에는 두 가지 애로가 있고, 이 애로를 훌륭하게 해결해주는 두 종류의 사례들이 있다. 하나의 애로는 작업이 자칫 헛고생이 되고 마는 것이요, 또 하나의 애로는 공이 너무 많이 든다는 것이다. 작업이 헛고생이 되고 마는 경우는 (본성에 대해 주의 깊게 탐구한 다음에) 물체의 힘과 작용을 규정하거나 측정하면서 오류를 범하기 때문이다. 물체의 힘과 작용은 공간·시간·양·에너지의 네 가지 관점에서 규정되고 측정된다. 이 네 가지가 제대로 정확하게 측정되지 않으면 이론적으로는 아무리 훌륭해 보이는 학문이라도 작업 현장에서는 쓸모 없는 것이 되고 만다. 이와 관련된 네 개의 사례를 나는 일괄하여 '수학적 사례'와 '측정사례'라고 부른다.

공력의 과도한 소모는 별로 쓸모도 없는 작업에 착수하거나, 혹은 도구의 수가 너무 많거나, 혹은 작업에 필요한 재료나 물체가 너무 방대할 경우에 발생한다. 그러므로 인간에게 꼭 필요한 일에 한정하여 하거나 필요한 도구의 수를 줄이거나 재료나 비품을 절감하는 작업의 사례는 매우 귀중한 사례라고 할 수 있다. 이와 관련된 세 개의 사례를 나는 일괄해서 '호의(好意)사례' 혹은 '은혜(恩惠)사례'라고 부른다. 다음에서 이 일곱 가지 사례를 각각 살펴보고, 특권적 사례 또는 특출한 사례와 관련된 우리의 논의에 결론을 맺기로 하자.

45

스물한 번째 특권적 사례로 '먹줄사례' 혹은 '척도(尺度)사례'를 들 수 있다. 나는 이것을 '유효범위의 사례' 또는 '한계사례'라고 부르기도 한다. 사물의 힘과 운동은, 아무 데서나 우연적으로 일어나는 것이 아니라 언제나 한정된 특정의 공간에서 일어나고 작용한다. 그러므로 어떤 본성을 탐구할 때에는 이러한 사실을 잘 인식하고 관찰해야 한다. 그래야 실패하지 않을 뿐더러 실천을 더욱 넓은 범위에까지 확장하고 더욱 유력한 것으로 만들 수 있다. 이러한 힘이 확장될 수 있다는 것은 이른바 거리를 단축해주는 망원경이 이미 잘 보여주고 있다.

대부분의 힘은 오직 명백한 접촉에 의해서만 작용하고 영향을 미친다. 예를 들면 두 물체가 충돌하는 경우에 한 물체가 다른 물체에 직접 부딪치지 않고서는 그 물체를 이동시키지 못한다. 연고나 반창고 같은 외용약(外用藥)도 신체에 직접 바르거나 붙이지 않으면 효과가 없다. 촉각이나 미각의 대상도 촉각기관이나 미각기관에 직접 닿지 않는 한 그 감각기관을 자극하지 않는다.

그 밖에 아주 짧은 거리이기는 하지만 어떤 거리를 두고 작용하는 힘도 있다. 이러한 힘에 대해서는 지금까지 사람들이 거의 유의(留意)해본 일이 없지만 우리가 생각하고 있는 것보다는 많다. 예를 들면 (널리 알려진 예이지만) 호박(琥珀)이나 흑옥(黑玉)이 밀짚을 끌어당기는 것, 기포가 기포를 해체하는 것, 설사약이 체액을 높은 곳[뇌수]에서 끌어내리는 것 등이 이러한 경우에 속한다. 쇠와 자석이 혹은 자석과 자석이 서로 끌어당기는 자성(磁性)은 정해진 좁은 범위 안의 작용이지만 지구 자체—지표의 약간 아래—에서 발생하는 자성이 쇠바늘에 작용해 양극성을 보이도록 하는 것은 원거리까지 미치는 작용이다.

또한 공감에 의해 작용하는 것으로 설명되고 있는 자력은 매우 먼거리에서 미치는 힘이다. 지구와 무거운 물체 사이에 작용하는 힘이나, 달과 바닷물 사이에 작용하는 힘이나(밀물과 썰물이 달과 관계가 있다는 것은 반달을 주기로 사리와 조금[46]이 반복되는 것으로 미루어보아 거의 확실하다), 혹은 항성천과 행성 사이에 작용하여 행성을 원지점까지 끌어올리는 힘 등이 이러한 예에 속한다. 또한 어떤 물질은 [열원(熱源)으로부터] 꽤 먼 거리에서 점화되거나 인화한다. 이것은 바빌론 석뇌유(naphtha of Babylon)에 대해 사람들이 말하고 있는 바로 그대로이다.[47]

열도 또한 아주 먼 곳에서부터 스며든다. 냉기도 그러한데, 캐나다에 사는 사람들은 북극해의 빙산 또는 빙괴(氷塊)가 대서양을 거쳐 연안으로 표류해 내려오기 전에 이미 멀리서부터 스며드는 냉기를

---

46) 지구에서 볼 때 달이 태양의 반대편에 있는 보름달일 때나 달과 태양이 같은 쪽에 있게 되는 합삭(合朔)일 때에는 두 인력(보름달일 때는 태양과 지구, 합삭일 때는 태양과 달)이 겹쳐서 여느 때보다 바닷물을 훨씬 세게 끌어당긴다. 따라서 물이 높이 솟아오르게 되어 간만(干滿)의 차 또한 가장 커지는데 이것이 사리이다. 또한 상현달(음력 초여드레)이나 하현달(음력 스무사흘)일 때에는 달과 태양이 직각 방향에 놓이게 됨으로써 양쪽의 인력이 서로에게 힘을 미친다. 이렇게 되면 바닷물을 끌어당기는 힘이 약해져서 간만의 차가 작아지는데 이것이 조금이다. 사리와 조금은 계절에 관계없이 2주일쯤마다 번갈아 일어난다. 이런 현상 자체는 오래 전부터 관찰되었으나 원인에 대한 정확한 설명은 뉴턴의 만유인력(萬有引力)의 법칙이 나온 뒤의 일이다.

47) Herodotus, *The History*. 1 : 179. *GBWW*, Vol. 5. p. 40.

통해 빙괴를 감지한다. 향기도 아주 멀리까지 가는데, 이 경우에는 언제나 어떤 종류의 물체가 발산되는 것으로 생각된다. 그러므로 플로리다 해안이나 에스파냐의 어떤 연안을 항해하는 사람들은 레몬이나 오렌지 같은 방향성 과일나무나 혹은 로즈메리나 마요라나 숲에서 나는 향기를 언제나 맡을 수 있다. 마지막으로 빛의 방사나 소리도 꽤 먼 거리에까지 작용한다.

그러나 이들 힘이 미치는 거리는 크든 작든 일정하게 정해져 있고 어떤 종류의 '한계'가 있다. 이 한계는 작용을 받는 물체의 크기나 양, 작용하는 힘의 강약, 작용을 촉진하거나 저해하는 중간물 등에 따라 결정되는 것이므로 이러한 것들을 전부 계산해서 기록해야 한다. 뿐만 아니라 투사체, 총알, 차바퀴 등의 운동과 같은 (이른바) 강제운동도 분명히 일정한 한계를 지니고 있으므로 이것도 측정하고 기록해야 한다.

운동이나 성능 중에는 앞에서 말한 것과 정반대의 본성을 지니고 있는 것들도 있다. 즉 일반적인 운동은 직접적인 접촉이 있을 때 그 효과가 나타나고 거리가 떨어져 있을 때는 전혀 효과가 없지만, 이것은 직접적인 접촉이 있을 때는 효과가 나타나지 않고 오히려 일정한 거리를 유지할 때 더욱 효과가 잘 나타난다. 예를 들면 시각(視覺)은 직접적인 접촉 상태에서는 효과가 거의 나타나지 않고, 매체와 거리를 필요로 한다. [물론 그 반대의 증언이 없는 것은 아니다.] 믿을 만한 사람한테 들은 이야기인데, 그 사람은 백내장 수술을 받으면서 (이 수술은 작은 은바늘을 눈 외피의 안쪽에 찔러넣어 백내장의 얇은 막을 제거해서 눈의 구석으로 밀어넣는 것이다) 바늘이 동공 위를 움직이는 것을 똑똑히 보았다고 한다. 이 이야기는 아마 사실일 것이다. 그러나 큰 물체들의 경우에는 그로부터 나오는 반사광선이 그 물체로부터 약간 떨어진 곳에서 [원추형으로] 합류하기 때문에 이 원추의 정점에서가 아니면 그 물체를 명확하게 인식할 수 없다. 뿐만 아니라 나이든 사람들의 경우에는 가까이 있는 물체보다는 오히려 약간 멀리 있는 물체를 더 잘 본다. 또한 투사체의 경우 비행거리가 짧으면 좀더 멀리 날아간 것에 비해 확실히 충격이 약하다. 따라서 운동을 측정할 때는 거리에 관한 이러한 관찰들을 잘 기록해두어야 한다.

장소이동을 측정할 때 주의해야 할 사항이 또 하나 있다. 이것은 전진운동에 관련된 것이 아니라, 구형(球形)운동, 즉 물체가 더 큰 구형으로 팽창하거나 더 작은 구형으로 축소되는 운동과 관련된 것이다. 이러한 운동을 측정할 때는 측정 대상 물체가 쉽게 수축 혹은 팽창하는 것은 어디까지인가, 어느 만큼 수축 혹은 팽창하면 저항하기 시작하는가, 그 한계는 어디까지인가 하는 것을 전부 탐구해야 한다. 예를 들면 공기가 가득 찬 주머니를 압축하면 어느 정도까지는 압축이 되지만 계속 압축하면 더 이상 견디지 못하고 공기주머니가 터지고 만다.

나는 꽤 정교한 실험으로 이러한 사실을 확인한 바 있다. 수조 안에 작은 공을 넣은 다음 그 위에 소금 그릇 같은 가볍고 얇은 금속제 종을 덮어씌워 수조 밑바닥까지 닿도록 했다. 그랬더니 공이 종 안의 공기가 든 공동(空洞)에 비해 작을 경우에는 공기가 좁은 공간에 축소된 채 그대로 있었지만 공이 공동에 비해 커서 공기가 스스로 장소를 양보하지 않는 경우에는 공기가 강한 압박을 견디지 못하고 종 한쪽 옆을 들어올리고 기포가 되어 떠올랐다.

또한 공기가 어느 정도까지 팽창할 수 있는가 하는 것도 다음과 같이 실험해보았다. 즉 한쪽 끝에 작은 구멍을 뚫은 유리알을 가지고 그 구멍 속에 들어 있는 공기를 입으로 강하게 빨아낸 다음 그 구멍을 재빨리 손으로 막고 그대로 물 속에 넣은 다음 구멍에서 손을 뗐다. 입으로 힘차게 빨아냈기 때문에 공기는 자연상태보다 희박한 상태가 되어 있었으므로 본래 상태를 회복하기 위해 수축되었고 남은 공간으로 물이 빨려 들어갔다(그 유리알을 물 속에 넣지 않고 손을 뗐다면 공기가 바람 소리를 내면서 빨려 들어갔을 것이다).

이와 같이 (공기처럼) 희박한 물체가 상당한 정도의 수축에도 견딘다는 것은 확실하지만 (물 같은) 가촉 물체는 아주 작은 범위의 압축에, 그것도 아주 잠깐 동안 견딜 수 있을 뿐이다. 나는 물이 과연 어느 정도의 압축까지 견딜 수 있는지를 알아보기 위해 다음과 같은 실험을 해보았다.

먼저 상당한 압력에도 잘 견딜 수 있도록 두꺼운 납으로 포도주 2파인트들이의 구형(球形) 용기를 만들어 한 곳에 구멍을 뚫고 물을 가득 채운 다음 그 구멍을 납으로 땜질해 막았다. 그런 다음 무거운 망치로 [구형이 타원형이 되도록] 두드려 용기 속의 용량이 줄도록 했다. 알다시피 (표면적이 동일할 경우) 완전한 구(球)가 용량이 가장 크다. 망치로 계속 두드리다가 물의 저항 때문에 더 이상 (용량이) 줄어들지 않게 되었을 때 이번에는 프레스를 이용하여 압축했더니 물은 더 이상의 압력을 견디지 못하고 그 두꺼운 납 사이로 이슬처럼 새어나왔다. 이때 압축으로 줄어든 용기의 용량을 측정해 물이 (강력한 압력을 가했을 경우) 어느 정도까지 압축을 견딜 수 있는지를 알아보았다.

그러나 돌이나 나무나 금속처럼 더 치밀하고 견고하고 건조한 물체는 훨씬 더 적게, 거의 지각할 수 없을 정도의 수축 또는 팽창에 견딜 수 있을 뿐이다. 그러므로 이러한 물체들을 그 한계 이상으로 압축 또는 팽창시킬 경우에는 부러지거나 전진하거나 하는 등의 방법으로 압축 또는 팽창을 피하게 된다. 이것은 나무를 굽혔을 때, 시계에 들어 있는 용수철에서, 투사체의 운동에서, 망치로 강하게 두드렸을 때 등과 같은 운동에서 쉽게 확인할 수 있다. 그러므로 자연을 연구하는 사람은 이러한 모든 운동들의 팽창과 수축상태를 사정이 허락하는 한 정확히 혹은 개략적으로 혹은 비교해서 관찰 및 측정해야 한다.

46

스물두 번째 특권적 사례로 '진행(進行)사례'를 들 수 있다. 나는 이것을 '물[水]의 사례'라고 부르기도 하는데, 이 말은 옛날 사람들이 모래 대신 물을 넣어 사용한 물시계에서 가져온 것이다. 이 사례는 '척도사례'[2:45]가 공간의 넓이로 자연을 측정하는 것과 마찬가지로 시간의 길이로 자연을 측정하는 것이다. 운동이나 자연적 작용은 하나같이 시간 속에서 혹은 신속하게 혹은 완만하게, 자연적으로 정해진 일정한 시간 속에서 일어난다. 갑자기 (말하자면) 눈 깜짝할 사이에 일어난 것처럼 생각되는 작용조차도 알고 보면 많든 적든 일정한 시간 속에서 이루어진 것이다.

우선 알다시피 천체가 제자리에 돌아오는 회귀만 하더라도 일정한 주기를 가지고 있으며, 바닷물의 밀물과 썰물도 주기적으로 일어난다. 그리고 무거운 물체가 지구 쪽으로, 가벼운 물체가 하늘 쪽으로 움직이는 운동도 그 물체의 본성과 그 물체가 이동하는 매체의 본성에 따라 각각 일정한 시간 속에서 일어난다. 또한 범선의 항해나 동물의 운동, 투사체의 비행 등도 마찬가지로 계산 가능한 시간 속에서 일어난다. 열의 경우에도 누구나 알고 있는 것처럼 겨울철에 불꽃 속에 잠깐 동안 손을 넣어도 데지 않고, 요술쟁이들은 포도주나 물이 가득 담긴 컵을 공중으로 재빨리 한 바퀴 돌려 제자리에 갖다놓는데 [잠깐 동안 거꾸로 든 상태가 되지만] 물을 한 방울도 쏟지 않는다. 그 밖에도 이와 같은 사례는 무수히 많다. 물체의 수축·팽창·분출도 그 물체와 운동의 본성에 따라 빠르기에 차이가 있기는 하지만 일정한 시간 속에서 일어난다. 또한 여러 문의 대포를 동시에 발사하면 (때로는 30마일 밖에서도 그 소리를 들을 수 있지만) 대포를 쏜 지점에서 가까이 있는 사람이 멀리 있는 사람보다 더 빨리 그 소리를 듣는다. 또한 시각의 경우조차도 (그 작용이 매우 신속하긴 하지만) 역시 일정한 시간을 필요로 하는 것이 분명하다. 이것은 눈에 보이지 않을 정도로 빨리 움직이는 물체, 예를 들어 머스킷 총의 총알을 생각해보면 쉽게 알 수 있다. 이 총알이 우리 눈에 보이지 않는 것은 총알의 모습이 시각에 인상으로 전달될 시간도 없이 빨리 날아가기 때문이다.

이 사례와 이와 유사한 사례를 보면서 나는 이상한 의문에 사로잡혔다. 즉 별이 총총한 밤하늘은 과연 현재 [실시간으로] 존재하는 모습인가 혹은 조금 전의 모습인가 하는 것과, 또한 (천체를 관찰하는) 천문학자들이 시차(視差)를 고려해 진짜 위치와 겉보기 위치를 구별하듯이 시간에 관해서도 진짜 시간과 겉보기 시간이란 것을 구별해야 하지 않을까 하는 생각을 갖게 되었던 것이다. 저토록 광대무변(廣大無邊)한 공간을 거쳐 시각에 도달하는 천체의 영상 혹은 빛이 단숨에 우리 눈에 전달된 것이라고 생각할 수는 없었기 때문이다.

그러나 별까지의 거리가 워낙 멀기 때문에 그 별이 아주 작아 보인다는 사실과 (60마일 이상이나) 멀리 떨어져 있는 흰 물체가 인지된다는 사실에 생각이 미치면서 이러한 의문(진짜 시간과 겉보기 시간 사이의 꽤 큰 차이가 있을 것이라고 생각한)은 곧 풀렸다. 그만큼 천체의 빛은 가장 강한 흰 빛보다도, 아니 지구상에서 우리가 알고 있는 그 어떤 불꽃에서 나오는 빛보다 강하다는 사실을 알게 되었던 것이다. 또한 놀라운 속도로 움직이는 천체의 일주운동을 보면 (이 때문에 천체가 움직이는 것이 아니라 지구가 움직인다고 믿으려는 사람들도 생겨났지만) 천체에서 나오는 빛이 그렇게 빨리 지구에 도달한다는 것이 결코 못 믿을 일은 아니다. 그러나 내가 주목하고자 있는 것은 그 방사운동이 아무리 빠르더라도 일정한 시간을 소요하는 것이라면 천체의 영상은 반드시 구름이나 그와 유사한 중간물의 방해에 의해 차단되거나 교란될 것이라는 사실이다. 시간의 단순한 측정에 대해서는 이 정도로 해두기로 하자.

그러나 운동과 작용에 관한 것은 단순한 측정에 그칠 것이 아니라 비교측정을 할 필요가 있다. 이렇게 하는 것이 여러 모로 유용하기 때문이다. 잘 알고 있는 것처럼 대포를 쏘았을 때 시간적인 순서로 보면 포탄이 공기의 충격을 받고 나서 섬광이 생기지만 포탄이 터지는 소리보다 섬광이 먼저 보인다. 이것은 빛의 운동이 소리의 운동보다 훨씬 더 빨리 전달되기 때문이다. 또한 가시적 영상은 [그 이전의 영상이] 사라지는 것보다 더 빨리 시각에 들어온다. 바이올린 현을 손으로 뜯으면 2중 3중으로 보이는 것이나, 고리를 [지름을 축으로 하여] 돌리면 공처럼 보이는 것이나, 밤에 횃불을 들고 빨리 걸어가면 횃불 꼬리가 보이는 것 등은 처음의 영상이 사라지기도 전에 다음의 영상이 시각에 들어오기 때문이다.

또한 갈릴레이는 바닷물의 밀물과 썰물이 생기는 원인을 운동 속도의 부등성(不等性)에서 찾고 있는데, 그에 따르면 지구는 빨리 돌고 바닷물은 느리게 돌기 때문에 (물그릇을 빨리 움직여보면 알 수 있듯이) 일정한 간격을 두고 바닷물이 솟았다 가라앉았다 한다는 것이다.[48] 그러나 이러한 설명은 (지구가 움직인다는) 아직까지 인정되

---

48) Galileo Galilei, *Dialogues Concerning the Two New Sciences* (1638), *GBWW*,

지 않은 가설을 전제로 하고 있거니와, 게다가 밀물과 썰물이 왜 6시간 주기로 일어나는지는 전혀 설명하지 못하고 있다.

어쨌든 지금 문제가 되는 운동의 비교 측정에 관한 문제는 화약으로 가득 찬 지하 갱도에서 아주 확실한 예를 찾아볼 수 있다(그 힘이 얼마나 위력적인가 하는 것은 앞에서 다 말했다). 어떻게 해서 소량의 화약이 거대한 흙더미나 건조물 같은 것들을 무너뜨리고 공중으로 날려보낼 수 있을까? 그 이유는 (그런 물체들을 밀어올리는) 화약의 팽창운동이 그에 저항하는 (그 물체들의) 중력운동보다 훨씬 더 빨라서 후자의 반대운동이 시작되기도 전에 이미 전자의 운동이 끝나버리기 때문이다. 그러므로 투사체의 경우에도 멀리 날려보내는 데에는 강한 충격보다는 신속한 충격이 더 효과적이다. 동물의 경우에도 (특히 고래나 코끼리 같은 거대한 동물의 경우) 극히 적은 부분의 동물정기가 저 어마어마한 몸을 이리저리 움직이게 하는 것도 정기의 운동은 신속한 데 비하여 몸은 둔중해서 그에 저항할 틈이 없기 때문이다.

요컨대 이것은 (뒤에서[2:51] 다루게 될) [자연적] 마술 실험의 중요한 기초 가운데 하나가 된다. 즉 마술 실험에서는 덩어리가 작은 물질이 덩어리 큰 물질을 압도하고 제어하는 것을 보여주는데, 이것은 (거듭 하는 말이지만) 전자의 운동이 워낙 신속해서 후자가 움직이기 전에 기선을 제압하기 때문이다.

마지막으로 이러한 선후(先後)의 구별은 모든 자연적 작용에서 탐구할 만한 가치가 있다. 예를 들면 대황(大黃)을 우려내면 맨 처음 변비치료제가 추출되고 그 다음에 수렴제(收斂劑)가 추출된다. 나는 이

Vol. 26. IV. Fourth Day.

와 유사한 것을 제비꽃을 포도주에 담갔을 때도 경험했는데, 처음에는 감미로운 꽃향기가 추출되더니 좀더 시간이 지난 다음부터는 흙냄새가 추출되기 시작해 오히려 향기로운 냄새가 다 죽고 말았다. 즉 제비꽃에는 극소량의 방향이 들어 있기 때문에 하루 종일 담가두는 것보다는 오히려 15분 정도 담갔다가 꺼내고 다시 새 제비꽃을 넣고, 또 15분 정도 후에 다시 꺼내고 해서 여섯 번을 반복하면 향기가 아주 진해진다. 이렇게 하면 약 1시간 반 남짓한 시간 동안 우려낸 향기가 제비꽃 그 자체에 못지않게 강해 1년 이상을 간다. 그러나 이 향기는 우려낸 지 한 달 정도 지나야 최고도에 도달한다는 사실에 주의할 필요가 있다. 또한 방향식물을 주정 속에 넣어 증류할 경우에도 처음에는 아무 쓸모 없는 물 같은 점액이 올라오고, 그 다음에 주정을 다량 함유한 물이 올라오고, 마지막으로 향료를 다량 함유한 물이 올라온다. 증류과정을 살펴보면 이와 같은 것이 수도 없이 많지만 예를 드는 것은 이 정도로 해두자.

47

스물세 번째 특권적 사례로 '양(量)의 사례'를 들 수 있다. 나는 이것을 (의학용어를 빌려) '자연의 복용량(服用量)'이라고 부르기도 한다. 이것은 '물체의 힘'을 그 '물체의 양'으로 측정해 물체의 양에 따라 그 힘의 작용방법이 어떻게 다른가 하는 것을 보여주는 사례를 말한다. 첫째로 어떤 힘은 우주적인 양, 즉 우주의 구성과 구조에 합치하는 양이 있어야만 존속하는 것이 있는데, 예를 들면 [충분한 양을 가지고 있는] 지구는 안정되어 있지만 지구의 여러 부분[땅 위에 있는 여러 물체들]은 낙하하고, 바닷물에는 밀물과 썰물이 있지만 강물은 (바닷물이 밀려 올라오는 경우를 제외하고는) 그런 일이 생기지 않는다. 둘째로 각 물체가 가진 힘은 거의 대부분 그 물체의 양의 다소(多少)에 비례해 작용한다. 예를 들면 대량의 물은 잘 썩지 않지만 소량의 물은 쉽게 썩는다. 포도주나 맥주는 큰 통에 넣어두는 것보다는 작은 가죽부대에 넣어두는 것이 발효가 더 잘 되고 더 맛있게 된다. 약초도 대량의 액체에 담그면 흡수보다는 오히려 침출(浸出)이 일어나지만, 소량의 액체에 담그면 침출보다는 오히려 흡수가 일어난다. 그러므로 입욕(入浴)을 하는 것과 그냥 몸에 물을 끼얹는 것은 효과가 다르다. 또한 이슬은 아주 작고 가볍기 때문에 떨어지지 않고 공중에 흩어져서 공기와 어울려 있다. 그러므로 보석에 입김을 불면 잠깐 동안 습기가 생겼다가 곧 공기 중의 구름처럼 흩어지고 만다. 또한 자석 조각은 자석 전체만큼 강하게 쇠를 끌어당기지는 못한다. 한편 양이 적을수록 더 큰 힘을 발휘하는 것들도 있다. 예를 들면 구멍을 뚫을 때는 뭉툭한 것보다는 뾰족한 것이 낫다. 다이아몬드도 끝이 날카로워야 유리 같은 것을 자를 수 있다.

그러나 우리는 이처럼 힘의 작용과 양의 문제를 다루면, 그저 다소(多少)라는 막연한 개념에만 머물러서는 안 된다. 물체의 양과 작용은 균등한 정비례 관계를 갖고 있는 것은 아니기 때문에 어느 정도의 양이 어떤 작용을 보이는가 하는 것을 면밀하게 탐구해야 한다. 1온스 무게의 납덩어리가 낙하하는 데 걸리는 시간을 알았다고 해서 2온스 무게의 납덩어리가 낙하하는 데 걸리는 시간은 그 절반이 될 것이라고 지레짐작해서는 안 된다. 또한 물체마다 그 비례관계의 형태가 다 다르기 때문에 그 점도 충분히 고려해야 한다. 그러므로 이런 문제들은 어림짐작으로 할 것이 아니라 반드시 그 사물 자체에 대한 실험을 통해 확인해야 한다.

마지막으로 자연을 탐구할 때는 어떤 효과를 내는 데 필요한 물체의 양을, 말하자면, 약(藥)의 복용량처럼 잘 기록해두고 [어떤 물체로부터 어떤 효과를 얻고자 할 때에 그 물체의 양이] 너무 과소하거나 혹은 과다하지 않도록 주의해야 한다.

48

스물네 번째 특권적 사례로 '투쟁사례'를 들 수 있다. 나는 이것을 '우세(優勢)사례'라고 부르기도 한다. 이것은 여러 가지 힘 중에서 어떤 것이 우세하고 어떤 것이 열세한가, 어떤 것이 강해서 승리하고 어떤 것이 약해서 굴복하는가 하는 것을 보여주는 사례를 말한다. 물체의 운동과 효과는 물체 그 자체와 마찬가지로 서로 뒤엉키게 마련이다. 그러므로 먼저 운동 혹은 능동적인 힘에는 어떤 것들이 있는지 그 종류부터 살펴볼 필요가 있다. 운동의 주요한 종류들을 알아야 우열을 비교하기가 쉽고 투쟁사례 혹은 우세 사례를 명확히 알 수 있기 때문이다.

제1의 운동으로는 물질의 '저항운동'을 들 수 있다. 이것은 물질 하나하나의 분자 속에 존재하는 운동으로서, 이로 인해 그 물질이 완전히 절멸하는 것이 방지된다. 그러므로 그 어떤 화염도 무게도 압력도 폭력도 혹은 긴 세월도 그 물질의 분자 하나라도 없앨 수 없다. 아니 없애지 못하는 정도가 아니라 그 형태를 변화시킬 수도 없고 그 분자가 차지하고 있는 공간을 빼앗거나 해서 장소를 변화시킬 수도 없다. 이 운동을 스콜라 학파에서는 '두 물체가 동일한 장소에 존재할 수는 없다'는 공리로 표현하고, 그것을 '연장침투저지운동'(延長浸透沮止運動)[2:36(6)]이라고 부르고 있다(스콜라 학자들은 무엇이든지 내적인 원인에 의해 규명하는 것이 아니라 언제나 그 효과를 놓고 규명하고 명명한다). 이 운동은 모든 물체에 존재하는 것이기 때문에 따로 예를 들 필요는 없다.

제2의 운동으로는 '결합운동'을 들 수 있다. 이 결합운동에 의해 다른 물체와의 접촉으로부터 분리되지 않으며 물체 상호간의 결합과 접촉을 통해 서로 '향유'하는 것이다. 스콜라 학자들은 이 운동을 '진공 회피 운동'이라고 부르고 있는데[1 :66], 예를 들면 흡입이나 주사기로 물을 빨아올리는 것이나, 부항(附缸)단지[49]로 살을 빨아당기는 것이나, 혹은 물이 든 주머니에 구멍을 뚫었다 하더라도 입구를 열기 전까지는 물이 흘러나오지 않는 것 등 이 원리를 따르는 사례는 셀 수 없이 많다.

제3의 운동으로는 '자유운동'을 들 수 있다. 이것은 물체가 부자연스런 압박이나 긴장에서 벗어나 그 물체에 적합한 크기로 되돌아가려는 운동이다. 이 운동의 실례도 무수히 많은데, 예를 들면 (압박에서 벗어나려고 하는 것으로서) 수영할 때의 물의 운동, 비행할 때의 공기의 운동, 노를 저을 때의 물의 운동, 바람이 불 때의 공기의 운동, 시계의 스프링 등이 여기에 속한다. 또한 압축된 공기의 운동은 아이들이 가지고 노는 장난감 총을 보면 쉽게 알 수 있다. 이 총은 오리나무 같은 막대에 [파이프처럼] 구멍을 뚫고 한쪽 끝을 과육질의 뿌리 같은 것[탄환]으로 막은 다음, 다른 쪽 끝에서 역시 과육질의 뿌리 같은 것을 단 밀대를 구멍 속에 넣어 밀면, 밀대 끝이 반대편 구멍을 막고 있는 뿌리 혹은 화살에 닿기도 전에 폭음과 함께 그 뿌리 혹은 화살이 발사된다.

긴장을 벗어나려는 운동은 유리알 속을 빨아낸 다음에도 여전히

---

49) 고름이나 독혈(毒血)을 뽑아내기 위해 쓰이는 종 모양의 유리그릇. 안쪽의 공기를 희박하게 만들어 그 속의 음압(陰壓)에 의해 피부면을 빨아당겨 울혈(鬱血)을 일으키게 한다.

남아 있는 공기의 운동이나 실·가죽·천 등을 당겼다 놓았을 때 수축하는 현상 등에서 찾아볼 수 있다. 스콜라 학자들은 이 운동을 '원소(元素)의 형상에 기초한 운동'이라고 부르고 있지만 이 명칭은 분명히 잘못된 것이다. 이 운동은 불·공기·화염 등은 물론이고 모든 고체, 즉 나무·쇠·납·천·양피지 등에서도 찾아볼 수 있기 때문이다. 이들 물체는 각기 제 나름의 크기를 가지고 있어서 그보다 더 넓은 크기를 가지게 하기 어렵다.

이러한 자유운동은 모든 운동 가운데 가장 명료하게 가장 보편적으로 나타나기 때문에 분명하게 구별해둘 필요가 있다. 이 '자유운동'을 앞에서 말한 '저항운동' 및 '결합운동'과 혼동하는 사람들이 있기 때문이다. 이들은 압박에서 벗어나려는 운동을 '저항운동'으로, 긴장에서 벗어나려는 운동을 '결합운동'으로 혼동해 압박된 물체가 굴복하거나 혹은 팽창하는 것은 '연장침입저지운동'[2:48(2)] 때문이고, 긴장된 물체가 반발해 수축하는 것은 '진공'을 회피하기 때문이라고 생각하고 있다. 그러나 공기가 물처럼 혹은 나무가 돌처럼 농밀하게 된다 하더라도 이 압축은 연장침입과는 아무런 관련이 없으며, 물이 공기처럼 혹은 돌이 나무처럼 희박하게 된다 하더라도 이 팽창은 연장침입 혹은 진공과는 아무런 관련이 없다. 다시 말해서 극한적인 응축이나 희박화에 도달하기 전까지는 연장침입상태나 진공상태가 생기지 않는다. 지금 내가 말하고 있는 '자유운동'은 그런 상태에 이르기 전에 그친다.

이 운동은 자신에 고유한 밀도를 (혹은 이렇게 말하는 것이 더 낫다면 자신의 형상을) 유지하려는 물체의 욕구로서 제 스스로 점진적인 변화를 받아들이는 일은 있어도 결코 갑자기 [그 욕구를] 포기하는 일은 없다. 우리가 흔히 강제운동─내가 쓰는 말로는 기계적 운동―이라고 부르고 있는 것이 사실은 바로 이러한 자유운동, 즉 압박을 벗어나 이완되려는 운동이라는 점을 잘 알아둘 필요가 있다(이와 관련된 것들이 매우 많기 때문이다). 데모크리토스는 이것을 '충격운동'이라고 불렀는데, 이 운동에 관한 그의 설명은 2류 철학자만도 못하다. 단순한 충격의 경우에도 혹은 공중 비행의 경우에도 물체가 추진력에 의해 압축되어 비자연적인 작용을 받을 때까지는 이동, 즉 장소의 변화가 생기지 않는다. 물체의 한 부분이 그러한 작용을 받게 되면 그 작용이 연속적으로 다른 부분에 전달되어 마침내 물체 전체가 이동하게 되는 것이다. 그리고 이 경우에는 전진운동뿐만 아니라 회전운동도 생기는데, 그래야만 물체의 여러 부분들이 압박을 균등하게 나누어 받게 되어 견디기가 더 쉽고, 더 자유로워지기 때문이다. 이 운동에 대해서는 이 정도로 해두기로 하자.

제4의 운동으로는 '질료운동'을 들 수 있다. 이 운동은 앞에서 말한 '자유운동'과 짝을 이루는 운동이다. 자유운동은 물체가 새로운 크기나 부피, 또는 새로운 형상, 새로운 팽창 및 수축(이들은 이름은 다르지만 의미는 모두 같다)을 혐오·배척·회피해 온 힘을 다해 본래의 밀도를 회복하려는 것이지만, 질료운동은 그와 반대로 물체가 새로운 부피, 또는 크기를 욕구하여 자발적으로, 그리고 빨리, 때로는 (화약처럼) 격렬하게 얻고자 하는 것이다. 이런 운동의 (유일한 것은 아니지만) 가장 강력한 혹은 적어도 가장 흔한 매개체는 열과 냉이다.

예를 들면 공기는 (유리알 속을 빨아냈을 때처럼) 긴장에 의해 팽창되면 원래의 상태로 복귀하려고 열심히 노력하지만 열을 가하면 오히려 팽창하려고 해 더 큰 부피를 찾아 (말하자면) 새로운 형상으로 변이(變移)하는데, 어느 정도 팽창한 다음에는 냉기를 가하지 않는 한 원래 상태로 복귀하려고 하지는 않는다. 그리고 이 냉각에 의한 복귀는 단순한 복귀가 아니라 두 번째의 변화가 된다. 마찬가지로 물도 압박해 강제로 축소시켰을 경우에는 저항해서 이전의 상태로 되돌아가려고, 즉 본래의 연장성(延長性)을 유지하려고 하지만, 강렬하고 지속적인 냉기가 개입하면 자발적으로 결빙 상태로 변한다. 그리고 냉기가 오래 계속되는 한(깊은 동굴이나 웅덩이에서처럼), 온기에 의해 중단되지 않는 한, 수정이나 그와 유사한 물질로 변화해 결코 원래 상태로 되돌아가지 않는다.

제5의 운동으로는 '연속운동'을 들 수 있다. 이것은 다른 사물과의 단순하고 1차적인 연속을 말하는 것이 아니라(이것은 결합운동이다) 어떤 물체 그 자체의 연속을 말한다. 모든 물체는 정도의 차이는 있지만 [자신의] 연속성이 해체되는 것을 혐오한다는 것은 확실하다. (강철이나 유리 같은) 딱딱한 물체가 연속성의 단절에 대해 격렬하게 저항하는 것은 말할 것도 없고, 심지어는 액체조차도 그러한 저항이 적거나 혹은 미약할 뿐이지 전혀 없는 것은 아니다. 이것은 많은 실험에서 확인되는데, 예컨대 수포의 방울이 원형을 이루는 것이나 지붕에서 떨어지는 빗방울이 가는 실처럼 이어지는 것, 점착성 물체들이 서로 붙어 있는 것 등을 들 수 있다. 특히 물체를 아주 작은 조각으로 분리하려고 할 때 이 저항이 가장 현저하게 나타난다. 회반죽을 만들 때 어느 정도까지 부수어지고 나면 공이로 아무리 빻아도 더 이상 가루가 되지는 않는다. 물도 아주 작은 틈새로는 침입하지 않는다. 극히 미세한 공기조차도 용기에 구멍이 났다고 해서 공기가 단번에 다 새는 것은 아니라 꽤 긴 시간이 걸려서 빠지게 된다.

제6의 운동으로서는 '획득운동' 혹은 '요구운동'을 들 수 있다. 이 운동은 어떤 물체가 전혀 이질적인, 말하자면 적대적인 것들 사이에 있을 때 그 적대적인 것들을 피해 자신과 유사한 본성을 가지고 있는 것(비록 공감 관계에 있지 않다 하더라도)과 연합할 기회나 수단이 있기만 하면 즉시 이를 포용하고 선택하는 것을 말한다. 이러한 포용과 선택은 마치 그것을 획득하는 것처럼, 그것을 요구하는 것처럼 보이기 때문에 획득운동 혹은 요구운동이라는 이름을 붙였다. 예를 들면 금박이나 기타 금속박(金屬箔)은 그 주변의 공기를 그다지 좋아하지 않기 때문에 어떤 가촉적인 고체(손가락, 종이 등)에 닿으면 즉시 달라붙어 잘 떨어지지 않는다. 또한 종이나 천과 같은 것들도 (자신의 작은 구멍 속에 들어 있는) 공기를 좋아하지 않기 때문에 물이나 액체를 흡수해 공기를 밀어낸다. 또한 사탕이나 갯솜도 물이나 술에 담그면 그 일부가 물 밖에 나와 있는데도 불구하고 거기까지 물이나 술이 빨려 올라온다.

바로 여기에서 우리는 물체를 절개하고 분해하는 훌륭한 규칙을 발견한다. 그것은 (스스로 길을 여는 부식제나 강산(强酸)을 제외하고) 어떤 고체에서 현재 강제적으로 결합되어 있는 물체보다도 한결 잘 어울리는 우호적인 물체가 발견되면 즉시 자신을 절개하고 분해해서 강제적으로 결합되어 있던 물체를 배제 혹은 철거하고 새 물체를 받아들인다는 것이다. 또한 이 획득운동은 접촉을 통해서만 작용하는 것은 아니다. 전기 작용은 (이에 관해서는 길버트를 비롯한 여러 사람들이 온갖 이야기를 꾸며냈다) 가벼운 마찰에 의해 생기는데, 이 충동은 다른 가촉 물체가 가까이 오면 공기를 넘어서 그 물체에 달라붙으려고 한다.

제7의 운동으로는 '대집합운동'을 들 수 있다. 이 운동은 물체가 자신과 동일한 본성을 지닌 물체 덩어리 쪽으로, 예를 들면 무거운 물체는 지구 쪽으로 가벼운 물체는 하늘 주변으로 옮겨가는 것을 말한다. 스콜라 학자들은 경솔하게도 이것을 '자연운동'이라고 불렀는데, 이러한 운동이 일어나는 원인을 외부에서는 도저히 찾을 수 없었기 때문이다. 그러므로 스콜라 학자들은 이 운동이 사물 그 자체에 본성적으로 내재된 것이라고 생각했다. 혹은 이 운동은 결코 멈추는 일이 없기 때문에 [그런 결론을 내렸을 것이다.] 다른 운동들의 경우에는 그 원인이 바로 눈에 보이는 것도 있고, 보이지 않는 것도 있지만, 하늘과 땅은 언제나 눈앞에 있기 때문에 이 운동이 영속적인 것임을 알기는 어렵지 않다.

이처럼 이 운동은 중단 없이 일어나고, 또 다른 운동에 의해 방해받는 일이 있다 해도 그 방해가 그치는 즉시 다시 일어나기 때문에 스콜라 학자들은 이 운동을 영속적인 것, [물체 자체에] 고유한 것이라고 생각했고 다른 운동은 외부적 원인에 의한 것이라고 생각했던 것이다. 그러나 이 운동은 실제로는 (물체가 아주 크지 않은 한) 다른 운동이 활동하고 있는 동안에는 그에 굴복해 뒤로 물러나기 때문에 실로 미약하고 완만하게 나타난다. 또한 이 운동은 다른 운동을 돌볼 틈이 없을 정도로 사람들의 주의를 끌었지만, 그럼에도 불구하고 사람들이 이 운동에 대해 아는 바는 거의 없거니와, 설명이라고 내놓은 것은 오류로 가득 차 있다.

제8의 운동으로는 '소집합운동'을 들 수 있다. 이 운동은 하나의 물체에서 동질적인 부분들이 이질적인 부분들로부터 분리되어 서로 결합하는 것을 말하는데, 이것은 한 물체의 부분들에만 국한된 것이 아니라 물체들 상호간에도 일어나 유사한 실체로 이루어진 물체들은 서로 결합하려는 경향을 보인다. 꽤 멀리 떨어져 있는 경우에도 서로 모이고 당기고 결합한다. 이 때문에 우유를 한참 두면 크림이 뜨고, 포도주에서 찌꺼기와 주석(酒石)이 가라앉는다. 이것은 단순히 물체의 경중(輕重)에 의해 가벼운 것은 위로 뜨고 무거운 것은 아래로 가라앉는 운동 때문이 아니라 동질적인 물체들이 서로 만나고 결합하려는 욕구 때문에 생기는 현상이다.

그러나 이 운동이 요구운동[제6의 운동]과 다른 점이 두 가지 있다. 첫째로 요구운동은 적대적인 본성 혹은 반대 본성의 자극에 의해 일어나지만 지금 말하는 소집합운동은 (장애나 구속이 없는 한) 각각의 부분들이 투쟁을 야기하는 외부의 본성이 존재하지 않더라도 우호에 의해 결합한다. 둘째로 이 결합이 한층 긴밀하고 더 먼저 이루어진다. 요구운동에서는 적대적인 물체를 피할 수만 있다면 서로 유사하지 않은 물체들도 결합하는 반면에, 이 운동에서는 오직 유연(類緣)관계에 있는 물체들끼리만 서로 연결되고 하나로 결합하기 때문이다. 이 운동은 모든 복합체 안에도 존재하는데, 이 접합을 방해하는 다른 물체의 충동이나 강제에 의해 속박되거나 구속되지 않을 경우에 쉽게 찾아볼 수 있다.

이 운동은 대체로 다음과 같은 세 가지 요인, 즉 물체의 휴면(休眠)에 의해, 우세한 물체의 구속에 의해, 외부의 운동에 의해 제한된다. [첫째] 물체의 휴면부터 살펴보자. 모든 가촉 물체에는 다소간의 둔중함과 장소이동에 대한 혐오가 있게 마련이다. 그러므로 가촉 물체는 자극을 받지 않는 한 더 나은 상태로 이동하기보다는 지금 있는 그대로의 상태를 유지하려고 한다. 이러한 휴면 상태를 깨뜨리는 것은 세 가지가 있는데 열과 유연(類緣) 물체의 활동적인 힘과 활발하고 강력한 운동이 바로 그것이다.

먼저 열이 휴면상태를 깨뜨리는 경우부터 살펴보면, 바로 그런 이유 때문에 소요학파[50)가 열이란 '이질적인 것을 분리하고 동질적인

---

50) 아리스토텔레스 학파를 가리킨다. 아리스토텔레스가 학원(lyceum) 뜰을 소

것을 모으는 것'이라고 정의했는데,[51] 길버트는 이를 조롱하여 말하기를, 이것은 사람을 '밀농사를 짓고 포도나무를 재배하는 것'이라고 정의하는 것과 같다고 했다.[52] 즉 결과에 의한 정의, 그것도 특수한 결과에 의한 정의를 정의라고 내놓았다고 비난한 것인데, 이 비난은 결코 부당한 것이 아니다. 그러나 이 정의의 더 큰 문제점은 그 특수한 결과조차도 열에서만 생기는 것은 아니라는 데 있다. 냉도 (우리가 나중에 살펴보겠지만) 똑같은 결과를 가져온다. 그러한 결과가 생기는 것은 동질적인 부분이 결합하고자 하는 욕망에서 비롯된 것으로서, 열은 다만 지금까지 그 욕구를 억제해온 휴면상태를 깨뜨리는 데 도움을 주었을 뿐이다.

둘째로 유연 물체의 활동적인 힘을 살펴보면, 이것은 쇠가 달라붙어 있는 자석에서 현저하게 나타난다. 즉 쇠의 유연 물체인 자석이 쇠붙이를 자극하여 [다른] 쇠붙이를 끌어당기게 만드는 것으로서 자석의 힘이 쇠의 휴면상태를 깨뜨리는 것이다.

셋째로 활발하고 강력한 운동의 경우는 나무 화살에서 쉽게 찾아볼 수 있다. 즉 나무로 된 표적을 향해 활을 쏘았을 때 나무 화살은 물질의 유사성 때문에 쇠촉 화살보다 더 깊이 박히는데, 이것은 급속한 운동이 물체의 휴면을 깨뜨리기 때문이다. 뒤의 두 가지 실험은 앞에서 '은밀사례'를 논의하면서 언급한 바 있다[2:25].

[둘째] 우세한 물체의 힘에 의해 소집합운동이 제한되는 것은 혈액이나 오줌이 냉기 때문에 분해되는 현상에서 쉽게 찾아볼 수 있다. 이

요하면서 제자들을 가르쳤다는 데서 온 말이다.

51) Aristotle, *On Generation and Corruption*. II, 2(329b). *GBWW*, Vol. 7. p. 429.
52) Gilbert, *De Mundo*. I, 26.

들 물체는 활동적인 정기가 가득 차 있을 경우에는 이 정기의 제어를 받기 때문에 각각의 동질적인 부분들이 모이지 못하지만, 이 정기가 증발하거나 혹은 추위 때문에 질식되고 나면 구속에서 해방된 부분은 그 자연적 욕구에 따라 집합한다. 따라서 (소금처럼) 강렬한 정기를 가지고 있는 물체들은 모두 우세하고 지배적인 정기의 영속적이고 지속적인 구속을 받기 때문에 부패하지 않고 오래 간다.

[셋째] 외부의 운동에 의해 소집합운동이 제한되는 것은 물체를 흔들어놓으면 부패가 방지되는 현상에서 명백히 알 수 있다. 부패는 모두 동질적 부분이 집합함으로써 생기는데, 이로써 조금씩 (말하자면) 원래 형상이 없어지고 새로운 형상이 생성된다. 즉 부패가 일어나기 전에 원래 형상이 분해되는 현상이 먼저 일어나는데, 이 분해 자체는 동질적 부분이 집합하는 것이다. 이 집합운동을 그대로 두면, 분해에 이어 부패가 일어난다. 그러나 외부의 운동에 의해 흔들리는 자극을 계속 받으면 (이것이 지금 우리가 다루고자 하는 문제인데) 이 집합운동은 (외부의 영향에 민감하게 반응하기 때문에) 방해를 받게 되고 마침내 정지하게 된다. 이러한 현상은 여러 곳에서 찾아볼 수 있는데, 예를 들면 흐르는 물은 썩지 않는다. 날마다 흔들어주어도 마찬가지다. 공기도 바람이 불면 썩지 않는다. 창고에 넣어둔 곡식도 뒤적여주면 상하지 않는다. 요컨대 어떤 물체든지 밖에서 흔들어주면 안으로 잘 썩지 않는다.

물체의 각 부분들의 결합이 경화(硬化)와 건조(乾燥)의 주된 원인이라는 것도 알아둘 필요가 있다. 정기 혹은 정기로 변한 습기가 다공성 물체로부터 (예를 들면 나무, 뼈, 양피지 등으로부터) 증발하고 나면 농밀한 부분들이 서로 강하게 결합해서 이로 인해 경화 또는 건조가 일어나는 것이다. 이것은 진공이 생기기 않도록 하는 결합운동[2:

48(2)]에 의한 것이 아니라 우호와 합일운동에 의한 것이라고 나는 생각한다.

원격 결합은 드문 일이기는 하지만 보통 관찰되는 것보다는 더 많은 사례가 있다. 거품이 거품을 만나면 부서지고, 의약이 실체의 유사성에 의해 체액을 추출하고, 바이올린 현 하나를 울리면 다른 바이올린에서 같은 음이 울리는 경우 등이 좋은 예가 될 수 있다. 나는 동물의 정기 안에도 이런 운동이 일어나고 있다고 생각하지만, 확실한 것은 아직 알지 못하기 때문에 자신 있게 말할 수는 없다. 그러나 자석이나 자석화된 쇠붙이에서는 이러한 운동을 명백히 찾아볼 수 있다. 자석의 운동을 연구할 때는 그 작용을 경이롭게 여기고 감탄하는 바람에 보통 지나치기 쉬운 다음 네 가지 성능 혹은 작용을 확실하게 구분해야 한다. 첫째는 자석과 자석 사이의 혹은 쇠붙이와 자석 사이의 혹은 자석화된 쇠붙이와 [보통] 쇠붙이 사이의 집합운동이며, 둘째는 남북으로 향하는 양극성과 그 편차의 운동이며, 셋째는 황금이든 유리든 돌이든 무슨 물체든 관통하는 운동이며, 넷째는 자석에서 쇠붙이로, 쇠붙이에서 다른 쇠붙이로 실체는 전달되지 않은 채 그 성능만 전달되는 운동이 바로 그것이다. 내가 지금 문제로 삼고 있는 것은 첫번째 종류의 집합운동이다.

수은과 황금 사이에도 특이한 집합운동이 있는데 황금은 수은을 끌어당긴다. 연고(軟膏) 상태에서도 그렇다. 그래서 수은 증기가 발생하는 곳에서 활동하는 사람들은 보통 입에 황금조각을 물고 일한다. 이 황금조각은 두개골이나 뼈에 침입하려는 수은 증기를 끌어당겨 색깔이 하얗게 변한다. 소집합운동에 대해서는 이 정도로 해두자.

제9의 운동으로는 '자력운동'을 들 수 있다. 이것은 소집합운동과 같은 종류의 것이긴 하지만 원거리에서 큰 덩어리의 물체에 작용한다는 점에서 따로 탐구할 만한 가치가 있다. 이 운동은 대부분의 집합운동과 마찬가지로 접촉에 의해 시작되는 것이 아니며, 또한 모든 집합운동과 마찬가지로 그 작용이 접촉에서 끝나는 것이 아니다. 이 운동의 특징은 물체를 상승시키거나 팽창시킬 뿐 그 이외에는 아무런 작용도 하지 않는다는 데 있다. 달이 바닷물을 끌어올리거나 습한 물질을 팽창시키는 것이나 항성천이 행성을 원지점으로 끌어당기는 것이나 태양이 금성과 수정을 일정한 거리 이상으로는 멀어지지 않게 당기는 것 등은 대집합운동으로 분류하기도 어렵고 소집합운동으로 분류하기도 어렵기 때문에, 말하자면 그 중간 형태의 불완전한 집합운동으로 분류해야 할 것이다.

제10의 운동으로는 '기피(忌避)운동'을 들 수 있는데, 이것은 소집합운동과는 반대되는 운동이다. 즉 물체가 반감을 가지고 적대적인 것을 기피하고 물리치며, 그것으로부터 분리되고 섞이기를 거부하는 운동이다. 이 운동은 어떤 경우에는 소집합운동에 수반되어 나타나는, 소집합운동의 결과에 불과한 것으로 생각될 수도 있지만(동질적 부분의 결합은 이질적 부분을 제거하고 축출한 후에야 가능한 것이므로), 그럼에도 불구하고 이 운동은 별개의 종류로 다룰 필요가 있다. 대부분의 경우 기피운동은 집합운동의 충동보다 훨씬 더 현저하게 나타나는 것으로 생각되기 때문이다.

이 운동은 동물의 배설물처럼 인간의 감각, 특히 후각과 미각에 고약한 자극을 주는 대상에서 쉽게 찾아볼 수 있다. 고약한 냄새가 나면 코는 심한 거부 반응을 일으키고, 이에 공감해서 위 입구에서도 축출운동이 일어난다. 또한 쓴맛이나 찌르는 듯한 맛이 느껴지면 입천장이나 목구멍이 심한 거부반응을 일으키고, 이에 공감해서 머리가 흔들린다. 그 밖에도 일부 저항[2 : 12(24), 2 : 27]에서 이러한 운동이 일어나는 것을 볼 수 있다. 예를 들면 공기의 중간 영역에 있는 냉기는 천체들이 차가운 본성을 배척한 결과로 생긴 것이며, 지하에서 솟아 나는 열기나 연소는 지구 내부가 뜨거운 본성을 배척하기 때문에 생기는 것으로 생각된다. 열과 냉은 양이 적으면 피차 소멸되고 말지만, 양이 많으면 마치 대등한 군사력이 대치하는 것처럼 서로 진지(陣地) 쟁탈전을 벌인다.

또한 계피같이 향기 나는 것들은 변소나 악취가 나는 장소 근처에 두면 오히려 향기가 오래 가는데, 향기가 악취와 섞이기를 거부하기 때문이다. 수은은 한데 모여 하나의 덩어리를 이루는 것이 보통이지만, 사람의 침이나 돼지의 지방이나 테레빈유 등의 방해를 받으면 공감의 결여로 인해 서로 떨어지게 된다. 따라서 수은이 그러한 물체들로 둘러싸이게 될 경우에는 몸을 웅크리게 되는데, 이것은 중간에 개입한 방해물질을 기피하려는 욕구가 동질적인 부분[수은]들끼리 결합하려는 욕구보다 더 강하기 때문이다. 이것이 이른바 '수은의 탈저(脫疽) 현상'이라고 불리는 것이다.

또한 기름이 물과 섞이지 않으려는 것도 단순히 무게의 차이 때문만이 아니라 둘 사이에 공감이 결여되어 있기 때문이다. 이것은 기름보다 훨씬 가벼운 주정은 물과 잘 섞이는 것을 보면 알 수 있다. 기피운동의 가장 현저한 사례는 초석이나 혹은 그와 같은 종류의, 화염을 기피하는 천연물질, 즉 화약[2:33]이나 수은이나 황금에서 찾아볼 수 있다. 그러나 쇠붙이가 자석의 한쪽 극을 기피하는 것은 길버트가 간파한 것처럼[53] 여기에서 말하는 기피운동이 아니라 자신에게 좀더 편리한 위치로 가려는 적응이요 끌림이다.

---

53) Gilbert, *De Magnete*. II, 4.

제11의 운동으로는 '동화' 또는 '자기증식' 또는 '단순생식운동'을 들 수 있다. 단순생식이라는 것은 식물이나 동물의 경우와 같은 완전체의 생식이 아니라 동질적 물체의 생식을 말한다. 즉 이 운동에 의해 동질적 물체들은 서로 끌어당기거나 혹은 최소한 그럴 소질이 있는 물체들을 끌어당겨 자신의 실체나 본성으로 바꾸어놓게 된다. 예를 들면 화염은 증기나 유성물질을 얻어 새로운 화염을 만들어내어 자기를 증식하고, 공기는 물이나 수성물질을 얻어 새로운 공기를 만들어내어 자기를 증식하고, 동식물의 정기는 그 양분에 포함되어 있는 수성물질이나 유성물질 중 희박한 부분을 얻어 새로운 정기를 만들어내어 자기를 증식하고, 식물이나 동물의 고체 부분 즉 잎·꽃·살·뼈 등은 각각 양분의 액즙을 동화해서 차례차례 전달하면서 실체를 만들어낸다.

그러므로 파라셀수스[54]의 헛소리에 현혹되는 사람이 있어서는 안 될 것이다. 파라셀수스는 (자신이 고안한 증류법에 눈이 멀어) 영양분이 단순분리에 의해 생긴다고 주장했다. 즉 눈·코·뇌·간장은 빵이나 고기 등에 숨어 있고, 뿌리·잎·꽃은 토양의 액즙 속에 숨어 있다는 것이다. 그러므로 그의 주장에 따르면, 마치 공장(工匠)이 자연 그대로의 돌이나 나무를 가지고 불필요한 것을 분리하고 배제해서 잎이나 꽃이나 눈이나 코나 손이나 발 등을 만들어내는 것처럼, 우리 내

---

54) Philippus Aureolus Paracelsus : 본명은 Philippus Aureolus Theophrastus Bombast Von. 스위스의 의학자, 화학자. 연금술 연구에서 화학을 익혔고, 의학 속에 화학적 개념을 도입하는 데 힘써서 '의화학'(醫化學)의 원조가 되었다. 물질계의 근본은 유황·수은·소금의 3원소라고 했고, 점성술의 영향을 받아 독자적인 원리에 입각한 의료법을 제창했으며, 산화철·수은·안티몬·납·구리·비소 등의 금속화합물을 처음으로 의약품에 채용했다.

부의 공장인 아르케우스[연금술사]도 식물에서 분리와 배제를 통해 팔 다리 같은 신체 각 부분을 만들어내는 꼴이 된다. 이 같은 헛소리는 더 이상 논의할 가치가 없다.

확실한 것은 동물과 식물의 모든 부분—동질적인 부분이든 유기적 부분이든—은 처음에 그 먹이나 영양분에 포함되어 있는 액즙 가운데 그 자신과 거의 같은 혹은 크게 다르지 않은 액즙을 선택해 흡수한 다음, 동화작용을 통해 이를 그 자신의 본성으로 전화시키는 것이다. 이러한 동화작용 혹은 단순생식은 생물체에만 일어나는 것이 아니라 앞에서 화염이나 공기의 예를 든 것처럼 무생물체에서도 일어나는 것을 볼 수 있다. 모든 가촉 생물체에 들어 있는 둔한 정기도 끊임없이 그 생물체에 작용해서 거친 부분을 소화해 정기로 변화시키고 그런 다음 이 정기가 발산되는데, 이로써 무게가 감소하고 건조현상이 일어난다는 것은 앞에서 말한 바 있다[2 : 40].

또한 일반적으로 부양(扶養)작용과는 구별하는 부착(附着)작용도 이 동화작용에서 제외할 수 없다. 부착작용이란 돌멩이와 돌멩이 사이에 있는 점토가 응고해서 돌 같은 물질로 변하고 이 주위에 낀 치석이 이처럼 단단하게 변하는 것 등을 말한다. 모든 물체 속에는 동질적인 것과 결합하려는 욕구와 마찬가지로 동화하려는 욕구도 존재한다고 나는 생각한다. 그러나 이러한 힘은 각기 다른 방식으로 제한적으로 나타나는 것으로서, 이 제한의 방식과 이를 벗어나는 방법은 회춘(回春)의 비결과 관련되어 있는 문제이기 때문에 특히 주도면밀하게 탐구할 필요가 있다.

앞에서 말한 아홉 가지 운동[2~10]은 물체가 그 자신의 본성을 보존하려는 것이지만 이 동화운동 혹은 증식운동은 번식을 목표로 하고 있다는 점에서 특히 주목할 만한 가치가 있다고 생각한다.

제12의 운동으로는 '자극운동'을 들 수 있다. 이것은 동화작용과 같은 종류의 운동으로 생각되는데, 그래서 나는 때로 이 운동을 그냥 동화운동이라고 부르기도 한다. 이 자극운동은 동화운동과 마찬가지로 확산·전달·이행·증식이 일어나는 운동으로서, 대부분의 경우 그 결과가 동화운동과 같다. 그러나 작용방법과 작용대상이 서로 다르다. [작용방법에 대해 말하자면] 동화운동은 동화작용의 주체가 동화작용의 대상에게 명령하고 강제해서 동화작용이 이루어지도록 하는 것이므로 권위와 권력에 의해 진행되는 반면, 자극운동은 자극의 대상을 부드럽게 초대하고 유인해서 자신도 모르는 사이에 자극 주체의 본성을 갖도록 만든다.

[작용이 일어나는 대상에 대해 말하자면] 동화운동은 물체 그 자체의 증대와 변화를 일으키기 때문에 예컨대 화염이나 공기·정기·살[肉] 등이 증대되지만, 자극운동은 그 물체의 힘의 증대와 변화를 일으키기 때문에 예컨대 열이나 자성(磁性)이나 부패 등이 증대하거나 야기된다. 열이 어떤 물체를 뜨겁게 만들었을 때 그 물체에서 일어나는 운동은 처음의 열이 전달되어 그 물체가 확장된 것이 아니라 그 물체의 분자들이 자극을 받아 생기는 팽창운동(열의 형상)이기 때문이다. 이것은 내가 '열의 형상에 대한 최초의 수확'[2:20]에서 말한 그대로다. 돌이나 금속이 공기에 비하면 가열하기가 더 어렵고 시간도 더 많이 걸리는 이유가 바로 거기에 있다.

그러므로 어쩌면 지구 중심을 향해 깊이 들어가면 도저히 가열할 수 없는 물질이 있을지도 모른다. 밀도가 아주 높으면 자극운동을 촉발시키는 정기가 남아날 수 없기 때문이다. 마찬가지로 자석은 쇠에 작용해서 그 쇠의 여러 부분의 배치를 바꾸어 자석의 힘에 순종하도록 만들어놓지만 자석 그 자체의 힘은 변하지 않은 채 그대로 있다.

베이킹 파우더나 효모, 응유효소(凝乳酵素)와 그 외 몇몇 독극물이 빵이나 맥주, 치즈 혹은 인체에 계속적인 운동을 일으키는 것도 자극하는 물체 자체의 힘에 의한 것이 아니라 자극을 받는 물체가 그러한 성향을 가지고 그 자극에 쉽게 굴복하기 때문이다.

제13의 운동으로는 '인상(印象)운동'을 들 수 있는데, 이 역시 동화운동과 같은 종류의 운동으로서 확산운동 중에서 가장 미세한 운동이다. 그러나 내가 이것을 동화운동이나 자극운동과 별개로 취급하는 이유는 다음과 같은 현저한 차이가 있기 때문이다. 즉 동화운동은 물체 자체를 변화시키는 것으로서 최초의 동인이 없어지더라도 그 동인으로부터 생긴 결과는 계속 지속된다. 예를 들면 일단 화염이 생기고 나면 처음 그 화염을 만든 화염을 제거하더라도 화염은 계속되고, 일단 공기로 변하고 나면 그 공기를 만든 동인을 제거해도 여전히 공기로 남아 있다. 마찬가지로 자극운동도 최초의 동인을 제거한 후에도 상당한 시간 동안 그 효과가 지속된다. 가열된 물체는 최초의 열이 없어지더라도 열기가 얼마간 계속되고, 자석의 자극을 받은 쇠붙이도 자석이 제거된 후에도 얼마간 자성을 지니게 되고, 빵에서 누룩을 제거하여도 발효작용은 얼마간 지속된다. 이에 반해 인상운동은 확산 및 이행운동이기는 하지만 최초의 동인에 의존하고 있기 때문에 최초의 동인을 제거하는 즉시 그 효과가 정지되거나 소멸되고 만다. 인상운동의 효과가 일순간 혹은 극히 짧은 시간에 그치는 것도 그 때문이다. 그러므로 나는 앞의 두 가지 운동은 주피터의 생식운동이라고 부르고 이 인상운동은 사투르누스[55]의 생식운동이라고 부르

---

55) Saturnus. 로마 신화에서 농업의 신. 주피터 이전의 황금시대에 세계를 지배한 주신(主神). 그리스 신화의 크로노스(Cronos)에 해당한다.

고자 한다. 왜냐하면 동화운동과 자극운동은 일단 일어나기만 하면 그 효과가 지속되지만, 인상운동은 즉시 흡수·합병되고 말기 때문이다.

이 운동은 빛과 소리의 울림과 자성작용이 전달과 관련해 어떤 효과를 나타내는지를 살펴보면 쉽게 알 수 있다. 빛이 없어지고 나면 색깔과 기타 영상이 사라지고, 최초의 충격과 물체의 진동이 사라지고 나면 소리도 소멸한다. 소리에 관해서는 한 가지 유의할 것이 있는데 소리는 (파도처럼 바람의 간섭을 받는 일이 있기는 하지만 이 간섭과는 상관없이) 최초의 음 그 자체가 반향(反響)이 일어나는 동안 줄곧 지속되지는 않는다는 점이다. 예를 들어 종을 치면 종소리가 상당한 시간 동안 지속되는데, 이것은 종소리가 그 시간 동안 계속해서 공중에 떠 있기 때문에 그런 것이 아니다. 반향은 동일한 소리가 이어지는 것이 아니라 소리가 계속해서 갱신되는 것이다. 이것은 울리는 물체를 [더 이상 울리지 못하도록] 막아보면 당장 알 수 있는데, 울리고 있는 종을 떨지 못하도록 꽉 움켜잡으면 소리는 즉시 사라진다. 더 이상 반향을 낼 수 없기 때문이다. 마찬가지로 현악기의 경우에도 한 현이 울리도록 한 다음 (하프처럼) 손가락이나 혹은 (하프시코드[56]처럼) 채로 건드리면 소리가 멈추게 된다. 자석을 치우면 쇠붙이가 금방 떨어지는 것도 같은 이치다. 바닷물을 끌어당기는 달이나 무거운 물체들을 끌어당기는 지구는 제거 실험을 해볼 수 없지만 그 이치는 같다.

제14의 운동으로는 '배치(配置)운동' 또는 '위치운동'을 들 수 있다. 이것은 물체가 다른 물체와 결합하거나 분리되기보다는 일정한 위치나 배치상태에 놓이기를 원하는 운동이다. 이것은 매우 심오한

---

56) harpsichord. 16~18세기에 쓰인 건반 악기. 피아노의 전신.

개념인데, 이에 대한 제대로 된 연구가 없다. 어떤 경우에는 이러한 운동이 특별한 이유 없이 일어나는 것으로 보이는데, 그렇게 생각하는 것은 잘못이다. 그러므로 하늘이 서쪽에서 동쪽으로 돌지 않고 왜 동쪽에서 서쪽으로 도는가, 왜 큰곰자리 주변에 있는 극을 회전축으로 하고 있는가, 오리온자리나 아니면 다른 별자리를 회전축으로 삼으면 안 되는가 하고 물으면 사람들은 마치 말도 안 되는 질문을 한 것으로 여기고 우리가 경험하고 있는 그대로가 바로 궁극적인 사실이라고 대답하고 만다.

확실히 자연에는 궁극적인 현상, 다른 원인 없이 자기 스스로 존재하는 현상이 있기는 하지만, 나는 앞에서 말한 것들이 그런 현상에 속한다고 생각하지는 않는다. 내가 보기엔 그것들이 우주에 존재하는 어떤 조화와 공감에서 생기는데, 이에 대해서는 아직 제대로 된 관찰이 없다. 지구가 서쪽에서 동쪽으로 돈다는 것이 인정된다 하더라도 여전히 같은 문제가 생긴다. 그 경우에도 회전축은 있을 것이고, 그러면 왜 다른 축이 아니라 그 회전축을 중심으로 도는가 하는 문제가 제기될 수 있기 때문이다. 자석의 양극성의 방향과 편차에 대해서도 똑같은 문제가 생긴다. 또한 자연적인 것이든 인공적인 것이든 물체는, 특히 액체가 아니라 고체는 그 부분들이 섬모나 섬유처럼 일정한 배치와 위치를 가지고 있는 것을 볼 수 있는데, 이런 것이야말로 깊이 탐구해볼 만한 가치가 있다. 이런 것을 잘 알아내지 않고서는 그 물체를 제대로 다루거나 지배할 수 없기 때문이다. 그러나 액체에 나타나는 소용돌이는 액체가 압박을 받아 자유를 얻으려고 각 부분들이 그 압박을 똑같이 견뎌내기 위해 순차적으로 각 부분들이 올라오는 운동이므로 자유운동으로 보는 것이 타당할 것이다.

제15의 운동으로는 '전달운동' 또는 '통로운동'을 들 수 있다. 이것은 물체의 힘이 매체에 따라, 즉 물체의 본성과 매체의 본성이 얼마나 잘 어울리는가에 따라 혹은 저지되거나 촉진되는 것을 말한다. 그러므로 빛을 잘 받아들이는 매체도 있고, 소리가 잘 전달되는 매체도 있고, 열과 냉을 잘 받아들이는 매체도 있고, 자석의 힘을 잘 받는 매체도 있고, 그 외 힘의 성질에 따라 각각 그에 잘 어울리는 매체가 따로 있다.

제16의 운동은 '군왕(君王)운동' 혹은 '통치운동'이라고 부르고 싶다. 이 운동은 한 물체의 우세하고 지배적인 부분이 그 밖의 부분을 억압·속박·복속·제어해서 그 부분들이 자신의 욕구에 의해서가 아니라 어떤 질서에 따라 지배적 부분의 이익을 위해 결합·분리·정지·운동·집합하도록 강제하는 운동을 말한다. 말하자면 지배적 부분이 그 밖의 부분에 대해 일종의 '통치행위' 혹은 '정치행위'를 하는 것이다. 이러한 통치운동은 동물의 정기에서 분명하게 나타나는데, 이 운동이 일어나고 있는 동안에는 [정기 이외의] 다른 부분은 모두 이 운동에 의해 조절된다. 이 운동은 정도가 낮기는 하지만 [동물이 아닌] 다른 물체에서도 일어나는 것을 볼 수 있는데, 예를 들면 앞에서 말한 것처럼 혈액이나 오줌의 경우 각 부분들을 혼합 및 구속하고 있던 정기가 방출되거나 질식한 다음에야 분해현상이 일어난다.

대부분의 물체에서 이러한 통치운동은 정기가 담당한다. 일반적으로 정기는 급속한 운동력과 삼투력을 가지고 있기 때문이다. 그렇다고 해서 이 운동이 정기에만 특유한 것은 아니다. 활발하고 강력한 정기를 갖고 있지 않은, 밀도가 높은 물체들(수은이나 황산염)의 경우에는 확실히 [정기보다는] 거친 부분이 우세하기 때문에 이 거친 부분의 구속과 속박을 어떤 수단으로든 깨뜨리지 않고서는 이 물체가 새로운 형태로 변화하기를 전혀 기대할 수 없다.

지금까지 내가 여러 가지 운동을 계통적으로 분류해온 것은 이들 운동의 우세 여부를 투쟁사례에 의해 한층 깊이 탐구해보기 위한 것이므로, 여기에서 운동들 상호간의 우세 여부를 잠깐 논했다고 해서 내가 주제 자체를 잊어버리고 만 것으로 여기지는 말기 바란다. 군왕운동에 대한 논의도 운동 혹은 힘의 우세 여부를 다룬 것이 아니라 부분과 부분간의 우세 여부를 논한 것이고, 이런 것이야말로 바로 군왕운동의 특징을 이루는 것이다.

제17의 운동으로는 '자발적 회전운동'을 들 수 있다[2:5, 36]. 이 운동은 운동을 좋아하고 적당한 위치에 놓인 물체가 자신의 본성을 즐기고 다른 어떤 것이 아니라 바로 자기 자신을 추구하는, 말하자면 자신을 끌어안는 운동을 말한다. 어떤 물체든지 무한정 운동하거나, 혹은 완전히 정지하거나, 혹은 일정한 한계에 이르면 자신의 본성에 따라 회전 또는 정지하거나 이 셋 가운데 하나이다. 그리고 적당한 위치에 놓인 물체는 운동을 좋아할 경우 원을 그리면서 무한정 운동하게 되고, 운동을 싫어할 경우 완전히 정지하게 되고, 적당한 위치에 놓이지 못한 물체는 같은 본성의 물체와 결합하기 위해 (가장 가까운 길인) 직선으로 운동하게 된다.

회전운동을 관찰할 때에는 다음 아홉 가지 차이를 잘 살펴보아야 한다. (1) 물체가 도는 회전 중심에 관한 것. (2) 물체가 도는 회전축에 관한 것. (3) 물체가 중심에서 어느 정도의 거리에 있는가에 따른 원주 또는 궤도에 관한 것. (4) 물체가 빨리 도는가 늦게 도는가의 속도에 관한 것. (5) 물체가 동에서 서로 움직이는가, 아니면 서에서 동으로 움직이는가 하는 회전의 방향에 관한 것. (6) 회전 중심으로부터의 거리에 원근의 차이가 있는 나선 운동의 경우, 완전한 원으로부터의 편차에 관한 것. (7) 회전축으로부터의 거리에 원근의 차이가 있는 나선 운동의 경우, 완전한 원으로부터의 편차에 관한 것. (8) 나선 상호간의 거리의 원근에 관한 것. (9) 마지막으로 회전축이 움직이는 경우 회전축 자체의 변동에 관한 것(단 이것은 원을 그리는 회전운동에만 해당한다).

전통적인 학설에 따르면 자발적 회전운동은 오로지 천체에만 고유한 것으로 되어 있다. 그러나 지구가 돈다는 주장이 옛날에도 있었고 지금도 끊임없이 제기되고 있기 때문에 이 문제는 여전히 논란거리가 되고 있다. 과연 지구가 도는지 아니면 지구는 정지해 있고 천구가 도는지의 문제를 놓고 논란하는 것도 좋지만, 이 운동이 하늘에만 국한되는 것인지 아니면 더 아래로 내려와서 공기나 [바닷]물에까지 전달되는지를 놓고 논란하는 것이 훨씬 더 합리적인 일로 보인다. 던져 올린 창이나 화살, 머스킷 총알 등과 같은 투사체의 회전운동은 전적으로 자유운동에 속한다.

제18의 운동으로는 '진동(振動)운동'을 들 수 있다. 그러나 천문학자들이 말하고 있는 [주야평분점의] 진동[57]하고는 아무 관계가 없다. 나는 그런 주장은 그다지 신용하지 않지만 자연적 물체의 충동을 잘 관찰해보면 여기저기에서 진동운동이 나타나는 것을 볼 수 있기 때문에 이것을 별개의 운동으로 취급할 만하다. 이것은 말하자면 영원한 포로의 운동이라고 할 수 있겠는데, 그 자신의 본성에 완전히 적합한 위치에 놓여 있는 것도 아니고, 그렇다고 해서 완전히 부적합한 위치에 놓여 있는 것도 아니기 때문에 자신의 위치에 만족하지도 못

---

57) 중세의 천문학자들이 주야평분점(晝夜平分点)의 전진운동인 세차운동(歲差運動)을 설명하기 위해 상정한 것으로서, "주야평분점은 실제로는 전진하는 것이 아니라 평균위치의 전후에서 동요하거나 진동한다"는 설을 말한다.

하고, 용감하게 나아가지도 못해 끊임없이 동요하고 안절부절못하는 것이다. 이러한 운동은 동물의 심장이나 맥박에서 찾아볼 수 있는데, 모름지기 쾌적한 상태도 아니고 불편한 상태도 아닌 그 중간의 불안정한 상태에 놓여 있는 모든 물체에서 나타난다. 쾌적한 상태를 향해 움직여보지만 성공하지 못하고, 그러나 계속해서 그러한 시도를 하기 때문에 생기는 것이다.

제19의 운동이자 마지막 운동은, 운동이라고 말하기 좀 어렵긴 하지만, 그래도 운동은 운동이다. 이것은 '휴식운동' 혹은 '운동의 혐오'라고 불러도 무방하다. 지구의 표면 부분이 지구 중심을 향하기는 하지만 가상적인 중심을 향해 움직이는 것이 아니라 연합하기 위해 움직이는 것이므로 움직이면서도 전체적으로는 정지하고 있는 것에서 이러한 운동을 찾아볼 수 있다. 바로 이러한 욕구 때문에 밀도가 꽤 높은 물체는 무엇이든지 운동을 혐오한다. 말하자면 움직이지 않으려고 하는 것이 그들의 유일한 욕구이기 때문에 운동을 하도록 이런저런 방법으로 자극해도 (힘이 닫는 한) 자신의 본성을 그대로 유지한다. 만일 강제적으로 운동을 하게 만들어도 곧 본래의 정지상태를 회복하려고, 운동하지 않으려고 계속 노력한다. 이 점에 관한 한 이들 물체는 확실히 민첩하고 민활해서 단 일각의 지체라도 용납하지 않는 것처럼 보인다. 그러나 이러한 욕구를 보여주는 현상이 드물어서 이에 대해서는 단지 부분적으로밖에 알 수 없다. 지상에 있는 모든 가촉 물체는 천체들의 완화 및 혼합작용 때문에 그 극한까지 응축되는 일이 없을 뿐만 아니라, 그 어떤 정기든지 반드시 들어 있기 때문이다.

지금까지 나는 자연에서 가장 보편적인 운동과 욕구 및 능동적인 힘의 종류 또는 단순요소를 제시했는데, 이로써 자연학의 거의 대부분의 윤곽을 분명하게 드러냈다고 자부한다. 그러나 내가 제시한 것 이외의 사례들이 추가될 수 있다는 것과, 진실에 더욱 부합되는 순서로 다시 구분될 수 있다는 것과, 수효를 더욱 간략히 할 수 있다는 것은 기꺼이 인정하고자 한다.

그러나 한 가지 강조해두고 싶은 것은 내가 제시한 구분에는 어떠한 추상적인 성격도 없다는 점이다. 물체의 욕구가 본성의 보존인가, 고양인가, 확장인가, 이익인가 하는 것을 따진다든가, 혹은 (저항운동과 결합운동을 놓고서) 우주의 보존과 이익 따위를 운운한다든가, 혹은 (대집합운동과 회전운동과 운동혐오운동을 놓고서) 광대무변한 전체의 보존과 이익 따위를 운운한다든가, 혹은 (그 밖의 운동을 놓고서) 특수한 형상의 보존과 이익 따위를 운운하지는 않았다는 말이다. 그러한 추상적인 구분은 비록 진실이라 하더라도 물질 자체를 놓고서, 그 물질의 구성을 놓고서 경계선을 만든 것이 아닌 한 사변적인 것에 불과하며, 따라서 거의 쓸모가 없다.

그러나 나의 구분은 우리의 당면과제인 여러 가지 힘의 우세 여부를 알아보고 투쟁사례를 탐구하는 데 넉넉하고 큰 도움이 되리라고 생각한다. 내가 제시한 운동 중에는 완전히 무적(無敵)인 것도 있고, 다른 것보다 강력해서 다른 것을 속박·견제·관리하는 것도 있고, 다른 것보다 더욱 먼 거리까지 미치는 것도 있고, 시간과 속도에서 다른 것을 능가하는 것도 있고, 다른 것을 고무·강화·증대·촉진하는 것도 있다.

저항운동은 매우 강경한 무적의 운동인 것이 분명하다. 그러나 결합운동이 과연 무적인지 어떤지에 대해서는 잘 모르겠다. 외연적 진공이든 물질과 혼합되어 있는 진공[물질 속의 틈새에 있는 진공]이든 과연 진공이라는 것이 존재하는지 어떤지 확실히 알 수 없기 때문이다. 레우키포스와 데모크리토스는 진공이 존재한다고 주장하면서, 만일 진공이 없다면 동일 물체의 점유 공간이 커졌다 작아졌다 할 수 없을 것이라는 이유를 들었는데 이 설명은 확실한 오류이다. '물질의 접힘'이라는 것이 있기 때문에 진공이 개입하지 않더라도 물질이 차지하는 공간은 일정한 한계 안에서 늘어났다 줄었다 할 수 있기 때문이다. 또한 [진공이 있다고 가정하면] 공기 속에는 황금에 비해 2천 배의 진공이 있어야 하는데 사실은 그렇지 않기 때문이다. 이것은 기체의 성질이 매우 강한 것이나 다른 여러 증거들을 보건대 명백하다 (기체의 성질이 강하지 않다면 기체는 진공 속을 작은 먼지처럼 떠다닐 것이다). 기타 여러 가지 운동은 힘이나 충격이나 투사의 대소에 따라, 때로는 얻게 된 원조나 직면하게 된 장애의 대소에 따라 서로 지배하거나 지배를 받거나 하게 된다.

예를 들어보겠다. 자석 중에는 자기보다 60배나 무거운 쇠를 끌어당기는 것도 있는데 이것은 소집합운동이 대집합운동보다 더 우세한 경우이다. 그러나 더 무거워지면 그 운동은 굴복한다. 지레가 무거운 물건을 들어올리는 것은 자유운동이 대집합운동보다 우세한 경우이다. 그러나 더 무거워지면 그 운동은 굴복한다. 가죽을 잡아당기면 어느 정도까지는 늘어나는데 이것은 연속운동이 긴장운동보다 더 우세한 경우다. 그러나 계속 잡아당기면 연속운동이 굴복해 가죽은 끊어지고 만다. 물이 갈라진 틈새로 새는 것은 대집합운동이 연속운동보다 우세한 경우이다. 그러나 그 틈이 더욱 작아지면 대집합운동은 굴복하고 연속운동이 승리한다. 소총의 경우 탄알과 유황만 넣었을 때는 점화해도 발사되지 않는다. 대집합운동이 질료운동을 이기기 때문이다. 그러나 화약을 사용하면 초석의 질료운동과 기피운동의 도움을 받은 유황의 질료운동이 대집합운동을 이긴다. 기타 경우도 이와 같다. 이와 같이 어떤 힘이 어떻게 우세하고 어떤 방법으로 열세한 힘을 이기는가 하는 것을 보여주는 투쟁사례들은 여러 방면에 걸쳐 주도면밀하게 수집되어야 한다.

또한 그 운동들이 굴복하는 방식, 즉 완전히 정지하고 마는가, 아니면 끊임없이 저항하지만 제압되고 마는가 하는 것도 주의 깊게 연구해야 한다. 왜냐하면 우리가 알고 있는 물체들은 전체로나 혹은 부분으로나 진정한 정지상태가 아니라 외견상 정지상태에 있을 뿐이기 때문이다. 이러한 외견상의 정지가 생기는 이유는 여러 운동들의 평형을 이루고 있거나 어떤 힘이 절대적인 우세를 보이고 있기 때문이다. 평형이라는 것은 예컨대 [천칭]저울에서 보듯이 양쪽이 무게가 똑같아서 움직이지 않는 것을 말한다. 우세에 의한 정지상태는 예컨대 [아주 작은] 구멍이 난 물병에서 (물의) 결합운동의 우세로 인해 물이 흘러내리지 않는 것에서 볼 수 있다.

거듭 하는 말이지만 우리가 관찰해야 할 것은 굴복한 운동들이 어느 정도로 저항을 하고 있는가 하는 것이다. 어떤 사람이 공격을 받아 손발이 묶이거나 다른 방법으로 옴짝달싹하지 못하게 되었다 할지라도 이런 상황을 벗어나기 위해 몸부림치고 있다면 이 몸부림이 아무런 효과가 없어도 여전히 저항은 하고 있다고 보아야 할 것이기 때문이다. 사건의 진상, 즉 우세한 운동이 굴복한 운동을 완전히 절멸시키는 것인가 혹은 눈에 보이지는 않아도 굴복한 운동의 저항이 계속되는가 하는 것은 투쟁 당시에는 잘 드러나지 않지만 그 운동들이 함께 일어날 경우에는 분명하게 드러난다. 예컨대 소총을 위를 향해 직사(直射)했을 때(이때는 투사운동이 단순하다)가 아래를 향해 쏘았을 때(이때는 중력운동이 투사운동과 함께 일어난다)보다 충격이 약한지 어떤지를 관찰해볼 수 있을 것이다.

이제 우리가 제시한 우세의 규칙을 정리해보자. 요구되는 선(善)이 일반적이면 일반적일수록 그 선을 향한 운동도 그만큼 강력하다는 것인데, 예를 들면 모든 사물과 두루 관계가 있는 결합운동은 밀도가 높은 물체에만 관계가 있는 중력운동보다도 더 강력하다는 것이다. 또한 사적(私的)인 선에 대한 욕구가 공공선(公共善)—그 양이 보잘 것없는 경우를 제외하면—을 이기는 경우는 거의 없다는 것도 하나의 규칙이 될 수 있다. 사회의 일에도 이런 규칙이 있다면 얼마나 좋을까!

49

스물다섯 번째의 특권적 사례로서 '암시사례'를 들 수 있다. 이것은 무엇이 인간에게 유익한 것인지를 암시 혹은 지시하는 사례를 말한다. 인간의 힘이 늘어나고 지식이 증대하면 인간의 본성이 고양되는 것은 사실이지만, 그렇다고 해서 그 자체로 인간의 행복이 증진되는 것은 아니다. 결국은 우리의 힘과 지식을 바탕으로 무엇이 가장 유익한 것인지를 판단하고 선택해야 한다. 그러나 이런 문제들은 '실천적인 응용'[2:21]편에서 논의하는 것이 적당할 것이다. 나는 개별적인 주제들에 대해 [응용의 문제가 아니라] 해석의 문제들을 논의할 때도 인간도(人間圖) 혹은 기원도(祈願圖)상의 위치를 같이 논의할 필요가 있다고 생각하는 사람이다. 바르게 탐구하는 것은 물론, 바르게 기원하는 것도 학문에 속하는 것이라고 믿고 있기 때문이다.

50

스물여섯 번째의 특권적 사례로서 '일반적 유용사례'를 들 수 있다. 이것은 여러 가지 사물들과 관계되는 점이 많고 또 자주 일어나는 사례들로서 새로운 시도를 하지 않아도 좋도록 만들어주기 때문에 적지 않은 노력을 아껴준다. [두루 유용한] 기구와 장치에 대해서는 실천적 응용과 실험방법을 논의하는 곳에서 다루는 것이 적당할 것이다. 지금까지 알려진 것과, 실용되고 있는 것은 모두 해당 기술지 (技術誌)에서 다룰 것이다. 여기에서는 일반적으로 유용한 사례를 다만 몇 가지만 제시하기로 하겠다.

인간이 자연물체에 대해 작용하는 방식으로는 (물체를 결합·분리하는 것[1 :4]을 제외하고) 다음과 같은 일곱 가지를 들 수 있다. 1) 저지·방해하는 사물을 배제하는 것, 2) 압축·신장(伸張)·진동 등을 가하는 것, 3) 열 혹은 냉을 가하는 것, 4) 적당한 장소에 억류하는 것, 5) 운동을 제어·규제하는 것, 6) 특별한 공감에 의한 것, 7) 이 모든 방식 혹은 그 가운데 몇 개의 방식을 시의적절하게 교체하거나 연속하거나 계속하는 것 등이다.

[1] 첫 번째 방식[저지·방해하는 사물을 배제하는 것]에 대해 말하자면 어디에나 존재하고 어디에나 드나드는 공기와 천체들의 빛은 [우리가 물체들을 다루고자 할 때] 여러 가지 문제를 낳기 때문에 이들을 배제하는 데 도움이 되는 것은 두루 유용한 것으로 간주될 수 있다. 그러므로 작업에 필요한 물체들을 넣어두는 용기의 농밀한 소재는 두루 유용한 것이라 할 수 있다. 연금술사들이 흔히 '지혜의 진흙' (lutum sapientiae)이라고 부르고 있는 땜질에 의한 용기 밀봉술도 여기에 해당한다. 표면을 액체로 차단하는 것도 아주 유용한데, 포도주나 약초의 액즙 위에 기름을 부어놓으면 이 기름이 덮개처럼 공기의 침입을 차단한다. 분말도 같은 역할을 한다. 분말 속에는 공기가 섞여 있긴 하지만 주변의 공기를 모두 차단해주기 때문에 모래나 밀가루 속에 포도 같은 과실을 보존할 수 있다. 밀랍이나 꿀, 역청 같은 점착

성 물질도 차단작용을 해서 공기나 천체의 영향을 잘 막아준다.

그릇이나 다른 물체들을 수은 속에 넣어두는 실험을 해본 일이 있는데, 수은은 액체 가운데는 밀도가 가장 높아서 다른 물체를 둘러싼다. 석굴이나 지하동굴도 햇빛이나 대기의 침입을 막는 데 효과가 있다. 북부 독일 사람들이 석굴이나 지하동굴을 곡창으로 이용하는 것도 그 때문이다. 물건을 저장할 때 물밑에 두는 것도 큰 도움이 된다. 예전에 들은 이야기인데, 어떤 사람이 포도주를 차게 하려고 깊은 우물 속에 넣어두었다가 잊어버려서 몇 해나 지난 다음에야 꺼내보았더니 향기나 맛이 전혀 변하지 않았고 오히려 맛이 기막히게 좋아졌다고 한다.

그런데 [사람이] 강물 속이나 바다 속에서 작업을 하는 경우처럼 [얼굴에] 물이 닿아서도 안 되고 [사람을] 밀폐된 용기에 가둘 수도 없고 반드시 공기로 둘러싸야 할 경우가 있는데, 이때는 잠수부들이 물밑에 가라앉은 침몰선에서 작업할 때 사용하는 호흡장치가 매우 유용하다. 금속으로 만든 이 기구는 속이 빈 잔을 거꾸로 엎어놓은 것 [아래가 뚫려 있는 종]처럼 생겼는데, 이것을 밑바닥이 수면에 평행하도록 침수시키면 그 속에 포함된 공기가 그대로 보존된 채 해저까지 내려간다. 이것을 사람 키보다 조금 낮은 삼각대 위에 올려놓는다. 잠수부는 일을 하다 숨이 차면 머리를 공기가 있는 곳으로 밀어올려 호흡하고 나서 일을 계속한다. 들리는 소문으로는 사람을 태우고 물 속을 꽤 먼 거리까지 갈 수 있는 보트 같은 것이 발명되었다고 하는데, 내가 지금 말한 용기[장치]는 [사람이 숨쉴 때뿐만 아니라] 어떤 물체라도 쉽게 넣어둘 수 있으므로 이 이야기를 한 것이다.

물체를 완전히 밀폐하게 되면 (앞에서 말한 것처럼) 외부의 공기가 침입하지 못하도록 막는 효과가 있을 뿐만 아니라 또 다른 이점도 있다. 내부의 작용을 주도하는 그 물체의 정기의 탈출을 막아준다는 점이다. 자연적 물체에 어떤 작용을 가해 큰 변화가 일어나게 하더라도 인공적으로 그 물체의 어떤 부분이라도 소실되거나 발산되지 않도록 한다면 (자연은 물체의 절멸을 방지하기 때문에) 그 물체에서 아무것도 증발하거나 유출되지 않으므로 총량은 동일하다.

그럼에도 불구하고 많은 사람들이 잘못 알고 있다. 즉 물체의 정기나 고도의 열로 희박하게 만든 공기는 아무리 밀폐를 해도 미세한 구멍으로 새나가고 만다는 것이다(만일 이것이 사실이라면 일정한 양을 그대로 유지할 방법이 없을 것이다). 사람들이 이러한 그릇된 설을 따르는 이유는 물 위에 거꾸로 세운 컵 속에서 초나 종이조각에 불을 붙이면 물이 위로 올라가는 현상이나, 부항단지[2:48]를 가열하면 살을 빨아당기는 현상을 보[고 해석을 잘못하]기 때문이다. 즉 사람들은 두 경우 모두 희박해진 공기가 탈출해서 컵이나 부항단지 속에 든 공기의 양이 감소해 물이나 살이 결합운동에 의해 빨려간다고 생각한다. 그러나 이것은 잘못 생각한 것이다. [그런 현상이 생기는 이유는] 공기의 '양'이 감소해서가 아니라 부피가 수축했기 때문이다. 또한 물의 상승운동은 불이 꺼진 다음에야, 공기가 식은 다음에야 일어난다. 의사들이 부항단지의 흡입력을 더욱 강하게 만들기 위해 찬 물에 적신 갯솜을 그 속에 넣어두는 것도 그 때문이다. 그러므로 공기 혹은 정기가 탈출할까 봐 전전긍긍할 필요가 전혀 없다. 아주 견고한 물체에도 구멍이 있는 것은 사실이지만, 공기나 정기가 그 구멍으로 탈출할 수 있을 만큼 그렇게 세밀하지는 않기 때문이다. 이것은 물이 아주 작은 틈새로는 흘러나갈 수 없는 것과 같다.

[2] 앞에서 말한 일곱 가지 방식 중 두 번째 방식[압축·신장·진동]에 대해 말하자면 확실히 압축이나 그와 비슷한 강제적 작용은 동력

전달기계나 투사체에서 보듯이 장소 이동이나 그 같은 종류의 운동을 일으키는 데 가장 강력할 뿐만 아니라 유기체를 파괴하거나 운동 자체로 이루어진 성질들을 제압하는 데도 가장 효과적이다. 압축을 하면 어떤 기계라도 망가지고 어떤 생명체라도 파괴되고, 화염이나 연소작용도 압축하면 꺼지고 말기 때문이다. 이러한 압축작용은 물체의 부분들의 배치나 각 부분들이 갖고 있는 차이를 파괴하는데, 예를 들면 색채의 경우 정상적인 꽃과 멍든 꽃은 색깔이 같을 수 없고, 정상적인 호박과 박살이 난 호박의 색깔이 같을 수 없다. 맛의 경우에도 덜 익은 배와 찧어서 부드럽게 만든 배를 비교해보면 명백히 후자 쪽이 더 달다. 그러나 이러한 강제작용은 동질적인 물체[의 성질 자체]를 현저하게 변형·변화시키는 데는 별로 효과가 없다. 강제작용으로 물체를 일시적으로 변화시켰다 하더라도 이것은 항상 불변의 고체성이 아니라 끊임없이 원래의 모습으로 되돌아가려고 노력하는, 말하자면 해방을 추구하는 고체성에 불과하기 때문이다.

이 문제에 대해서는 좀더 면밀한 실험을 해보아도 좋을 것이다. 예를 들면 공기나 물, 기름 등과 같이 완전히 동질적인 물질들을 강제적 작용으로 응축하거나 희박하게 만들었을 때 그 효과가 영구적인지, 고정되는지, 말하자면 그 본성이 변하는 것인지를 살펴보고 비교해볼 수 있을 것이다. 이런 실험을 하기에 앞서서 그냥 방치했을 때 어떻게 되는지, 다음으로 보조와 공감에 의해서는 어떤 일이 일어나는지를 먼저 살펴볼 수도 있을 것이다. 앞에서[2:45] 물을 채워넣은 납 공을 두드려 압축해서 물이 새나올 때까지 응축해본 실험 이야기를 했는데, 그때 이런 생각이 떠올랐더라면 쉽게 실험해볼 수 있었을 것이다. 즉 평평해진 공을 며칠 동안 그대로 두었다가 나중에 물을 꺼내서 그 물이 응축되기 전에 차지하고 있던 용적을 다시 차지하게 되는지 어떤지를 관찰해볼 수 있었을 것이다. 만일 그 물이 즉시 혹은 잠시 후에라도 원래 차지하고 있던 용적을 차지하지 않게 된다면 이 응축은 영구적인 것으로 간주될 수 있겠고, 그렇지 않다면, 즉 원래 상태로 되돌아간다면 그 응축은 일시적인 것으로 보아야 할 것이다.

유리알 속의 공기의 팽창에서도 같은 실험은 해볼 수 있었을 것이다. 유리알의 구멍에서 공기를 완전히 빨아낸 후 재빨리 밀봉해서 며칠 동안 그대로 두었다가 나중에 구멍을 열었을 때 공기가 소리를 내면서 빨려 들어가는지 어떤지 혹은 (며칠 동안 그대로 두는 일을 생략하여 시간을 절약하고 싶으면) 그 유리알을 물 속에 넣었을 때 원래 들어갈 수 있는 물과 같은 양의 물이 들어가는지 어떤지를 살펴볼 수 있었을 것이다. 어쩌면 유리알 속의 공기가 팽창해서 바깥의 공기나 물을 빨아들이지 않는 일이 생길지도 모른다. 어쨌든 이런 실험은 해볼 만한 가치가 있는데, 약간 이질적인 물체들의 경우에는 시간이 지나감에 따라 그런 일[영구적인 본성의 변화가 일어나는 일]이 생기기 때문이다.

예를 들면 나무막대를 억지로 구부린 채 오래 있으면 원래 상태로 되돌아가지 않는데, 이것은 시간의 경과에 따라 나무의 양이 일부 소실되었기 때문이 아니다. 이것은 전혀 증발하지 않는 철판의 경우에도 나무막대와 똑같은 일이 일어나는 것을 보면 알 수 있다. 혹시 단순한 방치에 의한 실험이 성공하지 못하더라도 단념하지 말고 다른 보조수단을 사용해서 같은 실험을 해볼 필요가 있다. 강제적 작용으로 어떤 물체의 본성을 영구적으로 바꾸어 새로운 고정적인 본성을 가지도록 할 수 있다면 이런 일이야말로 엄청나게 큰 수확이기 때문이다. 공기를 압축해 물을 만들어본다든가, 그 밖에 이와 유사한 일을 해볼 수 있을 것이다. 인간은 다른 어떤 운동보다도 강제운동을 지배하고 있기 때문이다.

[3] 일곱 가지 방식 가운데 세 번째 방식은 열과 냉과 관계된 것으로 열과 냉은 자연에서도 인간의 기술에서도 거대한 작업기관의 역할을 한다. 이 분야에 관한 한 인간의 능력은 말하자면 절름발이가 분명하다. 우리는 (자연적인) 태양열이나 혹은 동물의 신체에서 나오는 열과는 전혀 비교가 되지 않는 엄청나게 강력한 열, 즉 불의 열을 가지고 있지만, 우리가 얻을 수 있는 냉이라고 해보아야 겨울철이나 동굴에서 얻는 것 혹은 눈이나 얼음 따위로 둘러싸인 물체에서 얻는 것이 고작인데, 이것은 열과 비교하자면 산이나 벽의 반사열을 받은 열대지방의 한낮의 열기 정도에 해당할 뿐이다. 이 정도의 열과 냉도 동물들이 장시간 견뎌내기는 어렵지만, 연소하고 있는 화로의 열에 비하면 혹은 그에 해당하는 냉에 비하면 새 발의 피에 불과하다.

바로 이런 이유로 우리 주변의 사물들은 하나같이 희박하게 되고, 건조되고, 소모되는 경향이 있고, 응축되거나 유연해지는 경우는 (혼합에 의해, 말하자면 가짜로 만들어내는 경우를 제외하면) 거의 찾아보기 어렵다. 그러므로 냉의 사례는 더욱 세심한 주의를 기울여서 찾아야 하는데, 예를 들면 어떤 물체를 찬 서리가 내릴 때 탑 꼭대기에 두었을 때, 지하 동굴 속에 두었을 때, 깊게 판 구멍 속에 눈과 얼음으로 둘러싸 놓았을 때, 우물 속에 넣어두었을 때, 수은이나 다른 금속 속에 넣어두었을 때, 나무를 석화(石化)시키는 물 속에 넣어두었을 때, 땅 속에 묻어두었을 때(중국 사람들은 이런 식으로 자기(磁器)를 만들어내는데, 자기를 만드는 데 필요한 흙은 40~50년씩 땅 속에 묻힌 채 일종의 인조광석으로 후손들에게 전해진다고 한다) 등과 같은 경우에 얻을 수 있다. 또한 자연 속에서 냉으로 인해 생기는 응축도 연구해볼 필요가 있다. 원인을 알고 나면 그것을 기술적으로 응용하는 것은 시간 문제이다. 그와 같은 응축은 대리석이나 돌의 침출물에서, 서리 내린 밤에 아침에 유리창에 맺힌 이슬에서, 지하에서 생긴 증기가 모여 물이 되었을 때, 그리고 이 물이 샘이 되어 솟아날 때 등등의 경우에서 볼 수 있다.

우리가 촉각으로 확인할 수 있는 냉 이외에도 냉의 능력을 가지고 있어서 응축작용을 하는 물체들도 있지만, 이들은 생물체에 대해서만 작용하고 그 밖의 것에 대해서는 전혀 작용하지 않는 것으로 보인다. 약제(藥劑)나 고약 종류들이 그러한데, 그 가운데 어떤 것은 수렴제(收斂劑)나 주입제(注入劑)처럼 살이나 가촉적 부분을 응축시키고, 어떤 것은 최면제(催眠劑)처럼 정기를 응축시킨다. 최면제나 마취제가 정기를 응축시키는 방법에는 두 가지가 있는데, 하나는 운동을 진정시키는 것이고, 또 하나는 정기를 쫓아내는 것이다. 즉 제비꽃이나 말린 장미, 상추 등과 같은 고마운 약초들은 부드럽게 식혀주는 증기에 의해 정기를 모아 통일시켜주고 격렬하고 교란된 운동을 진정시켜준다. 장미향수도 후각이 둔해졌을 때 코에 대면 흩어져 있던 정기가 다시 모여 회복된다. 말하자면 장미향수가 후각의 정기를 양육하는 것이다.

이에 반해 아편제 같은 것은 악의적이고 적대적인 성질로 인해 정기를 쫓아낸다. 그러므로 아편제를 신체 부위에 쓰면 정기는 그 부분을 즉시 떠나 다시는 돌아오기 어렵게 되고, 먹으면 그 증기가 머리에까지 올라가 뇌실(腦室)에 모여 있던 정기를 사방으로 흩어버리고 만다. 아편에 쫓긴 정기는 달리 갈 곳이 없기 때문에 한데 모여 응축하게 되고 때로는 완전히 소멸하거나 질식하게 된다. 그러나 이와는 달리 같은 아편제라도 적당히 복용하면, 2차효과(통일을 가져오는 응축작용)에 의해 오히려 정기가 강화되고 한층 강건해진다. 이처럼 아편은 잘만 쓰면 불필요하고 과격한 운동을 억제해 병을 치료하거나 생명을 연장해주는 좋은 약이 될 수도 있다.

물체가 어떤 상태에 있을 때 냉을 잘 받아들이는가 하는 것도 연구 대상이 된다. 예를 들면 약간 따뜻하게 데운 물이 완전히 차가운 물보다는 더 잘 언다는 것 등이다.

게다가 자연은 냉기를 아주 조금밖에 공급하지 않기 때문에 우리는 약제사가 하는 것처럼 할 수밖에 없다. 약제사들은 꼭 맞는 약품을 구할 수 없을 경우에 대용품—약제사들 말로는 '무엇 대신 무엇'(quid pro quo)—을 쓰는데, 발삼이 없으면 알로에를 쓰고, 육계(肉桂)가 없으면 계피를 쓴다. 이처럼 우리도 냉기를 대신할 수 있는 대용품이 있는지 찾아보아야 한다. 다시 말하면 냉의 고유한 작용이라 할 수 있는 응축현상을 냉 이외의 다른 방법으로 나타나게 할 수 있는지를 연구해보아야 한다는 것이다.

지금까지 알려진 바로는 다음과 같은 네 가지 방법밖에 없다. 첫째는 단순한 압착에 의해 생기는 경우로서, 이것은 물체가 처음 상태로 되돌아가는 탄성 때문에 영구적인 응축이 되지 못한다. 그러나 영구적인 응축을 위한 보조수단이 될 수는 있겠다. 둘째는 어떤 물체의 미세한 부분이 증발 혹은 탈출한 후에 거친 부분이 수축되면서 생기는 경우로서, 예를 들면 불에 의한 경화(硬化) 현상에서 찾아볼 수 있고 금속을 반복적으로 가열했을 때도 그런 현상이 나타난다. 셋째는 어떤 물체에서 가장 충실한 동질적인 부분이 이전에는 흩어진 상태로 덜 충실한 부분과 섞여 있다가 다시 집합할 경우에 생기는 것으로서, 예를 들면 승화한 수은(이것은 분말상태로서 순수한 수은에 비해 훨씬 더 넓은 공간을 차지한다)이 원래 상태로 되돌아갈 때나 금속에서 불순물을 제거했을 때 나타난다. 넷째는 공감이나 물체의 잠재적인 힘에 의해 응축이 일어나는 경우를 들 수 있다. 그러나 이 방면의 연구는 거의 찾아보기 어렵다. 그럴 수밖에 없는 것이 사물의 형상이나 구조를 알지 못하고서는 아무것도 알아낼 수 없기 때문이다. 동물체에 관해서는, 조금 전에 말한 것처럼 공감에 의해 응축현상을 일으키는 내복약이나 외용약이 많이 있다는 것은 의심할 여지가 없지만 무생물의 경우에는 그와 같은 작용을 찾아보기 어렵다.

테르케라[현재 아조레스] 제도인지 카나리아 제도인지 기억이 확실치는 않지만, 그 중 어떤 섬에서는 계속해서 물방울이 떨어지는 나무가 있어서 주민들에게 상당한 식수를 공급하고 있다는 소문이 있는데 이것은 박물지에도 나와 있다. 파라셀수스에 따르면, '헤이슬' (ros solis)이라는 풀이 있는데, 햇빛이 내리쬐는 한낮에도 다른 풀은 다 말라도 이 풀만은 온통 이슬을 머금은 채 그대로 있다고 한다. 나는 둘 다 지어낸 이야기라고 생각하지만, 만일 그것이 사실이라면 참으로 유익한 일로서 잘 조사해볼 필요가 있다. 5월에 떡갈나무 잎에서 볼 수 있는 만나[58] 비슷한 감로(甘露)도 어떤 공감이나 떡갈나무의 고유한 성질에 의해 농축된 것이 아니라 떡갈나무 잎이 다른 나무의 잎에 비해 조직이 치밀하고 구멍이 거의 없기 때문에 똑같이 감로가 떨어져도 떡갈나무 잎에 떨어진 것만 잘 보존되기 때문이 아닌가 하는 생각이 든다.

한편 열에 관해서는 인간이 [열을 만들어낼 수 있는] 풍부한 수단과 능력을 가지고 있지만, 아무리 연금술사들이 기술을 자랑해도 열에 대한 인간의 관찰과 탐구에는 매우 중요한 결함이 있다. 그것은 강

---

58) manna. 옛날 이스라엘 사람들이 아라비아 광야에서 하늘로부터 받은 양식. 『성서』, 「출애굽기」 16 : 14~36. 만나 꿀.

렬한 열의 효과에 대해서는 잘 알면서도 자연적인 경과에 따라 이루어지는 온화한 열의 효과에 대해서는 (그 과정 자체가 숨어 있기 때문에) 거의 알려진 바가 없다는 점이다. 그러므로 저 애지중지하는 화로(火爐)를 사용하면 강산(强酸)이나 화학기름을 사용했을 때와 같이 물체의 정기가 강화된다는 것, 가촉적 부분은 경화된다는 것, 휘발성 부분이 탈출하고 나면 때때로 응고가 일어난다는 것, 동질적 부분은 분리되고 이질적 부분은 거친 방법으로 합병 및 합체된다는 것, 특히 합성체의 접합이나 미묘한 구조는 파괴되고 혼합된다는 것 등은 잘 알고 있으면서도 그보다 온화한 열의 작용에 대해서는 아는 바가 거의 없다.

따라서 이 문제는 앞으로의 탐구과제로 남아 있거니와, 이러한 탐구가 이루어진다면 앞에서 동맹사례에 대한 잠언[2 : 35]에서 말한 것처럼 자연의 실례를 따르는 태양의 작용을 본받아 더욱 미묘한 혼합이나 정상적인 구조를 만들어낼 수 있는 길이 열릴 것이다. 자연의 활동은 지금 우리가 사용하고 있는 불에 비하면 훨씬 더 적은 부분에, 훨씬 더 정교하고 다양한 방법으로 작용하기 때문이다. 인간이 만일 이러한 자연의 작용을 종류대로 배워서 그에 맞먹는 힘과 변화를 재현해낼 수 있다면, 그것도 시간까지 단축해 해낼 수 있다면, 인간의 지배력은 진실로 증대했다고 할 수 있을 것이다. 예를 들면 [쇠에 생기는] 녹은 [자연의 작용으로는] 오랜 시간이 지나야 생기지만, 산화철은 [인간의 힘으로] 금방 만들어낼 수 있다. 녹청(綠靑)이나 연백(鉛白)도 마찬가지다. 수정이 [자연적으로] 만들어지기까지는 긴 시간이 걸리지만 유리는 금방 만들어낼 수 있고, 딱딱한 돌이 [자연적으로] 만들어지기까지는 긴 시간이 걸리지만 기와는 금방이라도 구워낼 수 있다. 이런 예는 수도 없이 많다.

우리가 지금까지 다루어온 주제, 즉 열에 관련된 이야기를 하자면 우리의 탐구주제가 될 만한 열은 수많은 종류가 있다. 천체의 열(직사광선, 반사광선, 굴절광선의 열, 돋보기로 채집한 열 등), 번갯불의 열, 화염, 숯불의 열, 기타 다양한 연료에서 생긴 불의 열, 개방된 상태의 열, 밀폐된 상태의 열, 좁은 곳의 열, 넓은 곳의 열, 화로의 형태에 따라 다른 열, 풀무로 바람을 불어넣었을 때 생긴 열, 조용한 열, 다양한 매질을 통과한 불의 열, 중탕기(重湯器)의 열이나 똥의 열처럼 젖은 열, 동물의 체내 혹은 체외의 열, 재나 석회나 열사(熱砂)의 열처럼 마른 열—간단히 말해서 모든 종류의 열에 대해 그 열의 정도에 대해 부지런히 탐구해야 한다.

　그런데 우리가 특히 힘써서 탐구하고 발견해야 할 것은 점진적으로 규칙적으로 주기적으로 적당한 거리와 시간적 간격을 두면서 작용하는 열의 효과에 관한 것이다. 이러한 불균열(不均熱)이 가진 질서정연한 균차(均差)야말로 하늘의 딸이요 생성의 어머니이다. 강력하고 급격한 혹은 발작적인 열에서는 그 어떤 대단한 것도 기대할 수 없다. 이것은 식물을 보아서도 알 수 있고, 동물의 태내[의 작용]를 보아서도 알 수 있는데, 새끼 밴 동물의 운동·수면·식사·감정에서 생기는 열에는 매우 큰 균차가 있다. 금속이나 화석을 끊임없이 만들어내는 지구의 태내에도 그와 같은 강력한 균차가 있다. 그러므로 램프처럼 항상 균일하게 타오르는 균열(均熱)로 자신들이 원하는 바를 얻을 수 있다고 생각하고 있는 개혁파 연금술사들은 참으로 무식한 사람들이라 할 수 있다. 열의 작용과 효과에 대해서는 이 정도로 해두기로 하자. 사물의 형상과 물체의 구조가 밝혀지기 전까지는 그 작용과 효과에 대해 논한다는 것은 시기상조일 것이다. 원형(原型)이 밝혀져야 [그에 맞는] 도구를 찾아낼 수 있기 때문이다.

[4] 네 번째 작용방식은 억류에 의한 것으로, 이것이야말로 말하자면 자연의 집사(執事)요 지배인이라고 할 수 있다. 억류라는 것은 어떤 물체를 외부의 힘이 미치지 못하도록 차단 및 보호한 상태에서 상당한 시간 동안 그대로 두는 것을 의미한다. 물체 내부의 운동은 외부의 힘에 의한 운동이 제거되었을 때 가장 잘 드러난다. 세월의 작용은 불의 작용보다 훨씬 더 정묘(精妙)하다. 예를 들면 얼마간 시간이 지나야 포도주가 정화되는데 이런 일을 불로 할 수는 없다. 아무리 센 불로 잿더미를 만들어도 긴 세월의 풍화로 생긴 미세한 티끌을 당할 수는 없다. 또한 불로 급하게 만들어낸 결합이나 혼합은 시간의 경과에 의해 생겨난 결합이나 혼합을 따를 수 없다. 불이나 센 열을 가하면 (부패의 경우처럼) 시간의 경과에 따라 물체가 갖게 된 다종다양한 구조는 파괴되고 만다.

한편 완전히 밀폐된 물체의 운동은 상당히 강렬하다는 것도 알아둘 필요가 있을 것이다. 그와 같은 감금(監禁)이 물체의 자발적인 운동을 저지하기 때문이다. 그러므로 용기 속에 넣고 뚜껑을 열어두면 분리현상이 나타나고, 뚜껑을 완전히 닫아두면 혼합현상이 나타나고, 반쯤 뚜껑을 닫아서 공기의 진입을 허용하면 부패현상이 나타난다. 이 같은 억류의 작용과 효과에 관한 많은 사례들은 모든 방면에 걸쳐 주의 깊게 수집되어야 할 것이다.

[5] (다섯 번째 작용 방식인) 운동의 규제도 적지 않게 유용하다. 운동의 규제란 하나의 물체가 개입해서 다른 물체의 자발적 운동을 저지·거부·허용·지도하는 것을 말한다. 이것은 주로 용기의 모양과 위치에 달려 있다. 즉 정원추형(正圓錐形)은 증류기(蒸溜器) 속의 증기의 응고를 돕고, 역원추형(逆圓錐形)은 설탕의 정제를 돕는다. 굴곡이 있는 용기나 좁아졌다 넓어졌다 하는 용기가 필요할 때도 있다.

여과작용도 여기에 속한다고 볼 수 있는데 중개 물체가 여과 대상 물체의 어떤 부분에 대해서는 길을 열어주고 어떤 부분에 대해서는 길을 막기 때문이다.

이러한 여과나 혹은 다른 운동의 규제는 반드시 물체의 외부로부터만 이루어지는 것이 아니라 때로는 물체 내부의 다른 물체에 의해 이루어지기도 한다. 예를 들면 조약돌을 물 속에 던져넣으면 그 주위에 진흙이 모이게 되고, 당밀(唐蜜)에 계란 흰자를 넣으면 흰자에 불순물이 달라붙는다. 당밀을 정제하는 데 계란 흰자를 사용하는 것은 이런 원리를 이용한 것이다. 텔레시오는 동물의 형태가 운동의 규제와 관계가 있다고 생각해 자궁의 도관(導管)이나 주름에 의해 형성된다고 주장했는데,[59] 참으로 성급하고도 어리석은 생각이 아닐 수 없다. 주름살이나 경계가 전혀 없는 계란 속에서도 동물의 형태가 만들어지고 있다는 사실에 대해서는 왜 주목하지 못했을까? 물론 조형(造形)이나 주조(鑄造)를 할 때는 운동의 규제에 따라 형태가 결정된다.

[6] (여섯 번째 작용 방식인) 공감 혹은 기피에 의한 작용은 어둠 속에 묻혀 있는 경우가 많다. 이른바 숨겨진 종적(種的) 본질 혹은 공감과 반감이 대부분 철학을 파괴하는 원인이 되기 때문이다. 자연에 존재하는 갖가지 공감을 발견하기 위해서는 우선 단순한 것의 형상과 구조부터 발견해야 한다. 공감이라는 것은 형상과 구조와의 상호 균형일 뿐이기 때문이다.

그러나 가장 보편적인 공감은 어렴풋하게나마 그 성질을 알 수 있으므로 이것에서 이야기를 시작하는 것이 좋겠다. 우선 제일 먼저 지

---

59) Telesio, *De Rerum Natura*. VI, 4 : 232f, 40 : 273f.

적할 수 있는 공감은 다음과 같은 것이다. 즉 어떤 물체들은 물질의 분량과 밀도는 전혀 다르지만 구조는 합치하고, 어떤 물체들은 그와 반대로 물질의 분량과 밀도는 합치하지만 구조는 완전히 다르다. 그러므로 연금술사들이 [삼분법[60]에 입각해서] 모든 사물에는 유황과 수은이 들어 있다고 주장한 것은 틀린 것이 아니지만, 지구상의 딱딱하고 고정된 물체를 설명하기 위해 도입한 소금 이야기는 터무니없는 주장이다.

앞의 두 가지에 대해서는 자연의 가장 보편적인 공감을 확인할 수 있는데, 유황은 기름이나 유성의 기체, 화염, 그리고 짐작컨대 별 등과 공감하고, 수은은 물이나 수성의 증기, 공기, 그리고 짐작컨대 별과 별 사이에 있는 순수한 에테르와 공감한다. 이들 두 계열 혹은 사물의 대부족(大部族)은 (동일 계열에 속한 사물들끼리 비교할 때) 물질의 분량과 밀도는 현저하게 다르지만 구조는 아주 잘 합치한다. 이것을 입증할 수 있는 예는 수도 없이 많다. 다른 한편 금속들은 분량과 밀도는 서로 비슷하지만(특히 식물과 비교해볼 때) 구조는 서로 다르다. 마찬가지로 여러 가지 동물과 식물들도 구조는 천차만별이지만 물질의 분량과 밀도는 사소한 차이를 보일 뿐이다.

두 번째로 가장 보편적인 공감은 어떤 물체와 그 물체를 육성하는 물체 사이의 공감이다. 그러므로 어떤 기후에서, 어떤 토지에서, 어느 정도의 깊이에서 어떤 광물이 생성되는지를 탐구해야 하며, 보석에 대해서도 암석에서 생기는 보석이든 광물에서 생기는 보석이든 마찬가지로 탐구해야 하며, 어떤 토양에서 어떤 수목이, 어떤 관목(灌木)

---

60) 三分法. 모든 물체는 유황과 수은과 소금으로 구성된다는 주장인데, 이것은 오늘날 기체와 액체와 고체 개념에 상응한다.

이, 어떤 초목이 가장 잘 번성하는지, 말하자면 가장 기뻐하는지를 탐구해야 하며, 또한 비료 중에서는 가장 잘 듣는 것이 똥인지, 백악인지, 바다모래인지, 재인지를 토양별로 그 득실을 탐구해야 한다. 또한 접붙이기나 꺾꽂이도 공감에 의존하는 바가 크기 때문에 서로 공감하는 식물끼리는 접목이 잘 된다.

이 문제에 관해서는 최근에 내가 들은 흥미로운 이야기 한 토막을 소개하고 싶은데, 숲 속에 있는 나무에 접목 실험을 해보았더니(지금까지는 주로 정원수를 가지고 접목 실험을 해왔다) 잎이나 과실이 아주 많아지고 수목도 무성해졌다는 것이다. 동물의 먹이에 대해서도 관찰할 필요가 있다. 물론 먹이가 될 수 없는 것에 대해서도 탐구해야 한다. 한때 푀양(Feuillants) 수도원에서 [육식을 금하고] 채식 생활을 시도해본 적이 있으나 인간으로서는 도저히 견디기 힘든 섭생(攝生)이라서 지금은 거의 사라지고 말았다. 인간은 의지가 신체를 지배하는 힘이 다른 동물에 비해 월등히 강하기는 하지만 육식동물이 풀을 먹고 살 수는 없는 것이다. 또한 미세한 동물로 인해 생기는 부패에 대해서도 종류별로 탐구할 필요가 있다.

주요한 물체와 그에 종속하는 것 사이에도 공감이 있는 것이 확실하다. (위에서 말한 공감을 여기에 속한 것으로 보아도 좋고) 감각기관과 감각대상 사이의 공감을 여기에 넣을 수 있다. 이러한 종류의 공감은 아주 분명하게 나타나기 때문에 잘 관찰하고 주의 깊게 조사하면 아직은 밝혀지지 않은 다른 공감에 대해서도 알 수 있는 길이 열릴지도 모른다.

그러나 물체의 내적인 공감과 기피 혹은 우호와 적대에 대해서는 오류와 허구만 가득할 뿐 아직 제대로 발견된 것이 없다(공감과 반감이라는 말을 남용하여 만들어낸 미신과 허영은 정말 너무 역겹다).

포도나무와 양배추는 함께 심으면 잘 자라지 않기 때문에 그 둘 사이에는 불화가 있다는 주장이 성립할 법하지만 사실은 [불화 때문이 아니라] 둘 다 다즙성(多汁性) 식물이라서 한쪽이 양분을 다 빨아들이고 나면 다른 한쪽은 마르게 되는 것일 뿐이다. 옥수수 혹은 들양귀비는 경지(耕地)가 아니면 자라지 않기 때문에 쌀보리와 서로 공감과 우호의 관계에 있다는 주장이 성립할 법하지만 사실은 그들 사이에는 불화가 있다. 왜냐하면 들양귀비나 옥수수는 쌀보리가 [불필요해] 흡수하지 않고 남겨둔 양분을 흡수하면서 자라기 때문이다. 그러므로 쌀보리를 파종할 때부터 이미 들양귀비나 옥수수는 자랄 준비가 되어 있는 것이다. 이 같은 억지주장은 수도 없이 많다. 이러한 허무맹랑한 이야기들을 완전히 근절하고 나면 확실한 실험에 의해 증명된 공감만 남을 것인즉 자석과 쇠, 황금과 수은 따위의 공감이 여기에 속한다.

금속에 대한 화학적 실험에서도 주목할 만한 공감이 발견되는 경우가 가끔 있지만 가장 많은 사례(전체적으로 보아서는 그 수효가 적지만)는 약제에서 발견되는데, 이 약제들의 (이른바) 숨겨진 종적 특성이 사지나 체액이나 질환에, 때로는 개인의 특이체질에 작용한다. 또한 달의 운동 및 변화가 하계(下界)[달 아래 세계]의 물체에 미치는 영향에서 찾아볼 수 있는 공감도 간과할 수 없다. 이러한 것은 농경이나 항해, 의료 및 기타 과학의 분야에서 실험을 통해 정확하게 확인 및 수집되어야 할 것이다. 이보다도 더 은밀하게 숨어 있는 공감의 사례들은 발견하기가 그만큼 어렵기 때문에 전해오는 이야기나 믿을 만한 보고를 통해 더욱 주의 깊게 탐구하되 경솔히 하지 말고, 항상 의심을 가지고 탐구해야 한다.

그 밖에 작용방식은 단순하지만 매우 유용한 공감이 있는데, 이 역시 관찰 및 탐구의 대상이 되어야 한다. 이것은 합성 또는 단순한 병치(位置)에 의한 물체의 결합 혹은 합일의 난이도(難易度)와 관련된 것이다. 즉 어떤 물체는 쉽게 혼합되고 합체되는데, 예를 들면 분말은 물과, 석회와 재는 기름과 잘 섞인다. 이처럼 혼합이 잘 되는지 어떤 지는 물론이고, 혼합된 이후의 배치·분포·동화 상태는 어떤지도 탐 구되어야 하고, 마지막으로 혼합이 완성된 이후의 우세 사례[2 : 48] 도 탐구 및 수집되어야 한다.

[7] 마지막으로 일곱 번째 작용방식이 있다. 이것은 앞에서 말한 여섯 가지 작용 방식의 교체와 변환에 의한 작용으로서, 이에 대해서 는 [여섯 가지] 각각의 작용 방식에 대한 좀더 자세한 연구가 이루어 진 후에 논하는 것이 순서일 것이다. 각각의 효과에 대해 적용할 수 있는 교체의 계열 혹은 연쇄는 알아내기는 어렵지만 일단 밝혀지고 나면 작업에 아주 큰 도움이 된다. 그러나 사람들은 탐구에서나 실천 적인 응용에서나 워낙 성급하게 굴기 때문에, 가히 라비린토스[61]의 실[絲]이라고 할 수 있는 이러한 일반적 유용사례들을 놓치고 마는 것이다.

51

스물일곱 번째이자 마지막 특권적 사례로 '마술사례'를 들 수 있 다. 이것은 질료인이나 작용인은 미미한데 그로부터 생기는 일이나 결과는 엄청난 경우를 말한다. 평범한 것이지만 첫눈에 기적처럼 보 이는 것이 있는가 하면, 곰곰이 생각해보아도 여전히 기적처럼 느껴 지는 것도 있다. 그러나 자연이 스스로 기적을 행하는 일은 아주 드물

---

61) labyrinth. 사람 몸에 쇠머리를 가진 괴물 미노타우로스(Minotauros)를 감금 하기 위해 만든 크레타 섬의 미궁.

다. 자연의 형상과 과정과 구조를 알고 나면 자연이 어떤 일을 할 것인지 쉽게 예측할 수 있다.

마술적 효과는 추측컨대 다음과 같은 세 가지 종류가 있다. 첫째는 자기증식에 의한 것으로서 예를 들면 불이나 특효약, 바퀴에서 바퀴로 전달되면서 강해지는 운동 등의 경우가 여기에 속한다. 둘째는 다른 물체를 자극하거나 초대해서 일어나는 것으로서, 자신의 힘은 그대로 유지한 채 수많은 바늘을 자극하는 자석이나 발효소 같은 것이 여기에 속한다. 셋째는 다른 것보다 월등히 빠른 운동에 의한 것으로서 예를 들면 (앞에서 말한) 화약, 대포, 지뢰 등이 여기에 속한다. 앞의 두 가지에 대해서는 공감에 대한 연구가 필요하고 마지막 것은 운동의 측정에 대한 연구가 필요하다. 그러나 (이른바) 물체의 미분자를 변화시켜 물질의 미세한 구조를 바꿀 수 있는 길이 과연 있는지 어떤지는 아직 알지 못한다. 만일 이런 길이 있다면 자연이 긴 세월에 걸쳐 이룩하는 것을 기술의 힘으로 무엇이든지 단시간에 이룰 수 있게 된다. 나는 견실한 진리에 대해서는 최고를 열망하지만 허황되고 과장된 것에 대해서는 이를 증오하고 배척하는 바이다.

52

사례의 존엄 또는 특권에 대해서는 이 정도로 해두기로 하자. 내가 이 기관(機關)에서 다루고 있는 것은 철학이 아니라 논리학이다. 그러나 나의 논리학은 여느 논리학처럼 정신의 미세한 갈고리로 추상적 관념을 낚는 것이 아니라 자연을 있는 그대로 탐사하여 물체의 힘과 순수활동[1:51]을 찾아내고 질료의 규정 법칙을 발견함으로써 지성을 교도(敎導)한다. 따라서 이 학문은 정신의 본성과 아울러 사물의 본성에서 비롯되는 것이며, 그러므로 자연에 대한 관찰과 실험이

나의 논리학적 방법의 예증을 위해 간간이 소개되었다고 하더라도 조금도 놀랄 일이 아니다.

앞에서 말한 것처럼 특권적 사례는 스물일곱 가지가 있는데, (1) 고립사례 (2) 이동사례 (3) 명시사례 (4) 은밀사례 (5) 구성사례 (6) 상사사례 (7) 단독사례 (8) 일탈사례 (9) 경계사례 (10) 힘의 사례 (11) 동반사례 및 적대사례 (12) 추가사례 (13) 동맹사례 (14) 이정표사례 (15) 이별사례 (16) 입구사례 (17) 소환사례 (18) 노정사례 (19) 보충사례 (20) 해부사례 (21) 먹줄사례 (22) 진행사례 (23) 자연의 복용량(사례) (24) 투쟁사례 (25) 암시사례 (26) 일반적 유용사례 (27) 마술사례가 바로 그것이다.

이 사례들이 보통의 사례보다 뛰어난 이유는 장점이 있기 때문이다. 그 장점은 이론적인 것도 있고 실용적인 것도 있고 이론 및 실용에 다 나타나는 것도 있다. 이론적 장점을 말하자면 이 사례들은 감각기관을 도와주거나 지성을 도와준다. 감각기관을 도와주는 것으로는 다섯 가지 램프의 사례[입구사례, 소환사례, 노정사례, 보충사례, 해부사례]를 예로 들 수 있고, 지성을 도와주는 것으로는 고립사례처럼 형상에 이르기 위한 배제과정을 촉진하는 것도 있고, 이동사례·명시사례·동반사례·추가사례처럼 형상의 긍정적 과정을 좁혀서 보여주는 것도 있고, 은밀사례·단독사례·동맹사례처럼 직접적으로, 구성사례처럼 아주 가깝게, 상사사례처럼 낮은 정도로, 각각 보편적 본성이나 공통본성을 밝혀주는 것도 있고, 일탈사례처럼 지성의 습관을 바른 길로 이끄는 것도 있고, 경계사례처럼 우주의 거대한 형상 또는 구조에로 인도하는 것도 있고, 이정표사례 및 이별사례처럼 그릇된 형상이나 원인을 받아들이지 않도록 지켜주는 사례도 있다.

다음으로 실용적 장점을 말하자면 이 사례들은 실천을 지시하거나 측정하거나 노고를 덜어준다. 실천을 지시하는 것으로는 힘의 사례처럼 같은 일을 반복하지 않기 위해서는 어디서부터 시작하는 것이 좋을지를 알려주는 것도 있고, 암시사례처럼 능력이 있을 때 무엇을 탐구하는 것이 좋은지를 알려주는 것도 있다. 실천을 측정하는 것으로는 네 가지 수학적 사례[먹줄사례, 진행사례, 자연의 복용량(사례), 투쟁사례]를 들 수 있고, 노고를 덜어주는 것으로는 일반적 유용사례와 마술사례를 들 수 있다.

또한 이들 스물일곱 가지 사례 가운데 어떤 것은 자연에 대한 특별한 탐구를 기다릴 것 없이 즉시 수집되어야 한다. 상사사례·단독사례·일탈사례·경계사례·힘의 사례·입구사례·암시사례·일반적 유용사례·마술사례가 바로 그런 것이다. 이 사례들은 지성과 감각기관을 보조 및 교정하거나 곧바로 실용에의 길을 마련해주기 때문이다. 그 밖의 사례들은 어떤 특수한 본성에 대해 연구하는 사람이 비교표를 만들어놓고 나서 수집해도 되는 것들이다. 특권의 표장을 지닌 이 사례들은 비교표에 들어 있는 뭇 사례들 사이에서 혼(魂)과 같은 역할을 하게 되는데, 앞에서[2:22] 말한 것처럼 그 중 어떤 것은 일당백의 위력을 지닌다. 그러므로 비교표를 작성할 때는 특히 이러한 사례들을 많이 열심히 찾아내야 한다. 나중에 또 이 문제에 대한 언급이 필요하기 때문에 여기서 미리 말해둔 것이다.

이제 잠언 [제2권] 제21장에서 언급한 순서에 따라 귀납의 지주와 정정에 대해, 다음으로 구체적 사물과 잠재적 과정 및 잠재적 구조에 대해 살펴볼 차례가 되었다. 내가 이 일을 하는 이유는 (공정하고 성실한 후견인처럼) 인류의 지성이 해방되어, 말하자면 성년이 되었을 때 인류에게 그 재산을 인도하기 위한 것이며, 이로써 인간의 상태는 필히 개선될 것이며 자연에 대한 인간의 힘도 필히 확대될 것이다. 인류는 죄에 빠져 무구(無垢)의 상태를 잃고 피조물에 대한 지배도 잃었지만, 이 세상에 살면서 전자는 종교와 신앙으로, 후자는 기술과 학문으로 어느 정도 회복할 수 있다. 하느님의 저주가 내리긴 했으나 "네가 얼굴에 땀이 흘러야 식물을 먹으리라"[62] 하는 계명에서 보듯이 피조물[자연]은 [우리 인간에게] 끝까지 반항하도록 만들어진 것이 아니라 인류의 노동으로(물론 토론이나 무익한 마술적 의식으로가 아니라) 어느 정도 지배할 수 있고 우리가 빵을 얻을 수 있도록, 즉 일용할 양식을 얻을 수 있도록 만들어져 있기 때문이다.

---

62) 『성서』, 「창세기」 3 : 19.

프랜시스 베이컨의 생애*

베이컨은 1561년 1월 22일 런던 요크하우스에서 당시 국새상서(國璽尙書) 니콜라스 베이컨(Nicholas Bacon) 경의 막내아들로 태어났다. 어머니 앤 쿠크(Anne Cooke) 부인은 벌리(Burghley) 경 윌리엄 세실(William Cecil) 부인의 동생으로서 고전에 조예가 깊었다.

베이컨은 열두 살의 나이로 형[앤서니 베이컨]과 함께 [케임브리지 대학] 트리니티 칼리지에 입학해 3년 동안 수학했다. 나중에 그는 케임브리지 대학 "초년시절부터 아리스토텔레스의 철학이 싫었고," 열여섯 살 이전에 이미 아리스토텔레스의 철학이 "인간의 실생활에는 전혀 도움이 될 수 없는 불모의 저작들"이라는 판단이 들었다고 회고했다. [학위를 받지 않은 채] 대학을 떠난 후 정치수업을 받기 위해 주불 영국대사의 수행원으로 프랑스로 건너갔다. 프랑스에 머무는 동안 그는 새로운 외교 규약을 만들어보려고 애쓰기도 했고, 뒷날의 일화에 따르면 이때 처음으로 실험과 관찰에 관심을 가지게 되었다고 한다.

---

* *Great Books of the Western World*(Encyclopedia Britannica, Inc., 1993), Vol. 28. pp. xi‑xxi.

1579년 아버지의 갑작스런 죽음으로 다시 영국으로 돌아왔으나 아버지가 어린 아들 몫으로 유산을 '아주 조금'밖에 남기지 않았기 때문에 베이컨은 스스로 생계를 꾸려가야 했다. 그레이스 인(Gray's Inn) 법학원에서 법학 공부에 전념한 끝에 1582년에 변호사 자격을 얻었다. "후원을 얻기 위한 사다리의 맨 밑바닥에 있는 경쟁자"로서 25년 동안 [백부] 벌리 경과 에식스(Essex) 백작 및 에드워드 코크(Edward Coke) 경[1]의 후원을 입었다. 1584년에 최초의 정치적 논문인 「엘리자베스 여왕에게 바치는 진언서」(*Letter of Advice to Queen Elizabeth*)를 집필했으나 여왕의 환심을 사지는 못했다. 백부 벌리 경은 베이컨의 열정을 보면서 그에게 '정치적 야망이 있다고 판단'한 것 같고, 그가 하원의원이 될 수 있도록 도와주었다. [하원의원이 된 후] 베이컨은 의정활동을 활발히 했으나 1593년 왕실에서 요구한 헌금에 반대하면서 엘리자베스 여왕과 벌리 경의 노여움을 샀다.

엘리자베스 여왕 치세에서 베이컨의 유일한 정치적 성공은 에식스 백작에 대한 [반역죄] 재판의 결과로 얻은 것이다. 한때 여왕의 총신(寵臣)이었던 에식스 백작은 베이컨과 교우하며 물심양면으로 그를 후원했던 사람이다. 백작은 베이컨이 [법무장관 혹은 법무차관] 자리를 얻을 수 있도록 노력했으나 실패한 후 1,800파운드에 달하는 부동산을 그에게 증여했다. 베이컨은 제 월급 이상의 살림을 살았는데, 1598년에는 빚 때문에 체포되어 투옥된 일도 있었다. 에식스 백작에 대한 재판이 이루어지는 동안 베이컨은 그 사건의 예심(豫審)과 별

---

1) Edward Coke(1552~1634) : 영국의 정치가, 법학자. 검찰총장(1594), 법무장관(1613) 등을 역임했으나 제임스 1세의 전제정치에 반대하여 후에 파면되었다.

로 관계가 없었음에도 불구하고 자진해서 주도적인 역할을 했다. 그는 왕실변호사의 한 사람으로서 자신의 옛 후원자에 대한 재판을 강행할 것을 강력하게 주장했다. 에식스 백작이 처형된 후, 베이컨은 여왕의 입장을 옹호하기 위해 「로버트, 고(故) 에식스 백작의 반역 기도 및 실행 보고서」(*Declaration of the Practices and Treasons attempted and committed by Robert, late Earl of Essex*, 1601)를 작성했다.

이 무렵에 베이컨은 과학과 문학 방면에까지 저작활동을 하여 명성이 더욱 높아졌다. 서른한 살[1592년]에 백부에게 보낸 긴 편지에서 그는 "이제 우리 지방에 관한 모든 지식을 얻었으므로, 시민으로서의 목표와 아울러 방대한 명상의 목표가 생겼다"고 썼다. 1597년에 『수필집』(*Essays*) 초판을 간행했다. 이 수필집 속에 「선악의 명암」(Colours of Good and Evil)이라는 제목의 소책자가 들어 있었는데, 여기에 처음으로 그의 야심 찬 계획—자연에 대한 인간의 지배력을 회복하기 위한 학문의 '대혁신'(Great Instauration)—이 언급되어 있다. 1605년에 『학문의 진보』(*The Advancement of Learning*)를 간행했는데, 이것은 그의 계획의 제1부에 해당하는 것이었다.

제임스 1세가 왕위를 계승한 후 베이컨은 급속히 권좌에 올랐다. 왕실과 의회의 대립 속에서 베이컨은 왕실의 정책을 옹호하는 글을 발표해 왕실의 지도적인 대변자가 되었다. 1607년에 법무차관, 1613년에 법무장관, 1617년에 국새상서의 자리에 오른 데 이어 그 이듬해에는 대법관이 되었고, 같은 해 베룰럼 남작(Baron Verulam)이 되었다. 1621년에는 세인트 올번스 자작(Viscount St. Albans) 칭호를 얻었다.

왕실 특권을 옹호하면서 베이컨은 코크 경과 대립했는데, 코크 경은 당대 최고의 법률가로서 오랫동안 베이컨과 경쟁관계에 있었다. 처음에는 베이컨이 승리해 코크는 강등되었다가 곧 모든 공직에서

쫓겨났다. 그러나 코크는 여전히 의회를 이끄는 지도자였다. 1621년 베이컨은 의회의 공격목표가 되었는데, 이때 의회는 베이컨뿐만 아니라 왕실 자체에도 대항했다. 베이컨은 소송인들로부터 선물 혹은 뇌물을 받은 죄로 기소되었다. 28개 조항에 달하는 고소내용을 보면서 베이컨은 변명의 여지가 없다는 것을 알고 혐의 내용을 순순히 시인했다. "본인은 고소 내용 하나 하나를 잘 알고 있으며 이에 대해 한 치의 거짓도 없이 고백하며, 그러므로 …… 더 이상 변명의 여지가 없다는 것을 인정하며, 재판관[의원] 여러분의 소추(訴追)와 유죄판결을 받아 마땅하다고 생각한다."

그는 '선물'을 받은 것은 시인했지만, '그 의도는 순수한 것이었고 그 선물 때문에 [자신이 한] 재판이 영향을 받지는 않았다'고 주장했다. 그리고 그가 한 재판 가운데 그 어떤 것도 재심(再審)에 부쳐지지는 않았다. 베이컨은 재판관이 선물을 받는 것은 오랫동안의 관행이었다는 사실을 지적하면서 "니콜라스 베이컨 경 이후 대법관이 다섯 번 바뀌는 동안 [자기가] 가장 공정한 대법관이었다"고 주장했다. 그러나 이어서 [자신에 대한 유죄판결이] "최근 2백 년 동안 의회가 내린 가장 공정한 판결이었다"고 덧붙였다. 귀족원은 그에게 유죄판결을 내려 4만 파운드의 벌금을 부과하고 왕명이 있으면 런던 탑에 유폐하고 모든 공직에서 추방하고 '법정의 구역 안'에는 절대로 들어오지 못하도록 했다.

이 판결이 그대로 집행되지는 않았지만 베이컨은 그 이후 두 번 다시 공직에 나아가지 못했다. 그는 말년을 '대혁신'을 집필하면서 보냈다. 그러나 그는 자신의 집필에만 매달려 있었을 뿐, 다른 과학자들의 연구 성과에 대해서는 거의 아는 바가 없었던 것 같다. 엘리자베스 여왕과 제임스 1세의 시의(侍醫)였던 윌리엄 길버트를 모르고 있었으며, 길버트 집에서 자주 모였던 과학자 모임의 회원도 아니었다. 하비[1]의 치료를 받은 일도 있었지만 그의 연구 업적에 대해서는 잘 몰랐던 것 같다. 나중에 하비는 베이컨에 대해 "철학을 법관처럼 쓴다"고 말했다. 그의 말년의 저작들은 1614~1617년에 씌어진 『신 아틀란티스』(*New Atlantis*)를 제외하면 전부 다 그의 원대한 계획 『대혁신』(*Instauratio Magna*)의 일부를 구성하는 것이었다. 1620년에 쓴 『신기관』(*Novum Organum*)은 6부작 계획의 제2부에 해당하는 것이었고, 1623년에 라틴어로 발표한 『학문의 진보』(*De Augmentis Scientiarum*)는 [1605년에] 영어로 썼던 『학문의 진보』를 라틴어로 옮긴 것인데, 그의 전체적인 계획과 관련된 부분을 증보(增補)했다. 1626년 4월 9일 죽음이 닥쳐온 순간에도 베이컨은 그 계획에 몰두하고 있었다.

---

1) William Harvey(1578~1657) : 영국의 의사, 생리학자. 런던 의과대학에서 해부학 및 생리학을 가르쳤고, 1623년에는 제임스 1세의 시의가 되었다. 1628년 「동물의 심장 및 혈액의 운동에 관한 해부학적 연구」(Exercitatio Anatomica de Motu Cordis et Sanguinus in Animalibus)를 발표하여 실험생리학을 부흥시키고, 근대 의학의 기틀을 마련했다.

옮긴이의 말

이 책은 Francis Bacon, *Novum Organum : Aphorismi de Interpretatione Naturae et Regno Hominis* (1620)를 완역한 것이다.

원래 라틴어로 발표된 것이지만 본 번역에서는 브리태니커 사에서 발행한 『서양고전총서』(*Great Books of the Western World*) 제28권에 수록된 영역본(*Novum Organum : Aphorisms on the Interpretation of Nature and the Empire of Man*)을 주로 참고했다. 이 영역본은 Basil Montague, ed. and trans. The Works of Francis Bacon (Philadelphia, Parry & Mac-Millan, 1854) 제3권에 실려 있는 것과 동일한 것이다.

그 밖에 이 책을 번역하면서 참고한 영역본으로는 James Spedding, Robert Leslie Ellis and Douglas Denon Heath, ed. *The Works of Francis Bacon* (Boston, Taggard and Thompson, 1976)(제8권)이 있고, 일본어본으로는 服部英次郎 譯『ノヴム·オルガヌム』(東京, 河出書房新社, 1966)이 있다. 라틴어본은 독일어와 대역으로 나와 있는 Wolfgang Krohn, Hrsg. *Neues Organon*(Hamburg, Felix Meiner Verlag, 1999)을 사용했다. 내용상 차이가 있는 경우에는 여러 역본들을 서로 대조하면서 뜻이 명확한 쪽을 따랐다.

본문에서 [ ]로 표시된 부분은 옮긴이가 뜻을 보충한 곳이며, 본문

하단의 주(註) 역시 모두 옮긴이가 단 것이다. 역주를 달면서 본문에서 언급된 내용의 출처 등에 관해서는 각 역본에 나와 있는 역주들을 두루 활용했으며, 관련 문헌이 『서양고전총서』에 수록되어 있는 경우에는 『서양고전총서』의 권수와 쪽수로 통일하여 표시했다.

원문의 뜻을 손상하지 않는 범위 안에서 쉽게 읽을 수 있도록 번역하려고 노력했으나, 근대적 과학 개념이 정립되기 이전의 중세적 용어로 서술된 과학 관련 내용이 많고, 문장이 난삽하여 옮긴이로서는 감당하기 힘든 부분이 적지 않았다. 그러나 이러한 어려움은 본 역서의 평가를 맡아주신 김용환 교수님의 세심한 검사와 충고로 대부분 극복되었다. 이 지면을 빌려 김 교수님께 감사의 말씀을 전한다. 그럼에도 불구하고 여전히 남아 있을지도 모를, 아니 없지 않을 오역과 졸문(拙文)은 오로지 옮긴이의 책임이다. 독자들의 넓은 아량과 가르침을 바란다.

책 앞에 베이컨의 과학철학에 대한 옮긴이의 해제(解題)가 있고, 책 뒤에 베이컨 약전(略傳)이 딸려 있다. 해제는 옮긴이로서의 의무를 피할 수 없어 포전인옥(抛磚引玉)의 심정으로 쓴 것이다. 옮긴이가 옥이라고 주장하며 내보인 벽돌로 진짜 옥을 이끌어낼 수만 있다면, 옮긴이로서 더 이상 바랄 것이 없다. 약전은 브리태니커 사의 편집진에서 제공한 것을 옮긴 것이다.

옮긴이의 천학(淺學)과 비재(非才)에도 불구하고 이 번역을 지원해준 한국학술진흥재단에 감사의 말씀을 드리며, 예쁜 책으로 꾸며준 한길사 여러분에게도 감사드린다.

2001년 5월
진석용

찾아보기

지은이 프랜시스 베이컨

프랜시스 베이컨(Francis Bacon, 1561~1626)은 엘리자베스 여왕 치세에
국새상서이던 니콜라스 베이컨 경의 아들로 태어났다.
아리스토텔레스의 전통이 강했던 케임브리지 대학교 트리니티 칼리지에서 공부한 후,
스물세 살의 나이에 하원의원이 되었다. 이 해에 「엘리자베스 여왕에게 바치는 진언서」를
집필하기도 했으나, 여왕의 신임을 얻지는 못했다.
1603년 제임스 1세가 즉위한 후 급속히 권좌에 올라 1607년 법무차관,
1613년 법무장관, 1617년 국새상서의 자리에 오른 데 이어,
그 이듬해에는 대법관이 되었고, 같은 해 베룰럼 남작이 되었다.
1621년에는 세인트 올번스 자작 칭호를 얻었다. 그러나 바로 그 해 왕실과 의회의
대립이 격화되면서 왕실의 특권을 옹호했던 베이컨은 의회의 공격목표가 되었고,
마침내 소송인들에게 뇌물을 받은 죄로 기소되어 유죄판결을 받고 영원히 공직을 떠나게
된다. 베이컨은 정치적으로는 보수적인 인물이었지만,
그의 과학정신은 당대의 그 어느 누구보다 앞서 있었다.
우리가 살고 있는 이 우주를 그저 주어진 것으로 받아들일 것이 아니라
끊임없이 관찰하고 실험하고 연구해 인간이 지배권을 획득해야 한다고
믿었기 때문이다. 17세기부터를 근대라고 부르기로 한다면
베이컨은 근대의 문을 연 사람이고, 근대정신의 특징 가운데 하나를
과학적 접근방법이라고 한다면 베이컨의 귀납적 관찰방법은
근대 과학정신의 초석이 되었다고 할 수 있다. 주요 저서로는 『수필집』(1597),
『학문의 진보』(1605), 『신 아틀란티스』(1614~17), 『신기관』(1620) 등이 있다.

옮긴이 진석용

진석용(秦錫用)은 서울대학교 정치학과를 졸업하고 같은 대학교
정치학과 대학원에서 석사·박사학위를 받았다.
일본 구마모토 대학교 교환교수와 미국 오하이오 주립대학교
객원교수를 지냈으며, 현재 대전대학교 정치외교학과 교수로 있다.
주요 저서로는 『마르크시즘 100년: 사상과 흐름』(공저, 1984),
『칼 마르크스의 사상: 인본주의와 사적 유물론』(1992),
『한국정치·사회개혁의 이념적 기초』(공저, 1998) 등이 있고
옮긴 책으로는 레오 스트라우스의 『서양정치철학사』(공역, 2007),
토머스 홉스의 『리바이어던』(2008), 헤들리 불의 『무정부사회』(2012),
욘 엘스터의 『마르크스 이해하기』(2015), 엘로이시어스 마티니치의
『홉스』(2020) 등이 있으며,
주요 논문으로는 「토머스 홉스의 정치사상: 정치적 복종의
정당화에 관한 자유주의적 기원과 현대적 의의」(1993),
"Reflections on Contemporary Democracy: The Principle of the
Majority Rule and the Tyranny of the Majority." *Foreign Affairs Studies*.
Vol.52 Kumamoto: Kumamoto Gakuen University(1999),
「홉스의 시민철학의 과학적 기초」(2007),
「양심적 병역거부의 현황과 법리」(2008), 「루소의 정치철학」(2017) 등이 있다.

신기관

지은이 프랜시스 베이컨
옮긴이 진석용
펴낸이 김언호

펴낸곳 (주)도서출판 한길사
등록 1976년 12월 24일 제74호
주소 10881 경기도 파주시 광인사길 37
홈페이지 www.hangilsa.co.kr
전자우편 hangilsa@hangilsa.co.kr
전화 031-955-2000~3 **팩스** 031-955-2005

부사장 박관순 **총괄이사** 김서영 **관리이사** 곽명호
영업이사 이경호 **경영이사** 김관영 **편집주간** 백은숙
편집 노유연 김지연 김대일 김지수 최현경 김영길
마케팅 정아린 **관리** 이주환 문주상 이희문 원선아 이진아
디자인 창포 **인쇄** 오색프린팅 **제본** 경일제책사

제1판 제1쇄 2001년 6월 20일
개정판 제1쇄 2016년 2월 19일
개정판 제4쇄 2021년 8월 27일

값 25,000원
ISBN 978-89-356-6448-1 94080
ISBN 978-89-356-6427-6 (세트)

한길그레이트북스 인류의 위대한 지적 유산을 집대성한다

● 한길그레이트북스는 계속 간행됩니다.